박연과 훈민정음

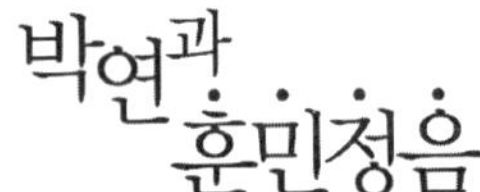

박희민 지음

1판 1쇄 발행 | 2012. 10. 9

발행처 | **Human & Books**
발행인 | 하응백
출판등록 | 2002년 6월 5일 제2002-113호
서울특별시 종로구 경운동 88 수운회관 1009호
기획 홍보부 | 02-6327-3535, 편집부 | 02-6327-3537, 팩시밀리 | 02-6327-5353
이메일 | hbooks@empal.com

값은 뒤표지에 있습니다.
ISBN 978-89-6078-153-5 93710

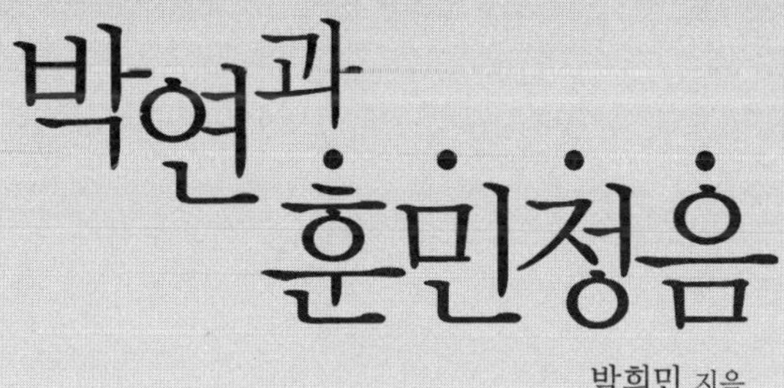

박연과 훈민정음

박희민 지음

Human & Books

이 한 권의 책은 나의 숙명이었나 보다. 어릴 적부터 책 한 권 쓰는 것이 나의 꿈이었다.

내가 태어나 자란 김천시 아포읍 인4리, 60여 호의 황소(黃巢)마을은 한두 집을 제외하곤 모두 박가였다. 그때는 그랬다. 태어나 말을 배울 때부터 집안에서는 '본(本)은 밀양 박가, 파(派)는 난계(蘭溪) 파'라고 가르쳤고 지금도 동네 사람들은 박연(朴堧)을 스스럼없이 '난계 할아버지'라고 부른다.

초등학교 저학년 때 다섯 살 많은 사촌 형이 들려준 "난계 할아버지는 호랑이를 타고 다니시면서 제[笛]를 잘 부셨대"라는 이야기는 어린 나에게 신비한 충격을 주었고, 나도 어른이 되면 '난계 할아버지에 대한 동화책을 만들어 집안 아이들에게 나누어 주어야지' 하는 막연한 생각을 했었다.

세월은 덧없이 흘러 정년을 몇 년 앞둔 2004년, 그해 11월 29일 후손 사랑이 극성이셨던 어머니를 잃고, '대대로 이어지는 내리사랑은 인류를 지탱하는 힘의 원천일진대, 나의 조상은 어떤 사람들일까?' 하는 의구심이 생겼다.

어머니는 독실한 기독교인으로 중년에는 시골 교회의 새벽종 치는 일을 자임하여 별명이 종 집사였으며 아흔넷의 노 권사로 생을 마감하실 때까지 참으로 부지런한 농촌 아낙이셨다. 이 때문에 자연히 집안 제사에는 소홀하였고 묘사에도 참석하지 않았다. 그러나 뿌리를 찾으려는 마음에 2005년부터 묘사에 참석하게 되었다. 그런데 웬일인지 난계의 손자인 해(垓)의 차남과 손자가 되는 수현과 홍례 두 분의 묘소는 실전하여 단(壇)으로 모시고 있지 않은가? 우리나라 삼대악성의 한 사람으로 추앙받는 난계 후손의 묘소가 실전되었다면 그들에게 그때 그 어떤 비참한 일들이 있었던가?

이 책은 어린 시절부터 품은 난계에 대한 존경심과 어머니를 향한 깊은 사랑에서 이루어진 책이다. 처음에는 《난계유고》 증보판을 내려고 하였으나 시(詩)와 '가훈 17칙'을 제외한 난계의 글이 《조선왕조실록》에 고스란히 전해져 인터넷으로 누구나 쉽게 볼 수 있기에 그동안 알아낸 박연 가(家)에 얽힌 많은 사실을 엮어 한 권의 책으로 내는 바이다. 이 책에 있는 난계의 글에다 《조선왕조실록》에 있는 난계의 상소문를 보태면 《난계유고》의 완전한 증보판이 되는 셈이다.

약 7년여에 걸쳐 수집한 자료를 가지고 책의 목차를 정하고 작업을 시작한 어느 날, 1822년 《난계유고》를 간행한 박심학이 집안에 남아 있는 박연의 상소 초안으로 책을 편집하다 보니 본의 아니게 마치 '박연은 중국의 아악만 중시하였다'는 오해의 소지를 낳은 것처럼, 아직 생각지 못한 난처한 일이 훗날에 생길까 염려하여 난계의 음악 관련 부분을 좀 더 연구하기로 하였다.

그런데 이게 어찌 된 일인가?《세조실록》은 박연이 제작한 정대업(定大業)·보태평(保太平)·발상(發祥)·봉래의(鳳來儀)를 세종이 하였다고 기록한 게 아닌가. 그렇다면 세종이 훈민정음을 창제하였다는 사실은 진실일까? 이때에 처음으로 '훈민정음 반포 3년 전에 이미 훈민정음 28자가 만들어졌다'는 사실을《세종실록》에서 알게 되었다. 그렇다면 표음문자(表音文字)인 '훈민정음 창제'에 소리의 대가인 박연이 틀림없이 중요한 역할을 하였을 것이다!《난계유고》에는 훈민오음정성(訓民五音正聲)이란 말이 있지 않은가! 여기에 창안하여 '박연이 훈민정음을 창제하였다'라는 가설을 세우고 연구를 시작하였다. 그러나 지금까지 이 가설에 의심이 가는 그 어떤 조그마한 점도 발견한 게 없다.

갈릴레오 갈릴레이는 지동설을 확신하면서도 종교재판에서 죽음이 두려워 지동설을 부인했다. 그러나 그는 재판정을 나오면서 '그래도 지구는 돈다'라는 말을 남겼다고 한다. 나는 천명(闡明)한다. 훈민정음은 박연이 만들어 세종 25년(1443)에 임금의 이름으로 발표하였다. 지금은 비록 바늘 하나로 허공과 맞서는 기분이지만 언젠가는 반드시 '박연의 훈민정음 창제'는 정설이 될 것이다.

요즈음 많은 날을 난계의 영(靈)과 다투고 있다. 난계의 영은 "훈민정음 창제는 임금과 신하 간의 은밀한 약속으로 이루어진 것인데 지금에 와서 왜 굳이 밝히려 하느냐?"라고 한다. 하지만 나는 "단종 2년(1454) 수양대군에게 당신의 막내아들이 교형(絞刑) 당하는 바람에 일흔일곱의 당신과 남은 두 아들 그리고 손자는 귀양 가고, 그로부터 영조 43년(1767) 문헌(文獻)이란 시호를 받기 전까지 무려 313년간이나 후손들은 과거 응시자격을 빼앗기고 비참하게 살아야 했습니다. 우리는 신라 시대에 왕족이 아니었나요?"라고 주장한다.

처음에는 난계 후손들에게만 필요한 책으로 계획하였으나 박연의 '훈민정음 창제' 사실을 알고는 '박연'과 '훈민정음 창제'에 관심 있는 모든 분에게 필요한 책으로 방향을 바꾸었다. 오류가 없도록 여러 차례 교정을 보았지만, 미숙한 솜씨나 미비한 자료 탓에 책에 등장하는 역사적 인물들에 대한 기록에 혹시라도 틀린 점이 있지 않을까 걱정이 앞선다.

수양대군의 왕권에 대한 탐욕 때문에 단종 1년(1453)부터 수년간에 걸쳐 희생된 분들이 수백 명에 이른다. 그들 대부분은 후손마저 없지만, 후손이 있더라도 지금까지 그때의 아픔이 가슴에 남아 있을 것이다. 하여 죽은 자나 산 자의 가장 큰 소망은 우리 민족이 살아가는 이 땅에 평화가 깃들고 정의가 꽃피는 세상이 되는 것이리라.

1~3장은 박연 가(家)의 500년 가족사를, 4~8장은 박연의 업적을 기술하였다. 서울에서 온갖 자료를 구하여 보내주신 박기재 선생님과 아낌없이 성원해 주신 가까운 이들에게 진심으로 감사드리며, 박연 가(家)가 1454년 강제로 서울을 떠난 후 556년 만에 서울에서 태어난 나의 첫 손자를 보지 못하고 생전에 스스로 한글을 깨우쳐 성경을 읽다가 영면하신 어머님 영전에 이 책을 드린다.

2012년 초가을

박희민

목차

부록(附錄)

참고자료

1. 박연의 성장환경

충북 영동

박연(朴堧, 1378~1458) 부부가 영원히 잠들어 있는 충북 영동 심천면 고당리. 고당리의 하늘이 맑고 파랬으면 좋겠다. 일 년 365일을 사노라면, 구름 한 점 없이 맑은 날이 생각처럼 많지 않다. 이 땅에서 80년을 살다 간 박연에게도 사계절 같은 삶의 굴곡이 있었다. 화창한 봄날이 있었는가 하면 여름날처럼 열정적으로 일한 때가 있었고, 가을처럼 풍성한 결실을 보았는가 하면 겨울보다 더 혹독한 시련 속에서 생을 마감해야 했다.

충북 최남단에 있는 영동은 신라 초에는 이름이 길동(吉同)이었다. 신라 경덕왕(景德王, ?~765) 때부터 영동이라 하였는데, 고려 현종 9년(1018)에 경상도 상주에 예속되었다가 조선 태종 13년(1413)에 충청도에 이관되었다. 영동에 가면 박연이 다시 살아난다. 그래서 그의 숨소리가 곳곳에서 들려온다.

심천면 고당리에는 금강이 내려다보이는 곳에 초가집 생가(生家)가 있고, 생가에서 남쪽 조금 떨어진 곳에 경란재(景蘭齋)가 있는데, 이곳에서 후손들은 박연을 기린다. 경란재 입구에는 태종 2년(1402)에 나라에서 내린 효자비가 있고, 경란재 뒷산에 난계 박연 부부의 묘소가 있다. 경란재 앞에는 1972년 12월에 건립된 난계사, 난계박물관, 난계국악기체험전수관, 난계국악기제작촌, 《난계유고》를 간행한 박심학(朴心學, 1764~1838) 종가 등이 도로[난계로] 옆에 옹기종기 모여 있다.

마곡리에는 박연 부모님 묘소가 있고, 묘소 앞에는 의호총(義虎塚)이 있는데 의호총은 부모님 여묘(廬墓) 시에 박연을 호위한 호랑이의 무덤이다. 그리고 마곡리에는 박연의 호와 관련된 옥계폭포(玉溪瀑布)가 있다. 옥계폭포의 오색영롱한 폭포수 밑에서 제[笛]를 불던 박연이 바위틈에 피어난 난초에 매료되어, 난초의 난(蘭)에다 흐르는 시내 계(溪)를 써서 난계를 그의 호로 정하였다고 한다.

기호리에는 고려 충숙왕(忠肅王, 1294~1339) 때 밀양에서 처음 영동에 입향(入鄕)한 박연의 할아버지 박시용(朴時庸, ?~1355)의 유택(幽宅)을 모시면서 마을이 형성되었다는 태소(太沼)마을이 있고, 각계리엔 태종 때 충청도관찰사를 역임한 박연의 외삼촌 김자수(金自粹, 1352~1413)와 그의 손자 김영년이 살던 선지당(先志堂)이 있다.

게다가 양강면 남전리의 빙옥정(氷玉亭)에 가면, 고려 말엽에 장인(丈人)과 세 사위가 모여 나라를 걱정하며 도란도란 얘기하는 소리가 들리는 듯하며, 매곡면 유전리엔 선조 25년(1592)에 일어난 임진왜란 때 빙옥정의 후예들이 왜군과 맞서다가 장렬하게 산화한 핏들[피야평(皮野坪)]이 있다.

핏들에서 왜군과 싸우다가 산화한 이름 없는 용사들! 그들 중 일부는 박연의 손자 해(垓, ?~?)의 후손일 것이다. 해(垓)의 무덤은 상촌면 유곡리 안 사라동에 있다.

조선 500년 예악형정(禮樂刑政) 중 악을 정립한 악성(樂聖) 난계 박연과 그의 가계(家系)에 얽힌 영광과 수난의 역사와 난계의 업적 그리고 우리 민족의 영원한 보물인 훈민정음(訓民正音) 창제 과정에 숨겨진 비밀을 하나하나 밝히려 한나.

박연은 신라 54대 경명왕(景明王, ?~924)*의 민아들 밀성대군(密城大君) 박언침(朴彦忱)을 시조로 하고, 고려조 상서좌복야(尙書左僕射)였던 7대 박언인(朴彦仁)을 중시조로 한다. 밀양박씨 1대 밀성대군 박언침부터 14대 박시용까지 박연 선대의 생활 근거지는 밀양이었다.

박연이 밀양에 사는 친족들과 서로 소식을 전하며 지냈음을 알려주는 기록이 전한다. 세종 20년(1438) 박연의 사촌 동생 박흥거(朴興居, ?~?)가 지은 '밀양박씨 화수회(花樹會)를 다시 조직하면서'라는 글이다.

우리 밀양박씨는 신라 이래로 천 년을 내려오면서 동방(東邦)의 대성(大姓)으로 자손들이 종중(宗中) 법도를 받들고 세교(世敎)를 준수함은 세인(世人)이 모두 규범으로 삼고 감복하나니, 고가(古家)의 유통(遺風)과 여운(餘韻)으로서 부끄럽지 않다. 고인(古人)의 교훈(敎訓)을 되새겨 근본을 잃지 않으려고 정신을 항상 체득(體得)하나니라. 우리 종족(宗族)의 전성기에는 장유(長幼)가 자주 모여서 소목(昭穆)이 질서가 있고 문호(門戶)가 청현(淸顯)하여 최려(崔盧)의 세록(世祿)에 뒤지지 않았고, 영달(榮達)한 인재가 많이 배출되어서 김장(金張)의 돈목(敦睦)이 부럽지 않았었다.

애초는 한 사람의 선조에서 많은 자손이 번성하게 되어서 누대(累代)를 내려가는 동안에 친근(親近)하던 근친(近親)이 점차 소원하게 되어서 급기야

---

* 신라 왕 56명은 박씨 10명, 석씨 8명, 김씨 38명이다. 박씨 10명은 1대 시조 왕 박혁거세, 2대 남해왕, 3대 유리왕, 5대 파사왕, 6대 일성왕, 8대 아달라왕, 53대 신덕왕, 54대 경명왕, 55대 경애왕이다.

노방(路傍)의 타인과 같이 되나니 이렇게 되면 선조의 영혼이 지하에서 통곡하실 것이 아니겠는가? 작년 가을에 종씨(從氏) 난계공(蘭溪公)이 서울에서 서한(書翰)을 보내어 위촉(委囑)하되 우리 종친(宗親)이 문중의 회동을 오래도록 갖지 못하여 족친간(族親間)의 계보(系譜)를 밝히지 못하고 정의(情誼)가 소격(疏隔)하게 되어 면식조차 없는 사람들이 태반이니 화수(花樹)의 천리를 본받아서 목족(睦族)의 도리를 강구하라고 하셨다. 종형(從兄)의 이 말씀은 실로 내 뜻과 같았으므로 곧 여러 족친에게 통지하여 박씨 근원지인 밀양(密城)에서 회동하게 하였던 바 참석자가 93명에 달하였다. 이렇게 모이니 각계각층의 인물과 훌륭한 후진들도 많아서 성황을 이루었다. 소목(昭穆)을 밝히고 서열(序列)을 찾아서 절목(節目)을 구재(具載)하여 계첩(契帖)을 작성하고 각 종족들의 자함(字函)과 년갑(年甲)을 기재하여 영구히 보존하도록 하니, 오늘의 이 뜻을 서로가 면려(勉勵)할지어다.
정통(正統) 삼년 무오(戊午) 가을 박홍거 지음●

"밀양박씨 화수회를 만들라"라는 박연의 서한을 받은 사촌 동생이 세종 20년(1438) 밀양에서 종인(宗人) 93인과 함께 계첩을 만들어 영구히 보존토록 하였다는 내용이다. 이 계첩을 찾을 수 있다면 밀양박씨 계보를 보다 분명히 알 수 있을 것이다.

박연과 같은 시대에 살면서 박연 가(家)와 여러모로 인연을 맺는 점필재(佔畢齋) 김종직(金宗直, 1431~1492)의 외할아버지 박홍신(朴弘信, 1373~1419)도 밀양박씨이다.

박연의 고향이 영동이 된 것은 할아버지 박시용이 영동에 사는 김영

● 박윤하, 《밀양박씨난계문헌공파대동보》, 1979년, 135~137쪽.

이(金令貽, ?~?)의 셋째 딸과 결혼하였기 때문이다. 고려 말의 전객시령(典客寺令) 김영이는 신라 45대 신무왕(神武王, ?~839)의 후손으로 영산 김씨(永山金氏)의 시조다. 고려 때는 남자가 결혼하면 처가에 사는 것이 일반적이었다. 재산 상속도 아들과 딸이 똑같았다고 한다.

박시용이 김영이의 셋째 사위가 되는 이야기는 한 편의 아름다운 동화(童話) 같다.

공(公)의 휘(諱)는 시용(時庸)인데 젊었을 때 과거를 보려고 밀양에서 개경(開京)으로 가다가 영동읍내 냇가에서 말에게 꼴을 먹이며 버드나무 아래에서 쉬고 있었다. 그런데 그곳이 마침 전객령(典客令) 김영이의 집 앞이었다. 김공이 낮잠을 자다가 꿈을 꾸었는데 황룡(黃龍)이 집 앞 버드나무를 칭칭 감고 굼틀굼틀 승천하는 게 아닌가. 잠을 깬 김공이 하인에게 집 앞 버드나무를 가서 보게 하였더니 전하기를 말안장에 앉은 잘생긴 청년이 냇가 버드나무에 기대어 졸고 있다고 하였다. 김공이 이상히 여겨 급히 가서 보고 그가 영특하게 생겼음을 사랑하며 반드시 귀한 사람이 될 것으로 생각하고 아내가 있느냐고 묻자 박공이 아직 결혼하지 않았다고 하니 김공은 헤어질 때 말하기를 자네는 이번 과거에 틀림없이 급제할 것이니 돌아가는 길에 나를 다시 찾아달라고 하고 곧 밀양에 사람을 보내어 정혼한 바 과연 예언한 대로 급제하고 돌아가는 길에 날을 가리어 혼인하였다. 이어 영동으로 이주하니 자손이 번성하였다.*

빙옥정(氷玉亭)

'빙옥(氷玉)'이란 중국 진(晉)나라 위개(衛玠)가 악광(樂廣)의 딸에게 장가들었는데, 장인과 사위가 똑같이 명망이 높아서 당시에 논하는 이가 "장인은 얼음처럼 깨끗하고, 사위는 옥처럼 윤택하다[婦翁氷淸 女壻玉潤]"라고 했던 데서 유래된 말로 장인과 사위의 미칭(美稱)으로 쓰인다.

빙옥정은 영산김씨 김영이와 그의 세 사위 순천박씨 박원용(朴元龍)·구례장씨 장비(張丕)·밀양박씨 박시용을 기념하여 네 집안 후손들이 세운 정자다.

영동군 향도 유적 제14호인 빙옥정은 충북 영동군 양강면 남전리 산 622번지에 자리하고 있다. 김영이는 세 사위와 함께 벼슬을 버리고 고향으로 내려와 이곳에서 학문을 강의하며 후진을 양성하여 많은 인재를 배출하였다고 한다. 주위의 아름다운 경치를 시(詩)로 읊으며 여생을 즐겁게 보내면서 마음가짐을 고결하게 하였던 곳이라 하여, 자손들이 선인(先人)들을 기리기 위해 영조 40년(1764)에 정자를 짓고 정자 앞에 장인과 사위 셋의 단소를 나란히 세웠다. 그 후 세월이 흘러 순천박씨와 밀양박씨는 이단(移壇)하고, 김영이와 장비단소만 지금까지 남아 있다. 1964년 그 유지(有志)에 다시 정자를 세우고 빙옥정이라 하였다. 빙옥정은 30평의 부지에 한주목조기와 팔작집으로 세워진 정자로 정면 2칸에 측면 2칸이며, 그 바닥에는 화강암을 깔았다.

1977년 1월 19일 사성(四姓)은 빙옥회를 조직·구성하여 경비를 모아 조경·단청·환목(桓木)을 하고, 자연석에 만세돈목(萬世敦睦)이라 새겨 후세에 전하여 조상의 고귀한 정신을 되새기고 단결의 상징으로 삼게 하였다.

정자 앞에 있는 김영이와 장비단소는 1993년 11월 5일 충청북도기념

• 박윤하, 《밀양박씨난계문헌공파대동보》, 1979년, 64쪽.

18

물 제89호로 지정되었다.

2001년 10월에는 영동군에서 담장과 홍살문을 세우고, 2005년 4월 14일에는 빙옥회의 결의로 사옹서청윤유허비(四翁婿淸潤遺墟碑)를 건립하였다. 이러한 조상의 늦을 지닌 이곳이야말로 우리 민족의 정신문명의 발상지가 될 것이다.

빙옥정에 등장하는 네 집안은 고려 말의 사대부였다. 사대부(士大夫)는 동아시아 한자 문화권의 사회지도층이다. 사(士)란 독서인을 말하며, 대부(大夫)란 관리를 말한다. 사대부는 본래 중국에서 전래된 것으로 왕·제후(諸侯) 아래서 벼슬을 하여 정치 실무를 장악하며, 세습적으로 영토를 가진 치자계급(治者階級)을 말한다. 한국에서는 주로 현직·퇴직 관리를 중심으로 한, 유교적 지식을 가진 고려 말과 조선 때의 학자적 관료를 말한다. 고려의 귀족정치가 붕괴되면서 등장한 새로운 관료층인 사대부는 무인 정권이 타도된 이후 더욱 활발히 정치적 진출을 하였다. 사대부들은 중앙관부의 이직자(吏職者) 중에서도 나왔지만, 그보다도 지방의 향리들 중에서 나왔다. 향리 출신의 이들 사대부는 곧 재향지주(在鄕地主)이기도 하였다. 지방의 중소 지주인 그들은 학문적인 교양을 바탕으로 하여 과거를 거쳐 중앙의 정치무대로 진출하였다. 그러나 그들은 물러나서 향리에서의 생활을 즐기기도 하였다. 그들의 사회적 진출은 드디어 고려의 정치적 대세를 변화시켰다.•

고려말 사대부로 사료되는 김영이와 큰 사위 박원용의 아버지 박숙정(朴淑貞), 둘째 사위 장비의 아버지 장유(張維), 셋째 사위 박시용의 아버지 박순중(朴純中), 여기에 김영이의 손자 김종경(金宗敬)과 외손자 박천

• "사대부" 위키백과 〈http://ko.wikipedia.org/wiki〉 [2012. 4. 18. 기사].

석(朴天錫, 1304~1393?)의 장인이 되는 김오(金珸)를 더한 다섯 명문의
조선조 인물들을 알아보자. 다섯 명문 후손들의 조선 시대 활약상은
주목해 볼 만한 충분한 가치가 있다.

다섯 명문

조선 초기 사대부들은 단종 1년(1453)에 시작된 계유정난과 세조 2년
(1456)에 일어난 사육신 사건을 거치는 동안, 훈구파와 사림파로 나누어
진다. 빙옥정의 후손들도 조선 초기에 일어난 정치적 소용돌이 속에서
살아남는 자와 몰락하는 자로 나누어진다.

1. 영산김씨 시조인 김영이의 세계(世系)는 영이(令貽)—길원(吉元)—종
경(宗敬)—훈(訓)—수성(守省, 1403~1480)·수온(守溫, 1410~1481)으로 이
어진다.

김길원과 김종경은 고려 후기 관료였고, 김훈부터 《조선왕조실록》(이
하 《실록》)에 나온다. 김훈이 옥구진병마사(沃溝鎭兵馬使)로 근무하던
태종 16년(1416) 1월 30일 불미스러운 일로 귀양을 가게 되고, 이 일로
말미암아 장남 김수성[신미대사(信眉大師)]은 불교에 귀의하였다.

박연과 김수온의 형 신미대사 그리고 김수온 사이에 있었던 일들이
《실록》에 있다. 신미대사는 본명이 김수성이며 '빙옥정'에 나오는 김영이
의 현손(玄孫)이다. 그는 세종·문종·단종·세조·예종·성종에 이르기까
지 왕실의 불사(佛事)에 관여하였다. 세종 29년(1447) 6월 5일 기사다.

수온(守溫)의 형이 출가(出家)하여 중이 되어 이름을 신미(信眉)라고 하였는
데, 수양대군(首陽大君) 이유(李瑈)와 안평대군(安平大君) 이용(李瑢)이 심히

믿고 좋아하여, 신미(信眉)를 높은 자리에 앉게 하고 무릎 꿇어 앞에서 절하여 예절을 다하여 공양하고 수온(守溫)도 또한 부처에게 아첨하여 매양 대군(大君)들을 따라 절에 가서 불경을 열람하며 합장하고 공경하여 읽으니, 사림(士林)에서 모두 웃었다.《세종실록》

박연과 신미대사의 일로 여겨지는 기사도 세종 30년(1448) 12월 5일에 있다.

정분·민신·이사철·박연(朴堧)·김수온(金守溫) 등이 여러 중[僧]들과 섞이어 뛰고 돌면서 밤낮을 쉬지 아니하니, 땀이 나서 몸이 젖어도 피곤한 빛이 조금도 없었다.《세종실록》

유학자(儒學者) 박연이 이처럼 여러 스님과 교제한 것은 세종이 말년에 불교에 심취한 사실과 더불어 신미와의 관계가 크게 작용한 것 같다.

《실록》에 의하면 신미대사는 문종·수양대군·안평대군뿐만 아니라, 효령대군과도 가까운 사이였다. 다양한 지식을 지녔지만, 마음을 비운 종교인으로서 그의 처신은 여러 왕족과 두루 사귀는 데 부족함이 없었다. 이러한 사실은 숭유배불(崇儒排佛)의 조선이란 나라에서 동생 되는 김수경(金守經)·김수화(金守和)·김수온에게 큰 약점이기도 했으나, 안평대군과 가까웠던 김수온이 계유정난이나 사육신 사건이라는 정치적 와중에서 별 탈 없이 관료생활을 마칠 수 있었던 배경이 되었다고 본다.

박연과 김수온은 세종 31년(1449) 5월 21일 기사에도 함께 있다.

사헌부에서 아뢰기를 "신들이 듣자오니, 지난번 불당의 경찬(慶讚) 때에 대군으로부터 여대(興臺)·악공(樂工)에 이르기까지 무릇 회(會)에 나온 모든 사람이 계(契)를 맺었다 하오니, 가령 계를 맺은 사람이 모두 착하더라도 오히려 불가한데, 하물며 심부름하는 조치개 무리로 더불어 계를 맺는 것이겠나이까. 금하기를 청하옵니다" 하니, 임금이 말하기를, "계를 맺는 것은 성심이 있으면 귀의(歸依)하는 것이고, 성심이 없으면 하지 않는 것이니, 이것이 어찌 대관(臺官)의 아랑곳할 것이랴" 하고, 윤허하지 아니하였다. 처음 경찬하던 저녁에 부처가 방광(放光)한다고 선언하고, 정랑(正郞) 김수온이 글을 지어 부처의 공덕의 성한 것과 오늘날 귀의하고 존숭함의 지극함을 극진히 말하여, 대군·제군과 좌참찬 정분(鄭苯)·판서 민신(閔伸)·부윤(府尹) 박연(朴堧)·도승지 이사철(李思哲)로부터 환시(宦寺)·공장(工匠)들에 이르기까지 분향하고 부처에 맹세하여, 함께 계를 만들었기 때문에 헌부(憲府)에서 말한 것이었다.《세종실록》

이 사실은 김수온의 《식우집(拭疣集)》'사리영응기(舍利靈應記)'와 박연의 '청천일장지 사아복중시(靑天一張紙 寫我腹中詩)'에 기록되어 있다.

이처럼 가까운 박연과 김수온은 단종 1년(1453) 10월 10일부터 시작된 계유정난으로 정치적 입지가 달라진다. 박연은 단종 때 수양대군 일파에게 당하여 귀양을 가지만, 김수온은 불교를 좋아하는 세조에게 발탁되어 불경의 국역 간행사업에 적극적으로 참여하였다.

김수온은 김시습(金時習, 1435~1493)이 승려의 행색으로 자기를 찾은 것이 못내 못마땅하였다. 그가 승려가 된 데는 달리 이유가 있다는 소문이 있었기 때문이다. '유학을 버리고 이단에 빠진 것은 무슨 마음인가? 우리 유학의 도는 본래 물외(物外)에서 찾는 것이 아닐세. 유학이 불교와 다른 단적인 뜻을 알려면 논어와 맹자를 자세히 읽어봐야지!' 김수온은 시를 보내어 이렇게 꾸짖었다.* 김수온이 자기를 찾아온 김시습을 못마땅하게 여긴 진심은 김시습의 승려 행색이 아니라 세조에 대한 서로 다른 정치적 성향 때문으로, 남의 이목이 두려웠던 것이 아니었을까?

김시습은 원호(元昊)·이맹전(李孟專)·조려(趙旅)·성담수(成聃壽)·남효온(南孝溫) 등과 함께 생육신의 한 사람이다. 사유신이 절개로 생명을 바친 데 대하여 이들은 살아 있으면서 귀머거리나 소경인 체, 또는 방성통곡하거나 두문불출하며 단종을 추모하였다.

김수온은 안평대군의 《몽유도원도(夢遊桃園圖)》와 《쌍청당제영(雙清堂題詠)》에도 박연과 이름을 나란히 한다. 《쌍청당제영》은 송유(宋愉, 1389~1446)가 충남 회덕(懷德)에 지은 정자 쌍청당에 대한 시(詩)를 모아 간행한 책이다.

김수온은 세종 26년(1444)에, 순천박씨 박팽년(朴彭年, 1417~1456)은 세종 27년(1445)에 쌍청당 기(記)를 지었다. 박팽년은 빙옥정에 나오는 첫 사위 박원룡의 아버지 박숙정의 고손자이다.

2. 순천박씨의 시조 박영규(朴英規)는 박혁거세의 29세손인 경명왕의 8대군 중 일곱째 아들 강남대군(江南大君) 박언지(朴彦智)의 후손이다. 박영규의 후손 박난봉(朴蘭鳳)이 평양 부원군(府院君)에 봉해진 후부터 순천을 본관으로 삼았다 하나, 그 이후의 세계(世系)는 알 수 없고, 세계를 알 수 있는 박숙정을 중시조로 하며, 그의 다섯 아들을 파조(派祖)로 하

• 심경호, 《김시습 평전》, 돌베개, 2003년, 160~161쪽.

여 나누어진다. 박숙정에게는 원룡·원호(元虎)·원귀(元龜)·원린(元麟)·원상(元象) 등의 다섯 아들이 있었다.*

박숙정은 고려 때 벼슬이 찰방별감(察訪別監)·경상도제찰사(慶尙道提察使)·관동존무사(關東存撫使)·판전교시사(判典校寺事)·판삼사사(判三司事) 겸 보문각대제학이었다. 그의 맏아들 박원룡은 연산군을 몰아낸 박원종(朴元宗, 1467~1510)의 6대조이고, 막내아들 박원상은 박팽년의 증조부이다.

박원룡(朴元龍)은 충숙왕 때 출생하여 어릴 때부터 총명하여 재주가 뛰어났다. 효성이 지극하여 부모를 정성으로 섬겼고 일찍이 익재(益齋) 이제현(李齊賢)과 근재(謹齋) 안축(安軸)에게 글을 배워 벼슬이 검교이부시랑(檢校吏部侍郎)에 이르렀으나, 청렴결백한 성품 탓으로 소인들이 득세하던 조정에 환멸을 느끼고 영동 천마산 계곡으로 은퇴하여 자연을 벗 삼아 지내다가 이곳에서 졸하였다. 배위는 영산군(永山君) 영이(令貽)의 따님인데 1남을 두었으니 시중공(侍中公) 휘 천상(天祥)이다.**

세계(世系)가 숙정–원룡–천상–가흥–석명–거소–중선–원종으로 이어진다. '빙옥정'의 세 사위의 아들 중 박천상이 유일하게 《실록》에 있다. 태조 6년(1397) 6월 2일의 기사에 전(前) 화령윤이다.

밖에 있는 품관(品官)이 서울에 살며 시위(侍衛)하는 데에 정한 날짜가 있는데, 전 문하부사(門下府使) 최염(崔濂), 전 화령윤(和寧尹) 박천상(朴天祥), 전 밀직(密直) 전자충(全子忠)·손광유(孫光裕) 등이 모두 기일에 미치지 못하였으니, (…) 《태조실록》

• 박노강, 《사육신과 묘골의 유적》, 순천박씨충정공파종친회, 1988년, 98쪽.
•• 박상진, 《조선조 영의정 박원종 연구》, 국학자료원, 2001년, 31~32쪽.

박천상은 가흥(可興)·가실(可實)·가권(可權)의 세 아들을 두었다. 박가흥(朴可興, 1347~1427)에 대한 세종 9년(1427) 8월 21일의 기록이다.

가흥(可興)의 자는 안중(安中)이요, 본관(本貫)은 순천(順天)이었다. 처음에 음직(蔭職)으로 산원(散員)에 보직되어 여러 번 천직(遷職)되어 삼사좌윤(三司左尹)·경상도 안렴사로 임명되고, 밀직사 우부대언에 발탁되고 예의판서(禮儀判書)로 천직(遷職)되어 전법군부판서(典法軍簿判書)·밀직부사로 옮겼다가 무슨 일 때문에 밖으로 귀양 갔다. 우리 태종이 왕위에 오르매 가흥의 아들 박석명(朴錫命)이 좌명(佐命)한 공으로 그의 재능을 알아 대우함이 특별히 융숭하였으니, 이로 말미암아 판공안부(判恭安府)로 기용되고 개성유후(開城留後)·검교의정부찬성(檢校議政府贊成)·우의정에 옮겨 치사(致仕)하고, 이때에 와서 돌아가니 나이 81세였다. 부고(訃告)가 위에 들리니 3일 동안 조회를 폐하고 정후(靖厚)란 시호를 내렸는데, 너그럽고 즐거워하여 고종명(考終命)한 것을 정(靖)이라 하고 생각이 틀리지 않은 것을 후(厚)라고 한다.《세종실록》

박가흥의 아들 평양군 박석명(朴錫命, 1370~1406)은 태종과의 오랜 교분으로 그의 신임을 한몸에 받았으나, 태종 6년(1406) 7월 13일 서른일곱의 젊은 나이로 세상을 떠났다. 박석명은 우왕 11년(1385) 열여섯의 나이로 문과에 급제한 수재였다. 박석명이 오래토록 살았다면 박연에게 도움이 되었을 것이다.

석명(錫命)은 순천(順天) 사람으로 재상 박가흥(朴可興)의 아들이다. 의표(儀表)가 준수하고 총민(聰敏)이 뛰어났으며, 턱의 길이가 남들과 달라서 스스로 호(號)를 '이헌(頤軒)'이라 하였다. 나이 16세에 과거에 등제하여 갑자기 화요(華要)의 자리로 옮기고, 22세에 대언(代言)으로 임명되었다. 고려가 망하자, 귀의군(歸義君) 왕우(王瑀)의 사위[壻]인 까닭에 8년 동안 침폐(沈廢)해 있었다. 주상께서 즉위하자, 구교(舊交)가 있었던 까닭으로 불러서 좌승지(左承旨)에 임명하고, 지신자(知申事)로 천전(遷轉)하여 6년 동안 재직하였다. 명달(明達)하고 강기(强記)하여, 임금이 끝까지 의지하고 믿어, 전후(前後)로 비할 사람이 없었으므로, 자급을 뛰어 지의정부사(知議政府事)로 임명되었다. 천성이 술을 좋아하여 종일 거나하게 마셨으나, 일을 결단하는 것이 물이 흐르는 듯하였다. 아들 셋을 두었으니, 박거비(朴去非)·박거완(朴去頑)·박거소(朴去疎)이다. 《태종실록》

세조 4년(1458) 2월 2일 기사에 계유정난에 관련된 박연의 두 아들 맹우·중우와 금성대군 이유(李瑜)의 단종복위운동과 연계된 박거비의 아들 박동과 동생 박거완의 이름이 함께 있다. 박거소(朴去疎)는 무사했다. 박연의 두 아들 맹우·중우 다음에 이름이 있는 만수·경수는 누구일까?

박맹우(朴孟愚)·박중우(朴仲愚)·만수(萬壽)·경수(敬壽)·조섬(趙銛)·옥수(玉守)·옥동(玉同)·조리(趙理)·최맹한(崔孟漢)·최계한(崔季漢)·고승후(高承厚)·고승익(高承益)·박치(朴治)·이계성(李繼性)·안조술(安祖述)·박동(朴同)·박거완(朴去頑)·박호선(朴好善)·이석철(李錫哲) 등은 자원(自願)에 따라 옮겨 안치(安置)하고 (…) 《세조실록》

박원종의 아버지 박중선(朴仲善, 1435~1481)은 세조의 손자 월산대군

(月山大君, 1454~1488)의 장인이다. 박원종은 1506년 연산군을 폐하고 중종(中宗)을 옹립하였으며, 중종 4년(1509)에는 영의정이 된다.*

빙옥정의 첫 사위 박원룡의 동생 박원상의 세계(世系)는 원상-안생(安生)-중림(仲林, ?~1456)-팽년(彭年, 1417~1456)이다. 박팽년의 아버지 박중림은 오랫동안 외직(外職)에 근무하여 박연과 관련된 기록이 없다.

박중림은 태종 6년(1406) 5월 4일 권지직장(權知直長)으로 《실록》에 처음 나온다. "주부(注簿) 신온량(申溫良)이 박중림의 말을 빼앗아 기생을 싣고 돌아가려고 하니, 박중림이 따르지 아니하였다. 신온량이 노하여 사람을 시켜 끌어내다가 때리니, 박중림이 사헌부에 고소하였다"는 기록이다. 이를 보아 박중림은 일찍부터 불의를 보면 참지 못하는 강직한 인물이었음을 알 수 있다.

박중림은 세종 5년(1423) 3월 29일 문과에 급제하여 세종조에는 인수부승(仁壽府丞)·세자우보덕(世子右輔德)·좌사간대부(左司諫大夫)·첨지중추원사·병조참의·좌우승지·공조참의(工曹參議)·경기도관찰사(京畿都觀察使), 문종조에는 공조참판(工曹參判)을 역임하고 《세종실록》을 찬술하였고, 단종조에는 사은사(謝恩使)·호조참판·사헌부대사헌(司憲府大司憲)·호조참판(戶曹參判)·형조판서(刑曹判書)·공조판서(工曹判書)·중추원사(中樞院使)가 되었다. 세조 때 동지중추원사(同知中樞院事)·지중추원사(知中樞院事)를 거쳐 예문관대제학(藝文館大提學)에 재직 중 세조 2년(1456) 6월 8일 사육신 사건으로 아들과 함께 사형을 당하였다.

박중림은 아들 박팽년과 박연의 막내아들 박계우(朴季愚, ?~1454)와 함께 정조 15년(1791)에 단종충신으로 어정배식록(御定配食錄)에 등재되

• 박상진, 《조선조 영의정 박원종 연구》, 국학자료원, 2001년, 30~39쪽.

고, 장릉(莊陵) 충신단(忠臣壇) 정단(正壇)에 배향되었다.

3. 구례장씨의 시조 장악(張岳)은 안동장씨 장정필(張貞弼, 888~?)의 21세손이다. 그는 고려 때 문하시중을 지내며 왕의 총애를 받아, 나이 70에 고향을 생각하고 근심이 가득하자 왕이 봉성[구례]군에 봉하고 봉성을 식읍으로 하사하였다. 따라서 후손들이 구례를 본관으로 한다. 일부 후손은 관향의 옛 이름인 봉성을 고수하여 오늘날 본관을 구례와 봉성으로 함께 일컫는다.

장항(張沆, ?~1353)은 고려의 문신이며 호는 눌재(訥齋)이다. 고려열조등과록(高麗列朝登科錄)에 본관이 영동으로 되어 있다. 과거에 급제한 뒤 여러 관직을 거쳐 사헌규정(司憲糾正), 다시 좌사의대부(左司議大夫)가 되었다. 공민왕 1년(1352) 서연관(書筵官)에 임명되었다. 특히, 예학(禮學)에 깊은 조예가 있어서 공민왕의 명을 받아 종묘(宗廟)의 예악과 기복(器服)을 수정하기도 하였다. 시호는 문현(文顯)이다.[•]

장항은 충혜왕(忠惠王) 때 영산[영동]군에 봉해지고, 사후에는 영동의 화암서원(化巖書院)에 제향되었다. 뒤에 후손들이 그를 시조로, 영동을 본관으로 하여 세계(世系)를 이어왔다고 한다. 장항은 '빙옥정'의 장비(張庇)와는 친척일 것이다.

장비는 14세기 중엽의 인물로 본관은 구례다. 호부시랑(戶部侍郎) 장유(張維)의 아들이다. 장항에게 예학을 배워 촉망되었던 장비는 고려 충숙왕 때 과거에 급제하여 개성승(開城丞)이 되었는데, 이때는 원나라의 내정 간섭과 조정의 기강이 문란하여 문신과 무신들의 사치스런 정치

• "장항" 한국역대인물 종합정보시스템 〈http://people.aks.ac.kr〉 [2012. 4. 18. 기사].

풍토가 극심하였다. 그는 그러한 정치 풍토를 싫어하였다. 고려 공민왕 때 승려 신돈이 왕의 총애를 빙자하여 권세를 부리고 세상이 어지러워지자 관직을 버리고 고향인 영동읍 매천리에 내려와 은둔 생활을 하였다.

장비의 7대손 장필무(張弼武, 1510~1574)는 호가 백야(栢冶)이다. 구례 장씨 6세손 장유로부터 세계가 비(조)−충신(忠信)−맹선(孟善)−효직(孝直)−안노(安老)−사손(嗣孫)−근(謹)−필무다. 그는 중종 38년(1543)에 무과에 급제하고, 명종 19년(1564) 10월 27일 부산첨사(釜山僉使)를 시작으로 그 후 만포첨사·강계부사(江界府使)·회령부사(會寧府使)를 역임하였다. 장필무(張弼武)는 비록 무인(武人) 출신이지만 타고난 성품이 강강(强剛)하여 권력이나 세력을 가진 자를 섬기려 하지 않았으며, 군수나 현령이 된 곳마다 청렴하고 근신하다는 칭송이 있었다고 한다. 선조 2년(1569) 5월 21일 가선대부(嘉善大夫)가 되고 이어 함경북도병마절도사(咸鏡北道兵馬節度使)·경상병사(慶尙兵使)를 역임하였다. 장필무에 관한, 선조 7년(1574) 9월 1일의 기사다.

필무는 보통 이상으로 청렴하여 무인(武人)답지 않았고, 또 강직하여 뜻이 높았기 때문에 세상에 용납되지 않았다. 죽은 뒤에는 청백리(淸白吏)에 추록(追錄)되었다. 명묘(明廟) 이후 무신으로서 청렴하고 개결한 자로는 필무를 제일로 꼽는다. 《선조수정실록》

장필무에게는 장의현(張儀賢, ?~?)과 장지현(張智賢, 1536~1593)이라는 두 아들이 있었다. 장의현에 관한 기사는 선조 6년(1573) 6월 17일에 나오며, 해남현감(海南縣監)·부령부사(富寧府使)·우후(虞侯)·장흥부사(長

興府使)·호군(護軍)이었다. 선조 33년(1600) 6월 5일에 임금이 호군 장의현의 사직을 윤허하였다. 이때 사관(史官)의 글이다.

장의현은 전에 북방에 있을 적에 공로가 많았다. 지금 거의 죽을 나이가 되었는데 위에서 이렇듯 진념(軫念)하니, 참으로 사람을 정성으로 대우한다는 것이 바로 이런 것이다. 혈기가 있는 자이면 그 누군들 감동하지 않겠는가. 《선조실록》

장의현의 동생 장지현(張智賢, 1536~1593)은 선조 25년(1592) 7월 25일 '비변사(備邊司)가 공을 세운 허욱·박의·유숭인·장지현 등을 포증하기를 청하다'라는 기사에 나온다.

"장지현(張智賢)의 의열(義烈)은 옛사람에게 견주어도 부끄러울 것이 없으니 해조(該曹)에게 포증(褒贈)하게 하여 신하의 절의를 격려하소서" 하니, 상이 따랐다.《선조실록》

장지현이 죽고 300년이 지난 고종 27년(1890) 3월 27일 통어사(統禦使) 박제관(朴齊寬)이 올린 상소다.

삼남(三南)은 바로 우리나라의 울타리인데 조령(鳥嶺)과 추풍령(秋風嶺)이 영남(嶺南)과 호남(湖南) 사이에 있는 군사상 가장 중요한 지점입니다. 추풍령은 그 산맥이 조도치(鳥道峙)로부터 뻗어 내려와 상주를 거쳐 남동쪽으로 황간계선(黃澗界線)에 이르러 끊어져 평평한 육지로 되어 땅으로 말하면 요해지로 되었고 지형으로 말하면 평탄한 곳으로 되어 있으니, 두 갈래의 길이 교차하는 지점에 있어 사방이 막힌 험난한 곳이 없습니다. 곤수(閫帥)가 봄·가을로 순시하는 것이 비록 전해오는 관례이기는 하지만 어설픈 허점에 무슨 도움이 있겠습니까? 지난 **임진왜란 때에 조방장(助防將) 장지현(張智賢)**의 군사가 패선하고 자신노 죽었는데 만일 병소에 미리 방비했더라면 어찌 이 지경에 이르렀겠습니까?《고종실록》

장지현은 호가 삼괴(三槐)다. 장지현은 임진왜란 때 경상도관찰사 윤선각(尹先覺)에게 용맹을 인정받아 그의 비장(裨將)이 되어 선조 26년(1593) 부하 수천 명을 거느리고 황간(黃澗)의 추풍령에서 적을 요격하던 중 금산(錦山) 방면에서 진격해 오던 적장 구로다 나가마사[黑田長政] 군사의 협공을 받아 분전 끝에 전사하였다.•

4. 박연의 국조문과방목(國朝文科榜目)에는 부 박천석, 조부 박시용, 증조부 박순중, 외조부 김오, 처부 송빈(宋贇, ?~1388)으로 되어 있다. 선계(先系)가 순중-시용-천석-연-맹우·중우·계우다.

난계파 족보에는, 증조부 박순중(朴純中)은 "중자(中字)를 중(沖)으로도 썼으며 초휘(初諱)는 유명(惟明)이고 고려조에 벼슬은 양온사동정(良醞史同正)·진잠겸연산감무(鎭岑兼連山監務)·풍저창사(豊儲倉使)·통례문지후(通禮門祗侯)를 거쳐 통직랑(通直郎)·도관정랑(都官正郎)·충주목판관(忠州牧判官)·판도판서(版圖判書)를 역임하고, 자금어대(紫金魚袋)를 하사(下賜)받았다"고 한다. 배위(配位)는 공주이씨(公州李氏)로 아버지가 삼사좌윤(三司左尹) 이설(李稧)로 되어 있다. 박순중이 충주목판

• "장지현" 한국역대인물 종합정보시스템 〈http://people.aks.ac.kr〉 [2012. 4. 18. 기사].

관일 때 김영이와 사돈이 된 것으로 여겨진다.

박시용 신도비(神道碑)에는 "첫 이름은 시무(時茂)요, 자(字)는 도부(道夫)다. 고려조에 생원시에 급제하여 전교시교감(典敎寺敎勘)·감찰규정(監察糾正)·도관좌랑(都官佐郎)·지한주군사(知韓州郡事)·판도좌랑(版圖佐郎)·풍저창사(豊儲倉使)를 역임하고 자금어대를 하사받았으며, 성균관직강(成均館直講)·지제교(知制敎)를 지냈는데, 고려 공민왕 4년(1355)에 돌아가시다"라고 적혀 있다. 후에 대광문하찬성사(大匡門下贊成事)·우문관대제학(右文館大提學)에 증직(贈職)되고 문간공(忠簡公)이란 시호를 받았다. 영동군 심천면 기호리 태소동에 고비위(考妣位)를 설단하여 향사(享祀)를 지내며, 단갈(短碣)과 석의(石儀)가 있다.

박연의 아버지 박천석은 고려조의 삼사좌윤(三司左尹)이었다. 그는 족보 이외의 다른 문헌에는 전하는 바가 없지만, 그의 사돈 집안을 보아 상당한 인물임을 짐작할 수 있다. 빙옥정에 나오는 박원룡의 아들 박천상은 《태조실록》에 있지만, 박시용의 아들 박천석은 《태조실록》에 없다. 건강 문제로 조선 건국에 참여하지 못한 것으로 추측한다.

영동군 심천면 마곡리 어유산(御留山) 보덕동(輔德洞)에 천석의 신도비(神道碑)가 있다. 신도비명에 따르면 그는 고려조에 중정대부(中正大夫) 삼사좌윤을 역임하였으나, 후에 아들로 말미암아 자헌대부(資憲大夫) 이조판서(吏曹判書)를 추증 받았다. 배(配) 정부인(貞夫人) 경주김씨(慶州金氏)는 통례문부사(通禮文副使) 오(珸)의 딸이고, 묘소는 공(公)과 동원(同原)에 상하로 있다.

신도비명의 박천석의 졸년(卒年) 1396년(병자년)은 이서구(李書九, 1754~1825)의 《석재집(惕齋集)》에 있는 박연의 여묘살이와 맞지 않다. 《석재집(惕齋集)》에는 어머니 경주김씨의 졸년이 1396년이다. 박연의 결혼과 박천석의 졸년은 맞물려 있다. 1393년이면 박연의 나이 열여섯이다. 이 해에 박연이 결혼하였다고 추측한다. 난계의 결혼과 박천석의 졸년은 모두 1393년이지만 유학(儒學)을 공부한 박연이 아버지 별세 후 곧바로 결혼한다는 것은 무리(無理)이기 때문에 그의 결혼은 박천석의 별세보다 앞서야 한다. 박연의 6년간 여묘살이 후 태종 2년(1402)에 받은 효자비를 참작해보면, 박천석은 박연이 결혼한 1393년 이후에 세상을 떠났을 것이다.

박천석의 신도비명에 있는 그의 후손에 대한 기록이다. 틀린 관직(官職)은 일부 수정하였다.

일남(一男) 연(堧)은 세칭(世稱) 난계선생이라 하니 태종 11년(1411) 문과에 등과하여 세종조에 악학별좌·공조참의·예조참의·중추원부사·인수부윤 등을 역임하고, 단종조에 예문관대제학을 지냈다. 그는 우리나라 아악(雅樂)의 창시자로서 너무나 유명하다. 시호는 문헌공이시고 회곡(晦谷) 초강서원(草江書院)에 향사되었다. 4녀(四女)가 있었으니 일녀는 감찰(監察) 금유(琴柔)에게 이녀(二女)는 부장(部將) 정간(鄭諫)에게 삼녀(三女)는 감무(監務) 박여생(朴汝生)에게 사녀(四女)는 부사(府使) 김보린(金寶麟)에게 출가하였다. 손자는 삼형제가 있었으니 장손(長孫) 맹우(孟愚)는 관(官)이 도정(都正)이오 이손(二孫)은 중우(仲愚)이니 벽동군수(碧潼郡守)를 지냈다. 삼손(三孫)은 계우(季愚)이니 집현전한림(集賢殿翰林)을 지냈으며 단종 2년(1454)에 안평대군 이용(李瑢)·김종서(金宗瑞)·정분(鄭苯) 등의 계유정난 간당(姦黨)으로 순절(殉節)하여 정조 15년(1791) 증가선대부(贈嘉善大夫) 이조참판(吏曹參判)이 되었다. 증손(曾孫) 양(壤)·곤(坤)·해(垓)·은(垠)·용(墉)·중양(重陽)·조(鵬)·붕(鵬) 등은 계우에게 연좌되어 충청·전라·경상 등 삼도(三道)에 뿔뿔이 헤어져 살게 되었다.*

박천석과 부인 경주김씨 사이에는 외아들 박연과 네 사위 봉화금씨 금유(琴柔)·하동정씨 정간(鄭諫)·울산박씨 박여생(朴汝生)·안동김씨 김보린(金寶麟)이 있다. 네 사위 중 금유만 《실록》에 있다.

금유의 호는 청원정(淸遠亭)이며 증조부는 금진고(琴進高), 조부는 금조(琴操), 아버지는 금극해(琴克諧), 아들은 금이영(琴以詠)이며 외조부는 이인실(李仁實)이다. 금유의 아버지 금극해는 우왕 11년(1385) 을축방(乙丑榜)에, 금유는 태조 5년(1396) 식년시(式年試)에, 아들 금이영은 세종 29년(1447) 친시(親試)에 합격하여 3대가 나란히 문과에 급제하였다.

문과에 급제한 금유는 정종 2년(1400) 성균관 박사, 태종조에 창녕감무(昌寧監務)·사간원장무(掌務)·좌정언(左正言)·병조좌랑·사헌부지평(司憲府持平)을, 세종조에는 좌사간·우사간·형조우참의(刑曹右參議)·지부(知部)·첨지중추원사(僉知中樞院事)·지병조사(知兵曹事)·전라도관찰사·공조참의를 역임하였다. 세종 25년(1443)에 대사성(大司成)으로 승진하였으나 체직(遞職)된 바 있다. 김종직(金宗直, 1431~1492)과 조위(曺偉, 1454~1503)의 학문에 영향을 미쳤다고 한다.**

금유는 대구 금학루(琴鶴樓)에 '영각서풍청(鈴閣署風淸)'이라는 시를 남겼다. 금학루는 대구광역시 중구 대안동 50번지 일대에 자리 잡고 있던 구 달성관[객사(客舍)] 동북 모퉁이에 있던 것으로 세종 23년(1441)에

• 박윤하, 《밀양박씨문헌공난계파대동보》, 1979년, 71쪽.
•• "봉화금씨-금유" 신종우의 인명사전 〈http://www.shinjongwoo.co.kr/html/search.html〉 [2012. 4. 18. 기사].

지군사(知軍事)로 왔던 금유가 세운 것이다.

금유의 아들 금이영(琴以詠, ?~?)은 예문관대교·승문원부교리·청주판관을 역임하고 성종 3년(1472) 승문원교리로서 예종부묘사(睿宗祔廟事)에 집사로 참여하여 그 노고로 1품계를 가자 받았다. 김종직(金宗直)이 그에게 보낸 시에 "선생의 재주는 옛사람도 비견하지 못한다"고 했을 만큼 시문에 뛰어났다고 전해진다.• 김종직은 금유와 금이영 부자와 교류하였다. 금이영은 문종 즉위년(1450)에 춘추관기사관(春秋館記事官)이다.

박연의 사촌 형 박흥생(朴興生, 1374~1446)은 박시용의 차남 박천귀의 장남이다. 그는 고려 말 조선 초의 문신으로, 본관은 밀양(密陽) 자는 경부(敬夫) 호는 국당(菊塘)이다. 박흥생은 일찍이 문명을 떨쳐서 1386년 진사시에 합격하고, 1390년 생원시에 합격하여 누차에 걸쳐 문과에 응시하였으나 실패하였다. 그리하여 김훈(金訓)·서호(徐晧), 사촌 동생 연(堧) 등과 상촌(桑村) 김자수(金子粹)의 문하에서 학업에 전념하였다. 이를 지켜본 이색(李穡)이 그의 재주를 칭찬, 추천하여 여흥부(驪興府)·춘천부(春川府)의 교수를 역임하였다. 그의 강의는 치밀하고 상세하여 원근에 소문이 자자하였다.

세종 5년(1423) 창평현령에 제수되어 기강을 엄히 하고 소송을 분명히 하여 칭송이 컸으나, 친상을 당하여 사임하고 고향에 돌아가 만년을 자연과 더불어 보냈다. 고향에 정자를 세워 이락정(二樂亭)이라 하였다. 저술로는 《촬요신서(撮要新書)》가 있다.••

박연의 사촌 동생 박흥거(朴興居, ?~?)의 호는 이요당(二樂堂)이다. 세

• "봉화금씨—금이영" 성씨검색 〈http://www.rootsinfo.co.kr〉 [2012. 4. 18. 기사].
•• "박흥생" 한국역대인물정보시스템 〈http://people.aks.ac.kr〉 [2012. 4. 18. 기사].

종 9년(1427) 9월 5일이다.

> 사헌부에서 계하기를, "감찰방주(監察房主) 김허(金虛)와 유사(有司) 김숙검
> (金叔儉)·권택(權擇)이 신감찰(新監察) 권수종(權守琮)과 박흥거(朴興居)에
> 게는 참례(參禮)를 받고 (…)《세종실록》

이요당 박흥거는 우봉현감과 감찰을 지냈다. 박연은 박흥거가 감찰에
재직할 때 호남에서 만나 시 한 수를 지었다.

창평현감을 역임한 흥생과 현감 및 감찰을 역임한 흥거는 할아버지
박시용의 고려 말 벼슬에 대한 음서(蔭敍)로 등용된 것이 아닐까? 태조
이성계는 자기와 한편인 고려 때의 2품 이상의 고위 관료에게는 음서(蔭
敍) 혜택도 주었다. 음서란 자식이나 손자를 과거를 통하지 않고도 관
직에 진출시킬 수 있는 제도이다. 고려 시대에 5품 이상의 중견관료에게
음서의 혜택을 준 것에 비하면 그 상한선이 올라갔지만 어쨌든 특혜인
것만은 틀림없었다. 공신전으로 토지를 물려주고 음서로 관직을 물려줄
수 있었으니 역성혁명파는 대대로 지배신분을 유지할 수 있게 된 것이
다.*

그들의 할아버지 박시용이 충정왕 1년(1349)에 정5품 한산군수에 재
직하였고, 뒤에 종2품 우문각대제학에 증직되었으니, 흥생·흥거의 벼슬
을 음서제(蔭敍制)와 관련지어 볼 수 있다.

세종 15년(1438)에 박흥거가 "밀양박씨 화수회를 만들라"는 사촌 형
박연의 서한을 받고 밀양에서 종인(宗人) 93인을 모아 계첩(契帖)을 만

• 이덕일, 《사화로 보는 조선역사》, 석필, 1998년, 96쪽.

들고 영구히 보존토록 한 것은 당시 흥거가 관직에서 물러나 고향 영동
에 있을 때였다.

김종직의 외할아버지 박홍신(朴弘信, 1363~1419)은 무관이다. 밀양박
씨로 삼사좌윤(三司左尹) 천경(天卿)의 아들이다. 우왕 10년(1384)에 별
장이 되었으나 형 절제사(節制使) 언충(彦忠)과 함께 향리에 돌아왔다
가, 조선이 건국되자 무예로서 갑사(甲士)가 되어 금군에 소속되었는데,
사직(司直)을 거쳐 호군에 오르고, 태종 14년(1414) 제물량(濟物梁)·병산
포(並山浦)의 만호 등을 역임하였으며, 행직(行職)으로 3군진무(三軍鎭
撫)가 되고, 태종 18년(1418) 중직대부(中直大夫) 사재감정(司宰監正)이
되었다가, 그 다음 해 좌사금(左司禁)이 되었다. 세종 1년(1419) 삼군도체
찰사(三軍都體察使) 이종무(李從茂, 1360~1425)가 전함 227척, 군량 65일
분, 군졸 1만 7,285명을 거느리고, 왜구의 소굴인 대마도를 정벌할 때 좌
군절제사 박실(朴實)의 휘하(麾下) 편장(編將) 박홍신은 왜군 복병(伏兵)
의 공격을 받아 전사하였다.

박홍신의 사위 김숙자(金叔滋, 1389~1456)의 본관은 선산, 호는 강호
산인(江湖散人)이며 아버지는 관(琯)이다. 김숙자는 태종 14년(1414)에 생
원시, 세종 1년(1419)에 문과에 급제하여 세종 5년(1423) 성균직학, 세종
20년(1438) 내자주부(內資主簿)·동부교수관(東部教授官)이 되었으나 6
개월 뒤에 조강지처를 버리고 박홍신의 딸과 결혼하였다 하여 사유록
(師儒錄)에서 삭제당하였다. 문종 즉위년(1450) 개령현감(開寧縣監)을 지
내고, 교리(校理)로 있던 세조 1년(1455) 12월 27일 원종공신 3등에 녹훈
(錄勳)되었지만 1456년에 사직하고 처가가 있는 밀양으로 내려가서 그해
에 죽었다. 김숙자에 대한 세종 21년(1439) 4월 14일의 기록이다.

처음에 집현전과 성균관에 영을 내려 경서(經書)에 밝고 행실을 닦아서 스승이 될 만한 선비를 천거하라고 하였더니, 집현전에서 주부(注簿) 김숙자(金叔滋)를 천거하였다. 《세종실록》

김숙자와 같이 박연의 첫 사위 조주(趙注, ?~?)도 1440년 경명행수자(經明行修者)로 사유(師儒)가 될 만한 인물을 천거할 때 김숙자(金叔滋)와 함께 뽑혀 성균관주부에 임명되었고, 관직은 호조참판을 끝으로 퇴관하였으며, 나주 세화리에 우거하다 80여 세를 일기로 죽었다.* 이 사실은 박흥신의 사위 김숙자와 박연의 사위 조주가 서로 교제하였음을 알려준다. 박연 가(家)와 김종직의 인연은 이후에도 계속된다.

조주는 세종 11년(1429) 5월 30일 알성시(謁聖試) 을과(乙科)에 장원으로 급제하였다. 박연이 조선 음악을 정비하려고 많은 서적을 연구하던 시기다. 난계의 연구에 대한 열정과 소장하였던 많은 책이 조주에게 큰 영향을 주었을 것이다.

근정전(勤政殿)에 나아가 친시(親試)에 급제(及弟)한 조주(趙注)·민효열(閔孝悅)·장근지(張謹止) 등 세 사람의 방(榜)을 내어 걸었다. 《세종실록》

조주는 이날 의영고부사(義盈庫副使)가 된다. 장인이 근무한 자리다. 세종 15년(1433) 충청도 도사(都事), 세종 16년(1434)에 우헌납·좌헌납, 세종 17년(1435)에 사헌지평(司憲持平)이 되었다. 세종 18년(1436)에는 판회령부사 이징옥(李澄玉)의 종사관(從事官)을 지냈다. 그는 세조 1

<hr>

년(1455) 12월 27일의 그토록 많은 원종공신(原從功臣) 명단에 이름이 없다.

김숙자의 아들 김종직(金宗直, 1431~1492)은 밀양에서 태어나고 묘소노 밀양에 있다. 성종23년(1492) 8월 19일 기록이다.

중풍(中風)의 마비 증세로 인하여 휴가를 주었으나 낫지 아니하므로 지중추부사(知中樞府事)로 옮겼다. 동래온천(東萊溫泉)에 목욕하기를 청하여 내려갔다가 이어 밀양(密陽)의 옛집으로 돌아가서 글을 올려 사직(辭職)하였는데, 임금이 친히 불윤(不允)하는 비답(批答)을 지어서 하사(下賜)하였다. 이때에 와서 졸(卒)하였다. 처음의 시호(諡號)는 '문충(文忠)'이었는데, 도덕(道德)이 높고 학문(學文)이 넓은 것을 '문(文)'이라 하고, 청렴하고 공정(公正)한 것이 '충(忠)'이다. 뒤에 대간(臺諫)의 논박(論駁)으로 인하여 시호를 '문간(文簡)'으로 고쳤는데, 문학이 넓고 본 것이 많은 것이 '문(文)'이고 경(敬)에 거(居)하여 간소(簡素)하게 행동함이 '간(簡)'이다. 김종직은 자호(自號)를 '점필재(佔畢齋)'라고 하였으며, 저술(著述)한 글이 몇 권이 있다. 찬집(撰集)한 《청구풍아(靑丘風雅)》·《동문수(東文粹)》가 세상에 행해지고 있다. 《성종실록》

점필재 김종직의 제자 중 탐진안씨 안우(安遇, 1449~1527)는 호가 노계(蘆溪)이며 아버지는 중광(重光)이다. 안우가 김종직의 제자라는 기사가 중종 13년(1518) 3월 26일에 있다.

유학 안우(安遇)는 초계(草溪)에 사는 사람으로, 젊어서 김종직(金宗直)의 문하에 유학하여 경의(經義)를 탐구하고 옛것을 좋아하였는가 하면, 뜻이 매

우 높고 행동은 옛사람을 본받았습니다. 그리고 김굉필과 지업(志業)을 같
이하면서 성리학을 탐구하였는데, 굉필은 그의 독실한 뜻과 집념을 칭찬하
였습니다. 그는 과거를 보려 하지 않고 성환(聲宦)에 등한하였으며, 나이 60
이 넘어 기력은 비록 쇠하였으나 정신은 더욱 분명하여 유림이 그를 존경합
니다. 《중종실록》

안우의 배위 숙인(淑人) 화순최씨(和順崔氏)의 아버지는 현감을 지낸
최자청이다. 최자청은 박연의 막내 사위이다. 안우는 탐진(耽津)을 관향
으로 하는 조선 전기(中宗)의 문신이며 학자이다. 어려서 김종직(金宗直)
에게 수업하였고, 김굉필(金宏弼)·남효온(南孝溫) 등과 교제가 깊었다.
특히 남효온은 그의 절개와 지조를 높이 평가하여 동한(東漢)의 절의에
비기기도 하였다.[*]

김종직의 제자 안우가 박연의 넷째 사위 최자청의 사위라는 사실은
참으로 중요하다. 최자청은 세조 1년(1455) 12월 27일 원종공신 2등에 녹
훈되었다. 어찌하여 박연의 사위가 수양대군의 공신이 되었을까? 최자
청이 원종공신이 된 것은 단종 2년(1454)에 그의 처남 박계우가 와언(訛
言)[수양대군이 왕이 되려 한다]을 하였다고 밀고한 대가가 아닐까? 이것
이 사실이라면 조의제문을 지은 김종직이 왜 박연의 막내 박계우를 밀
고한 최자청의 사위를 문하에 두었겠는가? 그리고 생육신 남효온은 왜
안우의 절개와 지조를 높이 평가한다고 하였을까? 따라서 진실은 다음
과 같다.

박연의 막내아들 박계우의 교형은 수양대군 일파들이 단종의 왕위를

• "탐진안씨-안우" 신종우의 인명사전 〈http://www.shinjongwoo.co.kr/html/search.html〉 [201. 4. 18. 기사 참고.

찬탈하기 위한 전략적 음모 중 하나였다. 그들은 왕위찬탈에 걸림돌이 되는 종신직 예문관대제학 박연을 제거하려고 박연의 사위 최자청에게 "박계우가 와언을 하였다"라고 거짓말을 하도록 협박한 것이다. 이때는 이미 수양의 세상이 아닌가. 이러한 사실을 알고 있던 김종직은 최자청의 사위 안우를 제자로 맞아들였던 것이다.

김종직의 외할아버지 박홍신의 아버지는 박천경(朴天卿)이고 박연의 아버지는 박천석(朴天錫)으로 모두 고려 말에 삼사좌윤(三司左尹)이었다. 박연이 '가훈 17칙'에서 강조한 소학의 실천을 김종직의 아버지 김숙자도 중시하였고, 김숙자와 박연의 사위 조주는 다 같이 경명행수자(經明行修者)로 천거되었으며, 김종직이 박연 누나의 아들 금이영에게 "선생의 재주는 옛사람도 비견하지 못한다"라고 시(詩)를 지어 보낸 적도 있다.

《중종실록》에는 박연의 막내 사위가 되는 최자청의 사위 안우는 김종직의 문하에서 공부하였다고 기록하고 있다. 따라서 박연과 김종직의 외조부 박홍신은 가까운 집안이었음이 분명하다. 사대부 학자들의 사제관계는 혈연으로 이어져 그들의 학문적 유대와 교유는 정주학(程朱學)의 학풍을 수용하는 것이었다. 특히 사대부 사회를 중심으로 하는 성균관 교육을 통하여 실천 유학적 사상체계를 형성하기에 이르렀다.[*]

김종직은 세종 28년(1446) 과거에 응시하여 '백룡부(白龍賦)'를 지어 김수온(金守溫)의 주목을 받았지만 낙방했다. 그 뒤 형 종석(宗碩) 등과 함께 황악산(黃嶽山)에 있는 능여사(能如寺)에 가서 독서에 힘썼고, 세조 5년(1459) 식년 문과에 급제하여 승문원권지부정자(承文院權知副正

• 박경심, 《목은 이색의 철학적 인간학》, 문사철, 2009년, 46쪽.

字)로 벼슬길에 올랐다.[*]

박연과 김수온은 친척이다. 김수온이 김종직을 주목한 것은 박연의 부탁일 수도 있다. 박연의 손자 해(垓)의 상촌면 유곡리 생활이 난계가 별세한 세조 4년(1458) 3월 26일 이후이니 유곡리에서 가까운 황학산 능여사에서의 김종직의 공부 시기와 묘하게 겹친다.

1994년에 간행한 난계파 족보에 최근덕(崔根德) 성균관장의 '유교적 입장에서 본 난계공'이라는 글이 있다. 이 글에는 점필재 김종직(1430~1492)이 "난계 선생께서 학식이 정밀함과 도술의 올바름은 참으로 나의 사표(師表)"라고 하였다는 내용이 있다.

성종 8년(1477) 12월 12일의 기사를 보면 김종직이 성현(成俔, 1439~1504)을 대신하여 박연의 음악을 계승할 기회가 있었다. 그러나 그는 시사(詩史)가 본래 유자(儒者)의 일이라고 한 적이 있다.

임금이 좌부승지 손비장(孫比長)에게 이르기를, 《율려신서》를 학습함이 매우 좋겠으니, 배울 만한 사람을 택하여서 아뢰고, 제복(祭服)은 해사(該司)로 하여금 검찰(檢察)하게 함이 또한 옳다" 하였다. 손비장이 아뢰기를, "지금 사유록(師儒錄)이 너무 번잡하여 정밀하지 못합니다. 김종직(金宗直)은 부모가 연로하여 지금 선산부사(善山府使)로 있는데, 사람됨에 재주와 행실이 모두 넉넉하여 교주(敎胄)를 맡을 만한 자입니다. 또 김계창(金季昌)과 최경지(崔敬止)·성현(成俔)·유윤겸(柳允謙) 같은 사람들도 모두 여기에 뽑힐 만한 자이며 한림(翰林) 표연말(表沿沫)도 또한 학문에 뜻을 두어 자못 정통하고 능숙합니다. 《성종실록》

• "김종직" 한국 브리태니커 〈http://timeline.britannica.co.kr/bol/topic.asp?mtt_id=11355〉 [2012. 4. 18. 기사].

김종직은 '조의제문(弔義帝文)' 때문에 연산군 4년(1498) 7월 27일 부관참시 된다.

우리 세조혜장대왕(世祖惠莊大王)께서 신무(神武)의 사실로 국가가 위의(危疑)하고 뭇 간신이 도시린 즈음을 당하여, 침착한 기지와 슬기로운 결단으로 화란(禍亂)을 평정시키시니 천명(天命)과 인심이 저절로 귀속되어, 성덕(聖德)과 신공(神功)이 우뚝 백왕(百王)의 으뜸이었다. 그 조종(祖宗)에게 빛을 더한 간대(艱大)한 업적과 자손에게 끼친 연익(燕翼)의 모훈(謨訓)을, 자자손손 이어받아 오늘에까지 이르러 아름다웠었는데, (…) 《연산군일기》

어린 조카의 왕위를 찬탈하고 사람의 목숨을 파리처럼 여긴 수양대군에 대한 평가가 가관이다. 위의 기사에서 이어지는 김종직에 대한 글이다.

뜻밖에 간신 김종직이 화심(禍心)을 내포하고, 음으로 당류(黨類)를 결탁하여 흉악한 꾀를 행하려고 한 지가 날이 오래되었노라. 그래서 그는 항적(項籍)이 의제(義帝)를 시해한 일에 가탁하여, 문자에 나타내서 선왕(先王)을 헐뜯었으니, 그 하늘에 넘실대는 악은 불사(不赦)의 죄에 해당하므로 대역(大逆)으로써 논단하여 부관참시(剖棺斬屍)하였고, 그 도당 김일손·권오복·권경유가 간악(姦惡)한 붕당을 지어 동성상제(同聲相濟)하여 그 글을 칭찬하되, 충분(忠憤)이 경동한 바라 하여 사초에 써서 불후(不朽)의 문자로 남기려고 하였으니, 그 죄가 종직과 더불어 과(科)가 같으므로 아울러 능지처사(凌遲處死)하게 하였노라. 《연산군일기》

박연·박팽년·김수온의 글이 《몽유도원도》와 송유의 《쌍청당제영》에 나란히 있다. 이들은 선대로부터 맺은 인연을 소중히 여겼다. 열여섯에 등과한 천재 박석명과 폭군 연산군을 몰아낸 박원종, 청백리 장필무와 임진왜란 때 나라를 구하다 최후를 맞이한 장지현과 '빙옥정'의 후예들, 영산공 김영이의 사위 고르는 안목이 얼마나 놀라운가!

5. 김오(金珸)는 고려조에 통례문부사(通禮門副使)·지제고(知制誥)를 지냈다. 그는 경주김씨 상촌공파(桑村公派) 파조(派祖) 김자수(金自粹, 1351~1413)의 아버지로 김영이의 손자 김종경의 장인(丈人)이며 박연의 외할아버지이다.

고려 말과 조선 초의 문신 김자수는 호가 상촌(桑村)이며, 공민왕 23년(1374) 문과에 장원급제하였다. 이때의 가족사항에 부 김오, 조부 김영백(金英伯), 증조부 김상(金商), 외조부 손홍량(孫洪亮)으로 되어 있다. 김자수는 고려조에 덕녕부주부(德寧府注簿)와 전교부령(典校部令)을 거쳐 판사재시사(判司宰寺事)가 되었고, 공양왕 때 대사성·세자좌보덕(世子左輔德)을 지냈다고 한다.

조선조에서는 태조 6년(1397)에 청주목사(淸州牧使), 태종 1년(1401) 정3품 좌우산기상시(左右散騎常侍), 태종 6년(1406) 충청도 도관찰사(都觀察使)를 역임하였다. 태종 13년(1413) 11월 14일, 《태종실록》에 전 강릉 대도호부 판사 김자수의 졸기(卒記)가 있다.

김자수는 박연의 외삼촌이면서 스승이기도 했다. 또한 그는 박연의 사촌 형제 흥생과 흥거의 스승이기도 하며, 김노경(金魯敬, 1766~1840)과 추사 김정희(金正喜, 1786~1856)의 선대이다. 영동군 심천면 각계리 388번지에 있는 충청북도 기념물 제41호 선지당(先志堂)은 김자수의 유적이다.

할아버지 박시용

목은(牧隱) 이색(李穡, 1328~1396)의 아버지 가정(稼亭) 이곡(李穀, 1298~1351)은 박연의 할아버지 박시용(朴時庸)에 내한 글을 남겼다. 한산군수 박시용의 선정(善政)에 대하여 가정이 고향 한산에서 듣고 본 것을 기록한 것이 '한주중영객사기'이다. 이 기록을 서거정(徐居正, 1420~1488)은 《동문선(東文選)》에, 정약용(丁若鏞, 1762~1836)은 《목민심서(牧民心書)》에 인용하였다.

《가정선생문집(稼亭先生文集)》에 있는 '한주중영객사기(韓州重營客舍記)'의 번역문이다.

지정(至正) 기축년[고려 충정왕 1년(1349)] 가을에 비가 심하여 마산(馬山) 객관(客館)의 남쪽 낭사(廊舍)가 무너졌다. 비가 이미 개고 농사 또한 한가하니 고을 사람들이 수축하려 하였다. 군수 박군(朴君)이 말하기를, "남쪽 낭사뿐 아니라 청사도 거의 무너졌는데, 왜 한 번에 새롭게 하지 않는가" 하였다. 고을 사람들이 말하기를, "이 지방에는 재목이 생산되지 않아서 8척가량 되는 나무도 다른 산 백 리 밖에서 취하여 오고, 또 우리 고을에 사는 자가 대부분 권세 있는 사람에게 가리워져 있으니 누가 우리를 위하여 부역하려 하겠는가" 하였다. 박군이 말하기를, "어떻게든 해보라. 어려울 것이 무엇 있겠는가" 하고, 또 말하기를, "묵은 집을 헐어 버리지 않으면 사람들이 장차 힘을 쓰지 않을 것이다" 하며, 하루아침에 다 철거하였다. 고을 사람들이 처음에는 의심하고 근심하였다. 박군이 이에 아전들의 재주를 헤아려서 능한 자는 큰 집을 맡겨 인부를 많이 주고, 재주가 없는 자는 적게 주어서 이미 나누어 주관하게 하고, 명령하기를, "옛사람이 말하기를, '편안히 살 방도로 백성을 부리면 비록 수고로워도 백성이 원망하지 않는다' 하였으니, 지금 너희가 이 땅에서 입고 먹으며 근심하는 탄식이 없는 것은 모두 윗사람의 덕택이다. 모든 빈객이 오는 것이 크게는 천자의 말을 선포하는 것이고, 작게는 본국의 명령을 반포하는 것으로 나라의 근본을 근심해서이니 이 관사를 세우는 것은 결국은 백성을 위하는 것이다. 이번의 역사가 너희를 편안하게 하는 방도가 아니겠는가. 하물며 묵은 집의 제도가 추하고 소박하고 또 무너져 가고 있어 사신을 받들어 조서와 명령을 들을 수가 없으니, 군수는 오직 공경하지 못할까를 두려워하는데 어찌 감히 태만하랴. 감히 명령을 어기는 자는 벌을 주겠다" 하였다. 이에 호수(戶數)를 조사하여 인부를 내고 오직 늙은이와 어린아이만 뺐다. 바다를 건너 재목을 취하였으며 험하고 먼 것을 꺼리지 않고 돈을 거두어 돕고 도시락밥을 싸 가지고 먹이는 자가 어깨가 서로 스칠 정도로 많았다. 그해 윤달에 역사를 시작하여 겨우 두어 달이 지나서 청방(廳房)과 낭무(廊廡)가 지어지긴 했으나, 때가 바야흐로 춥고 어는 때여서 흙을 바를 수가 없어 우선 공사를 중지하게 하였다. 이듬해 2월에 준공이 되려 하는데, 높지도 않고 낮지도 않아서 면세(面勢)에 맞고, 사치하지도 않고 비루하지도 않아서 시의(時宜)에 적합하였다. 처음에는 의심하고 근심하던 자들도 마침내는 기뻐서 탄복하였고, 지난날에는 세력이 있어 방자한 자들도 지금은 모두 지시대로 따랐다. 또 고을 관원의 일 보는 집과 서적을 두는 곳과 물건을 두는 창고를 짓지 않을 수 없다 하여 규모와 계획이 이미 정해졌는데, 박군이 마침 체직되어 떠나게 되었다. 고을 사람들은 정신이 아득하여 부모를 잃은 것처럼 여겼으니, 박군은 역시 능하다 하겠다. 내가 어려서 시골에서 자라 백성의 화복이 실지로 수령에게 달려 있음을 알았고, 우리 시골에서 더욱 그렇게 보았다. 도성에 있게 되어서 우리 아전과 백성이 가끔 도망하여 숨어서 고을 길이 가시밭이 되고 빈객이 돌아갈 곳이 없으므로, 군수가 어떻게 할 수가 없어서 인(印)을 품고 가 버린다는 말을 듣고, 내가 탄식하며 말하기를, "이것은 아전과 백성의 죄일 뿐만 아니라, 땅을 지키고 있는 자도 그 책임을 회피할 수 없다" 하였다. 병술년(1346) 봄에 조서를 받들고 돌아오니, 그때에 이군(李君) 자(資)가 정사를 한 지가 얼마 안 되었는데, 아전을 통솔하고 백성을 다스리는 것이 모두 조목과 법도가 있어서 한 고을 사람들이 이루어진 효과에 매우 놀라워했다. 그런데 일찍이 반년도 되지 못하여 조정으로 불리어 들어가고, 이군(李君) 자장(自長)이 이어서 정사하기를 더욱 부지런히 하여 하는 것을 실천하지 않음이 없었다. 그는 말하기를, "국법에 수령이 사는 곳을 공아(公衙)라고 하는데, 이 고을 수령은 거처할 곳이 없어서 백성의 집에 거처하고 있으니 어떻게 고을이 되겠는가" 하고, 그 고을 아전에게 명하여 부서와 부역을 나누어 며칠이 안 되어 완성하였다. 또 관사(館舍)를 차례로 수축하려 하였는데, 조금 뒤에 상사를 당하여 고을을 떠났다.

박군이 부임했는데 능히 두 이군의 재주를 겸하여 두어 해 동안에 이익이 되는 일은 일으키고 해가 되는 것은 없애어 일이 이루어지고 백성이 화합하여 실로 전날의 한산(韓山)이 아니었다. 또 성의로 사람을 대우하며 빈객을 접대함에 게으른 모양이 없고 필요에 따라 공급하는 물건과 침상이나 담요, 온갖 기구 등 작은 것에 이르기까지 모두 완비되고 깨끗하게 만들어 놓았다. 그러나 그것은 관청 창고의 장물(贓物)에서 취하여 쓴 것이고, 조금도 백성에게서 거둔 것은 없었다. 그러므로 명성이 대단히 성하여 한 고을에서 으뜸이 되었다. 나는 같은 고을 사람으로 어머니를 모시는 여가에 다행히 보고 들은 바가 있었는데, 이제 관사가 지어진 것을 보고 그 대략을 쓴다. 아, 이제부터 박군의 뒤에 오는 자가 한결같이 박군을 본받아서 완성되지 못한 공적과 끝나지 못한 일을 마침내 이루어 놓는다면 훌륭한 관리가 되지 못함을 근심할 필요가 없을 것이다. 박군의 이름은 시용(時庸), 자(字)는 도부(道夫)로 본관은 밀성(密城)이다. 감찰규정(監察糾正)에 임명되었다가 전례에 따라 군수로 나왔다 한다. 경인년[고려 충정왕 2년(1350)] 3월 일에 기록한다.*

충정왕 1년(1349) 가을에 한산군 군수 박시용이 심한 비로 무너진 객사(客舍)를 관원과 백성을 독려하여 이듬해 2월까지 신속하게 짓고, 관원의 일 보는 집과 서적을 두는 곳 그리고 물건을 두는 창고를 다시 지으려 하였으나, 체직되어 떠나게 되니 고을 사람들은 정신이 아득하여 부모를 잃은 것처럼 여겼다고 기록하였다. 이곡은 한산의 어머니를 모시는 여가에 다행히 보고 들은 바가 있었는데, 이제 관사가 지어진 것을 보고 그 대략을 적는다고 하였다.

이곡은 한산(韓山)이씨다. 고려의 호장 이윤경(李允卿)을 시조로 하는 한산이씨는 처음에는 향리(鄕吏) 가문이었다. 시조 이윤경에서 이색(李穡, 1328~1396)의 아들 이종선(李種善, 1368~1438)대까지는 본관지에 세거하였다. 이윤경에서 이자성(李自成)까지 4대는 향역(鄕役)에 종사했던 시기였으므로 당연한 현상이었지만, 이곡·이색 대를 기점으로 하여 활발하게 상경 종사하던 시기에도 본질적인 변화는 없었다. 현재 이들의 정확한 거주지를 확인하기는 어려우나, 이윤경의 분묘가 한산 고읍(古邑)의 오른쪽에 있었고 관부를 이건할 때 그의 분묘가 담장 내에 들어갔다는 기록과 이곡이 한산군의 북쪽 고촌(古村)에서 출생했다는 족보

---

* 원문은 부록 稼亭集, 稼亭先生文集卷之六, 韓州重營客舍記에 있음.

48

의 기록을 종합할 때, 이들의 세거지는 읍치(邑治)와 매우 인접해 있었음을 짐작할 수 있다.[*]

지금의 한산면은 충남 서천군의 동남쪽 끝에 있으며 부여군과 군계를 이루는 전형적인 농업지역이나, 관광시도는 한산모시관, 신성리 갈대밭, 독립운동가이신 월남 이상재 선생 생가 등이 잘 보존되어 자연환경과 볼거리가 잘 어우러진 아름다운 고장이다.

박연의 학연

이색은 충정왕 3년(1351)에 아버지 이곡을 여의고 한산에서 3년간의 여묘살이를 하였다. 이때 이곡이 기록한 '한주중영객사기'를 보게 된 이색은 박시용·박천석·박연 3대와 친교를 맺었다. 박연의 사촌 형 박홍생도 이색과 교류하였다는 기록이 있다. 박홍생이 사촌 동생 연 등과 상촌 김자수의 문하에서 학업에 전념할 때, 이를 지켜본 이색이 그의 재주를 칭찬·추천하여 여흥부(驪興府)·춘천부(春川府)의 교수를 역임하게 되었다는 것이다.[**]

이색은 문하에 이숭인(李崇仁)·하륜(河崙)·정도전(鄭道傳)·권근(權近) 등을 배출시켜 조선성리학의 주류를 이루게 하였다. 박연의 학문적 토양은 이색과 그의 문하생 권근으로 추정되지만, 음악에 대한 학문은 그의 천재성과 더불어 이색의 제자 조용(趙庸, ?~1424)과 맹사성(孟思誠, 1360~1438)의 도움을 받았다.

박연의 악(樂)에 대한 학문은 이색 → 이숭인 → 조용 → 박연[***]이

• 김학수, 《끝내 세상에 고개를 숙이지 않는다》, 삼우반, 2005년, 196~197쪽.
•• "박홍생" 한국역대인물정보시스템 〈http://people.aks.ac.kr〉 [2012. 4. 18. 기사].
••• 박경심, 《목은 이색의 철학적 인간학》, 문사철, 2009년, 35쪽.

다. 박연이 조용에게 음악을 배우게 된 것은 조용의 아들 조담(趙聃) 때문이다. 박연은 의영고부사(義盈庫副使)로 일할 때 의영고사가 된 조담과 같이 근무하였다. 박연은 조담의 추천으로 조용에게 《율려신서》를 배웠는데, 세종 12년(1430) 2월 19일 상소문에서 박연은 조용을 언급하고 있다.

> 원단(圓壇)의 제사는 (…) 쓰는 음악도 당상과 당하에서 모두 대주궁만을 사용했사오니 전혀 그릇된 것이었습니다. 지난 영락 병신년(1416) 무렵에 문정공(文定公) 조용(趙庸)이 예조판서가 되어 이를 아뢰고 개정하여 제사는 기우제(祈雨祭)로 바꾸고, 노래는 운한편(雲漢篇)을 사용하되, 음악은 아래에서는 황종(黃鍾)을 연주하고 위에서는 대려(大呂)를 노래하여, 주나라의 육합(六合) 제도를 회복하였습니다. 《세종실록》

또한 박연의 음악적 학문을 이색 → 권근 → 맹사성 → 박연*으로 보는 것은 《세종실록》에 박연이 맹사성과 함께하는 모습이 여러 차례 있기 때문이다. 세종 9년(1427) 9월 4일에도 박연의 12율관 제작을 맹사성이 도왔다고 한다.

> "거서(柜黍)로써 율관(律管)을 고쳐 만드는 것은 비록 박연일지라도 되지 않을 것이다. 중국의 황종(黃鍾)을 본떠서 만든다면 비록 거서가 아니더라도 될 것이다. 중국의 황종(黃鍾)과 박연이 만든 율관의 소리를 살펴본다면 그것이 조화(調和)되고 조화되지 않음을 알 것이다" 하니, 신상이 아뢰기를,

---

• 박경심,《목은 이색의 철학적 인간학》, 문사철, 2009년, 35쪽.

“박연이 혼자 만든 것이 아니고 영악학(領樂學) 맹사성(孟思誠)이 이를 도왔습니다” 하였다. 임금이 말하기를, “악기(樂器)는 박연에게 맡긴다면 성음(聲音)의 절주(節奏)는 거의 될 것이다.”《세종실록》

박연의 음악적 이론에 도움을 준 사람은 조용과 맹사성이지만, 박연 본래의 성리학적 스승은 분명히 이색과 권근이다. 이 사실은 이곡과 박시용의 관계에서 뿐만 아니라 박연과 이계전, 박연과 권도, 박연과 서거정과의 관계에서도 확연하게 드러난다. 권도는 권근의 아들이고 이계전과 서거정은 권근의 외손자이다.

이계전(李季甸, 1404~1459)은 이색의 손자로 아버지는 이종선(李種善), 어머니는 권근(權近)의 딸이다. 박연과 이계전이 아주 친함을 알려주는 문종 1년(1451) 9월 28일의 기록이다.

이계전이 중추(中樞) 박연(朴堧)의 병세를 진맥하고 말미를 주는 일로 인하여 아울러 허후의 말을 아뢰었다. 《문종실록》

의원이 아닌 이계전이 박연의 병세를 진단하여 병가를 내도록 말미를 주었다니 보통 사이가 아니다. 그러나 계유정난은 박연과 이계전이 서로 다른 정치적 진로를 선택하게 하였다.

단종 1년(1453) 10월 10일 계유정난이 일어나던 날 이계전은 병조참판으로 입직(入直)하고 있다가 수양대군의 편에 섰다. 이어 수양대군이 영의정이 되어 전권을 장악하자 이계전은 병조판서가 되었다. 후에 이계전은 정난 1등공신이 되어 전지 200결, 노비 25구를 받고, 한성군(韓城君)에 책봉되었다.

세조 2년(1456)에 일어난 사육신 사건은 성삼문·박팽년·이개·하위지·유성원·유응부·김문기·권자신 등이 세조를 암살하려나 미수에 그친 사건이다. 이계전은 세조 편에 섰지만, 조카 이개(李塏)는 사육신이 되어 처형되었다. 사육신의 처와 딸, 토지는 수양대군 일파(一派)에 분배되었다. 이개의 충주·임피(臨陂)의 전지도 이계전에게 분배되었다. 조카의 땅이 삼촌에게 간 것이다.

서거정(徐居正, 1420~1488)은 본관이 대구(大邱)로 호는 사가정(四佳亭)이다. 목사(牧使)를 역임한 미성(彌性)의 아들이며, 어머니는 권근(權近)의 딸이다. 천문·지리·의약·복서(卜筮)·성명(性命)·풍수(風水)에 관통하였으며, 문장에 일가를 이루고, 특히 시(詩)에 능하였다. 세종 26년(1444)에 식년문과 을과에 급제하여 사재감직장(司宰監直長)을 시작으로 형조·호조·이조·병조판서와 양관 대제학을 역임하였다. 성종 14년(1483)에는 의정부좌찬성(議政府左贊成)이 되었으며, 예순아홉에 졸하였다. 시호(諡號)는 문충(文忠)이다. 우리나라 역대 한문학의 정수를 모은 《동문선》을 편찬하였다

그가 편찬한 《동문선》에는 이곡이 박시용의 선정을 기록한 '한주중영객사기'와 세조 2년(1456)에 박연이 귀양지 고산(高山)에서 지어 서거정에게 보낸 오언율시(五言律詩) 쌍운(雙韻) '연화회문체유거작(蓮花回文體幽居作)'이 있다.

다음은 《동문선》에 수록된, 난계 박연이 서거정에게 회문시를 보낼 때의 편지글이다.

옛사람의 회문시에 십자체·선기체·옥련환체·금전지체 등이 있어 각기 다른 체재가 있다. 지금 내가 옛것을 그대로 모방하지 않고 따로 오언사운시

두 편을 지어 그림으로 연꽃 모양을 그려서 그대에게 부치며 연화회문이라
고 이름 해본다.•

　편지글에 보이는 박연이 서거정에게 학문을 전수하는 듯한 말투, 서
거정의 문과 급제 시기, 서거정이 박연과 같이 천문·지리·의약·풍수에
밝다는 것, 게다가 권근의 외손자임을 고려할 때 박연은 서거정의 스승
이었다. 따라서 관각문학(館閣文學)이 박연 → 서거정 → 성현으로 이어
지는 것임을 알 수 있다.
　조선 초기의 관각문학을 계승한 성현(成俔, 1439~1504)은 본관은 창
녕(昌寧), 호는 용재, 아버지는 지중추부사 염조(念祖)이다. 연산 10년
(1504) 1월 19일 성현에 대한 기록이다.

자는 경숙(磬叔)이요, 창녕(昌寧) 사람이니, 천순(天順) 임오년 과거에 합격,
뽑혀 승문원(承文院)에 보직되었으며, 성화(成化) 병술년에 발영시(拔英試)
에 합격하여 박사(博士)에 승진되고, 여러 번 전임하여 사헌부지평(持平)이
되었다. 병신년에 중시(重試)에 합격하여 뛰어 사옹원정(司饔院正)·지제교
(知製敎)에 제수되었으며, 이어 홍문관직제학(弘文館直提學)에 제배되어 부
제학에 승진되었고, 승정원동부승지(承政院同副承旨)에 옮겼다가 여러 번
전임하여 우승지가 되고 특별히 형조참판에 승진되었다. 강원·평안 두 도의
관찰사와 한성부(漢城府)의 우윤(右尹)·판윤, 사헌부대사헌, 예조·공조의
판서를 역임하여 겸홍문관대제학, 지성균관사(知成均館事)를 지냈는데, 졸
할 때 나이 66세였다.

• 원문은 부록 徐居正, 東文選, 東文選卷之十, 五言律詩, 雙韻蓮花回文體. 幽居作. 幷序에 있음.

폐조(廢朝)에서 간하는 말을 한 자를 추후로 죄 주어 모두 중한 죄를 당했는데, 현 역시 관을 깨는 형벌을 받았다가 정국(靖國) 한 뒤에 의정부좌찬성(左贊成)을 추증(追贈)받았다. 성격이 허심탄회하여 수식(修飾)하지 않으며, 생업을 일삼지 않고 오직 서적을 가지고 놀았다. 문장이 건실 익숙하여 오랫동안 문형(文衡)을 맡았는데, 《허백당집(虛白堂集)》 등의 저서가 있다. 또 음률(音律)에 정통하여 늘 장악원제조(掌樂院提調)를 겸임하였는데, 다만 관리의 재간이 없고 사정에 소활하여 어디서나 큰 공적이 없었다. 《연산군일기》

성현은 관각문학을 계승하면서 민간의 풍속을 읊거나 농민의 참상을 사실적으로 노래하는 등 새로운 발전을 모색했다. 조선 초기의 정치·사회·제도·문화 면을 살피는 중요한 자료가 되는 성현의 《용재총화》 제8권에 박연의 이야기가 있다.

대제학 박연(朴堧)은 영동(永同)의 유생이었다. 어렸을 적에 향교에서 수업할 때, 이웃에 피리 부는 사람이 있었는데 제학이 독서하는 틈에 겸하여 피리를 익히니, 그 지역에서 모두 훌륭하다고 인정하였다. 제학이 과거 보러 서울에 가다가 이원(梨園)의 훌륭한 배우를 보고 교정을 받는데 배우가 크게 웃으며 말하기를, "음절이 속되어 절주에 맞지 않으며 습관이 이미 굳어져서 틀을 고치기 어렵다" 하니, 제학이 말하기를, "그렇더라도 가르침을 받겠소이다" 하고, 나날이 왕래하여 게을리 하지 않았다. 수일 만에 배우가 들어보고서, "선배는 가르칠 만하다" 하고, 또 수일 만에 들어보고는, "규범이 이미 이루어졌으니, 장차 대성에 이르리라" 하더니, 또 수일 후에는 저도 모르는 사이에 무릎을 치고 말하기를, "나는 도저히 미치지 못하겠다" 하였다.

그 뒤에 급제하여 또 금슬(琴瑟)과 제악(諸樂)을 익히니, 정묘(精妙)하지 않은 것이 없었다. 세종(世宗)의 총애를 얻어 드디어 관습도감(慣習都監) 제조(提調)가 되어 오로지 음악에 관한 일을 관장하였다. 제종이 석경(石磬)을 만들고 제학을 불러 교정케 하니, 제학이 말하기를, "모율(某律)은 1푼이 높고, 모율은 1푼이 낮다" 하여, 다시 보니, 고율(高律)에 진흙 찌꺼기가 있었다. 세종께서 명하여 진흙 찌꺼기 1푼을 없애게 하고 또 저율(低律)에는 다시 진흙 찌꺼기 1푼을 붙이게 하였더니, 제학이 아뢰기를, "이제는 음률이 고릅니다" 하였다. 사람들이 모두 그 신묘함에 탄복하였다. 그 아들이 계유(癸酉)의 난에 관여되어 제학도 또한 이로 인하여 파직되고 향리로 내려갈 때, 친구들이 강가에서 전송하였는데, 제학이 말 한 필과 종 하나만 데리고 그 행장이 쓸쓸하였다. 배[舟] 안에서 같이 앉아서 술자리를 베풀고 소매를 잡고 이별하려 할 때 제학이 전대 속에서 피리를 꺼내어 세 번 불고서 떠나가니, 듣는 사람들은 모두 처량하게 여기어 눈물을 흘리지 않는 이가 없었다.[•]

《용재총화》에 있는 석경의 고율과 저율에 관한 이야기는 《세종실록》과 다르다. 《세종실록》과 내용이 같은 신숙주(申叔舟)의 《국조보감》 제6권 세종조2(世宗朝二) 15년(계축, 1433)의 내용이다.

상이 이르기를, "중국의 경은 과연 음이 맞지 않고 지금 새로 만든 경이 제대로 되어서 소리가 맑고 아름답다. 율을 제정하고 음을 바로잡은 것이 뜻밖에 잘되어서 나는 매우 기쁘다. 단지 이칙만이 음이 맞지 않는 것은 무슨 이유인가?" 하니, 박연이 즉시 살펴보고 아뢰기를, "한계를 나타내는 먹줄이

<hr>

아직 있는 것으로 보아 다 갈아내지 않아서 그런 것입니다."

2. 박연의 결혼과 왕실

박연의 아내 여산송씨

박연은 박천석과 경주김씨의 1남 4녀 중 외아들로 태어났다. 이때 아버지 나이 서른넷이었다. 박연의 출생 때 아버지 나이로 보아 누나가 많았을 것이다. 큰딸의 남편은 금유인데, 그에 대한 기록은 《실록》에 있다.

박연의 소년 시절의 이야기는 성현의 《용재총화》에서 전한다. 영동 향교에서 유학을 공부하였고 제[笛]를 잘 불었다고 한다. 심천면 마곡리의 옥계폭포는 박연이 공부하다가 휴식하면서 저를 불던 장소가 아닐까? 영동 옥계폭포에 가면, 박연이 저를 부는 모습을 모형으로 볼 수 있다.

옥계폭포(玉溪瀑布)를 소재로 한 우암 송시열(宋時烈, 1607~1689)의 시(詩)이다.•

영동(永同) 옥계폭포(玉溪瀑布)에서

폭포물에 머리털 감아 떨어뜨리니,　　　　濯髮飛泉落未收

• "옥계폭포" 한국고전종합DB 〈http://db.itkc.or.kr〉 [2012. 4. 18. 기사].

흰 터럭 흘러흘러 바다에 내려가네.　　　　　雪莖飄向海東流

봉래산 신선이 혹시 본다면,　　　　　　　　蓬萊仙子如相見

인간 세상 백발이 있다 웃고도 남으리라.　　應笑人間有白頭

영동의 심천면 고당리 난계사 뒤편의 경란재 입구에는 태종 2년(1402) 임금이 박연(朴然)에게 내린 효자비가 있다. 박연의 초명(初名)은 연(然)이다. 여묘살이 6년에 태종이 효자비를 내린 연대를 보아, 어머니 경주김씨의 졸년(卒年)은 태조 2년(1396)이고, 아버지의 졸년은 태조 5년(1393)일 것이다. 박연의 효자비에 얽힌 이야기는 이서구(李書九, 1754~1825)의 《석재집(惕齋集)》에서 전한다.

난계 선생이 어린 시기에 아버지를 잃고 어머니에게 지성으로 효도하다가 어머니상을 만나 그때의 무불식(巫佛式)의 상장제(喪葬祭)를 버리고 주자가례(朱子家禮)의 상장제(喪葬祭)로 엄숙히 치렀다. 묘 아래 구덩이에서 죽을 먹으면서 3년간의 시묘(侍墓)살이에 종사하였다. 3년을 마치고 또 선친(先親)에 대한 3년간의 여막생활로 추효(追孝)의 도리를 함으로써 전후(前後) 6년의 여묘(廬墓)를 하였다. 아침과 저녁으로 올라와 우는 땅에는 바위와 나무도 슬퍼하였고 밤낮으로 슬퍼하며 사모하는 곳마다 새와 호랑이가 따라와 호위하였다. 지극한 효를 다하니 이에 감동하여 그러한 것이었다. 태종 2년(1402)에 임금이 이 사실이 듣고 정려문과 비석을 세워 기리도록 명하였다.•

• 원문은 부록 李書九, 惕齋集, 惕齋集卷之八, 蘭溪朴先生贊에 있음.

우리나라 시묘살이의 효시(嚆矢)는 목은 이색이다. 목은의 저작 가운데 예학에 대해 본격적으로 논의한 글은 없다. 그러나 그가 부친상을 삼년상으로 치르는데, 이는 고려조에서 처음 있는 일이다.

"아침저녁으로 고하고 제사 지내는 것은 집에서 하지 않고 들녘에서 한다 해도 또한 무엇이 해가 되겠는가. 비록 성인의 법제로 따른다면 유감인 점이 있지만, 오늘날과 같이 예제가 탕진되어 실추된 때에 자식 된 자가 지극한 정성을 다하고 3년 동안 나를 낳아주신 부모의 은혜를 갚는다는 것은 참으로 그 도가 지극하다 할 것이다."

목은은 불교의례를 기준하던 당시, 공민왕 6년(1357)에 《주자가례》에 따라 3년상을 행할 것을 건의하여 상례를 유교의례로 고치게 한 일과 그의 제자인 권근에게 예기의 편차와 내용을 정정(訂定)하도록 한 일 등을 미루어 유교이념의 사회적 실현을 위해 노력하고 있음을 알 수 있다.•

목은 선생 연보를 보면, 그는 1350년 가을 고향에 가서 근친(覲親)하였으며, 공민왕 즉위년(1351) 정월에는 아버지 가정선생의 부음(訃音)을 받고 분상(奔喪)하였다고 한다. 이때 이색은 1350년 3월에 이곡이 지은 '한주중영객사기'를 보고 박시용을 알게 되었고, 이후부터 박연 가(家)와 친교를 맺은 것 같다. 박연은 대(大) 스승 이색에게 배운 대로 부모 상(喪)에 대하여 6년의 시묘살이를 하였다.

1396년 5월 7일에 예순아홉의 목은 이색이 작고하였다. 이때 박연의 나이 벌써 열아홉이다. 그 시대에 열아홉 살이라면 이미 결혼을 하였을 것이다. 박연의 아내 경경부인(貞敬夫人) 여산송씨(礪山宋氏, ?~1455, 이

<hr>

• 박경심, 《목은 이색의 철학적 인간학》, 문사철, 2009년, 97~98쪽.

하 송씨부인)는 고려 말 판도판서 송빈의 딸이다.《고려사절요》제33권 우왕 14년(1388) 2월에 송빈에 대한 참담한 기록이 있다.

> 우(禑)가 복해(福海)의 준마(駿馬)를 가져다 타며 이르기를, "잘 놀라지는 않는가" 하였다. 판도판서 송빈(宋贇)이 앞으로 나와 아뢰기를, "복해도 부리기 어려워하였습니다" 하였다. 우가 노하여 이르기를, "네가 나에게 적의 말을 취했다고 그러느냐" 하고, 마침내 죽였다.•

네이버 백과사전에 의하면 반복해(潘福海, ?~1388)는 고려 말 1388년 전횡을 일삼던 그의 장인 임견미(林堅味)와 염흥방(廉興邦) 등을 최영(崔瑩, 1316~1388)이 제거했을 때, 왕을 숙위(宿衛)하다가 최영을 암살하려 했으나 실패하였다. 그 결과, 아버지 익순을 비롯하여 형 덕해, 임견미 등이 모두 살해되었다. 이때 아들 자건(自健)은 원나라에 망명하였는데, 조선개국공신 문하좌시중 배극렴(裵克廉, 1325~1392)의 사위였으므로 귀국한 후 개국원종공신에 책봉되고, 호조판서·의정부좌찬성 등을 지냈다.

고려 우왕(禑王)은 빼앗은 반복해의 말을 타려고 하다가, 판도판서 송빈의 말에 격분하여 그를 살해하였다. 박연이 열한 살 때이다. 고려조의 조혼(早婚) 풍속을 보아 이때 이미 박연과 송씨부인은 부모들 간에 정혼(定婚)한 사이일 수도 있다.

판도판서란 판도사(判圖司)의 으뜸 벼슬이며 정3품이다. 판도사는 고려 시대의 육사(六司)의 하나로 호구(戸口)·공부(貢賦)·전량(錢粮)에 관

• 高麗史節要 卷之三十三 [戊辰辛禑十四年○大明 洪武二十一年] : ○禑, 取福海駿馬, 騎之曰, 無乃善驚乎, 版圖判書宋贇, 進曰, 福海所難馭也, 禑怒曰, 汝以予取賊馬耶, 遂殺之.

한 일을 맡아보던 관아다. 사돈 되는 박천석은 삼사좌윤이었다. 삼사(三司)란 고려 시대에, 전곡(錢穀)의 출납과 회계에 대한 일을 맡아보던 관아로, 좌윤(左尹)은 삼사에 속한 종3품 벼슬이다. 정3품 판도판서 송빈과 종3품 삼사좌윤 박천석은 업무상 관련이 많은 부서에서 근무하였다.

박연과 송씨부인이 송빈 사건 전에 정혼하였다면, 결혼은 그로부터 3년 후 1391년 이후가 될 것이며, 1391년은 박연의 나이 열네 살이다. 박연이 열아홉 살인 1396년부터 6년간 부모에 대해 시묘살이를 하였으니 결국 박연과 송씨부인의 결혼은 1391~1396년 사이가 되며, 박연은 외동이니 남보다 결혼을 일찍 하였을 것이다. 난계 부부가 동갑이라면 그들의 결혼은 16세가 되는 1393년에 하였을 것으로 추정한다. 한림대 김용선 교수에 의하면 고려 귀족들의 평균수명은 39.7세였으며 결혼연령은 남성 20세, 여성 16세였다고 발표한 바 있다.

아버지 박천석의 죽음은 박연의 결혼 후로 추정한다. 박연은 어리고 신혼 초라 아버지를 여읜 후 여묘살이를 않다가 1396년 어머니 경주김씨가 별세하자 6년의 여묘살이로 아버지에 대한 추효(追孝)까지 하였다.

우왕 14년(1388) 5월 이성계의 위화도회군은 박연과 송씨부인의 집안에 기회가 되었고, 그들은 조선왕조 건국에 동조하는 세력이 되었다. 우왕 이후 이성계가 조선을 세울 때까지 온건개혁파 사대부와 급진개혁파 사대부가 나눠지고 급진개혁파 사대부와 무인들이 정치를 장악하였는데, 외교 정책에서도 급진개혁파인 이성계는 친명 노선을 취한 반면, 온건개혁파인 최영은 전통적 우방인 북원과 친해야 한다는 입장이었다. 온건개혁파는 고려 왕조의 테두리 안에서 점진적인 개혁을 추구한 반면에 급진개혁파는 역성혁명을 추구하였다.*

송빈을 죽인 우왕은 1388년 6월, 왕족의 혈통이 아니고 신돈의 자식이라는 이성계의 주장에 따라 왕위에서 쫓겨나 강화에 유배되었다. 뒤에 강릉으로 옮겼으나 1389년 12월 그의 아들 창왕(昌王)과 함께 살해되었다.

효종 4년(1653)에 송희업(宋熙業)이 간행한 여산송씨(礪山宋氏) 족보에는 송빈(宋贇)에게 두 아들 의생(義生)과 복생(福生)이 있고, 그 사이에 박연의 아내 송씨부인이 있다.

원경왕후·정순왕후

태종비 원경왕후(元敬王后, 1365~1420)의 아버지는 민제(閔霽, 1339~1408), 어머니는 여산송씨로 송선(宋瑄)의 딸이다. 원경왕후의 어머니의 세계(世系)는 송송례(宋松禮)−송염(宋琰)−송운(宋惲)−송선(宋瑄)−어머니−원경왕후이고, 박연의 아내 송씨부인의 세계는 송송례−송염−송운−송호산(宋壺山)−송빈(宋贇)−송씨부인으로, 송운이 두 분의 같은 할아버지이다. 따라서 박연의 아내 송씨부인은 원경왕후의 외육촌 여동생이다.

원경왕후는 열여덟이던 우왕 8년(1382)에 이방원[태종]과 결혼했다. 그녀는 결혼하기 전에 다섯 살 전후의 외육촌 여동생을 보았고 그 여동생을 귀여워하였으며, 결혼 후에도 친척들에게 외육촌 여동생의 근황을 묻곤 하였을 것이다.

부모에 대한 6년의 여묘살이로 박연이 효자비를 받은 해는 태종 2년(1402)이다. 이때 박연의 나이는 25세, 송씨부인과 결혼한 지 벌써 여러 해가 지났다. 박연의 여묘살이는 자연히 원경왕후에게 알려지고 이 사

• "신진사대부의 외교정책" 네이버지식iN 〈http://kin.naver.com.〉 [2012. 4. 18. 기사].

실을 태종도 알게 되어, 이를 가상히 여긴 태종은 박연에게 정려문과 효자비를 내린 것이다. 박연이 송씨부인과 결혼하여 왕족과 가까워졌음을 잘 알 수 있는 대목이다.

태조 4년(1395) 10월 13일 송씨부인의 사촌 오빠 송거신(宋居信, 1369~1447)과 정안군(靖安君)[태종] 사이에 호랑이 사건이 있었다. 이때 원경왕후의 아버지 민제도 함께 있었다.

의안백(義安伯) 이화(李和)가 정안군을 청하여 서교(西郊)에 가서 사냥하다가, 정안군이 성낸 표범에게 부닥친 바 되어 거의 면하기 어려울 즈음에, 낭장 송거신이 말을 달려 따라가니, 표범이 정안군은 놓아두고 반대로 거신을 따라와서 앞으로 달려들어 말 위에 올라 안장을 깨물었다. 거신은 말 위에 누워서 이를 피하니, 표범이 겨우 말과 떨어졌다. 낭장 김덕생(金德生)이 뒤를 달려가서 활을 쏘아 한 발에 표범을 죽였다. 정안군이 2인에게 각각 말한 필씩을 주니, 태조도 거신에게 말 1필을 하사하고, 화(和)와 민제에게도 또한 각각 말 1필씩을 하사하였다. 《태조실록》

세종 29년(1447) 5월 14일 송거신에 대한 기록이다.

여산부원군(礪山府院君) 송거신이 죽었다. 거신은 여산군(礪山郡) 사람으로 전법판서(典法判書) 송첨(宋詹)의 아들이었다. 처음에 별장(別將)에 보직(補職)되었다가 여러 번 옮겨 호군(護軍)에 이르렀다. 태종(太宗)이 잠저(潛邸)에 있을 때 왕후의 척속(戚屬)으로서 대우가 심히 두터웠고, 무릇 출입할 때면 반드시 함께하였다. (…) 거신은 수한(壽限)과 작위(爵位)가 이미 지극하고 은사로 받은 것이 헤아릴 수 없었다. 성품이 질박(質樸)하고 정직하며,

살림살이를 꾀하지 아니하고 항상 매사냥으로써 스스로 즐기다가 나이가 79세에 세상을 마치었다. 이들 동안 조회(朝會)를 성지하고, 소분·부의·상례·제례를 의식대로 하고 시호(諡號)를 충정(忠靖)이라 하니, 위기에 처하여 윗사람을 받듦을 충(忠)이라 하고, 너그럽게 낙천(樂天)하여 곱게 종신(終身)함을 정(靖)이라 한다. 아들은 송기(宋頎)인데 먼저 죽었다. 《세종실록》

박연의 주변 인물 중 한 사람이 송유(宋愉, 1388~1446)이다. 송유의 본관은 은진(恩津), 호는 쌍청당이다.

모든 송씨의 도시조가 당나라에서 신라로 귀화한 송주은(宋柱殷)이고, 송주은의 후손인 송자영(宋自榮)의 맏아들 송유익(宋惟翊)은 여산 송씨의 시조이며 둘째 아들 송천익(宋天翊)의 후손 송대원(宋大原)이 은진송씨의 시조이다. 송천익의 후손이 대대로 은진에서 살아왔으나 송천익 이후의 대는 알 수 없어 고려 때에 은진군에 봉해진 송대원을 시조 및 1세 조상으로 하고 본관을 은진으로 한다.•

따라서 은진송씨 송유의 세계(世系)는 송대원–송득주(宋得珠)–송춘경(宋春卿)–송사민(宋斯敏)–송명의(宋明誼)–송극기(宋克己)–송유이다. 송유의 어머니는 고흥유씨(高興柳氏)로 유준(柳濬, 1321~1406)의 딸이다.

은진송씨를 이야기하면서 유조비(柳祖妣)를 빼놓을 수 없다. 송유의 아버지 송극기에게 시집온 유조비는, 송극기가 젊은 나이에 성균관에 들어가고 벼슬이 낭장에 이르렀으나 불행히도 단명하여 그때 유조비의 나이 22세라, 그의 부모가 유조비의 뜻과 달리 개가시키려 하자 4세 된 어

• "은진송씨" 디지털구로문화대전 〈http://guro.grandculture.net〉 [2012. 4. 18. 기사].

린 아들 송유를 업고 송도로부터 시부모가 있는 회덕 땅으로 5백여 리를 걸어왔으나 시부모가 처음에 "여자가 부모의 뜻을 거스르는 것은 삼종(三從)의 의(義)가 아니라"며 받아들이지 않자 "저의 삼종지도는 지금 등에 업힌 아이에게 있지 않습니까?"라고 울며 대답하니 송명의가 감동하여 이를 받아들이므로 이에 시부모를 극진히 봉양하고 쌍청당 부군을 훌륭히 키워 은진송씨의 근간을 이루었으며 나라에서는 효종 4년(1653)에 정절로 정려가 내려졌다.*

송유(宋愉)는 4살 때 아버지를 잃고 어머니 유조비 밑에서 자랐다. 어려서부터 천성이 강직하고 효성이 지극하며, 기상이 호탕하고 학행(學行)이 잘 갖추어졌다. 12세에 부사정(副司正)이 되었는데, 13세에 신덕왕후(神德王后) 강씨(康氏)가 붕어(崩御)한 뒤 위패가 태조묘(太祖廟)에 부(附)해지지 않자 이를 한탄하는 글을 지어 올리고 관직을 버렸다. 이후 고향 회덕으로 돌아와 학문에 정진하였다. 조그만 정사(精舍)를 지어 난계(蘭溪) 박연(朴堧)에게 청하여 '쌍청당(雙淸堂)'이라 편액하고 필연(筆研)과 금기(琴碁)로 여생을 보냈다. 이 때문에 후인들이 쌍청처사(雙淸處士)라 부르기도 하였다.**

송유의 외할아버지 유준에 대한 태종 6년(1406) 3월 24일의 기사다. 유준은 원종공신(原從功臣)이기도 하다.

유준은 검교참찬문하부사(檢校參贊門下府事)로 제배하고, 곧 고흥백(高興伯)의 작호를 주었다. 경진년에 판삼사사(判三司事)로 치사하였다가 졸(卒)하니, 나이가 86세이고, 시호(諡號)는 호안(胡安)이라 하였다. 아들이 셋이

---

* "유조비(柳祖妣)" 네이버지식iN 〈http://kin.naver.com〉 [2012. 4. 18. 기사].
** "송유" 한국역대인물종합정보시스템 〈http://people.aks.ac.kr〉 [2012. 4. 18. 기사].

니, 유맹충(柳孟忠)·유중경(柳仲敬)·유계문(柳季文)이다.《태종실록》

박팽년은 세종 27년(1445) 쌍청당 기문(記文)을 지을 때 송유가 20여 년 전 벼슬을 버리고 고향에 왔다고 기록하였다. 송유의 어머니 유조비의 위대한 점은 여기에서도 확연히 드러난다. 조정에 배경이 있음에도 자기 아들을 관직에서 물러나게 하였다. 유조비의 결단은 후에 우암 송시열과 동춘당 송준길을 배출하는 밑거름이 된 것으로 여겨진다. 최고 권력에 몰려드는 사람들이 하루아침에 부나비처럼 목숨을 잃는 경우가 왕조시대에는 비일비재(非一非再)하지 않는가?

송유가 쌍청당을 지을 때에 상량문을 박연에게 청한 편지가 전해지는데 안타깝게도 끝이 떨어져 나가 연월이 명확하지 않다고 한다. 김수온의 '쌍청당기'를 보면 이 편지는 세종 25년(1443) 봄에 쓴 것임을 알 수 있다.

□편에 보내주신 글월을 엎드려 받으니 친한 것 같을 뿐만 아닙니다. 일깨워 주시고 가르쳐 주심을 받자오니 조금은 막혔던 사모하는 회포가 위로됩니다. 때는 봄이 화사하온데 태이(台履)가 고요히 수양하심이 더 도우시는지 사람으로 하여금 연정(戀情)의 구구함을 견디지 못하겠나이다. 유(惟)는 바야흐로 회천[懷川=회덕]에 있어 □ 날마다 황계(黃溪)에 돌아오심을 바라오나 그 기약이 확실하지 못하여 심히 답답하고 답답합니다. 지금 막 집 하나를 세웠는데 상량문 하나가 있어야 하겠기로 외람되이 바라건대 지어주시어 천고에 빛이 나게 하여 주시오. 알지 못하겠으나 우리 태감께서는 유(愉)가 욕되게 함을 잊고 들어주시겠습니까? 다행히 허락하여 주신다면 기쁨이 이보다 더함이 없을 것입니다. 다시 조속히 회교(回敎)해 주시리라 믿고 □

이만 줄입니다. □월 이십팔일 기하(記下) 송유는 재배(再拜)합니다.*

이 편지는 경종 4년(1724) 송유의 5대손 삼가공의 현손 하조(夏祚)가 우연히 난계공의 후손에게서 입수하여 종가에 돌려주어 지금까지 보존되고 있다고 한다.

쌍청당은 현재 대전시 대덕구 중리동에 있다. 본래 조선 초기에 부사성 벼슬을 지낸 송유가 벼슬을 버리고 내려와 살던 중 세종 14년(1432)에 지은 별장이다. 쌍청은 맑은 바람과 밝은 달을 의미한다. 송유가 거처할 때 박연이 유성에 온천욕을 하러 가다가 이곳에 들러 쌍청이란 이름을 지어 주고 시를 지었다. 안평대군이 그 시에 화답했다. 그리고 김수온이 기문(記文)을 지었다.**

박연은 세종 25년(1443) 가을에 회덕에 있는 송유의 정자를 쌍청(雙淸)이라 이름 하고 시를 지어 찬미하였다. 쌍청이란 맑은 바람과 밝은 달을 의미하지만, 박팽년은 '쌍청당기'에서 송유와 그의 어머니 유씨를 뜻하기도 한다고 하였다. 《쌍청당제영》에는 난계의 시와 안평대군(安平大君, 1418~1453)의 시가 나란히 나온다.

송유가 김수온에게 보낸 편지도 전해지는데 원문은 없고 내용만 '쌍청당기'에 수록되어 있다고 한다. 하지만 김수온이 지은 《식우집》의 '쌍청당기'에 편지 내용이 있다.

간절히 생각해 보니 상공(相公)께서는 유림의 기둥이며 조정의 모범으로 이에 첨유(襜帷)를 굽히어 당의 액자를 주시니 대군[大君, 안평대군]은 자운(紫

• "쌍청당 송유 선생" 네이버지식iN 〈http://kin.naver.com〉 [2012. 4. 18. 기사].
•• 심경호, 《내면기행》, 이가서, 2009년, 406쪽.

雲)의 왕족이요 주저(朱邸)의 천인(天人)이니 초택(草澤)의 이름으로 상달(上達)함을 얻었으니 어찌 옹용(雍容)하고 온자(穩藉)하다 하리오! 갱영(賡詠) 두 편은 시구가 찬란하여 산곡(山谷)에까지 빛이 납니다. 오직 우리 한집안 자손만의 영세(永世)한 보배가 될 뿐만 아니라 우리 한 고을의 산천초목에 솟구쳐 볼만 하겠으니 다행하다 하겠습니다. 그대는 의로써 사양하지 마시고 글을 지어 주시면 합니다.[•]

김수온은 송유보다 어리며 세종 26년(1444)이면 김수온은 승문원교리이다. 따라서 편지의 앞부분 "상공께서는 유림의 기둥이며 조정의 모범으로 이에 첨유를 굽히어 당의 액자를 주시니"에서 상공은 박연을 말한다. 박연과 안평대군은 세종 25년(1443) 송유에게 '쌍청당'이란 시를 써주었다. 이때 박연은 종2품 중추원부사(中樞院副使)였다. 당시에는 정3품 이상 당상관(堂上官)이 되어 임금을 보필하여 국무를 처리하던 관직을 재상 또는 상공(相公)이라고 하였다.

박연의 아내 송씨부인의 아버지 송빈은 우왕 14년(1388), 송유의 아버지 송극기는 창왕 3년(1391)에 별세하였다. 이때는 은진송씨로 분파되지 않았을 것이다. 따라서 일찍 남편을 잃은 송씨 집안사람으로 박연의 장모와 유조비는 형제처럼 지낸 사이로 여겨진다.

박연 또한 열 살 아래의 송유에게 늘 형님 같은 존재였나 보다. 두 분이 다 외동이지 않은가. 편지에서 송유는 박연에게 '우리 태감'이라고 하였다. 게다가 '쌍청당기'를 지은 김수온과 박팽년은 모두 박연의 친척들이다.

• 원문은 "쌍청당기" 한국고전종합DB 〈http://db.itkc.or.kr〉 [2012. 4. 23. 기사에 있음.

박연은 송유의 외할아버지 유준과도 각별한 사이로 보인다. 유준의 세 아들 이름에 있는 맹(孟)·중(仲)·계(季)의 세 글자는 박연의 세 아들의 이름에도 그대로 사용되어 맹우(孟愚)·중우(仲愚)·계우(季愚)가 되었다.

우암 송시열(宋時烈, 1607~1689)은 8대조 송유를 존경하였다. 그는 아버지 송갑조의 묘를 송유의 묘 곁에 마련하였다. 우암은 쌍청당이 조정에 배경이 있음에도 과감히 벼슬을 버리고 낙향한 사실을 아주 높게 평가한 것 같다. 쌍청당의 낙향이 은진송씨가 새롭게 도약하는 계기가 되었음을 우암은 잘 알았다.

송유는 박연과 교유함으로써 안평대군·박팽년·김수온 등과 가까이 지낼 수 있었고, 이 사실은 문서로 남아 후손들에게 큰 자긍심을 주었을 것이다. 사대사화(四大士禍)를 겪은 16세기 후반, 조선에서의 훈구파는 지는 해요 사람파는 뜨는 해였다. 쌍청당의 후손 송준길과 송시열은 계유정난과 단종복위운동으로 희생된 분들의 신원회복에도 힘썼다.

송시열의 제자 강화유수(江華留守) 이선(李選, 1632~1692)의 숙종 6년(1680) 12월 22일 상소다.

노산군(魯山君)의 육신(六臣)과 황보인(皇甫仁)·김종서(金宗瑞)의 억울함을 논하며 말하기를, "우리 세조대왕(世祖大王)께서 천명(天命)을 받을 당시, 황보인·김종서 같은 신하는 일찍 스스로 귀부(歸附)할 수가 없었고, 성삼문(成三問)·박팽년(朴彭年) 같은 신하는 망령되게 옛날 국사(國士)를 본받으려고 하다가 그 자신들이 극형을 면하지 못하고 아직 죄인의 명단에 실려 있습니다. 저 신하들이 어찌 옛 임금에게 천명이 이미 끊어졌고, 참다운 분에게 역수(曆數)가 이미 돌아간 것을 몰랐겠습니까마는 끝내 본래의 뜻을 지키다가 죽으면서도 후회하지 않았던 것은, 신하는 각각 그 임금을 위해야 하는 것으로서 군신의 대의(大義)는 스스로 허물어버릴 수 없다고 여긴 데에 지나지 않습니다.《숙종실록》

이선의 상소는 계유정난과 사육신 사건에서 희생된 분들의 공식적인 첫 신원(伸寃) 요청이었다.

우암은 현종 9년(1668)에 난계 박연을 배향하는 영동의 '초강서원' 원장이었다. 그는 난계 후손들에게 따뜻한 정을 주고, 난계의 후손임을 자랑스럽게 여기도록 격려하였다. 이러한 사실은 우암 사후에도 그의 문하생들에게 영향을 주어 난계의 '가훈 17칙'과 《난계유고》를 간행하는 데 큰 힘이 되었다.

현종 1년(1660) 1월 15일이다. 여기에 나오는 박승후는 박연 사촌의 후손이다.

영동(永同) 사람 박승후(朴承後)가 상소하였는데, 그 대략에, "좌참찬 송준길의 덕업(德業)과 문장(文章)은 옛 현인들에 비하여 손색이 없습니다" 하고, 또 아뢰기를, "전하께서 과연 선왕이 그 현자에게 하시듯이 하신다면, 그 현자가 자기 자신을 깨끗이 하기 위하여 인륜을 어지럽히고 끝까지 세상을 등한시할 선비가 아닌데, 왜 선왕께 다 보답하지 못했던 충성을 오늘 전하를 위하여 보답하지 않겠습니까" 하였는데, 상이 좋은 뜻으로 비답하였다. 승후는 송시열의 당이었다.《현종실록》

단종 2년(1454) 1월 22일 송현수의 딸이 단종비가 되었다. 단종(端宗, 1441~1457)비 정순왕후(定順王后, 1440~1521)도 여산(礪山)이 본관이다.

세계(世系)가 송송례(宋松禮)–송분(宋玢)–송린(宋璘)–송교(宋郊)–송희
(宋禧)–송계성(宋繼性)–송복원(宋復元)–송현수(宋玹壽)–정순왕후이
다.

근정문(勤政門)에 나아가서 효령대군(孝寧大君) 이보(李補)·호조판서 조혜(趙
惠)를 보내어 송씨(宋氏)를 책봉(册封)하여 왕비(王妃)로 삼았다. 예(禮)가 끝
나자, 도승지(都承旨) 최항(崔恒)에게 명하여 근정전(勤政殿) 남쪽 뜰에 나아
가서 두 잉씨(滕氏)의 관교(官敎)를 종부시판사(宗簿寺判事) 송취(宋翠)·제용
감판사(濟用監判事) 이연기(李衍基)에게 주어서 보냈다. 《단종실록》

단종비 정순왕후와 박연의 아내 송씨부인은 송송례가 같은 할아버지
이다. 송현수의 딸이 단종비가 되자 박연 부부는 한없이 기뻤을 것이다.
박연의 송씨부인은 태종비 원경왕후의 외육촌 동생이나 그녀는 민씨이
고, 이제 같은 송씨가 왕후가 되지 않았는가.

그러나 이 결혼이 백성을 기만하는 수양대군 일파의 고단수 정략임
을 그 누가 알았으랴! 단종의 결혼은 박연 가(家)에 다가오는 비극의 간
접적인 요인이기도 하다. 박연과 송현수는 단종 2년(1454) 5월 21일 수양
대군이 경회루에서 풍정을 올리는 날 함께 있었다.

대제학(大提學) 박연(朴堧)·여량군(礪良君) 송현수(宋玹壽)·의평군(義平君)
이원생(李元生)·낙안윤(樂安尹) 이영(李寧)·영천군(永川君) 이정(李定) (⋯)
《단종실록》

결혼과 부모상에 대한 6년의 여묘살이를 마친 박연은 학문에 정진하

여 태종 5년(1405) 생원시(生員試), 태종 11년(1411) 문과에 합격하여 조정에 진출하였다.

한국역대인물정보시스템(http://people.aks.ac.kr)에서 박연(朴堧)을 검색하면 '[문과] 태종(太宗) 11년(1411) 신묘(辛卯) 식년시(式年試) 동진사(同進士) 1위'라고 되어 있다. 이에 대한 왕지(王旨, 교지)를 김천시 아포읍 후손 박희종이 보관하다가, 2004년 3월 7일에 영동의 난계국악박물관에 기증하였다. 왕지의 내용은 '성균생원 박연 동진사시에 일등을 하다 영락 구년 사월[成均生員 朴然 爲 同進士 第一人出身者 永樂 九年 四月]'이다.

태종 11년(1411)에 문과에 급제한 박연은 단종 2년(1454) 이른바 계유정난 간당(姦黨)으로 지목된 막내아들 계우 때문에 전라도 고산(高山)에 안치되기 전까지 조정에서 44년간의 관직생활을 하면서 태종·세종·문종·단종에게 신명을 다 바쳐 충성하였다. 그들의 사후(死後)까지 말이다.

박연은 세종의 삼남 안평대군과도 두텁게 교류하였다. 안평대군이 성삼문의 아버지 성승과도 가까운 사이인 걸 보면, 안평대군은 나이 많은 이들에게 붙임성이 있었나 보다. 안평대군은 이름이 용(瑢), 호는 비해당(匪懈堂)·낭간거사(琅玕居士)·매죽헌(梅竹軒)이다. 단종 1년(1453)의 계유정난으로 황보인·김종서 등이 살해된 후 안평대군은 강화도로 귀양 갔다가, 교동(喬桐)으로 옮겨져 사사되었다.

안평대군은 당대 제일의 서예가로 서풍은 고려 말부터 유행한 조맹부(趙孟頫)의 송설체(松雪體)를 따랐다. 하지만 자신의 개성을 마음껏 발휘한 활달한 기풍은 높은 경지에 이르렀다. 현존하는 안평대군의 친필로는 몽유도원도의 발문이 대표적이다. 몽유도원도는 현재 일본의 덴리

대학[天理大學] 중앙도서관에 소장되어 있다. 박연과 안평대군은 서로 시(詩)를 주고받는 사이였다.

44년의 관직생활

음악과 관련된 박연의 《세종실록》 첫 기사는 세종 7년(1425) 2월 24일에 있다. 하지만 박연이 궁중음악을 책임진 것은 이보다 2년 정도 앞선다. 세종이 조선의 음악을 새롭게 하려고 고심(苦心)하는 모습이 보이는 세종 3년(1421) 8월 18일의 기록이다.

검교의정부찬성(檢校議政府贊成) 조용(趙庸)에게 전토 30결과 쌀 및 콩 20섬을 내려주었다. 용이 학문이 정밀하고도 해박하며, 또 덕행이 있어서, 그때에 선비의 종장이 되었으나, 집이 가난하여 스스로 살아갈 수가 없었다. 임금이 어느 날 《율려신서(律呂新書)》를 가지고 좌우에게 물었으나, 아는 이가 없었다. 좌우가, "용이라야 안다"고 말하므로, 집현전교리(集賢殿校理) 유상지(兪尙智) 등에 명하여 용에게 가서 배우도록 하였더니, 이때에 이르러 그가 집이 가난하였다는 것을 듣고, 또 그의 아들 조담(趙聃)으로 의영고사(義盈庫使)를 시켰다. 《세종실록》

조정에서 《율려신서》에 정통한 조용(趙庸, ?~1424)으로 하여금 유상지(兪尙智, ?~?)에게 《율려신서》를 가르치게 하였으며, 용의 집이 가난하여 스스로 살아갈 수가 없어 조용의 아들 조담(趙聃, ?~?)에게 의영고사를 제수(除授)하였다.

이로부터 약 1년 7개월 후, 세종 5년(1423) 3월 17일에 박연은 처음으로 《세종실록》에 등장한다. 이때의 박연은 의영고부사이다.

전지(傳旨)하기를, "제생원(濟生院)의 의녀(醫女) 중에서 나이 젊고 총명한 3, 4인을 뽑아서 교훈을 더욱더 시키어 문리(文理)를 통하게 하라"고 하였다. 인하여 의영고부사(義盈庫副使) 박연을 명하여 훈도관(訓導官)으로 삼아 전적으로 교훈을 맡게 하라고 명하였다. 《세종실록》

《율려신서》를 잘 아는 조용의 아들 조담과 박연이 의영고에서 약 1년 7개월간 함께 근무하였음을 잘 알 수 있다.

세종 5년(1423) 3월 22일 기사에서 박연은 전(前)교수관이다. 의영고부사 박연이 의녀들의 훈도관에서 5일 만에 전교수관이 되었다.

대호군(大護軍) 김을현(金乙玄)·사재부정(司宰副正) 노중례(盧仲禮)·전교수관(前教授官) 박연(朴堧) 등이 조정에 들어와서 질의(質疑)하기를, "본국(本國)에서 생산되는 약재(藥材) 62종(種) 안에 중국에서 생산되는 것과 같지 않은 단삼(丹蔘)·누로(漏蘆)·시호(柴胡)·방기(防己)·목통(木通)·자완(紫莞)·위령선(葳靈仙)·백렴(白斂)·후박(厚朴)·궁궁(芎藭)·통초(通草)·고본(藁本)·독활(獨活)·경삼릉(京三陵) 등 14종을 중국 약과 비교하여, 새로 진짜 종자를 얻은 것이 6종이나 됩니다"라고 하니, 명하여 중국에서 생산되는 것과 같지 않은 향약(鄉藥)인 단삼·방기·후박·자완·궁궁·통초·독활·경삼릉은 지금부터 쓰지 못하게 하였다. 《세종실록》

박연이 훈도관이 된 지 5일 만에 전(前)교수관이라는 것은 이때부터 박연이 조용에게 《율려신서》를 배우게 됨을 알 수 있는 대목이다. 이렇게 되자 조용에게 《율려신서》를 배우던 유상지는 집현전응교가 되어 《당감(唐鑑)》을 쓰게 된다. 세종 5년(1423) 3월 23일이다.

집현전부제학(集賢殿副提學) 신장(申檣)·봉상판사(奉常判事) 성개(成槪)·좌헌납(左獻納) 정분(鄭苯)·집현전응교(集賢殿應敎) 유상지(兪尙智)·정인지(鄭麟趾) 등에게 명하여 범조우(范祖禹)의 《당감(唐鑑)》을 쓰게 하였다. 《세종실록》

세종 5년(1423) 3월 23일 부로 조용의 《율려신서》 제자가 유상지에서 박연으로 바뀌었다. 따라서 박연은 세종 5년(1423) 3월 23일부터 실질적인 악학별좌(樂學別坐)라 할 수 있다.

의영고사 조담이, 같은 부서에 근무하는 의영고부사 박연이 음악에 해박한 지식이 있음을 알고 이를 아버지 조용에게 알렸고, 이를 확인한 조용은 세종과 상의하여 《율려신서》 제자 유상지를 박연으로 교체하였다. 가난한 신하 조용에게 온정을 베푼 세종에게 하늘이 감복하여 박연 같은 음악 천재를 점지해 준 것이다. 이리하여 악학별좌가 된 박연은 조선의 음악을 새롭게 하는 대임(大任)을 맡는다.

세종이 의영고부사 박연에게 '제생원 의녀 교육'을 5일간 담당케 한 것은 박연에게 음악을 맡길 수 있는지 없는지 그 자질을 시험하는 과정이 아니었을까? 세종 6년(1424) 6월 28일의 '조용의 졸기'는 조용에게 박연이 1423년 3월 23일부터 1424년 6월 27일까지 1년 3개월간 《율려신서》를 전수받았음을 알려준다. 《율려신서》는 중국 송나라 채원정(蔡元定, 1135~1198)이 지은 책으로 12율관을 만드는 기법이 있는 음악 관련 전문서적이다.

따라서 박연은 세종 6년(1424) 11월 18일 여러 악기를 만들어낸 악기도감의 주역이다.

예조에서 계하기를, "본조의 악부(樂部)는 다만 생(笙) 2부(二部)가 있었는데, 원래 중국에서 온 것으로 하나는 썩고 깨어진 지 이미 오래되었습니다. 국가에서 두 번이나 악기도감(樂器都監)을 설치하고, 완전한 것을 본떠서 제조하였으나, 불어도 소리가 나지 아니하였습니다. 그러므로 종묘와 사직에 악기를 갖추지 못한 지가 여러 해 되었습니다. 이제 다시 도감(都監)을 설치하고 생(笙) 21부를 만들었는데, 중국에서 온 것과 다름이 없습니다. 또 전에는 화(和)·우(竽)가 없었는데, 악현도(樂懸圖)와 악서(樂書)를 참고하여 새로 화 열넷과 우 열다섯을 만들었고, 또 전에 만든 봉소(鳳簫)·약(籥)·훈(塤)·지(篪)의 성음이 맞지 아니하여, 이제 교정하여 다시 만들었는데, 팔음(八音)이 처음으로 다 맞게 되었습니다. 또 금(琴) 8개와 슬(瑟) 10개와 대쟁(大箏)·아쟁(牙箏) 각 3개 와 가야금(伽倻琴)·현금(玄琴)·당비파(唐琵琶)·향비파(鄕琵琶) 각 둘을 만들어, 종묘와 〈기타〉 여러 제사에 사용함에 풍족하니 그 공로가 적지 아니한 것입니다. 이에 공장들에게 상을 주어야 하겠으므로 그 공로를 상고하여 상·중·하 3등으로 나누어 기록하여 아룁니다" 하니, 정포(正布)를 차등 있게 하사하였다. 《세종실록》

악학별좌로 일한 지 1년 8개월 만에 박연은 이처럼 훌륭하게 일을 처리하였다. 만약에 이 일을 다른 사람이 하였다면, 그 사람이 악학별좌가 되었지, 어떻게 박연이 악학별좌가 될 수 있는가?

세종 7년(1425) 2월 24일 예조의 악학별좌 박연은 향악·당악·아악의 율조를 상고하여, 그 악기와 악보법을 그리고 써서 책을 만들자고 하였다. 이때 박연은 우리나라의 향악을 제1순위에 두었다.

예조에서 악학별좌(樂學別坐) 박연(朴堧)의 수본(手本)에 따라 계하기를, "음악의 격조(格調)가 경전(經傳)·사기(史記) 등에 산재하여 있어서 상고하여 보기가 어렵고, 또 문헌통고(文獻通考)·진씨악서(陳氏樂書)·두씨통전(杜氏通典)·주례악서(周禮樂書) 등을 사장(私藏)한 자가 없으므로 비록 뜻을 둔 신비가 있더라도 읽어 보기가 어려우니, 신실로 악률(樂律)이 이내 폐절되지나 않을까 두렵습니다. 청컨대, 문신(文臣) 1인을 본 악학에 더 설정하여 악서를 찬집(撰集)하게 하고, 또, 향악(鄉樂)·당악(唐樂)·아악(雅樂)의 율조(律調)를 상고하여, 그 악기(樂器)와 악보법(樂譜法)을 그리고 써서 책을 만들어, 한 질(秩)은 대내(大內)로 들여가고, 본조와 봉상시(奉常寺)와 악학 관습도감(樂學慣習都監)과 아악서(雅樂署)에도 각기 1질씩을 수장하도록 하소서" 하니, 그대로 따랐다.《세종실록》

태종 11년(1411)에 문과 급제한 박연이 12년이나 지난, 세종 5년(1423) 3월 17일에도 종6품 의영고부사인 것을 보면, 승진을 못한 원인이 원경왕후 때문에 역차별을 받은 것 같다.

원경왕후는 태종이 등극할 때까지 여장부처럼 내조를 잘하였으나, 왕위에 등극한 태종이 잉첩(媵妾)들을 가까이하자 두 사람 사이에는 불화가 잦아졌다. 이러한 가운데 외척세력으로서 아버지 민제와 왕비인 원경왕후의 권세를 믿고 활개를 치던 민씨 형제들은 탄핵을 받게 되었다. 궁중에 들어가 종친에게 무례할 뿐 아니라 종친 간에 이간을 꾀하였다는 혐의로 개국(開國)·정사(定社)·좌명(佐命) 등 삼공신에게 탄핵을 받게 된 것이다.

태종 7년(1407) 삼공신이 모여 민무구(閔無咎)·민무질(閔無疾) 형제를 탄핵하였다. 태종은 장인인 민제의 면목을 생각하여 민무구 형제의 논죄는 거론하지 않았다. 그러나 태종 8년(1408)에 민제가 죽자, 다음 해에

정부 및 삼공신들이 민무구·민무질 형제를 비롯하여 그 여당인 이무(李茂)·윤목(尹穆)·유기(柳沂)·조희민(趙希閔)·이빈(李彬) 등의 처형을 강력히 청하고 나서자, 태종은 민무구·민무질 형제를 해도(海島)에 부처(付處)하게 하고 나머지 죄인에 대해서도 주청한 대로 시행하도록 하였다. 그 후 태종 10년(1410) 태종은 민무구·무질 형제를 자진(自盡)하도록 하였다. 게다가 태종 16년(1416)에는 민무휼(閔無恤)·민무회(閔無悔) 형제도 사사(賜死)되었다. 이러한 와중에서 원경왕후와 가까운 사람들은 오히려 역차별을 받는 신세가 되었고, 박연도 문과 급제 후 12년을 겨우 자리만 보전하는 신세로 살아야 했다.

이제 세상이 바뀌었다. 세종 4년(1422)에 상왕 태종이 승하하고, 세종의 시대가 온 것이다. 박연에게도 지금까지 움츠렸던 재능을 마음껏 발휘할 기회가 찾아왔다. 박연(朴堧)에 관한 기사가 《실록》에 121번 있다. 이 중에서 세종 76번, 문종 10번, 단종 11번 등의 97번은 박연이 조정(朝廷)에서 근무하고 있을 때다. 《실록》에 있는 박연의 호칭(呼稱)을 열거해 보자. 태종 11년(1411)부터 단종 2년(1454)까지 44년 동안 주로 음악을 담당하였지만, 처음 의용고부사로부터 마지막 박계우의 아비까지 호칭이 참으로 다양하다.

● 세종조(世宗朝)

-세종 5년(1423) 3월 17일 : 의영고부사(義盈庫副使)·훈도관(訓導官)

-세종 5년(1423) 3월 22일 : 전교수관(前敎授官)

-세종 7년(1425) 2월 24일 : 악학별좌(樂學別坐)

-세종 8년(1426) 4월 25일 : 봉상판관(奉常判官)

-세종 12년(1430) 7월 28일 : 봉상소윤(奉常少尹)

－세종 12년(1430) 12월 27일 : 대호군(大護軍)

－세종 13년(1431) 12월 25일 : 관습도감사(慣習都監使)

－세종 13년(1431) 12월 26일 : 상호군(上護軍)

－세종 14년(1432) 5월 6일 : 관습도감사(慣習都監使)

－세종 14년(1432) 10월 24일 : 별감(別監)

－세종 18년(1436) 1월 9일 : 판봉상시사(判奉常寺事)

－세종 18년(1436) 12월 3일 : 첨지중추원사(僉知中樞院事)

－세종 21년(1439) 4월 25일 : 공조참의(工曹參議)

＝세종 22년(1440) 7월 2일 : 첨지중추원사(僉知中樞院事)

－세종 24년(1442) 10월 27일 : 예조참의(禮曹參議)

－세종 25년(1443) 8월 22일 : 중추원부사(中樞院副使)

－세종 26년(1444) 7월 27일 : 인순부윤(仁順府尹)

－세종 27년(1445) 8월 21일 : 동지중추원사(同知中樞院事)

＝세종 27년(1445) 10월 4일 : 중추원부사(中樞院副使)

＝세종 28년(1446) 1월 28일 : 절일사(節日使)·동지중추원사(同知中樞院事)

－세종 29년(1447) 1월 16일 : 인수부윤(仁壽府尹)

－세종 30년(1448) 3월 10일 : 부윤·악학제조(樂學提調)

박연은 세종의 부름을 받은 이후부터 공조참의(工曹參議)를 제외하고
는 세종 25년(1443) 8월 22일 중추원부사가 되기 전까지 예조에서 음악
관련 일을 보았다. 중추원부사가 되고 난 후에는 종2품으로서 악학제조
(樂學提調)를 겸무한 것으로 추정된다.

조선 전기의 음악기관은 건국 초기에 종묘제례악의 악기연주를 관장
하던 아악서와, 종묘제례악 등가의 노래와 임무를 맡은 봉상시(奉常寺),

연향에 쓰이는 당악과 향악의 연주활동을 맡은 전악서, 음악이론 연구
와 악복 및 의례의 고증과 악서 편찬을 맡은 악학(樂學), 악공과 관현맹
인(管絃盲人)과 여기(女妓)가 연주하는 향악과 당악의 실기연습을 맡은
관습도감(慣習都鑑) 등 다섯 기관이 있었다.*

박연의 첨지중추원사도 예조 소속이었다. 세종 16년(1434) 10월 12일
의 기사다.

"내가 각도의 감사·도절제사·처치사와 경력을 예전 제도에 따라 하비(下批)
로 임명하여 보내고, 또 육조참판·참의 각 하나씩을 혁파하여 첨지중추원
사를 두고자 하는데 어떠한가" 하니, 모두들 아뢰기를, "전하의 말씀이 지당
합니다."《세종실록》

박연은 공조참의로 훈민정음 주자를 제작한 후 세종 22년(1440) 7월 2
일 예조의 첨지중추원사로 복직되었고, 예조참의를 역임한 후 세종 25
년(1443) 8월 22일 중추원부사로 승진하면서 예조를 떠났다. 세종 14년
(1432) 5월 4일에 중추원부사의 역할이 기록되어 있다.

예조에서 병조의 관문(關文)에 따라 아뢰기를, "이제 삼군부(三軍府)를 고쳐
서 중추원(中樞院)으로 하였으니, 청컨대, 숙위(宿衛)·경비(警備) 등의 일은
본원(本院)의 첨지사(僉知事) 이상으로 1원(員)은 입직(入直)하고 1원은 감순
(監巡)하게 하여 윤번으로 교대하게 하되, 비록 상호군(上護軍)·대호군(大護
軍)의 직무를 띠고 있는 자라도 또한 그렇게 하도록 할 것이며, 판원사(判院

事)는 감순만은 하지 말도록 하소서" 하니, 그대로 따랐다. 《세종실록》

박연은 중추원부사가 되어 숙위하면서 세종에게 훈민정음을 가르쳤다. 세종 25년(1443) 12월 30일 임금이 훈민정음을 창제하였다는 사실을 발표하고, 세종 26년(1444) 2월 20일 최만리의 훈민정음 반대상소에 대한 후유증이 수그러지자 박연은 중추원부사를 그만두고 인순부윤(仁順府尹)이 된다.

박연이 중추원부사에서 인순부윤이 된 것은 세종에 대한 박연의 임무가 완성되었음을 의미한다. 인순부는 세자의 호위를 맡아보는 기구이면서 궁중 소유 토지의 전세를 거두어들이던 곳이다. 박연은 인순부윤·인수부윤·중추원부사로 문종이 재위 2년(1452) 5월 14일에 훙(薨)할 때까지 문종 곁에서 보좌하였다.

세종 27년(1445) 8월 21일 동지중추원사 박연은 절일사가 되어 중국에 다녀왔다. 절일사를 수행한 박연은 세종 27년(1445) 10월 4일 중추원부사에 체직(遞職)되었다가 세종 29년(1447) 1월 16일 인수부윤을 맡는다. 세종을 잘 보필한 박연이 왕세자[문종]를 지도하게 된 것이다. 이후 박연은 문종이 즉위할 때까지 3년 6개월을 세자시강원의 빈객(賓客)으로 문종을 가르쳤다.

악학제조(樂學提調)는 세종 5년(1423) 3월 24일에 신설된 직제로 유사눌(柳思訥, 1375~1440)이 겸직하였으나 그가 세종 22년(1440) 6월 20일 세상을 떠나자, 박연이 종2품 중추원부사가 된 세종 25년(1443) 8월 22일부터 겸직한 것으로 보이며, 단종 1년(1453) 6월 23일에도 악학제조(樂學提調)인 것을 보면 조정을 떠날 때까지 겸직하였음을 알 수 있다.

세종은 세종 32년(1450) 2월 17일 영응대군의 집 동별궁에서 훙(薨)하였다. 세종 25년(1443) 1월 26일 박연이 세자와 같이 산혈의 길흉을 알아본, 태종과 원경왕후가 잠든 서울시 서초구 내곡동 대모산의 헌릉(獻陵) 옆 영릉(英陵)에 세종을 모셨는데, 예종 1년(1469) 지금의 영릉이 있는 경기도 여주군 능서면 왕대리로 천릉(遷陵)하였다.

● 문종조(文宗朝)

=문종 즉위년(1450) 8월 7일 : 행 첨지중추원사(行 僉知中樞院事)

=문종 즉위년(1450) 9월 10일 : 중추원부사(中樞院副使)

=문종 1년(1451) 9월 28일 : 중추(中樞)

1450년 2월 세종의 뒤를 이어 즉위한 문종은 대부분 시간을 병상에서 보냈다.* 박연은 다시 중추원부사가 되어 병약한 문종의 숙위와 경비에 몰두하였으나, 문종은 재위 2년(1452) 5월 14일 어린 세자를 두고 강녕전에서 훙(薨)하였다. 오랫동안 지도한 제자 문종을 잃고, 박연은 얼마나 탄식하였을까? 그는 문종의 현릉(顯陵)을 정할 때도 참여하였다.

● 단종조(端宗朝)

=단종 즉위년(1452) 7월 21일 : 동지중추부사(同知中樞副使)

−단종 즉위년(1452) 10월 1일 : 자헌대부(資憲大夫) 행 중추원부사(行 中樞院副使)

=단종 1년(1453) 6월 23일 : 악학제조(樂學提調)

−단종 1년(1453) 7월 1일 : 예문관대제학(藝文館大提學)

• 신병주, 《조선평전》, 글항아리, 2011년, 195쪽.

=단종 1년(1453) 7월 9일 : 박부윤(朴府尹)

=단종 2년(1454) 5월 21일 : 대제학(大提學)

−단종 2년(1454) 9월 9일 : 박계우의 아비 박연

박연이 인수부윤을 그만둔 지 만 3년 후 예문관대제학이 되었건만, 단종 1년(1453) 7월 9일 수양대군은 정인지에게 보낸 편지에서 박부윤이라고 부르고 있다. 이로부터 1년 후 대제학 박연의 호칭이 박계우의 아비로 추락하고, 전라도 고산(高山)에 귀양 가게 된다.

● 영조조(英祖朝)

−영조 43년(1767) 11월 14일 : 고 중추원부사(故 中樞院副使) 박연(朴堧) 시(諡) 문헌(文獻)

단종 2년(1454) 9월 9일의 박계우의 아비 박연은 무려 313년이나 지난 뒤 문헌(文獻)이란 시호(諡號)를 받았다. 교지(敎旨)는 이로부터 3년 후 영조 46년(1770) 건륭(乾隆) 35년에 발급되었다.•

교지(敎旨)

숭정대부행중추원부사겸예문관대제학지경연춘추관성균관사박연증시문헌공자(崇政大夫行中樞院副使兼藝文館大提學知經筵春秋館成均館事朴堧贈諡文獻公者)

도덕박문알문(道德博聞曰文) 지질유리왈헌(智質有理曰獻)

• 박희영,《밀양박씨문헌공난계파세보》, 1994년, 사진 2쪽.

건륭 35년 월 일(乾隆三十五年 月 日)

《실록》에 있는 박연의 아들은 맹우·중우·계우로 셋이다. 그런데 세종 27년(1445) 10월 9일에 정7품의 무관직 행사정 박연의 아들 박자형이란 이름이 있다.

> 사헌부(司憲府)에서 아뢰기를, "전 현감(縣監) 정우(鄭瑀)가 고하기를, '지금 행사정(行司正) 박연(朴堧)의 아들 박자형(朴自荊)으로 사위를 삼았는데, 자형이 자장(資裝)을 갖추지 못한 것을 불만족하게 여기고, 또 여자가 뚱뚱하고 키가 작으므로, 실행(失行)하였다고 칭탁하여 말하고 버립니다' 하므로, 의금부(義禁府)에 내려 이를 국문하고 있으나 오래도록 정상(情狀)을 얻지 못했습니다" 하니, (…)《세종실록》

하지만 박자형은 박연의 아들이 아니다. 다음의 세 가지로 그 이유를 설명할 수 있다.

첫째, 《세종실록》에 따르면 세종 27년(1445) 10월 4일 박연의 관명이 중추원부사다. 중추원부사는 중추원에 속한 종2품 벼슬이다. 현감을 지낸 정우가 사돈이 될 박연의 벼슬이 정7품 무관직인지 종2품인지 모르고 혼사를 하였을까?

둘째, 족보에 있는 세 아들의 부인은 파평윤씨·광산김씨·보성이씨로 정씨(鄭氏)는 없다.

셋째, 박연의 아들이라면 박자형도 박계우에 연좌되어 귀양을 가야 했다. 그러나 《실록》에 이런 사실이 없다. 만일 박자형이 첩의 자식이라고 해도 귀양을 가야 했다. 《단종실록》에는 계유정난에 연좌된 첩의 아

84

들도 모두 처형을 당했다. 단종 1년(1453) 10월 10일에 안평대군의 심복 조번(趙藩)과 10월 11일에 경성도호부사 이경유(李耕㽋)를 죽였는데, 단종 2년(1454) 4월 13일 조번의 기생첩의 아들 조귀동(趙貴同)을, 동년 9월 12일에는 이경유의 첩의 아들 이한산(李漢山)을 교형에 처했다.

단종 2년(1454) 9월 9일 예문관대제학 박연의 호칭이 '박계우의 아비 박연'으로 추락했다. 태종 11년(1411) 4월에 문과에 급제하여 조정에서 벼슬한 지 44년 만의 일이다. 《실록》에서의 직위는 종6품 의용고부사에서 시작하여 정2품 자헌대부 예문관대제학이 마지막이다.

왕권에 이성을 잃은 수양대군은 한약재의 전문가, 신이 내린 음악가, 우리나라의 최초의 음향학자, 탁월한 천문학자이자 지리학자로 세종의 충신 중 충신 박연을 고산현에 귀양 보낸다. 이때 그는 일흔일곱의 고령이었다.

> 박계우의 아비 박연(朴堧)은 자원에 따라 외방(外方)에 안치하고, 정원석의 아우 정막금(鄭莫今)은 나이가 차기를 기다려 원방(遠方)에 안치하고, 그 어미와 출가하지 않은 누이는 논(論)하지 마라" 하였다. 《단종실록》

'육판서(六判書)가 삼정승(三政丞) 하나를 못 당하고, 삼정승이 대제학(大提學) 하나를 못 당한다'는 말이 있다. 이 말은 대제학이 얼마나 존귀한가를 설명하는 말이다. 예문관대제학은 정2품이지만 학식과 덕망이 만인의 본보기가 되어야 맡을 수 있는 자리다. 대제학은 전임자의 추천과 육판서 전원일치의 찬성이 있어야 임명하였고 게다가 종신직이었다. 이 종신직이 수양대군 일파에는 눈엣가시였고 박연에게는 화(禍)의 단초(端初)였다.

단종 1년(1453) 7월 9일 세조가 정인지에게 글을 보냈다는 기사에서 박연에 대한 수양대군의 호칭이 의미심장하다.

나와 판서, 그리고 박부윤(朴府尹) 등 2, 3구신(舊臣)만이 맡아야 할 바는 선왕들의 뜻을 이루지 않을 수 없는 것이다. 《단종실록》

박연은 세종 29년(1447) 1월 16일 인수부윤(仁壽府尹)이 되어, 문종 즉위년(1450)에 그 역할이 끝났다. 그리고 단종 1년(1453) 7월 1일에 박연은 예문관대제학이 되었다. 단종 1년(1453) 7월 9일 수양대군이 정인지에게 보낸 글에서 예문관대제학 박연을 3년 전의 부윤(府尹)이라 칭한 것이다. 이것은 수양대군이 정인지에게 "나는 박연의 예문관대제학 직위를 인정하지 않는다"는 암시(暗示)가 아닐는지? 아니면, 인수부윤이 되어, 오랜 기간 세자시강원의 빈객(賓客)으로 세자[문종]를 지도한 박연은 자기편이 아니니 그를 회유(懷柔)하라는 의미가 아니었을까?

3. 계유정난과 핏들의 전투

계유정난

악역은 하기 쉽다. 본능대로 행동하면 되기 때문이다. 수양대군 일파는 하기 쉬운 악역을 택했고, 이들에게 희생된 이들은 인간다운 죽음을 택했다. 선인이 아무것도 하지 않는 순간 악은 번성한다.

계유정난은 크게는 조선왕조의 불행한 역사의 시작이요, 작게는 박연 가문을 비롯한 수백 가문의 비극의 서막이었다. 이 비극의 상처가 아직도 다 아물지 않았다.

《단종실록》은 조선왕조 제6대 왕 단종의 재위기간(1452년 5월~1455년 윤6월) 3년 2개월간의 역사를 편년체로 기록한 사서이다. 원래 이름은 《노산군일기》였으나 숙종 때 그를 단종으로 추존한 뒤에는 《단종대왕실록》이라 하였다. 세조 때에 편찬된 원편 《노산군일기》 14권과 숙종 때에 편찬된 《단종대왕실록》 부록 1권으로 구성되어 있다. 《노산군일기》는 문종이 세상을 떠난 1452년 5월 14일부터 단종이 양위하기 전날인 1455년 윤6월 10일까지를 수록하였다. 그가 세상을 떠난 지 204년 만인 숙종 24년(1698) 무인 11월 8일에 영의정 유상운 등의 주청으로 노산군에게 '순정안장경순돈효'라는 시호와 '단종'이라는 묘호, '장릉'이라는 능호를 올리고, 종묘에서 복위고유제를 올림으로써 왕위를 복구하게 되었다.

《노산군일기》의 편찬자들도 《정난일기》를 편찬한 신숙주·한명회·최항·노사신 등 정난공신들이 주축이 되었을 것이다. 단종의 능은 장릉으로 강원도 영월읍 영흥리에 있다.[*]

《노산군일기》는 그 편찬 과정도 상세하지 않다. 세조 1년(1455) 8월 29일 춘추관의 건의에 따라 노산군 즉위 이후의 시정기(時政記)를 편찬하기로 했다는 기록이 있을 뿐이다. 1464년 10월 14일 세조가 《정난일기(靖難日記)》의 편찬을 명했는데, 그 내용이 《노산군일기》에 편입된 것 같다. 그 뒤 예종 1년(1469) 4월 18일 왕이 춘추관에 명해 노산군 때의 일기와 계유정난 때의 사초(史草)를 들이게 하여 그 범례를 살펴본 바 있다. 이 무렵 《노산군일기》의 편찬이 어느 정도 마무리된 것 같다. 현존하는 《노산군일기》에 수양대군을 시종 '세조'라는 묘호(廟號)로 부르는 것으로 미루어 보아, 세조가 죽은 뒤에 완성된 것이 확실하다고 네이버 백과사전은 전한다.

'역사란 승자의 것'이란 말과 같이 왕위를 찬탈한 수양대군 일파가 《단종실록》의 많은 부분을 왜곡했겠지만, 수양대군 일파의 왕위찬탈이 치밀한 계획과 잔인한 수법으로 이루어졌음을 알려주는 내용이 《단종실록》에 있다.

단종 즉위년(1452) 7월 23일 수양대군의 모사(謀士) 궁지기 한명회(韓明澮, 1415~1487)가 그의 친구 권남(權擥, 1416~1465)을 방문하였다는 기

• 유종문, 《이야기로 풀어쓴 조선왕조실록》, 아이템 북스, 2008년, 133쪽.

록이 있다. 이 기록은 적어도 계유정난 1년 전에 이미 수양대군 일파의 왕위찬탈 음모가 시작되었음을 알려준다.

처음에 문종이 세조에게 명하여 병서의 음주(音註)를 편찬하게 하니, 교리(校理) 권남(權擥)이 참여하여 도왔다. 권남이 뒤에 병으로 사직하고, 동래(東萊) 온정(溫井)에 가서 목욕하고 돌아오니, 궁지기[宮直] 한명회(韓明澮)가 권남을 방문하고 인하여 이르기를, "금주(今主)는 어리고 나라는 뒤숭숭한데, 대신이 권력을 마음대로 하여 무뢰(無賴)한 자제(子弟)들에게 함부로 관직을 주는 일이 많으며, 요직(要職)을 나누어 차지하여 온갖 시행과 조처가 꺼리는 바가 없어서, 나랏일이 거의 날마다 잘못되어 나간다. 또 듣건대 안평대군이 대신들과 굳게 결탁하여 널리 성예(聲譽)를 떨치고 뭇 소인배를 불러 모아서 흉모(凶謀)를 꾸미고, 무릇 외방에 봉사(奉使)하는 자에게는 문득 행자(行資)를 보내어 은근한 정을 보인다. 대신들이 자주 왕래하여 교문[通問]하고, 안평대군도 또한 수답(酬答)하기를 게을리하지 아니하지만, 자취[影跡]를 자못 비밀에 부치니, 식자(識者)들은 이를 한심하게 여긴다. 수양대군은 영명(英明)하고 강단(剛斷)하고 정직하여 사심이 없으니, 세종께서 기중(倚重)하신 바이다. 자네는 필연(筆硯) 간에 모신 지 오래인데, 어찌 미사(微辭)로써 그 뜻을 보이지 않는가? 지금의 형세로써 우리도 오히려 사기(事幾)를 알겠는데, 저 명공(明公)의 아량(雅量)으로서 선물병기(先物炳幾)하시면 반드시 합하는 것이 있으리니, 자네는 그것을 힘쓰게나" 하니, 권남이 말하기를, "마땅히 상알(上謁)하여 여쭙겠다" 하였다. 이때에 이르러 권남이 세조(世祖)를 알현하니, 세조가 와내(臥內)로 맞아들였다. 《단종실록》

이로부터 1여 년 후 단종 1년(1453) 9월 25일, 권남은 "안평대군이 반역을 꾀하고 있다"고 수양대군에게 고한다.

황보인(皇甫仁)의 가동(家僮)으로 권남(權擥)의 종 계수(桂壽)와 더불어 혁공(革工)을 동업(同業)하는 자가 있는데, 계수에게 말하기를, "네가 나라 일을 아느냐?" 하니, 계수가, "내가 어찌 알겠느냐?" 하였다. 말하기를, "우리 주인 영상(領相)이 김정승(金政丞) 등 여러 재상과 더불어 모여서 의논하여, 장차 임금을 폐하고 안평대군(安平大君)을 세워서 임금으로 삼으려고 하는데, 오는 10월 12일과 22일로 기한을 정하였다" 하고, 또 말하기를, "안평대군이 우리 주인에게 묻기를, '어떤 꾀로 군사를 많이 얻을 수 있겠는가?' 하니, 우리 주인이 말하기를, '창덕궁으로 이어(移御)할 날이 급박한데 수리하는 일이 늦다고 아뢰어 외방(外方)의 군인 수천 명을 불러서 이명민(李命敏)으로 하여금 아울러 거느리게 하고, 또 비밀히 황해도·충청도 두 도(道)의 물가에 있는 한두 주군(州郡)의 군사를 징집(徵集)하여 배로 싣고 와서 마포(麻浦)에 대면, 대군께서 새벽을 타서 거느리고 들어와 이명민과 합세하면 뜻을 이룰 수 있습니다' 하더라" 하고, 또 말하기를, "윤처공(尹處恭)과 조번(趙藩)이 군기감(軍器監) 병장(兵仗)을 안평대군의 집으로 비밀히 운반하고, 또 거사(擧事)하는 날짜를 약속하여 오로지 병기를 공급하게 하였다" 하였는데, 권남이 듣고 세조에게 고하기를, "간당(姦黨)의 음모(陰謀)를 이미 다 알았으니 일이 이미 매우 급합니다. 어찌하여 손을 묶고 죽음에 나아가서 종사를 저버리겠습니까? 바라건대, 공은 큰 계책을 빨리 결정하십시오" 하니, 세조가 말하기를, "큰일은 가볍게 행할 수 없으니, 다시 제자(諸子)와 더불어 숙의(熟議)해야 할 것이니, 한명회(韓明澮) 등과 더불어 오라" 하였다. 권남이 한명회·홍달손(洪達孫)·양정(楊汀)·유수(柳洙)·유하(柳河) 등과 더불어 밤에 나아갔다. 세조가 말하기를, "간사한 음모가 이미 매우 급하니 어떻게 할 것인가? 제군(諸君)들은 각각 그 계책을 진술하라” 하니, 여러 의논이 분운(紛紜)하였는데, 세조가 말하기를, “이제 곧 계청하여 주살(誅殺)하는 것이 상책(上策)이나, 김연(金衍)과 한숭(韓崧)이 밤낮으로 곁에 모시고 있으니, 내가 비록 밀계(密啓)하더라도 저들이 반드시 먼저 알 것이다. 만약 먼저 알면 우리 붙이의 목숨은 진실로 아까울 것이 없으나, 기밀(機密)의 일이 한 번 누설되면 화(禍)가 곧 따라 일어날 것이니, 도리어 재촉하는 것이다. 무릇 천하의 일은 상경(常經)과 권도(權道)가 있는데 어찌 하나만 굳게 지키고 통하지 못하여 일의 기회를 잃을 것인가? 변통하여 중(中)을 얻는 것이 곧 상경(常經)이니, 의(義)가 마땅히 먼저 발(發)하고 난 뒤에 계문(啓聞)할 것이다” 하였다. 처음에 유수·양정·유하가 내금위(內禁衛)에 속하였었는데, 한명회가 여러 번 더불어 시사(時事)를 논하다가 인하여 세조가 의(義)를 분발하여 백성을 구제할 뜻이 있음을 진술하니, 유수 등이 모두 팔을 뽐내면서 죽을힘을 다하기를 원하였는데, 이에 이르러 한명회가 인하여 데리고 와서 뵈었다.《단종실록》

그러나 안평대군은 왕위의 꿈이 전혀 없었다. 수양대군이 이처럼 시·서·화의 삼절로 불렸던 안평대군을 파렴치범으로까지 몰았던 것은 그만큼 명분이 없었음을 뜻한다. 수양의 야심을 감지한 의정부 대신들이 안평을 통해 수양을 견제하려 하자 그토록 반감을 보였던 것이다.

김종서, 황보인 등의 정승들이 안평대군을 선택한 이유는 간단했다. 안평대군은 적어도 왕위를 꿈꾸지는 않았기 때문이다. 그러자 수양은 종친들을 부추겼다. 태종의 후사가 될 뻔한 양녕대군이나 효령대군은 자신들의 자리를 세종이 빼앗았다는 원한을 갖고 있었다. 이들은 세종가가 파열음을 내는 것을 즐기고 있었다.•

세종의 뒤를 이은 병약한 문종(1414~1452)은 자신의 단명(短命)을 예견하고 영의정 황보인(皇甫仁, 1387~1453)·좌의정 남지(南智, ?~?)·우의정 김종서(金宗瑞, 1390~1453) 등에게 자기가 죽은 뒤 어린 왕세자가 등극하였을 때 그를 잘 보필하여 달라고 부탁하였다. 세 사람 중 남지는 병으로 좌의정을 사직하였으므로 그의 후임인 정분(鄭苯, ?~1454)이 대신 당부를 받았다. 그러나 수양대군이 단종 1년(1453) 10월 10일 지용(智勇)을 겸비한 김종서와 그의 아들을 죽임으로써 이른바 계유정난의 서막이 오르고 말았다.

이튿날, 단종 1년(1453) 10월 11일 수양대군은 영의정, 정인지는 좌의정이 된다.

세조(世祖) 수양대군(首陽大君)을 영의정부사(領議政府事) 영경연서운관사(領經筵書雲觀事) 겸판이병조사(兼判吏兵曹事)로 삼고, 정인지(鄭麟趾)를 의정부좌의정(議政府左議政)으로, 허후(許詡)를 의정부좌참찬(議政府左參贊)으로, 정창손(鄭昌孫)을 이조판서(吏曹判書)로, 김조(金銚)를 예조판서(禮曹判書)로, 이계전(李季甸)을 병조판서(兵曹判書)로, 박중림(朴仲林)을 호조참판(戶曹參判)으로, 박중손(朴仲孫)을 병조참판(兵曹參判)으로, 권준(權蹲)을 사헌부대사헌(司憲府大司憲)으로, 홍달손(洪達孫)을 병조참의(兵曹參議)로 김자갱(金子鏗)을 형조참의(刑曹參議)로, 최항(崔恒)을 승정원도승지(承政院都承旨)로, 신숙주(申叔舟)를 우승지(右承旨)로, 박팽년(朴彭年)을 좌부승지(左副承旨)로, 박원형(朴元亨)을 우부승지(右副承旨)로, 권자신(權自愼)을 동부승지(同副承旨)로, 이종목(李宗睦)을 첨지중추원사(僉知中樞院事)로, 허추

• 이덕일, 《김종서와 조선의 눈물》, 옥당, 2010년, 289쪽.

(許錘)를 사간원좌헌납(司諫院左獻納)으로, 김계우(金季友)를 우헌납(右獻納)으로, 공기(孔頎)를 우정언(右正言)으로, 민건(閔騫)을 충청도관찰사(忠淸道觀察使)로, 기건(奇虔)을 평안도관찰사(平安道觀察使)로, 성승(成勝)을 충청도병마도절제사(忠淸道兵馬都節制使)로, 박호문(朴好問)을 함길도병마도절제사(咸吉道兵馬都節制使)로, 김윤부(金允富)를 충청도수군도안무처치사(忠淸道水軍都安撫處置使)로 삼았다.《단종실록》

《단종실록》에는 계유정난과 관련하여 간당(姦黨) 또는 난신(亂臣)이란 단어가 45번 있다. 45번의 기사에 등장하는 사람들의 이름으로 검색하면 다른 관련 기사가 또 있다. 이것은 왕위찬탈을 위한 수양대군 일파의 사전 준비가 얼마나 집요하게 이루어졌나를 웅변으로 말해준다.

이처럼 집요하고 무서운 마수(魔手)가 단종 2년(1454) 8월 15일 추석날 드디어 예문관대제학 박연에게 다가온다. 막내아들 박계우가 와언(訛言)을 한 이른바 계유정난 간당의 무리로 지목된 것이다.

임금이 친히 건원릉(健元陵)과 현릉(顯陵)에 추석제(秋夕祭)를 행하였다. 환궁하다가 중량포(中良浦)의 주정소(晝停所)에 이르니, 의정부당상(議政府堂上)과 좌승지 박원형(朴元亨)·우승지 권자신(權自愼)·우부승지(右副承旨) 구치관(具致寬) 등이 함께 의논하고 아뢰기를, "간당(姦黨)을 베어 없애소서" 하므로, 즉시 하교(下敎)하기를, "전일에 정난(靖難)할 때 사람을 많이 죽이지 않으려고 하여 모두 너그러운 법[寬典]에 따랐는데, 근일에 대간(臺諫)에서 와언(訛言)이 떠들썩하게 일어나므로 하여 간당(姦黨)의 근본(根本)을 모두 제거하자고 굳이 청하므로, 대신(大臣)에게 의논하였더니, 대신의 의논도 이와 같았다. 내가 종사(宗社)의 대계(大計)를 위하여 사(私)를 버리고 마지못해 대신과 대간의 청을 따르니, 부처(付處)한 이용(李瑢)의 아들 이우직(李友直)과 황보석(皇甫錫)의 아들 황보가마(皇甫加麿)·황보경근(皇甫京斤), 김종서(金宗瑞)의 아들 김목대(金木臺), 김승규(金承珪)의 아들 김조동(金祖同)·김수동(金壽同), 이승윤(李承胤)의 아들 이계조(李繼祖)·이소조(李紹祖), 장군(將軍)의 종제(從弟) 이승로(李承老), 민신(閔伸)의 아들 민보석(閔甫釋)·민석이(閔石伊), 윤처공(尹處恭)의 아들 윤개동(尹介同)·윤효동(尹孝同), 이현로(李賢老)의 아들 이건금(李乾金)·이건옥(李乾玉)·이건철(李乾鐵), 이경유(李耕㽥)의 아들 이물금(李勿金), 조번(趙藩)의 아들 조계동(趙季同), 이징옥(李澄玉)의 아들 이성동(李成同), 이보인(李保仁)의 아들 이해(李諧), 이심(李諶)·사문(沙門)·주령(住令)·이모(李謨), 이의산(李義山)의 아들 이우경(李友敬), 김말생(金末生)의 아들 김산호(金珊瑚), 김정(金晶)의 아들 김개질동(金介叱同), 김상충(金尙忠)의 아들 김득천(金得千)·김복천(金卜千), 황귀존(黃貴存)의 아들 황경손(黃敬孫)·황장손(黃長孫), 황의헌(黃義軒)의 아들 황석동(黃石同), 정효전(鄭孝全)의 아들 정원석(鄭元碩), 정효강(鄭孝康)의 아들 정백지(鄭白池), 그리고 정분(鄭苯)·이석정(李石貞)·조완규(趙完珪)·조순생(趙順生)·정효강(鄭孝康)·박계우(朴季愚) 등을 법에 따라 처치하라. 이제부터 간당(姦黨)의 근본이 영원히 근절되었으니, 만약 또다시 역당(逆黨)의 옛일을 말하는 자가 있으면, 내 마땅히 용서하지 않겠다. 이것을 중외(中外)에 효유(曉諭)하라" 하였다. 《단종실록》

수백 명의 목숨을 앗아간 이 '와언'이란 도대체 무엇일까? 단종 2년(1454) 8월 10일의 《단종실록》에는 "근일(近日)에 반드시 병사(兵事)가 있을 것이다"라는 게 와언이라지만, 결국 이 말은 "수양이 단종을 몰아내고 임금이 되려 한다"는 게 아니고 그 무엇이랴!

의정부당상과 함께 대제학 박연을 조정에서 몰아낸 박원형·권자신·구치관 등 세 사람은 그 후 어떻게 되었을까?

박원형(朴元亨, 1411~1469)은 세조 때 호조·형조·이조·예조의 판서를 거쳐 우찬성을 지냈다. 이시애의 난을 평정한 후 좌의정으로 승진하였나. 예종 때 익대공신 2등에 책록되었으며 연성부원군에 봉해지고, 예종 즉위년(1468) 12월 20일 영의정에 올랐다.

권자신(權自愼, ?~1456)은 단종의 외삼촌으로서 세조의 즉위에 협조하지 않았음에도 좌익공신 3등에 책록되고 예조판서에 올랐으나, 성삼문 등과 함께 단종복위를 도모하다가 발각되어 처자와 함께 심한 국문을 당한 끝에 거열형을 받고 죽었다.

구치관(具致寬, 1406~1470)은 단종 1년(1453) 계유정난에 가담하고 재능을 인정받아 좌승지가 되었고, 1455년 세조가 왕위에 오르자 추충좌익공신에 책록되었다. 평안도절제사·이조참판·이조판서·우의정·좌의정을 거쳐 세조 12년(1466)에는 영의정이 되었다.

수양대군 일파들은 왜 예문관대제학 박연을 숙청해야만 했을까? 그것은 예문관대제학 박연이 '임금의 말씀이나 명령의 내용을 신하가 대신 짓던 일'을 하는 예문관의 수장이었기 때문이다. 태종 1년(1401) 예문춘추관이 분리되면서, 예문관의 관제와 임무는 태조 대보다 세분화·전문화되었으며, 왕명(王命)의 제찬(制撰)을 위한 문한(文翰)기구로서의 성격이 강화되었다. 이는 예문관의 대제학[문형(文衡)]을 지낸 인사들이 당대 학문을 대표하는 인사들이었다는 점과 연관된다. 그리고 예문관의 분리와 기능의 강화는 태종의 왕권강화와 통치체제의 정비 의도가 깊게 반영되었다. 군신 간·골육 간의 싸움을 겪고 즉위하였던 태종은 왕권의 강화와 재상권의 견제를 적극적으로 모색하였다.

문하부를 혁파하고 의정부체제로 하였으면서도, 의정부의 기능을 강화시켜 재상들에게 권한을 주기보다는 모든 정사를 직접 총괄하였고, 공신들의 반대를 무릅쓰고 사병을 혁파하는 등 권력의 분산과 왕권강화를 도모하였다. 한편, 태조 대에 '표전문제'와 '요동수복계획' 등으로 악화되었던 대명관계가 태종 대에 상당히 호전되었다. 명과의 선린관계가 정립되면서 양국 간의 사행(使行)은 빈번해졌으며 이에 따라 명분에 합당한 사대외교와 외교문서의 작성이 필요하게 되었다. 이는 '사명(詞命)의 제찬(制撰)'이라는 예문관의 기능을 강화하는 외적 요건이 되었다고 본다.[•]

성종 23년(1492) 3월 19일의 예문관대제학 곧 문형에 관한 기사를 보면 문형은 함부로 체직시키지 않는 직책이었다.

현재 문묵(文墨)으로 이름난 자가 어찌 그만 한 사람이 없겠습니까? 그러나 문형(文衡)의 책임은 몸에 큰 문제가 있지 아니하면 일찍이 경솔하게 개차(改差)한 적이 없었습니다. 조종조(祖宗朝)에 권근(權近)·윤회(尹淮)·변계량(卞季良)·최항(崔恒)이 모두 문형을 담당했었는데, 상(喪)을 만났어도 체직(遞職)시키지 아니하였습니다. 당시에 어찌 대신할 만한 자가 없었겠습니까만, 대체로 그 책임이 지극히 중하므로 경솔하게 자리가 비는 대로 따라서 바꿀 수가 없기 때문입니다. 《성종실록》

계유정난 후 섭정승(攝政丞)이 된 수양대군은 단종 2년(1454) 1월 22일 민심을 호도(糊塗)하고자 단종의 결혼을 주선하였다. 왕비는 송현수

• 김경수, 《조선시대의 사관연구》, 국학자료원, 1998년, 50~51쪽.

(宋玹壽, ?~1457)의 딸이었다.

박연은 문종·안평대군·단종·김종서·송현수 등과의 관계로 보아 알 수 있듯이 처음부터 수양대군 편이 아니었다. 박연은 몽유도원도의 찬시에서 "상주가 주공을 흠모하지 아니하고 구름 되고 나비 되는 헛된 꿈을 꾸고 있다[蔣生屛底夢不愛周公 戀胡蝶爲雲爲雨]"고 노래했다. 주공을 흠모하는 박연이 일찍이 수양대군의 야심을 어디 짐작이나 하였을까.

계유정난이라는 역사적 와중에서 박연은 7명의 자녀와 그들에게 태어난 손자와 손녀들의 안위(安危) 때문에 많은 번민을 했겠지만, 단종의 왕위를 지키려고 모질게 마음을 다잡고 몸가짐을 소홀히 하지 않았을 것이다. 수양대군 일파로서는, 허점을 보이지 않는 박연을 없애려면 특단의 조치가 필요했다.

특단의 조치, 그것은 '와언'이란 죄명으로 아들 박계우를 죽이고, 박연을 서울 밖으로 귀양 보내는 것이었다. 이 일에 의정부당상관이 하수인이 되었다. 일흔일곱의 노학자는 소인배들에게 이처럼 무참히 짓밟히고 만다. 단종 2년(1454) 9월 9일 박연의 막내아들 박계우는 교형을 당하고, 박연은 44년의 조정생활을 뒤로하고, 전라도 고산으로 귀양 가게 된다.

박계우와 함께 교형을 당한 사람들은 전부터 간신배들이 죽이자고 거론하던 사람들이다. 단종 2년(1454) 8월 9일이다.

사간원에서 아뢰기를, "이우직(李友直)은 이용(李瑢)의 친아들이고, 정분(鄭苯)·조순생(趙順生)·이석정(李石貞)·정효강(鄭孝康)·조완규(趙完圭) 등은 모두 간당(姦黨)이며, 윤광은(尹匡殷)은 김종서(金宗瑞)의 가신(家臣)이니 마땅히 모두 법에 따라 처치하소서” 하고, 사헌부에서도 청하였으나, 명하여 대신(大臣)에게 의논하게 하였다.《단종실록》

단종 2년(1454) 8월 15일 추석날, 갑자기 박계우를 죽이자고 하고, 9월 9일 교형에 처한 것은 '사명(詞命)의 제찬(制撰)'이라는 막중한 일을 하는 예문관의 수장 박연을 그들의 왕위찬탈에 큰 걸림돌로 여겼기 때문이다. 그래서 그들은 박연의 넷째 사위 최자청(崔自淸, ?~?)을 협박해 “박계우가 와언(訛言)을 하였다”고 거짓 증언케 하여 박연을 외방(外方)으로 내친 것이다.

“지금 교형(絞刑)에 처한 이용(李瑢)의 아들 이우직(李友直)과 이보인(李保仁)의 아들 이해(李諧)·이심(李諶)·이모(李謨)와 이의산(李義山)의 아들 이우경(李友敬), 정효전(鄭孝全)의 아들 정원석(鄭元碩)과 이승로(李承老)·정분(鄭苯)·조순생(趙順生)·이석정(李石貞)·조완규(趙完珪)·정효강(鄭孝康)·박계우(朴季愚) 등에게 연좌(緣坐)된 사람을, 청컨대 모두 율문(律文)에 의하여 시행하소서” 하니, 봉교(奉敎)하기를, “부모(父母)·아들·아직 출가(出家)하지 아니한 딸·처첩(妻妾)·조부모(祖父母)·손자(孫子)·형제(兄弟)·아직 출가하지 아니한 자매(姉妹)·아들의 처첩(妻妾)은 원방(遠方)의 관노비(官奴婢)로 영속(永屬)시키고, 백부(伯父)·숙부(叔父)와 형제(兄弟)의 아들은 먼 곳에 안치(安置)하되, 나이가 아직 16세가 되지 못한 자는 나이가 차기를 기다려서 예(例)에 의하여 시행하라. 조순생의 숙부 조관(趙貫)은 자원(自願)에 따라 부처(付處)하고, 박계우의 아비 박연(朴堧)은 자원에 따라 외방(外方)에 안치하고, 정원석의 아우 정막금(鄭莫今)은 나이가 차기를 기다려 원방(遠方)에 안치하고, 그 어미와 출가하지 않은 누이는 논(論)하지 마라.”《단종실록》

이때 박연이 목숨을 부지한 것은 일흔일곱의 고령이라는 점, 임금이 단종이라는 점, 박연의 아내 송씨부인이 원경왕후의 외육촌 여동생이라는 점, 여기에 왕실의 신임이 두터운 신미대사[김수성(金守省)]의 역할이 있었다고 추측해 본다.

수양대군 일파는 단종 2년(1454) 9월 19일 '와언'이란 죄명으로 400여 명을 또 처단한다.

사인(舍人) 조효문(曹孝門)이 당상(堂上)의 의논을 가지고 아뢰기를, "의금부 (義禁府)에서 와언(訛言)을 한 자를 가둔 것이 거의 4백여 명에 이르는데, (그 사실을 말하기를) 서로 숨기고 꺼리어 비록 여러 달 동안 국문(鞫問)한다 하더라도 범죄의 실정을 알아내기가 쉽지 아니하고, 또 근일에 죄수들이 병을 얻어 갑자기 죽는 자가 자못 많으니, 청컨대 이미 공초(供招)한 것으로써 과 죄(科罪)하소서" 하니, 그대로 따랐다.《단종실록》

그들은 백성의 입과 귀를 확실하게 틀어막고, 어린 단종에게는 공포 감을 조장하면서, 왕위를 찬탈할 준비를 이처럼 의도적으로 잔인하게 진행하였다. 드디어 단종 3년(1455) 윤6월 11일 선위(禪位)라는 미명(美 名)으로 수양대군은 세조가 된다.

44년간의 조정생활에서 박연은 여러 번 어려운 고비가 있었다. 세종 15년(1433) 7월 21일 권도(權蹈, 1387~1445)에게 스승 권근의 아들이라고 믿고 무심코 한 말이 씨가 되어 일시적으로 파직된 일도 있었고, 세종 27년(1445) 절일사(節日使) 때 부험(符驗)을 잃고 세종 28년(1446) 1월 28 일에 고신(告身)을 반납한 일도 있었다. 이때 박연의 나이 무려 예순여덟 이었다. 그를 보좌하는 종사관(從事官)은 도대체 무엇을 하였나. 게다가 세종 30년(1448) 3월 10일에는 누이의 상(喪)을 가볍게 한 점과 악학제 조로서 악공들이 사사로이 영업하였다고 파직되기도 하였다. 그러나 박 연은 생활이 어려운 악공들의 처우개선에 늘 관심이 많았다. 세종 13년 (1431) 12월 25일의 《세종실록》에 박연이 맹인 악공의 처우개선을 주장 한 적이 있다.

경국대전이 제정되기 전 계유정난 난신(亂臣)에게 적용한 것으로 보이 는 세조 2년(1456) 6월 5일의 대명률(大明律)의 '모반 대역조(謀反大逆條) 와 모반조(謀叛條)'를 보자.

무릇 모반(謀反)과 대역(大逆)은 다만 공모(共謀)한 자라도 수범(首犯)과 종 범(從犯)을 가리지 않고 다 능지처사(凌遲處死)하고, 아비와 아들의 나이 16 세 이상은 모두 교형(絞刑)에 처하며, 15세 이하와 어미와 딸·처첩(妻妾)·조 손(祖孫)·형제자매(兄弟姉妹)와 아들의 처첩은 공신(功臣)의 집에 주어서 종을 삼고, 재산은 모두 관가에 몰수하며, 남자로서 나이 80세 된 자와 독 질자(篤疾者), 부인으로서 나이 60세 된 자와 폐질자(癈疾者)는 모두 연좌 죄(緣坐罪)를 면제하고, 백숙(伯叔)·형제(兄弟)의 아들은 호적(戶籍)의 이동 (異同)에 관계없이 모두 3천 리 밖으로 귀양 보내어 안치(安置)하고, 연좌된 사람이라도 동거(同居)하지 않는 자의 재산(財産)은 관가에 몰수하는 범위 에 넣지 않으며, 만약 딸이 시집갈 것을 허락하고 이미 그 지아비에게로 돌 아갈 것이 확정된 자와, 자손 가운데 과방(過房)으로 남에게 준 자와 아내 로 결정을 보았지만, 아직 성례하지 못한 자는 모두 추좌(追坐)하지 않는다. 《세조실록》

박계우는 교형을 당하고, 박연은 고산에 안치되고, 장남 박맹우는

광주, 둘째 박중우는 거제도에 귀양 갔다.[•] 사육신 사건이 일어난 후
인 세조 2년(1456) 9월 7일에 박계우의 처 소비(小非)는 홍윤성(洪允成,
1425~1475)에게 주고, 세조 4년(1458) 2월 2일에는 고산의 박연과 광주의
박맹우는 영동, 거제도의 박중우는 고산으로 옮겨 안치하고, 손자 박팽
로(朴彭老)는 정남이 되면 안치하라고 하였다. 이리하여 박연은 '계유정
난'과 '사육신 사건'의 한가운데 우뚝 서게 되었다.

박연의 막내 사위 최자청이 세조 1년(1455) 2월 27일 원종공신 2등이
다. 어찌하여 관직에 있던 첫 사위 조주(趙注)는 그 많은 공신 중에 이
름이 없는데 관직에 없던 막내 사위 최자청(崔自淸)은 공신일까?

최자청(崔自淸)·엄유경(嚴有敬), (…) 종 박용(朴龍)은 2등에 녹(錄)한다. (…)
2등에게는 각각 1자급을 더해 주고 자손을 음직을 받게 하고, 후세에까지
유죄(宥罪)하고, 자손 중에서 한 사람을 자원에 따라 산관 1자급(資級)을 더
하여 준다. 그 가운데 자손이 없는 자에게는 형제·사위·조카 중에서 자원
에 따라 산관(散官) 1자급을 더하여 준다. 《세조실록》

이것이 《실록》에서 최자청에 관한 유일한 기록이다. 최자청은 화순최
씨(和順崔氏)로서 현감을 지냈고, 사위는 안우(安遇, 1449~1527)이다.[••]
《중종실록》에 최자청의 사위 안우는 김종직의 제자라고 한다. 박연의
막내 사위 최자청이 처남인 "박계우가 와언을 하였다"고 밀고한 것이 사
실이라면, 어떻게 수양대군의 왕위찬탈(篡奪)을 비난하여 '조의제문(弔
義帝文)'을 지은 김종직이 최자청의 사위를 제자로 삼았겠는가?

• 박희영, 《밀양박씨문헌공난계파세보》, 1994년, 45쪽.
•• "탐진안씨−안우" 신종우의 인명사전 〈http://www.shinjongwoo.co.kr〉 [2012. 4. 18. 기사].

김종직은 수양대군 일파가 예문관대제학 박연을 제거하려고, 최자청을 협박하여 처남 "박계우가 와언을 하였다"라고 거짓으로 자백하게 한 사건의 내막을 짐작하고 있었다.

이산가족

계유정난과 사육신 사건에서 희생당한 사람들의 후손이 살아남은 경우는 드물다. 그러나 박연은 세 아들에게 태어난 손자들이 있었기 때문에 다른 희생자들보다 살아남은 후손이 많다. 그러나 살아남은 박연의 손자들은 조선 최초의 이산가족이 되었다.

박연이 고산에 안치될 때 귀양 가지 않은 가족들은 송씨부인의 고향 여산으로 갔다. 막내아들이 교형을 당한 지 꼭 1년 뒤 송씨부인이 별세하였다. 세조 1년(1455) 8월 10일의 기사다.

고산(高山)에 안치(安置)된 박연(朴堧)이 상언(上言)하여 그의 죽은 아내를 고향으로 돌아가 장사 지내게 해주기를 청하여 이를 허가하셨으니, 신 등의 생각으로는 그 소재지에 어찌 장사할 곳이 없겠습니까?《세조실록》

죽은 아내의 묘소마저 고향에 쓰게 하지 말라는 좌정언(左正言) 이숭원(李崇元, 1428~1491)이다. 세조는 어머니 원경왕후의 외육촌 여동생이 되는 송씨부인을 이숭원의 말대로 유배지 고산에 장사토록 하지 않았다. 영동 심천면 고당리 난계사 뒷산에 있는 박연의 묘소 앞에는 송씨부인의 묘소도 있다. 아이러니하게도 이숭원은 송씨부인의 졸년(卒年)과 박연의 고산에서의 귀양살이를 후손에게 알려준 셈이다.

족보에는 박연의 손자가 양(壤)·곤(坤)·해(垓)·은(垠)·용(墉)·운(云)

등 여럿이지만 귀양 간 사실이 《실록》에 있는 손자는 팽로(彭老)뿐이다. 세조 4년(1458) 2월 2일에 팽로가 정남이 되면 안치하라고 하였으니, 이 때 나이가 열여섯이 안 되었다. 팽로는 열여섯의 정남이 된 후에 서울에 서 삼천 리 밖 남해(南海)로 귀양을 갔다.

박팽로는 10년 후 세조 14년(1468) 9월 6일에 방면되었다. 세조가 병 들어 차도가 없자, 대리청정하던 세자[예종(睿宗)]가 세조의 병을 고치려 취한 조치였다.

난계파 족보에는 박맹우의 첫아들 이름이 양(壤)이다. 남해로 귀양 간 양[박팽로?]은 남해에 무덤이 있다고 한다. 지금도 양의 후손들이 경남 하동과 전남 광양 등에서 살고 있다. 박팽로의 무덤이 남해에 있다면 《세조실록》에 있는 '박팽로를 방면하였다'라는 사실이 정말일까? 《세조실록》에는 박팽로를 방면하였다고 하나 실제로는 방면하지 않았다. 세조 14년(1468) 9월 6일 박팽로를 방면하라고 명령한 세자는 다음 날 즉위하지만, 예종은 이듬해 1469년 11월 28일 1년 2개월의 짧은 재위 끝에 진상도 불분명한 채 저세상으로 갔다.* 이런 판국에 수양대군을 도와 왕위찬탈을 한 세력들이 "난신에 연좌된 사람들을 석방하라"는 세자의 명령을 저 멀리 남해까지 온전하게 수행하였을까?

사육신의 한 사람인 유응부가 계유정난에 대하여 읊었다는 시조, '간밤에 불던 바람'은 박연의 손자들을 말하는 것처럼 들린다.

간밤에 불던 바람 눈서리 치단 말가
낙락장송이 다 기울어지단 말가
하물며 못다 핀 꽃이야 일러 무삼하리오.

세조 4년(1458) 2월 2일 《세조실록》의 박맹우·박중우 다음에 이름이 기록된 만수(萬壽)와 경수(敬壽)는 이후 《실록》에 나오지 않는다. 족보에 박맹우의 아들이 셋이니 만수와 경수가 박연의 장남 박맹우의 두 아들이 아닐까 한다.

만수와 경수가 박맹우의 두 아들이라면, 만수[해(垓)]는 고산에서 할아버지를 모셨고, 경수[곤(坤)]는 광주에서 아버지를 모셨다. 박연이 일흔 일곱의 고령이었으니, 장남 박맹우도 나이가 많았을 것이다.

• 이덕일, 《조선 왕 독살사건 1》, 다산북스, 2005년, 178쪽.

《족보》에는 "해(垓)는 숙부 박계우 사건 때 연좌되었지만, 난계를 봉양할 사람이 없어서 조정의 특별한 은사(恩赦)를 입고 전리(田里)에 물러나 효를 다하였다"라고 기록되어 있다. 실제로 박연의 유품은 모두 해의 후손들이 보관하였나.

수양대군이 임금이 되고 3년이 된 세조 4년(1458) 2월 2일 아버지 박맹우와 같이 광주에 있던 경수[곤(坤)]는 아버지를 따라 영동으로 오게 된다. 족보에 곤(坤)의 묘소가 영동군 심천면 구탄리의 아버지 박맹우의 묘소 아래에 있다는 것은 박맹우의 귀양지를 광주에서 영동으로 옮길 때 곤(坤)도 함께 왔다는 것을 의미한다.

이때 곤(坤)의 가족은 전라도 옥과현에 그대로 있었다. 세월이 흐른 뒤 곤(坤)의 아들 퇴락재(退樂齋) 경흥(卿興)은 옥과현 설산의 생활을 시(詩)로 남겼다. 시에 있는 기룡(夔龍)이란 악성(樂聖) 난계의 후손이란 뜻이다. 이 시는 옥과현의 읍지(邑誌)에 전하고 있다고 한다.

산은 복희 적 달을 토하고,	山吐伏羲月
바람은 순임금 오동서 우네.	風鳴帝舜梧
기룡이 바위굴에서 늙으며,	夔龍老石室
한가로이 요순 적 꿈만 꾸네.	閒枕夢唐虞

순조 5년(1805) 6월 9일, 곤[경수]의 증손자요, 경흥의 손자인 언배에 관한 기록이다.

옥과현(玉果縣)의 고(故) 사인(士人) 박언배(朴堰培)와 그의 처(妻) 이씨(李氏)에게 증직(贈職)하고 정표(旌表)하는 은전을 시행하였다. 박언배는 고 판서 박연(朴堧)의 후손으로 의병장(義兵將)으로 안주(安州)에서 싸우다 전사(戰死)했는데, 이씨가 그 소식을 듣고 스스로 목매어 죽었다. 예조에서 유생(儒生)들의 상언(上言)으로 인하여 해도(該道)에 조사를 의뢰한 뒤에 청한 것이다. 《순조실록》

《실록》과 《족보》의 기록을 보아 만수를 해로 본다. 그는 박연의 귀양지 고산에서 할아버지를 모시다가 세조 4년(1458) 2월 2일 난계가 영동으로 경외종편(京外從便)될 때 함께 왔으나 그해 3월 26일에 난계가 별세하자 난계의 유품을 챙기고 상촌면 유곡리에 살면서 전답을 관리하였다.

만수는 세조 2년(1456) 박연이 귀양지 고산에서 서거정에게 연꽃 그림과 함께 보낸 오언사운시(五言四韻詩) 두 편과 세조 4년(1458)에 세조에게 상언한 서신을 전달하는 역할도 하였을 것이다.

영동에 살았던 해(垓)의 세계(世系), 해-수원(秀元)-홍인(弘仁)-의제(宜弟)-흥(洶)-성기(成杞)의 박성기는 숙종 6년(1680) 거제도 유배에서 돌아오는 우암 송시열을 만났다. 우암이 청주의 변시환(卞時煥, 1590~1666)을 배향하는 송계서원(松溪書院)에서 강학(講學)할 때이다. 이때 우암은 성기의 경의(經義)가 상명(詳明)함을 보고, "난계선생의 도덕 문장을 평소에 흠모하였는데 오늘 눈으로 본다[蘭溪先生道德文章素所欽慕今見]"면서 칭찬하였다고 한다.[•] 성기의 동생 성재는 영조 21년(1745)에 박연의 '가훈 17칙'을 간행한 박사량의 할아버지이다.

경기도 유형문화재 제139호로, 효종 4년(1653)에 송희업(宋熙業, ?~?)이

• 박윤하, 《밀양박씨문헌공난계파대동보》, 1979년, 147쪽.

간행한 《여산송씨족보》에는 박연 가계(家系)가 기록되어 있다. 장남 박맹우의 후손은 공란(空欄)이지만, 차남 박중우는 딸이 셋, 막내 박계우는 아들 중양(重陽)이 있고, 중양의 아들은 조(鵰)라고 되어 있다.

세조 4년(1458) 2월 2일 박연과 장남 맹우가 광주에서 영동에 옮겨 안치될 때, 차남 중우는 가족과 토지가 있는 여산이 가까운 고산에 옮겨 안치된다. 따라서 송희업이 효종 4년(1653)에 간행한 《여산송씨족보》에는 200년이란 오랜 세월 때문에 송씨부인의 고향 여산에 살았던 차남과 삼남의 후손들은 기록되고, 타지에 살아 파악이 안 되는 장남 맹우의 아들 3명은 공란(空欄)으로 둔 것이다.

난계파 《족보》에는 박중우에게도 은(垠)과 용(墉)이라는 두 아들이 있다. 이들은 단종 2년(1454) 화(禍)를 당할 때 피신한 중우의 아들이거나, 임진왜란과 병자호란 등 난리로 흩어진 박연의 다른 후손일 수도 있다. 게다가 조선 시대 사대부는 법적으로 1명의 첩을 둘 수 있었다.

양(壤)·곤(坤)·해(垓)·은(垠)·용(墉)의 다섯 손자의 이름 자(字)에 흙 토(土)변이 있고, 중양(重陽)은 흙 토(土)변이 없다. 후대에 《족보》를 만들면서 연(堧)의 후손임을 의도적으로 표현한 게 아닐까 한다.

양은 경남 남해, 곤은 전남 곡성, 해는 충북 영동과 경북 성주·김천, 은은 경남 마산시 내서읍, 용은 전남 담양군 창평과 경북 선산, 중양은 합천군 야로면 등 박연의 후손들은 조선 최초의 이산가족이 되어 뿔뿔이 헤어져 살고 있다.

성종 2년(1471) 3월 24일 세조의 손자인 성종은 난계가 별세한 지 13년 후 그의 고신을 돌려주었다.

이조(吏曹)에 전지(傳旨)하여 고(故) 박연(朴堧)의 고신(告身)을 돌려주게 하

였다. 《성종실록》

성종 3년(1472) 5월 24일에는 차남 박중우는 고신을 돌려받고, 장남 박맹우는 외방종편(外方從便)되었으며, 홍윤성에게 사급되었던 박계우의 처 고성이씨 소비(小非)는 풀려났다.

영동(永同)에 안치(安置)한 난신 박계우(朴季愚)의 형 박맹우(朴孟愚), (…) 외방종편(外方從便) 하게 하고, (…) 홍윤성(洪允成)에게 사급한 난신 박계우(朴季愚)의 처 소비(小非), (…) 놓아 보내게 하였다. 《성종실록》

그리고 성종 15년(1484) 12월 19일 박맹우도 고신을 돌려받았다.

박맹우(朴孟愚)의 고신(告身)을 돌려주게 하였다. 《성종실록》

고신을 돌려받은 것을 보아 박중우는 성종 3년(1472) 5월 24일 이전에, 박맹우는 성종 15년(1484) 12월 19일 이전에 세상을 떠난 것으로 추정한다.

박연의 사위 4명은 어떻게 되었을까? 첫 사위 조주는 《세종실록》에 9번 나온다. 그는 세종 11년(1429) 6월 친시문과에 장원하여 의영고부사·충청도 도사(都事)·우헌납·좌헌납·사헌부지평·이징옥의 종사관 등을 역임하였다. 조주의 호(號)는 도곡(道谷)·청계(淸溪)로서 군수(郡守) 조사순(趙士舜)의 아들이다. 《조선명신록, 홍지도서》에 있는 조주에 대한 글이다.*

*

만년(晚年)에 나주(羅州) 세화리(細花里)에 퇴거(退居)하여 나이 80여 세에 매양 동지(冬至) 정조(正朝) 성절(聖節)을 당하면 반드시 망관예(望闕禮)에 참석했는데 나주(羅州)의 성문(城門)에 들어갈 때는 반드시 하마(下馬)하고 몸을 굽히고 들어가므로 사람들이 그 이전(理田)을 물으니 쥬(拄)는 내답하기를 "군수(郡守)는 임금의 직책(職責)을 나누어 맡고 있는데 성중(城中)에 군수(郡守)가 있기 때문이다" 하였다.

전남유형문화재 제184호로 지정된 벽류정(碧流亭)은 전라남도 나주시 세지면 벽산리에 있는 정자다. 이 정자는 인조 18년(1640)에 광산김씨 김운해(金運海, ?~?)가 건립하였으며 지금도 광산김씨 문중에서 관리하고 있다.

원래 이곳은 세종 때 호조참판이었던 청계 조주의 별서(別墅) 터였는데, 그의 외손 되는 김운해에게 넘겨준 것이다. 숙종 4년(1678)과 철종 13년(1862)에 각기 중수를 거처 현재에 이르고 있다. 나주에서 보기 드문 경관을 자랑하는 정자로, 주변에 대나무와 느티나무 고목이 어우러져 있다. 박연의 첫 사위 조주는 강진조씨(康津趙氏)의 시조다.

둘째 사위 권치경(權致敬, ?~?)의 아버지는 세종 16년(1434)의 하동현감 권영창(權永昌)이고, 아들은 성종 20년(1489)에 경력(經歷)을 지낸 권관(權寬)이다. 권치경의 손자 권세형(權世衡)은 성종 22년(1491) 별시(別試) 갑과(甲科)에 장원(壯元)하여 《성종실록》에 6번, 《연산군실록》에 31번, 《중종실록》에 2번의 기사가 있으며, 마지막 관직은 종4품의 첨정(僉正)이다. 박연의 사위 권치경의 손자라고 불이익을 받았을 것이다.

• "강진조씨–조주" 신종우의 인명사전 〈http://www.shinjongwoo.co.kr/html/search.html〉 [2012. 4. 18. 기사].

셋째 사위 방순손(房順孫, ?~?)은 《예종실록》과 《성종실록》에 각각 1
번씩 기사가 있는데, 예종 1년(1469) 3월 28일의 기사가 수상(殊常)하다.

예문봉교(藝文奉教) 방귀원(房貴元)이 병으로 무당의 집에 피하여 거처하였
는데, 장차 죽으려 할 때 그 아비를 보고자 요구하는데도 방순손(房順孫)은
병이 옮을까 염려하여 들어가 보려 들지 않았다. 방귀원의 친구 직강(直講)
노필공(盧弼公)이 반복하여 깨우쳐 주어서 마침내 들어가 보았다. 죽음에 미
쳐서는 방순손이 그 집을 지나쳐 돌아와 사람의 왕래를 끊으니, 시체를 염
(殮)할 사람이 없었다. 노공필의 애도함이 매우 간절하여 서로 잘 지내던 친
구들이 부의를 모아 관렴(棺殮)하여 장사 지내고, 그 나머지를 주어 제사 지
내는 데 도움이 되게 하였다. 《예종실록》

방순손의 아들 방귀원은 《국조문과방목》에 따르면 세조 11년(1465)
식년시 정과 2위로 급제하였고, 가족사항에 부 방순문(房恂文) 조부 방
구성(房九成) 증조부 방사량(房士良)이라고 되어 있다. 방순손의 가계(家
系)는 방사량(房士良)-방구달(房九達)·방구성(房九成)·방구행(房九行)-
방순문(房恂文)·방계문(房戒文)·방순손(房順孫)-방귀원(房貴元)·방귀
화(房貴和)·방귀온(房貴溫)으로 되어 있다.•
《실록》에는 방귀원이 박연의 셋째 사위 방순손의 아들인데 《국조문
과방목》에는 왜 형 방순문의 아들일까? 역적으로 몰락한 박연의 외손
자라는 것이 부담되어, 세조(世祖) 11년(1465) 문과시험을 볼 때 방순문
의 양자로 한 것이 아닐까?

• "남양(남원)방씨" 신종우의 인명사전 〈http://www.shinjongwoo.co.kr〉 [2012. 4. 18. 기사].

넷째 사위 최자청은 이미 앞에서 언급하였다. 연세대 교수 허경진이 지은 《악인열전》에도 "박연에게 딸은 넷인데, 목사 조주·사직 권치경·감찰 방순손·선비 최자청의 아내다"라고 하였다. 선비 최자청, 그는 참으로 불행한 사람이었다. 협박에 못 이겨 저남을 빌고하여 처가가 풍비박산이 났으니 말이다.

효종 4년(1653)의 《여산송씨족보》에는 박연의 둘째 아들 박중우는 딸만 셋인데, 첫딸은 좌의정(左議政) 박숭질(朴崇質, ?~1507)의 초실(初室), 둘째 딸은 문훈(文勳, ?~?), 셋째 딸은 양배(楊培, ?~1500)의 아내로 되어 있다.

첫째 사위 박숭질은 한국역대인물종합시스템(http://people.aks.ac.kr)에는 처부 이서주, 처부2 정맹손으로 박중우가 없다. 박숭질이 문과에 응시한 때는 세조 3년(1457)이다. 귀양 간 박중우의 사위라는 게 문제가 된다고 첫 아내를 버린 것이다. 박숭질의 초배(初配)가 밀양박씨라는 글이 인터넷에 있다.[*]

박숭질의 본관은 반남(潘南)이다. 우의정 은(訔, 1370~1422)의 손자로 아버지는 부윤(府尹) 훤(萱)이다. 세조 3년(1457) 식년문과에 급제하였다. 중종 2년(1507) 8월 14일의 영중추부사 박숭질에 대한 기사다.

사신(史臣)은 논한다. 박숭질은 본래 청렴하고 간소함으로 이름이 드러났다. 그러나 사민[함경도·평안도·황해도 지방에 이주한 백성] 순사(徙民巡察使)가 되어 삼도(三道)를 두루 순력(巡歷)하면서, 뇌물[苞苴]을 함부로 받아 재물만 있으면 이주를 면하게 해주었으므로 그때 사람들이 침을 뱉었다. 정

• "박숭질 묘" 개미실사랑방 〈http://roaltlf.blog.me/117224118〉 [2012. 4. 18. 기사].

승이 되어서는 폐주(廢主)가 그의 아내를 간음하고 해칠 뜻을 품으니, 박숭질이 기미를 알고 일부러 말에서 다쳐서 마침내 정승의 직을 사면하여 화를 면하고 천수(天壽)를 다하게 되었다. 《중종실록》

박중우의 둘째 사위 문훈에 관한 기록은 찾을 수 없었다.

셋째 사위는 양배이며, 그의 아들은 양공준(楊公俊, 1484~1525), 손자는 양홍(楊洪, 1508~1564)이다. 양배는 남원양씨(南原楊氏)로 조부는 양연(楊淵)이고, 외조부(外祖父)는 성균관대사성(成均館大司成)을 지낸 안지귀(安知歸)이며, 임피현령(臨陂縣令)을 지낸 양자첨(楊子瞻)의 맏아들이다. 부인은 밀양박씨(密陽朴氏)로 직장(直長) 박중우(朴仲愚)의 딸이자 세종(世宗) 때의 아악공신(雅樂功臣) 박연(朴堧)의 손녀이다.[*]

양배의 아들 양공준은 조선 중기의 문신이며, 자는 언경(彦卿), 본관은 남원(南原)이다. 전라북도 순창(淳昌) 구미(龜尾)에서 출생했다. 중종 2년(1507)에 진사시에 합격하고, 중종 15년(1520)에 문과별시(文科別試) 병과(丙科)에 급제하였다. 이후 호조좌랑(戶曹佐郎), 병조좌랑 겸 춘추관(兵曹佐郎兼春秋館), 기주관(記注官)을 지냈으나, 42세로 일찍 죽었다. 그의 진사시 합격증인 백패(白牌)와 문과합격증인 홍패(紅牌)는 잘 보존되어 국가지정문화재 보물 725호로 지정되었다.[**]

양배의 손자 양홍도 중종 35년(1540)에 문과에 급제한 뒤 홍문관지제교(弘文館知製敎)·전적(典籍)·사복시부정(司僕寺副正)·춘추관편수관(春秋館編修官)을 거쳐 청도군수(淸道郡守)와 선산부사(善山府使)를 역임하였다고 한다.

• "양배" 한국인물정보시스템 〈http://people.aks.ac.k〉 [2012. 4. 18. 기사].
•• "양공준" 한국인물정보시스템 〈http://people.aks.ac.kr〉 [2012. 4. 18. 기사].

양홍은 18세에 아버지 공준을 여의었기 때문에 아버지가 담당해 오던 진외가의 방대한 재산 관리에 고충이 많았다. 원래 할아버지 양배의 처부(妻父)는, 박중우(朴仲愚)로 대제학을 지낸 박연의 둘째 아들이다. 박중우가 후사가 없어 그 재산을 그의 사위 양배가 대신 관리해 오다가 양홍이 그 뒤를 이었던 것이다. 규모는 알 수 없으나 이 재산을 조부손(祖父孫) 3대에 걸쳐 여산과 귀미를 왕래하면서 관리하게 된 셈이다. 박연은 충청도 영동에서 살았는데, 그 아들을 여산에 분가한 것은 그 재산이 많았기 때문일 것이다.*

양홍은 그의 아들 양사헌(楊士獻, 1540~1596)을 익산(益山)으로 분가시켰다. 후에 양사헌은 남원양씨 익산파(益山派)의 파조(派祖)가 되었다. 특이한 점은 문과에 급제한 양공준·양홍·양사헌 3대가 《실록》에 단 한 번도 이름이 나오지 않는다는 사실이다. 박연의 아들인 박중우의 외손이라고 불이익을 받았음이 틀림없다.

양배의 사위 소세량(蘇世良, 1476~1538)은 본관이 진주(晉州)이다. 중종 2년(1507) 식년문과에 급제, 한림원에 들어가 예문관검열에 등용된 뒤 정언(正言)·홍문관수찬·사헌부지평·금산군수(錦山郡守)·천문이습관(天文肄習官)·사헌부장령·홍문관전한(典翰)·사간원의 사간 등을 지내고, 중종 17년(1522) 7월 19일에는 세자시강원 보덕이었다. 동년 홍문관직제학, 다음 해에는 일본 사신을 맞이하는 선위사(宣慰使)·동부승지·참찬관(參贊官)을 역임하고 중종 19년(1524) 8월 29일 사간원의 대사간이 되었으나 사임하고, 부모의 봉양을 위하여 남원부사를 자원하였다. 이때 격무로 임지에서 죽었다. 그는 평생 글을 좋아하여 가산은 돌

---

* "남원양(南原楊)−양홍" 신종우의 인명사전 〈http://www.shinjongwoo.co.kr〉 [2012. 4. 18. 기사].

보지 않았으며, 효우(孝友)하였고, 향리의 후배를 양성하여 크게 교화하였다. 익산의 화암서원(華巖書院)에 봉향되었다.

소세량(蘇世良)의 처(妻) 양씨(楊氏, 1478~1549)의 본관은 남원(南原), 양배(楊培)의 딸이다. 시가(媤家)가 빈한(貧寒)하자 혼수물자 일부는 시부모에게 바치고, 패물은 시누이와 시동생에게 고루 나누어 주었다. 남편이 처음 벼슬하여 서울에 살 때 살림이 넉넉지 않아도 구차한 빛을 보이지 않고, 조카 순(巡)을 친자식처럼 어여삐 길러 듣는 사람마다 감탄했다. 남편의 남원부사 시절 종형제들이 남편을 찾아오면 개인적인 일로 공사를 해롭게 하는 일이 없도록 당부했다.

남편의 상을 당해 스스로 목숨을 끊으려 했으나 시조모님이 살아 있었으므로 자제했다. 남편의 상여가 남원성문을 나서니 백성이 통곡하고 많은 부의를 했다. 이를 보고 부인은 아들에게 "군자는 상비(喪費)를 가사에 보태어 쓰는 법이 아니니, 부친이 구례(求禮)에서 친상을 당하셨을 때처럼 빈민에게 나누어 주라" 했다. 아들들에게 아버지의 유지를 받들어 청빈하게 살기를 당부했고, 중종 32년(1537)에 아들이 부제학에 임명되자 슬픈 낯빛으로 말하기를 "너의 아버지는 일생을 청렴하고 조심스럽게 사셨지만, 직위가 덕에 맞지 않았다. 그런데 너는 나이가 젊고 덕조차 아버지만 못한데 직위는 오히려 높으니 불행한 일이요, 숙부는 대제학, 조카는 부제학이어서 흉흉한 세상에 시기할 자가 있을 테니 사임하라"고 거듭 경계시키자 퇴직을 결심했으며, 숙부인 세양도 연로한 부모 봉양을 이유로 사표를 제출하였다. 이는 곧 부덕과 모교(母教)가 집안과 종당(宗黨)을 교화시킨 결과이다. 부인이 별세하자 조카 순(巡)은 초상 때처럼 식육을 금하고 오직 채식으로 3년상을 마쳤다.°

《실록》에는 계유정난과 단종복위운동에 관련된 자들의 재산을 '난신전(亂臣田)'이라 하여 단종 1년(1453) 12월 26일과 세조 1년(1455) 11월 27일 그리고 세조 3년(1457) 3월 23일에 왕족과 공신들이 나누어 가졌다. 그러나 박연의 재산은 난신전에 없다. "연좌된 사람이라도 동거하지 않는 자의 재산은 관가에 몰수하는 범위에 넣지 않는다"는 대명률에 따른 것이다. 따라서 이때 난계의 삼남 박계우는 분가한 것으로 추측한다.

양배가 받은 재산은 박연의 아내 송씨부인이 친가에서 받은 유산인데 차남 박중우에게 물려준 것이다. 박중우의 묘가 전북 익산시 여산면 원수리 용화산(龍華山) 날등성의 남원양씨 순창파(淳昌派) 문묘 남향 좌측 50m 해자(亥坐)에 있어, 1474년경부터 1931년까지 457년간 양배의 후손들이 제사·수호하였으나, 1931년부터 충북 옥천군 동의면 박연의 증손자인 수정(秀貞) 후손들이 제사·수호하다가, 2007년 4월 14일 영동군 심천면 고당리의 난계사 우측에 있는 경난재 입구로 이장하였다.

핏들[피야평(皮野坪)]의 후예들

수양대군 일파의 왕위찬탈로 빚어진 계유정난과 단종복위운동은 수많은 난신과 공신을 낳았다. 난신으로 몰린 자는 대부분 죽임을 당하고, 산 자는 귀양 가거나 관비나 노비로 전락하였다. 후에 방면된 자라도 과거시험에 응시할 수 없는 신세로 살아야 했다.

그로부터 약 140년이 지난 선조 25년(1592)에 임진왜란이 일어났다. 이때 계유정난과 단종복위운동에서 비롯된 난신(亂臣) 후손들은 나라에 공을 세워, 신원회복(身元回復)의 기회로 삼으려 하였다.

세조 2년(1456) 사육신 사건 때 박팽년은 아버지와 아들 등 3대가 모두

• "진주소씨-소세량(蘇世良)" 신종우의 인명사전 〈http://www.shinjongwoo.co.kr〉 [2012. 4. 18. 기사].

죽임을 당했다. 박팽년의 둘째아들 박순(朴珣)의 처는 관노(官奴)가 되기 전 아기를 잉태하고 있었다. 그녀는 후에 일산(一珊)을 낳아 박팽년의 후손을 잇게 하였다.* 이리하여 박팽년의 6세손 박충후(朴忠後)는 선조 36년(1603) 4월 21일 태안군수(泰安郡守)가 되어 《실록》에 등장한다.

사헌부가 아뢰기를, 태안군수(泰安郡守) 박충후(朴忠後)는 난리 뒤에 출신(出身)한 사람으로 무재(武才)가 없고 또한 글을 알지 못합니다. 적을 방어하고 백성을 다스리기에는 실로 소임을 감당하기 어려우니, 체차를 명하소서" 하니, [박충후는 문종조(文宗朝)의 충신 박팽년(朴彭年)의 후손이다. 세조(世祖)가 육신(六臣)을 모두 주살(誅殺)한 뒤에, 박팽년의 손자 박비(朴斐)는 유복자(遺腹子)였기에 죽음을 면하게 된 것이다. 갓 낳았을 적에 당시의 현명한 사람을 힘입어 딸을 낳았다고 속여서 말을 하고 이름을 비(斐)라고 했으며, 죄인들을 점검할 때마다 슬쩍 계집종으로 대신하곤 함으로써 홀로 화를 모면하여 제사가 끊어지지 않게 되었다. 박충후는 곧 그의 증손으로서 육신(六臣)들 중에 유독 박팽년만 후손이 있게 된 것이다.] 답하기를, "아뢴 대로 하고 의성군(義城君)을 추고하라" 하였다. 《선조실록》

선조 38년(1605)에 이항복(李恒福, 1556~1618) 등이 임진왜란 유공자의 성명·관직·공적을 기록한 선무원종공신록권(宣武原從功臣錄券)에도 박충후의 이름이 올라 있다. 임진왜란 때 공을 세워 태안군수가 된 것이다.

난계 박연의 손자가 되는 해·곤·양의 후손들도 임진왜란에 참전하였

• 박노강, 《사육신과 묘골의 유적》, 순천박씨충정공파종친회, 1988년, 100쪽.

다. 선계가 박연–맹우–해의 후손들은 임진왜란 때 지금의 영동군 상촌면 유곡리에서 살았다. 영동군 상촌면과 이웃하고 있는 매곡면 유전리(柳田里) 앞들을 피야평(皮野坪) 또는 핏들이라 하는데 원래 이름은 우평야(雨坪野)였다고 한다. 우평야가 피야평(皮野坪) 또는 핏들이라 불리게 된 이유는 임진왜란 때의 참담한 이야기가 서려 있다.

선조 25년(1592) 5월 13일 영동현감은 호소문을 발표해서 의병을 모집했는데 그 호소문에, "나랏일에 이같이 되니 심히 분하도다. 적이 서울을 침범하였으니 백성으로서 마음이 어찌 통분치 않으랴. 또한, 난리에 참여한 부모는 모두 죽고 처자는 잡혀가고 집은 불타 버리고 모든 집이 한결같이 비어 버렸으니 천지간에 이보다 더 큰 원수가 또 어디 있겠느냐. 참으로 분하고 원통할 일이로다. 앞으로 이를 막지 못하면 후회가 클 것이니 동지 여러분은 힘을 모아 보복할 것을 생각지 않겠느냐. 귀천을 막론하고 용감한 젊은 사람들은 이달 17일에 영동군청 근처에 모여 주기 바란다. 글을 모르는 사람은 모르는 것을 부끄러워하지 말고 서로 알려서 호소문을 이해하고 이 복수전에 참여하면 충신의사의 의거가 될 것이다"라고 호소하였다. 이에 영동의 많은 젊은이가 의병이 되려고 모여들었다.•

'빙옥정'에 나오는 장비(張丕)의 7세손 장지현(張智賢, 1536~1593)도 의병을 이끌고 지금의 매곡면 유전리 우평야에서 왜적과 맞서 싸웠다. 이때 고향 영동에 살던 '빙옥정'의 후예들도 의병장 장지현과 굳게 뭉쳐 위급한 나라를 구하려 목숨을 바쳐 싸웠을 것이다.

추풍령(秋風嶺)과 황간(黃澗)을 빼앗기게 되면 뒤에 있는 영동 고을

• "영동의 전설–피야평" Daum지식 〈http://k.daum.net/qna/openknowledge〉 [2012. 4. 18. 기사].

도 쉽게 무너지기 때문에 장병사는 죽을힘을 다하여 이곳을 지키고 있었다. 때마침 장병사와 함께 싸운 의병 중에 피(皮)씨 성을 가진 의병이 있는 힘을 다하여 적과 싸웠는데 아깝게도 그는 왜적이 쏜 총탄을 맞고 나라를 위해 목숨을 바쳤다. 장지현의 의병부대는 뒤로 후퇴하기 시작했다 의병을 이끌던 장병사도 황간으로 후퇴하는 도중에 전사하고 말았다. 임진왜란이 끝나고 많은 세월이 흐른 뒤 사람들은 의병 피씨가 싸우다 죽은 들을 피야평(皮野坪) 또는 핏들이라 부르기 시작하여 오늘날까지 전해 온다고 한다.* 이때 영동 상촌면 유곡리에 살던 박연 손자해의 후손들도 적극적으로 전투에 참가하였을 것이다. 나라에 큰 공(功)을 세워 빼앗긴 과거(科擧) 응시자격을 되찾고 싶었을 것이다.

영동군 추풍령면 사부리에 의병장 장지현을 모신 사당이 있다. 영동군에서는 해마다 4월이면 장군의 숭모제를 이곳에서 열고 있다. 추풍령은 전략상으로도 중요해 나라에 전쟁이 있을 때마다 이 고개에서는 항상 큰 싸움이 벌어졌다. 선조 25년(1592) 김해성을 함락시킨 왜군은 한양을 향해 계속 북상했다. 조경(趙儆, 1541~1609)과 양사준(梁思俊, ?~?)이 경상우도 지역의 관군을 이끌고 추풍역을 지키고 있었지만 왜군 복병의 기습공격을 받은 관군은 일시에 패해 조경이 포로로 잡혔다. 이때 돌격대장 정기룡(鄭起龍, 1562~1622)이 죽음을 무릅쓰고 적진 깊숙이 뛰어들어 왜군 100여 명을 죽이면서 조경을 구출해냈다. 이런 용감무쌍한 싸움에도 불구하고 추풍역 전투는 관군의 패전으로 끝났고 추풍령 동부 경상도 지방은 왜군의 수중에 들어갔다. 또 이듬해 선조 26년(1593) 의병장 장지현도 부하 수천 명을 거느리고 왜군 2만 명을 맞아

---

* "매곡면–피야평" 영동군청 〈http://town.yd21.go.kr〉 [2012. 4. 18. 기사].

치열한 전투 끝에 물리쳤으나, 다시 금산 쪽에서 온 왜군의 협공을 받아 장렬히 전사하기도 했다.[*]

박연 손자 해(垓)의 후손들이 살았던 영동군 상촌면은 본래 황간현(黃澗縣) 남상촌면(南上村面)과 내남매하면(內南梅下面)의 일부 지역으로 황산현의 남쪽 위쪽이 되므로 남상촌면이라 하였다. 황학산(黃鶴山)·삼도봉(三道峰)·석기봉(石奇峯)·민주지산(眠周之山)·각호산(角虎山) 등 고봉이 면(面) 주위를 둘러싸고 있어 심산유곡을 이룬다. 우두령(牛頭嶺)과 질매재는 경북 김천시 구성면과 지례로 연결되는 유일한 통로이며, 이런 까닭으로 병란 시에는 피난지소가 되어 주었다. 고려 말 왜구의 노략질이 심할 때 황간현의 관기(官基, 관터)를 임산궁촌(林山弓村)으로 옮긴 적도 있으며, 임진왜란과 6·25 동란 때 역시 중요한 은신처가 되어 주었다.[**]

상촌면과 가까운 황간면의 유래 및 내력을 보면 황간현은 선조(宣祖) 26년(1593) 임진왜란 때 현감 박몽열(朴夢說)이 진주성(晋州城) 전투에서 패하고 한 사람도 살아오지 못하였으므로 현을 폐하여 청산현에 편입시켰다가 광해군(光海君) 13년(1621)에 다시 황간현으로 복귀되었다. 그 후에도 여러 번의 변화를 겪다가 고종 때(1895) 8도제가 폐지되고 전국이 23부 336군으로 개편됨에 따라 6개면 120개 동리를 담당하는 황간군이 되었다. 일제강점기인 1914년 총독부령에 의해 군·면이 통폐합됨에 따라 황간군을 폐지하고 군내면의 23개 동리, 서면의 18개 동리, 군동면의 상가리 일부를 병합하여 황간면이라 하였다.[***]

[*] "추풍령" 나는 걷는다 〈http://yalp.blog.me/100011081644〉 [2012. 4. 18. 기사].
[**] "상촌면-우리면 소개" 영동군청〈http://town.yd21.go.kr〉 [2012. 4. 18. 기사].
[***] "황간면-우리면 소개" 영동군청 〈http://town.yd21.go.kr〉 [2012. 4. 18. 기사].

선조 26년(1593) 7월 16일, 《선조실록》에 황간현감 박몽열이 진주성 전투에 참전한 사실이 있고, 선조 33년(1600) 2월 7일, 비변사에서 기록한 정유재란 때 먼저 달아났던 벼슬아치의 명단에도 박몽열이 있다. 그는 박연의 후손이 아니다. 박연이 영조 32년(1767) 문헌공(文獻公)이란 시호(諡號)를 받기 전까지 그의 후손들은 과거응시자격이 없었고 벼슬한 사람이 없다. 다만, 여기서 주목하는 것은 임진왜란 때 현감 박몽열이 진주성 전투에서 패하고 한 사람도 살아오지 못하였으므로 현을 폐하여 청산현에 편입시켰다는 사실이다.

영동에서 귀양살이하던 박연이 세조 4년(1458) 3월 26일 별세하자 난계의 유품을 정리한 손자 해(垓)는 지금의 상촌면 유곡리에 은거하였다. 그의 묘소가 상촌면 유곡리 안 사라동에 있다. 임진왜란 때 장지현의 피야평 전투와 영동현감 박몽열의 진주성 전투에 참전한 해(垓)의 후손 중 일부는 무명용사가 되어 지금은 족보에 그들 이름이 없다.

2009년 가을에 찾아간 상촌면 유곡리 안 사라동의 해(垓)의 산소 주위에는 무덤의 흔적들이 많이 있었다. 지금은 무너져 설명이 없다면 무덤이라고 볼 수 없는 무덤의 흔적들! 도대체 이 무덤의 흔적들이 왜 생겼으며, 이 무덤의 후손들은 누구일까?

이날 유곡리의 백운산 삼도봉 위 하늘을 올려다보니, 잿빛 하늘엔 뭉게구름들이 하염없이 둥둥 흘러가고 있었다.

유곡리에서

　　　　−한문수

천 년 억겁을

가슴에 품고

황학산, 민주지산,

삼도봉으로 병풍 두른

유곡리 진들마을

골 깊은 굽이마다

뻐꾸기가 울어 대면

또 하루가 열린다.

함성을 지르며

마을로 뛰어드는

청솔 바람

흐르는 물에

지나가던 구름도

거울인 양

제 모습 비추더니

이내 자맥질을 한다.

끄리, 꺾지, 퉁사리, 기름종개

피라미, 배가사리가

내려앉은 뭉게구름 자락에

두둥실 타고 흘러가는
궁촌천

해가 지면
감나무, 가죽나무,
호두나무 사이로
반딧불이가 춤을 추는

충북 영동군 상촌면
유곡리 진들은
불꽃 무도장이다.

상촌면 유곡리 진들에는 박연의 토지가 있었고, 손자 해는 이 토지를 관리하였을 것이다.

선계(先系) 박연–맹우–양에서 양은 여러 손자 중 혼자만 귀양을 갔다. 귀양지는 한양에서 3천 리 밖에 있는 남해(南海)였다. 그의 일생은 남해에서 벗어나지 못했다. 족보에 무덤이 남해에 있다고 되어 있다. 그의 후손들도 틀림없이 진주성 전투에 참가하였을 것이다.

양의 증손자 첩동(堞東)은 경남 하동읍 호암(虎岩)마을 입향조인데 임진왜란 때 열셋의 어린 몸으로 모친상을 당하여, 묘소 쓸 곳을 찾아 헤매다가 호암마을에 사는 신수일(辛守一)이라는 분의 도움을 받았다. 후에 첩동은 그의 사위가 되어 일가를 이루어, 지금도 후손들이 그곳에 살고 있다.

선계(先系) 박연–맹우–곤–경홍–원수(元守)–언배(堰培)의 박언배

는 인조 10년(1632) 안주전(安州戰)에서 호장(胡將) 유흥치(劉興治)를 토
벌하다가 그해 3월 17일 전사하였다.˙ 이를 증명하는 기록이 인조 10년
(1632) 2월 1일에 있다.

> 병조판서 김시양(金時讓)이 치지를 올려 **안주(安州)와 황주(黃州)** 지방을 전
> 수(戰守)할 계책을 의논드리니, 상이 묘당으로 하여금 의논하여 처리토록 하
> 였다. 《인조실록》

박언배가 전사하자 그의 아내는 두 살 된 아이를 시동생에게 부탁하
고 순절(殉節)하였다. 순조 5년(1805) 6월 9일 지방 유생들이 이 사건을
조정에 상언하여 박언배 부부는 추증과 정표의 은전을 받았다.

계유정난 간당으로 몰려 서울에서 쫓겨난 박연의 후손들이 겪은 삶
의 흔적들을 전부 추적하는 것은 무리다. 그래서 여기서는 한 예로 선
계(先系)가 박연-맹우-해-수현으로 이어지는 후손들의 발자취만 추적
해 보기로 한다.

해(垓)의 무덤이 있는 영동군 상촌면 유곡리 안 사라동에는 돌보지
않는 '무덤의 흔적들'이 있다. 이 무덤의 주인공들은 세조 4년(1458)부터
선조 25년(1592)까지 약 150년간의 해(垓)의 후손들이라고 본다.

'빙옥정' 후예로서 임진왜란 때 영동군 매곡면 유전리 핏들에서 산화
하여 후손이 없거나, 후손이 있더라도 너무 어려서 조상의 무덤이 어디
에 있는지 몰라, 방치된 무덤들이 아닐까 한다.

선계(先系) 해(垓)-수현(秀賢)-홍례(弘禮)-덕수(德守)의 덕수는 선조

˙ 박윤하, 《밀양박씨문헌공난계파대동보》, 1979년, 146~147쪽.

25년(1592)생이다. 난계가 별세한 세조 4년(1458)부터 선조 25년(1592)까지 약 150년 동안에 해(垓)의 후손이 수현과 홍례 두 사람뿐이라면 믿을 수 있겠는가? 한 세대를 넓게 30년씩 잡아도 150년이면 5명이 있어야 한다. 따라서 족보에 적어도 3명의 이름이 더 있어야 한다.

난계 후손들이 처음 족보를 간행한 것은 순조 28년(1828)이다. 이때도 이 문제가 거론되었으나, '임진왜란'이라는 엄청난 사건 때문에 조상의 무덤과 이름을 알 수 없게 되었다는 사실을 후손들이 알라는 선대(先代)의 뜻으로 덕수가 태어난 해를 선조 25년(1592) 임진왜란이 일어난 해로 한 것이 아닐까? 덕수 이후 선계는 비교적 연대가 맞다.

덕수의 묘는 김천시 남면 운봉원 지산에 있다. 인조 14년(1636) 병자호란이 일어나자, 상촌면 유곡리에서 추풍령 고개를 넘어 이곳 운봉원에 와서 정착한 것이라고 추측해 본다. 병자호란이 끝난 뒤 나라에서는 버려진 땅을 개간하면 소유권을 주었다는 사실도 참작해 볼 만하다.

덕수(德守)-해남(海南)-사건(仕建) 삼대가 나란히 남면 운봉원 지산에 무덤이 있다. 족보에 덕수-해남-사건의 3대가 모두 외동이지만 사건의 아들은 기승·기발·기봉·선종 등 4명이다. 이들 중 영조 32년(1756)에 졸(卒)한 귀발(貴發)의 무덤은 김천시 아포읍 지사에 있다.

계유정난에 희생된 김종서·황보인·정분의 관작이 추복(追復)된 것이 영조 32년(1746) 12월 27일이지만, 박연은 그로부터 10여 년 후 영조 43년(1767) 11월 14일에 문헌이란 시호를 받았다.

황경원(黃景源)을 이조참판으로, 김응순(金應淳)을 이조참의로, 원인손(元仁孫)을 대사헌으로, 심관(沈鑵)을 대사간으로, 박지원(朴志源)을 응교로, 이익정(李益炡)을 판돈녕으로 삼았다. 고 봉조하 김흥경(金興慶)에게는 정헌(靖

獻)이라는 시호를, 고 장계군(長溪君) 이병(李柄)에게는 충헌(忠憲)이라는 시
호를, 고 중추원부사 박연(朴堧)에게는 문헌(文獻)이라는 시호를, (…)《영조
실록》

문헌이라는 시호를 내린 영조 43년(1767) 이전에 나라에서는 박연 후
손들의 현황을 조사하였다. 이것은 영조 43년(1767) 이조판서 홍계희(洪
啓禧, 1703~1771)가 박연의 시장(諡狀)을 적어 올릴 때 족보도 함께 올
려 태상(太常=奉常寺)에 보관하였다는 사실로 알 수 있다.[*]

박귀발(朴貴發, 1694~1756)은 말년에 김천시 남면 운봉원에서 아포읍
으로 이주하였다. 나라에서 박연 후손의 실태조사를 할 때 이주하였던
것으로 추정한다. 아포읍 인리(仁里) 주위에 있는 산들이 귀발 후손의
것이고 보면, 이때 귀발과 세 아들은 나라에서 약간의 토지를 받았을
것으로 여겨진다.

지금의 김천시 아포읍 인4리[황소(凰巢)]는 60여 호로 박연 후손 집성
촌이다. 이 마을은 기발의 장남 진무(震茂, 1726~1789)가 처음 개척하
였고, 마을에 가까운 곳에 두 동생 진의(震儀, 1733~1785)와 원홍(元興,
1736~?)도 살았다.

진무의 손자 1788년생 치호(致昊)는 순조 34년(1834) 식년시 생원에
합격하였다.[**] 박연이 1454년 서울에서 쫓겨나 380년의 긴 세월 후 처음
으로 그의 후손이 생원시험에 합격한 것이다.《아포읍지》에 실려 있는
인4리[황소(凰巢)] 마을 이야기이다.

"조선 시대에 황소(凰巢)마을 한가운데 '화조대'가 세워졌다. 이때부터

• 박윤하, 《밀양박씨문헌공난계파대동보》, 1979년, 132~135쪽.
•• "박치호" 한국인물정보시스템 〈http://people.aks.ac.kr〉 [2012. 4. 18. 기사].

이곳을 지나는 사람은 담배도 금하고 옷깃을 여미고 지나가고, 불미스런 행동을 한 사람은 멀리 돌아서 갔다고 한다. 여기서 화조는 과거에 급제하면 나라에서 내리던 꽃으로 만든 화관을 말한다."

진무의 손자 치호가 생원시에 합격한 것이 당시에 이 지역의 큰 사건이었나 보다. 그의 오촌 조카 진경(鎭璥)도 고종 17년(1880)에 여든의 나이에 증광 생원시에 합격하였다. 진경은 고종 20년(1883)에 종2품 가선대부(嘉善大夫) 동지중추부사(同知中樞府事)에 증직(贈職)되어 아버지 수일(壽一)은 가선대부 호조참판, 조부 윤덕(允德)은 통정대부(通政大夫) 호조참의, 증조부 진무(震茂)는 통훈대부(通訓大夫) 장악원정(掌樂院正)에 추증(追贈)되고 부인들도 상응하는 작위(爵位)를 받았다.

《경국대전》은 세조 때 착수하여 성종 16년(1485)에 반포된 조선 통치에 기본이 되는 법전이다. 《경국대전》의 형전(刑典)에는 '형률의 적용은 대명률에 따른다'고 하였고,* 예전(禮典)에는 '죄를 범한 탓으로 영영 등용되지 못하는 자'는 과거시험에 응시자격이 없다고 하였다.**

조선시대 법제상으로는 천인이 아니면 결격사유가 없는 이상 누구나 과거에 응시할 수 있는 것으로 되어 있었다. 그러나 문신을 뽑는 문과나 그 예비시험의 성격을 가진 생원·진사시만은 사족(士族), 즉 양반 신분이 아니고는 응시하여 합격하기가 어려웠다. 양반 신분이라 하더라도 사직을 위태롭게 한 모반죄를 지은 중죄인의 자손은 영세금고(永世禁錮)하여 과거의 응시자격을 주지 않았다.*** 모든 것이 과거(科擧)로 통하던 조선에서 과거를 볼 수 없다는 것은 너무나도 치명적이었다.****

* 윤국일, 《신편 경국대전》, 신서원, 1998년, 415쪽.
** 윤국일, 《신편 경국대전》, 신서원, 1998년, 187쪽.
*** "조선시대 과거제도 자세히 아시는분?" 네이버지식iN 〈http://kin.naver.com〉 [2012. 4. 18. 기사].
**** 이순구, 《조선의 가족 천개의 표정》, 너머북스, 2011년, 181쪽.

단종 2년(1454) 계유정난 간당으로 교형을 당한 박계우는 그로부터 337년이 지난 정조 15년(1791)에 가선대부 이조참판 겸 동지의금부총관에 추증되어 장능정단(莊陵正壇)에 배향되고, 영동 화암서원과 공주 동학사 초혼각에 제향되있다. 이로써 박연 가(家)는 충신 집안으로 완벽하게 신원이 회복된 것이다.

박연 후손 박심학(朴心學, 1764~1838)은 난계의 유고(遺藁)를 수집·정리하여 순조 22년(1822) 《난계유고》를 간행하게 된다.

4. 박연의 유고(遺藁)

《난계유고》를 만든 사람들

지금은 이 세상에 없는 한 사람이 걸어왔던 삶과 생각을 이해하려면, 그가 남긴 글을 음미해 볼 수밖에 없다. 박연이 걸어온 삶의 모습을 알려주는 《난계유고》는 순조 22년(1822)에 후손 박심학(朴心學, 1764~1838)이 간행한 책이다. 박심학이 수집한 난계의 글이 많지 않다. 박심학은 집안에 소장된 난계의 시(詩) 8편(篇)과 상소 초안(上疏草案) 그리고 '가훈(家訓) 17칙'을 편집하여《난계유고》를 만들었다. 박심학이 처음 간행한 《난계유고》가 너무 낡아 고종 광무 7년(1903)에 박연 16대 방손(傍孫) 박경하(朴璟夏)가 다시 중간본을 간행하였다.

박경하는 중간본 서두에서 난계의 16대 후손이라지만, 난계파 족보에는 그의 이름이 없다. 한국역대인물정보시스템(http://people.aks.ac.kr)에는 박경하의 생부가 박내경(朴來慶), 양부는 박내익(朴來益)으로 되어 있다. 그는 난계의 사촌 동생 박홍거의 후손이라고 한다. 낡은 초간본을 새롭게 한 것은 참으로 고마운 일이다.

초간본에는 김조순(金祖淳, 1765~1832)의 서문과 김노경(金魯敬, 1766

~1840)의 발문이 있고, 중간본에는 박경하의 중간(重刊)에 대한 경위서, 김학진(金鶴鎭, 1838~?)과 송태헌(宋台憲, 1857~?)의 서문, 김태제(金台濟, 1827~?)의 발문이 추가되었다. 그러나 박연의 유고는 초간본과 중간본이 변농이 없다. 《난계유고》 사본은 서울대학교 규장각이나 국립국악원에서 구할 수 있다.

박심학은 선계(先系) 연-맹우-해-수원의 후손이다. 영조 21년(1745)에 박심학의 조부 박사량(朴師良, 1708~1772)은 난계가 지은 '가훈 17칙'을 먼저 간행한 바 있다. 이 가훈은 세조 1년(1455) 7월 일흔여덟의 난계가 유배지 전라도 고산(高山)에서 남긴 것이다.

박사량이 간행한 '가훈 17칙'에는 도암(陶菴) 이재(李縡, 1680~1746)의 서문이 있다.

내가 공의 후손에게 난계집을 빌려서 읽어보니, 공의 소저 중에 가훈 한 편이 있는데 자손들을 가르치기 위하여 저술한 것이다. 명언들이 아주 많다. 숙독하여 음미하면 한 권의 《소학(小學)》 책이라고 할 수 있다.[•]

《난계유고》의 서문을 쓴 김조순은 순조(純祖, 1790~1834)의 장인(丈人)이다. 호(號)가 풍고(楓皐)로 영의정 창집(昌集)의 4대손이며 아버지는 부사 이중(履中)이다. 양관 대제학을 거친 김조순은 순조 2년(1802) 딸이 순조의 비 순원왕후(純元王后)가 되자 영안부원군(永安府院君)에 봉해지고, 이어 훈련대장·호위대장 등을 역임하였다. 순조 27년(1827) 왕의 관서지방 목욕행을 호종하였다가 서하(西下)지방의 은밀한 민간 실

• 권오성·김세종, 《역주 난계선생유고》, 국립국악원, 1993년, 168~169쪽.

정을 보고하여서, 경외(京外)각 아문(衙門)의 절미(折米)·형정(刑政)·인사(人事)·대동미 등 어려운 실정을 정리하게 하였다. 그 뒤 실권 있는 직책은 맡지 않고, 제조직과 영돈령부사로 있다가 죽었다. 시벽당파에 몰리지 않으려는 노력과 세도의 풍을 형성하지 않으려는 노력이 있었음에도 그를 둘러싼 척족 세력들이 후세 안동김씨 세도정치의 기반을 조성하는 결과를 가져왔다. 저서로 《풍고집(楓皐集)》이 있다. 시호는 충문(忠文)이다.•

김조순은 그의 종숙부(從叔父) 김이안(金履安, 1722~1791)의 문하생 박심학의 요청으로 《난계유고》의 서문을 쓰게 되었다. 서문에서 이른바 계유정난 간당으로 순절한 난계 삼남 박계우를 '사육신 사건 때 순절하였다[사육신화(死六臣禍)]'라고 틀리게 기록하여 이를 인용한 다른 글에서도 똑같은 오류를 범하게 되었다. 김조순은 황경원(黃景源, 1709~1787)이 지은 박연의 신도비명을 참고하여 서(序)를 지었기 때문에 오류를 범하게 된 것이다.

《난계유고》에 발문을 지은 김노경(金魯敬, 1766~1840)은 박연의 외삼촌 김자수(金子粹, ?~?)의 후손이다. 김노경의 발문에는 난계 삼남 박계우가 '정난 때 순절하였다[사어정난(死於靖難)]'라고 바르게 기록되었다.

김노경의 본관은 경주, 호는 유당(酉堂)이다. 월성위(月城尉) 한신(漢藎)의 손자이고, 판서 이주(頤柱)의 아들이며, 정희(正喜)의 아버지다. 선공부정·현감·지평·승지·이조참판·경상도와 평안도의 관찰사·예조·이조·공조·형조·병조의 판서·대사헌을 거쳐 1827년 판의금부사·광주부 유수·지돈령부사 등의 요직을 거치고, 사행(使行)으로서 1809년 동지 겸

• "김조순" 한국역대인물종합정보시스템 〈http://people.aks.ac.kr〉 [2012. 4. 18. 기사].

사은부사로, 1822년에는 동지사로 연경에 다녀왔다. 글씨를 잘 써 아들인 정희에게 큰 영향을 끼쳤으며, 〈신라경순왕전비(新羅敬順王殿碑)〉와 〈신의왕후탄강구묘비(神懿王后誕降舊墓碑)〉 등의 글씨가 전한다.*

《난계유고》 초간본에 있는 김조순의 서문과 김노경의 발문에는 박계우의 순절(殉節)의 시기가 서로 다르다. 김노경은 계유정난 때 죽임을 당하였다고 바르게 기록하였으나, 김조순은 박계우가 사육신 때 화를 당하였다고 틀리게 기록하였다.

박연과 사육신은 어떤 관계에 있었기에 황경원은 박연의 신도비명에 이른바 '계유정난 간당으로 교형 당한 박계우'에 대하여 '사육신 사건에 연루된 박계우'로 기록하였을까? 그러나 박연과 사육신과의 관계를 알고 나면 황경원의 오해도 이해가 간다.

《난계유고》 서문과 사육신

추강(秋江) 남효온(南孝溫, 1454~1492)이 지은 《육신전》에 나오는 박팽년(朴彭年)·성삼문(成三問)·하위지(河緯地)·이개(李塏)·유성원(柳誠源)·유응부(兪應孚) 등 여섯 분과 1981년 서울시와 국사편찬위원회에서 사육신의 한 사람으로 현창(顯彰)한 김문기(金文起)가 살아생전에 박연과 맺은 인연의 편린(片鱗)들을 알아보자. 옷깃만 스쳐도 인연이라는데 박연과 그들 사이에는 아주 구체적인 사연들이 《실록》에 기록되어 있다.

성삼문(成三問, 1418~1456)의 아버지 성승(成勝, ?~1456)은 박연과 안평대군이 서로 가까운 만큼이나 안평대군과 가까운 사이였다. 한 사람의 친한 사람과 그가 친한 사람은 서로 친구가 되기 마련이다. 박연과 성승도 친구였을 것이다. 단종 즉위년(1452) 8월 21일의 '안평대군이 성승의 고신과 과전을 돌려주게 하였다'는 기록과 세조 2년(1456) 6월 8일의 다음 기록은 성승과 안평대군이 아주 가까운 사이임을 잘 알려준다.

성삼문(成三問)은 성격이 출세에 조급하여 스스로 중시(重試)에 장원하여 이름은 남의 앞에 있으나 오래도록 제학(提學)과 참의(參議)에 머물러 있다고 생각하였다. 그 아비 성승(成勝)은 본래 이용(李瑢)과 가까이 지냈는데, 일찍이 의주목사(義州牧使)로 있을 때 사람을 죽이고 관직이 떨어져 고신(告身)과 과전(科田)을 거두었으나, 이용(李瑢)이 자기 당류(黨類)들에게 말하기를, "성승이 가장 나를 따르고 있다. 만약 변(變)이라도 있게 되면 의당 내 말[馬] 앞에 설 사람이다" 하고, 바로 계청(啓請)하여 환급(還給)하였다. 《세조실록》

성삼문의 본관은 창녕(昌寧), 호는 매죽헌(梅竹軒)이다. 충청남도 홍성 출신이며 어머니는 현감 박첨(朴襜)의 딸이다. 그는 단종 1년(1453) 수양이 계유정난을 일으켜 김종서 등을 죽이고 집현전 제신들에게 훈호(勳號)를 줄 때 단종 1년(1453) 11월 19일 상소를 올려 사양하였다.

대사헌(大司憲) 권준(權蹲)·좌사간(左司諫) 성삼문(成三問) 등이 또 공신(功臣)을 사양하였으나, 윤허하지 않았다. 《단종실록》

성삼문은 1455년 단종이 선위하자 국새를 붙잡고 통곡하였고 이듬해 좌부승지가 되었다. 아버지 성승 그리고 박팽년 등과 세조 2년(1456)에 단종의 복위를 꾀하다가 김질(金礩, 1422~1478)의 밀고로 체포되어 거열(車裂)의 극형에 처해졌다.

박팽년(朴彭年, 1417~1456)은 호가 취금헌(醉琴軒)으로 회덕(懷德) 출신이다. 단종 즉위년(1452) 10월 1일 박연은 행중추원부사, 박팽년은 집현전부제학으로 임명되었다. '빙옥정'에 나오는 박숙정의 고손자이다.

박연(朴堧)을 행중추원부사(行中樞院副使)로, 이계전(李季甸)을 이조참판(吏曹參判)으로, (…) 박팽년(朴彭年) 집현전부제학(集賢殿副提學)으로, (…) 《단종실록》

단종이 송현수의 딸과 결혼한 지 4개월이 지난 후 단종 2년(1454) 5월 21일 수양대군이 4공신(功臣) 등을 거느리고 경회루 아래에서 풍정(豊呈)을 올렸다. 대제학 박연, 좌승지 박팽년, 여량군 송현수는 함께 있었다. 이날 수양대군 일파는 앞으로 전개될 그들의 왕위찬탈에 박연이 큰 걸림돌이라는 것을 확신한 것으로 추정한다.

대제학(大提學) 박연(朴堧)·여량군(礪良君) 송현수(宋玹壽) (…) 좌승지(左承旨) 박팽년 (…) 이계전이 취해서 홀로 여러 번 춤을 추며 그치지 아니하였다. 세조(世祖)에게는 칼·활·화살 각각 2사(事), 비단 2필을, 한확(韓確)·박종우(朴從愚)·김효성(金孝誠)·이사철(李思哲) 등 1품 이상에게는 비단 1필을, 또 시연(侍宴)한 자에게는 부채 각각 하나씩을 주었다. 《단종실록》

송유의 《쌍청당제영》에는 박연과 안평대군 등이 지은 시(詩)와 세종

26년(1444)에 김수온, 세종 27년(1445)에 박팽년이 지은 '쌍청당기'가 있다.

이개(李塏, 1417~1456)는 이색(李穡)의 증손이며, 중추원사 이종선(李種善)의 손자로 이계주(李季疇)의 아들이다. 그는 세종 18년(1436) 사마시에 합격하여 진사·집현전저작랑·집현전부수찬·좌문학(左文學)·집의를 역임하였고 세조 2년(1456) 2월에 집현전부제학에 임명되었다. 세조 2년(1456) 6월 9일의 기사를 보면 이개는 사육신 사건의 가장 핵심인물이었다.

근자에 또 여당(餘黨) 이개(李塏)가 흉악한 마음을 품고 감정을 풀고자 하여 난(亂)을 일으킬 것을 주장하고, 그의 도당인 성삼문(成三問)·박팽년(朴彭年)·하위지(河緯地)·유성원(柳誠源)·박중림(朴仲林)·김문기(金文起)·심신(沈愼)·박기년(朴耆年)·허조(許慥)·박대년(朴大年)이 같은 악당으로 서로 선동하여, 장신(將臣)인 성승(成勝)·유응부(兪應孚)·박쟁(朴崝)·송석동(宋石同)·최득지(崔得池)·최치지(崔致池)·이유기(李裕基)·이의영(李義英)·성삼고(成三顧) 등과 비밀히 결탁하여 우익(羽翼)을 삼고, 권자신(權自愼)·윤영손(尹令孫)·조청로(趙淸老)·황선보(黃善寶)·최사우(崔斯友)·이호(李昊)·권저(權著)와 연결하여 몰래 궁금(宮禁)에 연통하고, 안팎에서 서로 호응하여 날짜를 정해 거사(擧事)하여서 장차 과궁(寡躬)을 위해(危害)하고 어린 임금을 옹립하여 (…) 《세조실록》

그러나 사육신 하면 성삼문과 박팽년이 먼저 거론되는 것은 성삼문과 박팽년은 아버지와 함께 희생되었지만, 이개의 숙부 이계전은 수양대군 일파였기 때문이 아닐까?

하위지(河緯地, 1412~1456)는 호가 단계(丹溪)로 선산 출신이다. 세종 20년(1438) 식년문과에 장원으로 급제한 뒤, 집현전부수찬·부교리·교리를 역임하였다. 문종 즉위년(1450) 장령에 임명되고 단종 1년(1453) 장령에서 집의로 승진하였나. 나음 해 집현전부제학이 되었고,《세종실록》을 편찬히는 데 편수관으로 참어하였다.

세종 31년(1449) 12월 3일에 세종이 하연·황보인·박종우·정분·정갑손에게 말한 기록이다.

> 박연(朴堧)·하위지(河緯地)가 온천에서 목욕하고 바로 차도가 있었지만, 경들도 목욕하고서 병을 떠나게 함이 있었는가. 나도 또한 온천에 목욕하고자 하노라.《세종실록》

박연과 하위지가 함께 온천목욕을 하였다면, 함께 목욕하는 사이보다 더 가까운 사이가 어디 있겠는가?

유성원(柳誠源, ?~1456)은 세종 32년(1450) 1월 22일 박연과 함께 의학 관계의 일을 한 기사가 있다.

> 부윤(府尹) 박연·응교(應敎) 김예몽(金禮蒙)·수찬(修撰) 유성원(柳誠源)을 불러 내약방(內藥房)에서 의학에 관한 서적을 7일간 상고하여 보게 하였다.《세종실록》

유응부(兪應孚, ?~1456)의 본관은 기계(杞溪), 호는 벽량(碧梁)이며 포천 출신으로 무관이다. 창덕궁에서 명나라 사신을 초청 연회하는 날, 유응부와 성승 등을 별운검(別雲劒)으로 선정하여 그 자리에서 세조를 살해하고 단종을 다시 세우기로 계획을 세웠었다. 남효온(南孝溫)이 《육신전》에서 단종복위의 거사 주모 역은 성삼문·박팽년이고, 행동책은 유응부라 하였기 때문에 세 사람을 삼주역(三主役)으로 부각시키기도 한다.

박연과 유흥부가 문종의 산릉 역사에 함께 참여하였다는 단종 즉위년(1452) 10월 22일의 기사다.

박연(朴堧)을 중추원부사(中樞院副使)로, 권극화(權克和)를 행첨지중추원사(行僉知中樞院事)로, 박호문(朴好問)을 평안좌도도절제사(平安左道都節制使)로, 유응부(兪應孚)를 의주목사(義州牧使)로 삼았다. 이 정사(政事)에는 〈문종의〉 산릉(山陵) 역사에 군사를 인솔하여 교부한 자와 잡물(雜物) 바치는 일을 감독한 자들이 3, 4일 동안 분주히 일한 데 지나지 않는데도 아울러 가자(加資)하니, 모두 정부의 요로(要路)에 있는 자들의 아들·사위·아우·조카들이었다. 《단종실록》

김문기(金文起, 1388~1456)는 문종 즉위년(1450) 10월 23일 박연의 상소에 대하여 문종과 상의한 바 있다.

우승지(右承旨) 정창손(鄭昌孫)이 박연(朴堧)의 상소(上疏)를 가지고 아뢰기를, "여러 사단(祀壇)은 모두 돌로써 축조하고, 연향(宴享)에 여악(女樂)을 사용하지 말게 하는 것이 어떠하겠습니까?" 하니, 임금이 말하기를, "사단(祀壇)은 일찍이 무슨 물건으로써 축조하였는가?" 하므로, 김문기(金文起)가 대답하기를, "모두 흙으로써 이를 쌓았는데, 홀로 우사단(雩祀壇) 만은 돌로써 쌓았습니다" 하였다. 《문종실록》

세조 3년(1457) 3월 23일 '난신들의 전지를 종친과 대신들에게 나누어
주다'라는 기사에는 김문기도 박연처럼 영동에 토지를 소유하였었다.

김문기의 영동(永同) 전지, 최윤석(崔閏石)의 공주(公州) 전지는 영의정 정인
지에게 내려주고, 김문기의 옥천(沃川) 전지는 파평군 윤암에게 내려주고,
김문기의 옥천(沃川) 전지, 이개의 한산(韓山) 전지는 예조판서 홍윤성에게
내려주고, (…)《세조실록》

난계 박연과 사육신은 모두 수양대군 반대세력이었다. 황경원이 박연
의 신도비명을 지을 때 난계의 후손들은 박계우의 죽음이 사육신 사건
과 연관된 것으로 본 것 같다. 특히 선대부터 '빙옥정'으로 인연을 맺은
박팽년과의 관계가 '박계우가 사육신 사건 때 화(禍)를 당하였다'라고 오
해하게 된 결정적 요인으로 보인다.

《난계유고》의 허(虛)·실(實)

지금까지 알려진 난계의 시(詩)는 총 12편이다.《난계유고》8편, 서거
정의 《동문선》 2편, 몽유도원도 찬시 1편, 여기에다 최근에 발견된 시
(詩) 1편이 더 있다.《난계유고》에서《동문선》에 있는 난계의 시(詩) 2편
이 빠진 것은 아쉬운 점이다.

《난계유고》의 소(疏) 39편은 박연 후손이 소장하고 있던 상소 초안이
지《세종실록》에서 발췌한 것이 아니다. 조선 시대에 대부분의 책은 편
찬이 완료되면 국왕에게 바쳐졌지만《실록》만큼은 예외였다.《실록》편
찬을 끝마치면 총재관이 보고한 후 사고에 바로 보관했다.˙ 그리고 사고
에 보관된《실록》은 1910년까지 아무도 접근할 수 없었다.

《난계유고》에 있는 소 39편과 《세종실록》에 있는 박연의 소를 비교해보면 《난계유고》의 1번·2번·4번 소는 《세종실록》에 전문(全文)이 없다. 전문이 없는 《난계유고》의 1번 '청반행가례소학삼강행실훈민오음소(請頒行家禮小學三綱行實訓民五音疏)'는 《난계유고》에도 일부만 있다. 이와 반대로 《세종실록》에 있는 박연의 상소문이 《난계유고》에는 없는 것이 많다. 《세종실록》에 있는 박연의 상소문 중 약 반 정도가 《난계유고》에 있다. 게다가 소 기록 순서도 완전히 다르다. 《난계유고》 29번 '청개조건고소(請改造建鼓)'는 《세종실록》의 세종 12년(1430) 2월 19일의 상소문 일부와 같은 해 9월 21일의 상소문 일부를 합친 것이다. 《세종실록》에는 《난계유고》의 소마다 나오는 '복이(伏以)'라는 용어가 한 번도 나오지 않는다. 《난계유고》를 만들 때 사용한 상소 초안이 너무 낡아서 소의 끝 부분에 있던 글자가 《난계유고》에는 없는 경우가 있다. 박심학이 정한 《난계유고》의 소 제목은 실록에 없다. 《난계유고》의 '잡저(雜著)'에 있는 '조하의절(朝賀儀節)'도 박연의 상소 초안이다. '잡저'에는 '가훈17칙'도 있다.

부록으로 홍계희(洪啓禧, 1703~1771)가 찬(撰)한 문헌공 시장(諡狀)과 황경원(黃景源, 1709~1787)의 신도비명이 있는데, 시장과 신도비명에 '난계의 삼자(三子) 박계우가 사육신과 함께 화(禍)를 당하였다'라고 기록하였다. 황경원이 지은 신도비명의 내용이 김조순의 서문에 난계 삼남 박계우를 '사육신 사건 때 순절하였다[사육신화(死六臣禍)]'라고 틀리게 기록하게 한 결정적 요인임을 《난계유고》의 서문을 보면 알 수 있다.

홍계희와 황경원은 문헌공 난계의 시장과 신도비명을 지을 때 박연의 가족사(家族史)에 대하여 후손들이 전하는 말을 참고하였을 것이다. 그런데 이때 후손들이 계유정난과 사육신 사건을 명확히 구분할 수 있었을까? 자료 수집이 어려웠던 당시 후손들은 박연 가(家)의 수난을 세조 때문인 것으로 대충 알았고, 이를 들은 홍계희와 황경원은 계유정난이 아닌 사육신 사건으로 박연 가(家)에 화가 미치게 되었다고 틀리게 기록한 것이다.

문종 2년(1452) 5월 2일 문종과 김종서는 '예악을 제작한 일'을 《세종실록》에 기록할 것인가, 별도의 지(志)를 만들 것인가에 대하여 상의하였다. 그러나 문종의 결단으로 《세종실록》에 박연의 음악에 관한 기록이 남게 되었다.

"지금 찬술(撰述)한 《세종실록(世宗實錄)》을 정인지(鄭麟趾)와 허후(許詡)는 말하기를, '세종(世宗)께서 강기(綱紀)를 제정하고 예악(禮樂)을 제작한 일이 매우 많으니, 의주(儀注)와 같이 마땅히 별도로 지(志)를 만들어 고열(考閱)에 편리하게 한다면, 실록(實錄)이 번거롭고 용장(冗長)한 데 이르지 않을 것이라' 하고, 김조(金銚)·박중림(朴仲林)·이계전(李季甸)·정창손(鄭昌孫)은 말하기를, '무릇 예악(禮樂)을 제작하는 일은 마땅히 실록(實錄)에다가 날마다 기록해야 한다라고 하는데, 신(臣)도 또한 가부(可否)를 알지 못하겠습니다' 하니, 임금이 말하기를, "실록(實錄)에다가 상세히 기록하는 것이 옳겠다." 《문종실록》

《난계유고》의 소(疏) 39편 중 《세종실록》에 33편, 《문종실록》에 3편 등 36편은 《실록》에 있으나, 나머지 소 3편은 전문(全文)이 《실록》에 없다. 그러나 이 3편 소의 존재를 알려주는 부분적인 내용은 《세종실록》에 있다.

《난계유고》의 소 39편과 《실록》에 기록된 순서를 비교해 보자. 소(疏) 제목 앞에 있는 숫자는 《난계유고》의 순서이고, 뒤에 있는 숫자는 《실록》에 있는 순서다. 보는 바와 같이 이처럼 뒤죽박죽이다.

1. 請頒行家禮小學三綱行實訓民五音疏 ↔ 《세종실록》에 없음.

[널리 가례와 소학, 삼강행실을 가르치고, 오음정성으로 풍속을 바로잡자는 상소]

2. 請修朝賀禮及禁用女樂疏 ↔ 《세종실록》에 없음

[조하의 예를 개수하고 아울러 여악의 사용을 금지하자는 상소]

3. 請制律管疏 ↔ 《세종실록》 21번째

[율관을 제작하자는 상소]

4. 請定廟朝正樂疏 ↔ 《세종실록》에 없음

[종묘와 조회에 올바른 음악을 정하자는 상소]

5. 請 祭享樂成告備疏 ↔ 《세종실록》 20번째

[제향의 악을 완성하고, 아악령을 두어 집례자에게 고하게 하자는 상소]

6. 請正 祀享雅樂疏 ↔ 《세종실록》 1번째

[사향의 아악을 바로잡자는 상소]

7. 請正 祀享樂律疏 ↔ 《세종실록》 2번째

[사향의 악률을 바로잡자는 상소]

8. 請 廟樂用四成疏 ↔ 《세종실록》 32번째

[묘악에 사성을 사용하자는 상소]

9. 請正 朝賀樂律疏 ↔ 《세종실록》 27번째

[조하의 악률을 바로잡자는 상소]

10. 請 坐殿時樂備始終疏 ↔《세종실록》25번째

[전정의 예배에 왕이 의자에 앉고 설 때 악을 시종 연주하자는 상소]

11. 請石磬備造前姑用瓦磬疏 ↔《세종실록》13번째

[석경을 갖추기 전까지 잠시 동안 와경을 사용하자는 상소]

12. 請笙匏依本制疏 ↔《세종실록》14번째

[생황의 재료인 바가지를 본래의 제도에 의거해 만들자는 상소]

13. 請加造方響疏 ↔《세종실록》28번째

[방향을 추가로 더 만들어야 한다는 상소]

14. 請改造壎制疏 ↔《세종실록》7번째

[훈을 옛 제도에 따라 바르게 고치자는 상소]

15. 請改正柷制疏 ↔《세종실록》12번째

[축을 옛 제도에 따라 바르게 고치자는 상소]

16. 請樂懸復古制疏 ↔《세종실록》3번째

[악현을 옛 제도대로 복구하자는 상소]

17. 請舞佾依古制疏 ↔《세종실록》17번째

[일무를 옛 제도에 따르자는 상소]

※《실록》에 세종 12년 2월 19일과 세종 14년 3월 4일 중복 기록됨

18. 請擇登歌人疏 ↔《세종실록》15번째

[등가에서 노래하는 사람을 가려 사용하자는 상소]

19. 請武舞人勿雜以刑官之人疏 ↔《세종실록》16번째

[무무를 추는 사람 중 형관을 지낸 사람을 섞어 사용하지 말자는 상소]

20. 請用華樂及我朝歌曲疏 ↔《세종실록》23번째

[당악을 화악속부로 고치고 아울러 우리나라의 가곡가사를 사용하자는 상
소]

21. 請校正雅部樂疏 ↔《세종실록》22번째

[아부의 악을 교정하자는 상소]

22. 請改正祭樂工人服飾疏 ↔《세종실록》18번째

[제사 때 입는 악공의 복식을 개정하자는 상소]

23. 請陶造土缶疏 ↔《세종실록》6번째

[토음인 부라는 악기를 분원에서 고치자는 상소]

24. 請備造大鼓疏 ↔《세종실록》5번째

[대고를 고치자는 상소]

25. 請易換雷鼓靈鼓疏 ↔《세종실록》8번째

[뇌고와 영고를 바꾸자는 상소]

26. 請改正雷鼓靈鼓路鼓之制疏 ↔《세종실록》33번째

[뇌고 영고 노고의 제도를 바로잡자는 상소]

27. 請堂上之樂用拊疏 ↔《세종실록》4번째

[당상의 악에 부를 사용하자는 상소]

28. 請改造竹櫝疏 ↔《세종실록》11번째

[대나무로 만든 독이란 악기를 고치자는 상소]

29. 請改造建鼓疏 ↔《세종실록》19번째

[건고를 고치자는 상소]

※《실록》의 세종 12년 2월 19일과 세종 12년 9월 21일의 마지막 부분의 것임.

30. 請預備樂架疏 ↔《세종실록》26번째

[악가를 미리 설비하자는 상소]

31. 請管絃之工幷許除職疏 ↔《세종실록》29번째

[관현의 음악을 맡은 악공에게 벼슬을 주자는 상소]

32. 請堂下加設琴瑟歌工疏 ↔《세종실록》30번째

[당하에 금, 슬과 노래하는 공인을 설치하자는 상소]

33. 請 宗廟樂改用六句黃鍾疏 ↔《세종실록》31번째

[종묘악에 6구 황종을 고쳐 사용하자는 상소]

34. 請用軒架依古制疏 ↔《세종실록》24번째

[현가의 악을 옛 제도에 따라 사용하자는 상소]

35. 請校正鍾磬疏 ↔《세종실록》10번째

[종경의 소리를 올바르게 교정하자는 상소]

36. 請備鑄編鍾疏 ↔《세종실록》9번째

[편종을 주조하자는 상소]

37. 請使臣宴享勿用女樂疏 ↔《문종실록》35번째

[사신연향에 여악을 사용하지 말자는 상소]

38. 請復設歌童疏 ↔《문종실록》34번째

[다시금 가동을 설치하자는 상소]

39. 請印行樂譜疏 ↔《문종실록》36번째

[악보를 간행하자는 상소]

다음은 《난계유고》에 있는 소의 《실록》에 기록된 날짜다. 앞의 숫자는 《실록》에 기록된 순서, ( )안에는 《실록》의 기록 날짜, 제목 뒤에 있는 숫자는 《난계유고》에 있는 소 순서다.

1 (세종 8년 4월 25일) 請正 祀享雅樂疏 6

2 (세종 12년 2월 19일) 請正 祀享樂律疏 7

3 (세종 12년 2월 19일) 請樂懸復古制疏 16

신하가 임금에게 올린 상소는 임금이 재가(裁可)하여 비답(批答)을 내리거나, 유중(留中)이라 하여 재가하지 않고 그대로 궁중에 두어 회보하지 아니하거나, 유중불하(留中不下)라 하여 상소의 내용이 마음에 맞지 않을 때 비답을 내리지 않기 위하여 임금이 소장(疏章)을 궁중에 머물러 두고 관계 기관에 회부하지 않거나 등 세 가지 경우가 있다.

《난계유고》에 있는 소(疏) 1번·2번·4번은 《세종실록》에 전문(全文)이 없다. 이 3편의 소는 세종이 바로 비답을 내리지 않고 유중하여 오랫동안 심사숙고한 후 처리한 것이다. 이 3편의 소는 박연이 악학별좌로 직급이 낮은 때에 올린 상소로, 이 세 소의 부분적 내용만 《세종실록》에 있다. 세종은 그 부분적 내용에 대하여 허조(許稠, 1369~1439) 또는 김종서(金宗瑞, 1383~1453)와 의논하였다.

이 3편의 소는 세종의 지원으로 박연이 하고자 하는 국정(國政)의 요체(要諦)였다. 3편의 소에서 박연이 하고자 하는 일을 세종은 모두 지원하였지만, '중국 사신에게 여악(女樂)의 사용을 금지'하자는 상소만은 끝내 실현되지 않았다.

세종(世宗, 1397. 4. 10~1450. 2. 17)은 박연(朴堧, 1378. 8. 20~1458. 3. 26)보다 19년 어리다. 박연이 조용으로부터 《율려신서》를 배우려고 세종의 부름을 받은 세종 5년(1423), 세종은 스물일곱의 젊은이였고 박연은 마흔여섯의 원숙한 나이였다. 게다가 박연의 아내 송씨부인은 세종의 어머니 원경왕후의 외육촌 동생이다. 태종 2년(1402) 박연은 태종에게 효자비를 받았고, 태종 11년(1411)에는 문과 급제하여 의영고에서 근무하였다. 이러한 인연들은 박연으로 하여금 혼신의 힘으로 세종을 보필하게 하였고, 세종 또한 박연을 보호하면서 그가 이루고자 하는 바를 적극 도와주었다.

《난계유고》의 1번·2번·4번 소(疏)를 제외한 나머지 36편의 소는 《실록》에 전문(全文)이 있기 때문에, 《실록》에 전문이 없는 1번·2번·4번의 상소문을 보자.

《난계유고》의 1번 소(疏)는 '널리 가례와 소학, 삼강행실을 가르치고, 오음정성으로 풍속을 바로잡자는 상소[請頒行家禮小學三綱行實訓民五音疏]'이다.

삼가 생각건대 성조께서 새 왕조를 열고 예악(禮樂)을 일으켜 바르게 다스리려 하나, 개혁의 초기라 세속의 풍속들이 이전과 다를 바 없으니 개탄하지 않을 수 없습니다. 오늘날 이단인 불교가 많은 백성을 현혹(眩惑)시켜 인심을 도탄에 빠뜨리고, 민가의 상제에 있어서도 매장(埋葬)이나 제전(祭奠)을 예로서 받들지 아니하고, 오직 불교만을 신봉하여 이풍의 그릇된 답습으로 세상은 더욱 어지러워시고 있습니다.

더욱이 나라의 전례(典禮)도 바르지 못할 뿐만 아니라 회례(會禮)의 음악에서도 바른 거동을 보지 못하겠고, 우창[倡優]과 여악(女樂)의 진퇴나 연희(宴戲)에서도 삼강(三綱)의 행실을 볼 수가 없습니다. 풍속이 아름답지 못하고 음악 또한 바르지 못하여 미풍양속이 그릇되게 뒤섞여 있습니다. 이와 같이 폐륜(廢倫)의 습속들은 모두 선왕의 교화를 어지럽히는 것으로 결코 성세의 미풍으로 교화하는 도가 아닌 줄로 압니다.

청컨대 관리로 하여금 세상을 현혹시키는 불교와 교화를 해치는 전조의 풍속들을 금하게 하여야 합니다. 관혼상제(冠婚喪祭)에는 주자가례(朱子家禮)를 널리 행하게 하여 국가의 예의를 바로잡게 하고, 국학(國學)과 향학(鄉學)에서는 소학(小學)을 널리 강의하여 사람으로서 지켜야 할 윤리를 가르쳐 선비들의 습속을 바로잡게 하고, 백성에게는 삼강행실(三綱行實)을 가르쳐 미풍양속을 이루게 할 것이며, 그뿐만 아니라 오음(五音)의 바른 소리를 가르쳐 민풍(民風)을 바로잡도록 하시기 바랍니다.

—이하누락—•

1번 소는 '훈민정음 창제'의 가장 핵심적인 증거자료다. 다음은 1번 소(疏)의 원문(原文)이다.

<hr>

• 권오성·김세종, 《역주 난계선생유고》, 국립국악원, 1993년, 31~33쪽.

伏以 聖朝作新方興禮樂之純治而更革之初俗習猶存廢朝之餘風甚可慨也今左

教惑衆而人心陷溺至於人家喪祭不遵葬奠之禮而專以醮佛爲厚夷風亂世而邦典

不修至於會禮奏御未見雅正之儀而優倡女樂之進戲**三綱不明而俗尙不美方音**

不正而民風訛雜凡此斁倫之習皆亂先王之敎而甚非聖世之風化也請使攸司痛禁

左教夷風之惑衆亂世者及斁倫謬習之害敎傷化者而冠婚喪祭頒行朱子家禮以正

邦禮國學鄉序頒講小學彛倫之敎以正士習**頒民三綱行實以厚俗尙訓民五音正**

聲以正民風

此下缺

1번 소를 난계파 족보에 있는 번역문을 참고하여 새롭게 해석하였다. '위대한 음악가로 본 박연'과 '훈민정음 창제자로 본 박연'에 따라 본문에 있는 방음(方音)이란 용어의 해석이 서로 다르다. 그러나 조선 초에 음악은 향악·당악·아악 등 악(樂)이라 하였고, 말은 방음(方音)·정음(正音)·어음(語音) 등 음(音)이라 하였다. 따라서 방음부정(方音不正)은 '음악이 바르지 못하여'가 아니라 '우리말이 바르지 아니하니'로 해석하는 것이 옳다. 지금도 목소리는 음성(音聲)이라 한다. 한자 진희(進戲)의 희(戲)는 헌(獻)의 오자(誤字)로 본다.

엎드려 아뢰옵건대 성조(聖朝)에 새로운 법을 만들어 예악의 순치(純治)를 일으키려는 개혁의 초기라 습속(習俗)에 폐조[고려조]의 풍속이 아직도 남아 있으니 심히 한탄스러운 일입니다. 지금 좌교(左教)가 중인(衆人)을 현혹하여 민심이 함정(陷井)에 빠져 민가에서는 상제(喪祭)를 장전지례(葬奠之禮)에 따라 치르지 아니하고 오로지 부처님께 불공드림을 후하게 하므로 오랑캐의 풍속이 세상을 어지럽게 하고 있습니다.

나라의 법이 닦이지 않아 회례주어(會禮奏御)에 이르러서는 아악의 바른 의식은 보이지 않고 우창(優倡)과 여악(女樂)들이 진헌(進獻)하고 있습니다. 삼강이 밝지 아니하니 속상(俗尙)이 아름답지 아니하고, 우리말이 바르지 아니하니 민풍이 잘못되고 잡스럽습니다. 무릇 이것은 폐륜(弊倫)의 습속(習俗)이요 모두 신왕의 가르침을 어지럽히는 일이니 성세(聖世)의 풍속이 아닙니다.

청하옵건대 유사(有司)로 하여금 좌교(左敎)를 엄금하고 이풍(夷風)의 혹중란세자(惑衆亂世者) 및 유습(謬習)의 교화를 해치는 자를 폐(弊)하시와 관혼상제에 관한 주자가례를 반행(頒行)하여 나라 예절을 바로잡고 국학(國學)과 시골 글방에서 소학의 이륜지교(彛倫之敎)를 강(講)하게 하여 선비들의 폐습(弊習)을 바로잡고 백성에게 삼강행실(三綱行實)을 폄으로써 속상(俗尙)을 아름답게 하고, 백성에게 오음정성(五音正聲)을 가르쳐 민풍(民風)을 바르게 하시기 바랍니다.*

"관혼상제에 관한 주자가례를 반행(頒行)하여 나라 예절을 바로잡고 국학(國學)과 시골 글방에서 소학의 이륜지교(彛倫之敎)를 강(講)하게 하여 선비들의 폐습(弊習)을 바로잡고 백성에게 삼강행실(三綱行實)을 폄으로써 속상(俗尙)을 아름답게 하고, 백성에게 오음정성(五音正聲)을 가르쳐 민풍(民風)을 바르게 하시기 바랍니다[冠婚喪祭頒行朱子家禮以正邦禮國學鄕序頒講小學彛倫之敎以正士習頒民三綱行實以厚俗尙訓民五音正聲以正民風]"라는 상소문은 박연이 세종에게 건의하는 국정에 관한 문제다. 다시 말하면 국가는 관혼상제를 주자가례에 따라 행하고, 선비

• 박희영, 《밀양박씨문헌공난계파세보》, 1994년, 233~234쪽.

는 소학(小學)을 배워 실천하도록 하고, 백성은 훈민오음정성[훈민정음 (訓民正音)]으로 삼강행실(三綱行實) 등을 가르쳐 바른 삶을 살게 하자 고 하는 상소다.

안타깝게도 소의 뒷부분이 없다. 박심학은 '차하결(此下缺)'이라 하여 소의 뒷부분이 없어졌음을 분명하게 기록해 두었다. 이를 보아 1번 소 의 상소 초안은 다른 온전한 상소 초안에 비해 종이의 크기가 작고 일 부 내용이 없어진 흔적이 있었음을 짐작할 수 있다. 없어진 뒷부분에는 《운서》[홍무정운(洪武正韻)] 등 '훈민정음의 제자(製字) 원리'가 있었을 것으로 추정한다. 이러한 추정은 뒤에 있는 2번 소를 보면 보다 확실해 진다.

1번 소(疏)를 보아 훈민정음 창제 동기는 ① 우리나라의 바른말[표준 말]을 정하고 ② 백성도 글을 깨우쳐 삼강행실 등 율문을 알아 바른 삶 을 살게 하려는 것이다. 이 같은 박연의 뜻은 세종과도 일치하였다. 세 종 15년(1433) 1월 1일 세종이 박연에게 하는 말이다.

내가 조회(朝會)의 아악(雅樂)을 창제(創制)하고자 하는데 입법(立法)과 창 제가 예로부터 하기가 어렵다. 임금이 하고자 하는 바를 신하가 혹 저지하 고, 신하가 하고자 하는 바를 임금이 혹 듣지 아니하며, 비록 위와 아래에 서 모두 하고자 하여도 시운(時運)이 불리한 때도 있는데, 지금은 나의 뜻이 먼저 정하여졌고, 국가가 무사(無事)하니 마땅히 마음을 다하여 이룩하라. 《세종실록》

이날은 회례연을 베풀고 처음으로 회례악을 사용한 날이다. 박연은 세종 13년(1431) 4월 1일까지 이미 조회악과 제향악을 완성하였다. 여기에서 세종이 말하는 조회(朝會)의 아악(雅樂)이란 '용비어천가'와 '훈민정음 창제'를 의미한다고 본다. '훈민정음 창제'는 처음부터 세종과 박연 두 사람만의 비밀이 아니었을까?

《난계유고》의 1번 소의 주제어 주자가례(朱子家禮)·소학(小學)·삼강행실(三綱行實)·오음정성(五音正聲)에 대하여 박연이 상소한 후에 진행된 일들을《세종실록》에서 찾아보자. 세종 9년(1427) 6월 23일 "각 관아의 나이 많은 아전은 모두 거관케 하라"라고 세종은 이조판서 허조(許稠)에게 명하고, '사대부는 사조까지 제사 지내기'를 청하는 박연의 상소에 대하여 허조의 의견을 묻고 있다.

> "박연(朴堧)의 상소에 사대부는 사조(四祖)까지 제사 지내기를 청하였는데, 어떠하냐" 하니, 허조가 아뢰기를, "좋겠습니다" 하니, 임금이 말하기를, "나도 역시 옳다고 생각한다" 하였다.《세종실록》

이 상소의 전문(全文)은《세종실록》에 없다. 관혼상제에 관한 이 상소가 바로《난계유고》의 1번 소 '널리 가례와 소학, 삼강행실을 가르치고, 오음정성으로 풍속을 바로잡자는 상소'의 일부라고 본다.

박연의 상소 후 세종과 예조에서는 주자가례를 중시한다. 세종 10년(1428) 2월 1일 '경외관의 상피법의 내용을 고칠 것을 건의하다', 세종 14년(1432) 6월 14일 '사정전에서 정척을 인견하고 시제의 법 등을 논의하다', 세종 17년(1435) 6월 12일 '예조에서 상복 입는 법에 대해 아뢰다', 세종 28년(1446) 3월 27일 '예조에서 왕비의 상제에 대해 아뢰다' 등과 '복제(服制)를 의례경전통해속(儀禮經典通解續)과 주자가례와 본조(本朝)에서 이미 시행하던 예전(禮典)을 참작하여 상정한다' 등《세종실록》에 주자가례를 중시하는 내용이 많이 있다.

세종 10년(1428) 9월 8일에는 《소학》을 배우는 사람들이 편리하도록 《집성소학》을 인쇄하자는 판부사(判府事) 허조(許稠)의 의견에 세종이 동의한다.

《소학(小學)》은 격물치지(格物致知)하고 성의정심(誠意正心)하는 근본이오니, 배우는 사람의 선무(先務)가 될 것입니다. 지금 판각(板刻)한 책은 글자가 이지러지고 인쇄된 것이 알아볼 수가 없어서 배우는 사람들에게 불편하오니, 청컨대 신이 일찍이 올린 《집성소학(集成小學)》을 주자소(鑄字所)에 내려보내서 인쇄하게 하소서. 《세종실록》

세종은 세종 14년(1432) 6월 9일 《삼강행실》을 집현전에서 편찬하여 서(序)와 전문을 더불어 올리도록 하였고, 세종 16년(1434) 4월 27일에는 《삼강행실》을 인쇄하여 반포하고 가르치도록 하였으며, 중추원사 윤회(尹淮)에게 이에 대한 교서를 짓게 하였다.

이제는 난계가 하고자 하는, 《삼강행실》을 훈민정음으로 인쇄하여 백성에게 반포하는 일만 남았다. '훈민정음으로 우리말을 바로잡고, 모든 백성이 쉽게 글을 배워 책을 읽음으로써 사는 도리를 깨우쳐 바른 삶을 살게 하자'는 게 박연의 꿈이었다.

다음은 《세종실록》에 전문(全文)이 없는 《난계유고》의 2번 소 '조하(朝賀)의 예(禮)를 개수하고 아울러 여악의 사용을 금지하자는 상소[請修 朝賀禮及禁用女樂疏]'이다.

삼가 생각하건대 성인의 학문은 수치(修治)의 요체(要諦)요, 예악(禮樂)은 왕정의 근본입니다. 바라건대 전하께서는 배우고 닦는 학문을 한결같이 대학(大學)의 격물(格物), 치지(致知), 성의(誠意), 정심(正心), 수신(修身), 제가(齊家), 치국(治國), 평천하(平天下)의 도로써 근본을 삼으시고, 경연(經筵) 학사(學士)도 성경(聖經), 현전(賢傳)으로 보필한다면 성학의 왕정을 별 수 있을 것입니다.

동지(冬至)는 양기(陽氣)가 생기는 경사스런 날이고, 정월 초하루[元回]는 태평하여 천지의 왕성한 원기를 받는 성대한 날로, 이것은 임금이 자리에 나아가 군주로서 임함을 널리 알리고 만민을 대표하여 복을 받는 날입니다. 더욱이 지금은 태평성대를 열 수 있는 때이므로 시초를 올바르게 해야 할 초기(初期)인 줄로 알고 있습니다. 청컨대 왕세자와 여러 신하의 조하(朝賀) 의 예식을 성대(聖代)의 의식에 맞도록 새롭게 해야 할 것입니다.

그리고 나라의 공적인 연향(宴享) 때 여악을 사용하는 것은 예가 아닙니다. 전날 태종 임금 때 중국 사신 단목례(端木禮)가 와서 여악의 설치를 보고 '오랑캐의 풍속이라' 하여 한 번 베푸는 것도 허락하지 않더니, 한마디로 "예의(禮義)를 숭상하여 이를 잘 지키는 나라에서 어떻게 스스로 더럽히고 욕됨을 취함이 이와 같으냐"라고 하는 일이 있었습니다. 태종 임금이 이 일을 부끄러이 여겨 사신연례(使臣宴禮)에 일체 여악을 사용하지 못하게 하였습니다. 부디 전하께서 베푸는 조회연향 및 양로연(養老宴) 빈객을 맞이하는 예에 일체 여악을 금하고 순수히 남악만을 사용하여 잘못된 국가의 풍속을 바꿀 수 있다는 본보기를 보여주시기 바랍니다.•

《난계유고》의 2번 소에 있는 왕세자조하예와 군신조하예 그리고 여악

• 권오성·김세종, 《역주 난계선생유고》, 국립국악원, 1993년, 34~37쪽.

에 대해서도 《세종실록》에서는 여러 번 언급하고 있다.

세종 12년(1430) 윤12월 23일 '예조에서 정조에 왕세자의 조하를 받는 의식에 대해 아뢰다'에는 왕세자조하의(王世子朝賀儀)와 군신조하의(群臣朝賀儀)가 있다. 이것과 《난계유고》 잡저 중 '조하의절'에 있는 왕세자조하의절과 군신조하의절은 전문(全文)이 같다. 이것을 보면 《난계유고》를 편집할 때 2번 소에서 말하는 '왕세자와 여러 신하의 조하(朝賀)의 예식'의 구체적 내용이 되는 부분을 따로 떼어내어 잡저의 '조하의절'로 편집하였음을 알 수 있다. 따라서 《난계유고》의 2번 소는 잡저에 있는 '조하의절'을 합쳐야만 완전한 상소문이 됨을 알 수 있다. 2번 소는 '차하결(此下缺)'이란 표시가 있는 1번 소와는 대조적이다.

또한 세종 13년(1431) 3월 16일 예조에서 '탄일에 왕세자의 조하를 받는 의절, 군신의 조하를 받는 의식에 관해 아뢰다'와 세종 15년(1433) 5월 1일(계축) '예조에서 문소전을 이안한 뒤 조하를 받는 의주(儀注)에 관해 아뢰다'도 모두 조하의식에 관한 기사다.

《실록》에는 박연의 여악을 금지하자는 상소가 여러 번 나온다. 그러나 2번 소는 박연이 '여악금지'를 주장하는 첫 상소로 《세종실록》에 이것과 일치하는 전문(全文)은 없다. 그러나 '여악금지'라는 박연의 주장을 김종서(金宗瑞, 1383~1453)가 세종 12년(1430) 7월 28일 대신하고 있다.

"봉상소윤(奉常少尹) 박연(朴堧)이 건의하여 아악(雅樂)을 쓰고 향악(鄕樂)을 쓰지 말자고 청하므로, 내가 그 말을 가상히 여겨 이를 수정(修正)하라 명하였더니, 박연이 오로지 이에 마음을 쓰고 힘을 기울이다가 이제 마침 병에 걸렸으니, 장차 연의 뒤를 이을 만한 사람이 누구이겠는가. 별좌(別坐) 정양

(鄭穰)이란 사람은 어떤 사람인가." (…) 좌부대언(左副代言) 김종서(金宗瑞)가 아뢰기를, "예악(禮樂)은 나라를 다스리는 큰 근본입니다. 그런 까닭에 악(樂)을 살펴 정치를 알 수 있다는 것이며, 공자께서도 또한 석 달 동안 고기 맛을 몰랐다고 히 셨던 것입니다. 우리나라의 예악은 중국과도 견줄 만한 것이므로, 옛날에 사신 유옹(陸顒)·단목지(端木智)·주탁(周倬) 등이 시명을 받들고 왔다가, 예악이 갖추어져 있음을 보고 또한 모두 아름다움을 칭찬하였으나, 다만 여악(女樂)이 섞여 있는 것을 혐의쩍게 여겼습니다. 소신(小臣)의 생각으로는 아악이 비록 바르다고 하더라도 여악을 폐하지 않으면 불가하지 않을까 합니다. (…) 하매, 동부대언(同副代言) 윤수(尹粹)가 아뢰기를, "이것뿐만이 아닙니다. 옛말에 이르기를, '기생이란 군사로서 아내가 없는 자들을 접대하기 위한 것이라' 하였사온데, 우리나라가 동남으로는 바다에 임하고, 북쪽으로 야인(野人)들과 연접하고 있어 방어(防禦)하는 일이 없는 해가 없사오니, 여악을 어찌 갑자기 혁파하오리까" 하였다. 《세종실록》

김종서가 세종에게 박연의 '여악금지' 주장을 대신하였다는 것은 단목례(端木禮)와 단목지(端木智)에서 알 수 있다. 《태종실록》에 보면 박연이 말하는 단목례가 여악을 거론하였지, 김종서가 말하는 단목지가 여악을 거론한 게 아니다. 박연의 상소에 나오는 단목례를 김종서가 단목지로 잘못 말한 것이다.

왜 박연은 여악을 금지하자고 계속 주장하였을까? 태종 1년(1401) 8월 23일의 기사다.

임금이 의원을 보내어 중로(中路)에서 사신 육옹(陸顒)의 병을 물었다. 처음에 육옹이 사명(使命)을 받들고 우리나라에 왔었을 때, 비밀히 기생 위생(委

生)과 더불어 사명을 받들고 다시 오겠다는 약속을 하였다. 돌아가매 황제가 묻기를, "예전에 들으니, 조선(朝鮮)이 원(元)나라를 섬길 때에 **여악(女樂)**으로 사신을 혹(惑)하게 하였다고 하는데, 지금도 있느냐?"《태종실록》

세종 12년(1430) 7월 28일에는 우부대언(右副代言) 남지(南智)가 여악의 폐단을 지적하고 있다.

여악의 폐단은 외방에서 더욱 심합니다. 수령의 하루 사이의 정사에서도 한편으로는 부녀자들로서 절의를 잃은 자를 다스리면서, 또 한편으로는 관기(官妓)로서 사객(使客)을 거절한 자를 다스리고 하니, 어찌 정사를 본다면서 이처럼 일을 행할 수 있겠습니까. 또 사림(士林)들 사이의 시기와 혐의가 흔히 이것 때문에 일어나고 있사오며, 남녀의 분별도 이것 때문에 어지러워지고, 치화(治化)도 이것 때문에 잘되지 않고 있사오니, 결코 작은 실책(失策)이 아닙니다. 또 큰 고을에는 그 수효가 1백 명에 이르고 있어 놀고먹는 폐단도 적지 아니하오니, 마땅히 관기(官妓)를 혁파하여 성치(盛治)의 실책(失策)을 제거하소서. 《세종실록》

박연은 여악 때문에 동방예의지국으로서 나라의 체통을 잃는다고 보았다. 그러나 '중국 사신에 대한 연향에서 여악을 금지하자'라는 상소는 실현되지 않았다. 다만, 세종 25년(1443) 1월 25일 정조나례(正朝儺禮)에 여악을 그만두라고 하였을 뿐이다.

의금부(義禁府)에 전지하기를, "이 뒤로 정조나례(正朝儺禮)에 여악(女樂)을 그만두고 모두 남악(男樂)을 쓰라" 하였다. 《세종실록》

156

다음은 《난계유고》의 4번 소 '종묘와 조회에 올바른 음악을 정하자는 상소[請定 廟朝正樂疏]'이다. 이 상소가 나중에 《용비어천가》를 만들게 되는 계기기 된다.

삼가 생각건대 예악(禮樂)의 도는 사람의 마음이 중화(中和)에 근본하여 천지의 위육(位育)에 이르게 하는 것입니다.

그러므로 성인이 정사(政事)를 논할 때에는 반드시 예악을 신중히 여겼고, 제왕(帝王)의 정치도 모두 예악으로써 이루었던 것입니다.

따라서 예의 사용은 천지의 존비(尊卑)와 음양의 감정에 참작되어 인륜의 차례와 등분의 융쇄(隆殺)에 나타나니 그에 대한 의물도수(儀物度數)는 약간만 총명한 사람이라면 눈으로 보고서 가름할 수가 있는 것입니다. 그러나 악의 활용은 건두(建斗)의 운용과 음양의 화합에서 조절되고 팔물(八物)의 청탁과 인사(人事)의 잘되고 못 되는 데 비유됩니다.

따라서 음향절주의 제도는 비록 총명한 사람이라도 귀로 들어 분별하기란 극히 어려운 것입니다.

그러므로 예를 안다는 참 선비는 간혹 있으나, 악을 이룬 군자는 시대마다 있는 것이 아닙니다. 또한, 악을 갖추지 못하면, 예 홀로 이루어지지 못하므로 삼대 이후에 정치가 옛날과 같지 못한 것은 예악을 갖추지 못한 연유입니다.

오늘날 오례(五禮)는 대략 갖추어졌으나 육률(六律)이 전부 붕괴하여 버렸으니 어찌 성대의 결점이라 아니하겠습니까?

대체로 악률과 성음의 제도는 위로 하늘을 상고하여 그 두병(斗柄)의 건(建) 신(辰)과 해[日] 월(月)의 교회(交會)를 헤아려 12율관의 법을 만들었고 아래로는 땅에서 살펴 그 방위의 기(氣)와 풍토(風土)의 성질에 따라 팔물의 소리를 비유하여 제작하였던 것입니다.

율법은 그 음양의 변화에 화합하고 인사의 동정(動靜)에서 조절되며 음제는 그 방음(方音)의 청탁에 조화되어 성정의 중화(中和)를 길러주는 것이니 그 이치는 현묘(玄妙)하고 그 쓰임은 넓어서 마침내 천지성인의 성덕공화를 협찬하는 것은 반드시 악에서 이루게 됩니다.

우리 성조(聖朝)의 공은 태조보다 높은 적이 없고 덕은 태종보다 성한 적이 없는데, 종묘의 예에 아직도 공덕을 기릴 만한 악장이 없고 조회나 연향의 악에도 율법이 고르지 못하고 음제가 차례를 잃어 악장이 뒤섞이고 편종, 편경 등 헌가(軒架)에 기물(器物)의 수가 극히 허술하기 이를 데 없습니다. 성인은 예악을 잠시도 몸에서 떨어지게 할 수 없어서 반드시 예를 갖추고, 악을 조화롭게 하는 것인데, 오늘날 붕괴하고 일그러짐이 이와 같으니 어찌 성상(聖上)께서 한번 혁신하실 때가 아니겠습니까?

오늘날 성상의 흥작(興作)에 응하여 해주(海州)의 기장과 남양(南陽)의 경석(磬石)이 차례로 나타나지 않았습니까?

청컨대 악관(樂官)에 명하여 황종의 율법에 따라 기장을 쌓아 촌 〈율관〉을 완성하여 율에 맞추어 편경을 제조하고 모든 음제(音制)와 기법(器法) 그리고 악장의 절차를 수비(修備)하여 성대에 종묘 조회의 올바른 악을 제정하여야 할 것입니다.*

박연이 처음 율관을 만든 것은 세종 9년(1427) 5월 15일이다. 따라서 이 소는 세종 9년(1427) 5월 15일 직전의 것이다. 소에서 박연은 태조와

* 권오성·김세종, 《역주 난계선생유고》, 국립국악원, 1993년, 43~47쪽.

태종을 기리는 종묘의 악장을 만들자고 한다.《난계유고》의 4번 소의 '종묘와 조회에 올바른 음악'에서 '종묘의 올바른 음악'에 대해서만《세종실록》을 살펴보자.

세종 15년(1433) 12월 21일 상호군 박연이 상언한 내용이다.

음악에는 반드시 칭호(稱號)가 있고, 곡(曲)에는 반드시 이름이 있어서, 다 아름다운 이름을 붙여서 훌륭한 덕(德)을 나타내는 것인데, 지금 문소전의 제례(祭禮)에 새로 악장을 제작하여, 그 절주(節奏)는, 초헌(初獻) 때에는 당악(唐樂) 중강령(中腔令)을 쓰고, 아헌(亞獻) 때에는 향악(鄕樂) 풍입송조(風入松調)를 사용하게 되었습니다. 그러나 '악호(樂號)'와 곡명(曲名)은 정립(定立)되지 않아서 옛 제도에 어긋남이 있사오니, 바라건대, 아름다운 칭호를 명명(命名)하여 뒷세상에 전하게 하소서'라고 한 조항에 대하여, 태조의 제향 초헌(初獻)의 악곡명(樂曲名)은 환환곡(桓桓曲), 아헌(亞獻)의 악곡을 유황곡(維皇曲)이라고 하고, 태종의 초헌의 악곡명을 미미곡(亹亹曲), 아헌(亞獻)을 유천곡(維天曲)이라고 하소서.《세종실록》

박연은 세종 15년(1433)에 태조와 태종의 위패를 봉안한 문소전의 제례(祭禮)에 새로 악장을 제작하여, 정립되지 않은 향악과 당악의 악호(樂號)와 곡명을 아름다운 칭호를 명명하여 후세에 전하게 하자고 하였다. 이 곡들은 뒤에《용비어천가》에 포함된다.

《용비어천가》는 오로지 음악적인 목적으로 출발한 작품으로 관현악에 담아(혹은 관현악 반주에 맞추어) 부를 노래의 노랫말[歌辭]로 쓰이기 위해서 출발하였다. 이러한 사실은 권제 등의《용비어천가》전(箋)에 담긴 '옛 일을 증거로 하고 노래는 국어를 쓰며'라고 한 기사에 의해서도 확인된다. 이렇게 《용비어천가》는 작시(作詩)가 이루어진 이후에 음악가들에 의해 해당 시가 노래의 가사로 선택되어 음악이 작곡되는 '선시후곡(先詩後曲)'의 통상적인 시 만들기와 음악 만들기 절차와는 전혀 다른 '작시위곡(作詩爲曲)'의 특별한 모습으로 출발하였다.•

세종 27년(1445) 4월 5일 《용비어천가》의 가사가 정해졌다.

> 의정부 우찬성 권제(權踶)·우참찬 정인지(鄭麟趾)·공조참판 안지(安止) 등
> 이 《용비어천가(龍飛御天歌)》 10권을 올렸다. 전(箋)에 이르기를, (…)《세종
> 실록》

세종 31년(1449) 10월 3일 박연은 종묘·조회·공연에 사용할 신악을 세종이 산정하도록 하였다. 신악에는 분명히 《용비어천가》에서 사용할 음악도 포함되었을 것이다.

> 새로 정한 제악 중에서 산정하여 종묘조회·공연의 음악에 쓰게 하다. 의정
> 부에서 예조의 계문(啓文)에 따라 건의하기를, "종묘(宗廟)·조회(朝會)·공연
> (公宴)의 음악에 전조(前朝)의 잡성(雜聲)을 엮어 넣음은 심히 타당하지 못
> 하오니, 지금 새로 정한 제악(諸樂)과 구악(舊樂) 안에서 쓸 만한 여러 소리
> [諸聲]를 다시 더 산정(刪定)하게 하시되, 발상정재(發祥呈才) 11성(聲), 정대
> 업정재(定大業呈才) 15성, 보태평정재(保太平呈才) 11성, 봉래의정재(鳳來儀
> 呈才) 5성, 외양선정재(外羊仙呈才) 6성, 포구락정재(抛毬樂呈才) 4성, 연화
> 대정재(蓮花臺呈才) 4성, 처용정재(處容呈才) 3성, 동동정재(動動呈才) 1성,

• 신대철, 《용비어천가와 세종의 국가경영》, 한국학중앙연구원출판부, 2011, 101쪽.

무애정재(無㝵呈才) 1성, 무고정재(舞鼓呈才) 3성, 향발정재(響鈸呈才) 1성과 제악(祭樂)으로 초헌(初獻) 1성, 아헌(亞獻) 1성, 종헌(終獻) 1성과 여민락만(與民樂慢) 1성, 치화평중(致和平中) 2성, 진작사체(眞勺四體) 4성 등 합계 75성(聲)으로써 항상 예습(隷習)하게 하옵소서" 하니, 그대로 따랐다. 《세종실록》

이렇게 박연은 《난계유고》의 4번 소 '우리 성조의 공은 태조보다 높은 적이 없고 덕은 태종보다 성한 적이 없는데, 종묘의 예에 아직도 공덕을 기릴 만한 악장이 없다'라고 상소하여 태조와 태종에 대한 종묘악을 완성하였다.

세종 31년(1449) 10월 3일 예조에서 새로 정한 제악과 구악 안에서 쓸 만한 여러 소리[諸聲]를 세종에게 산정(刪定)하게 하니, 세종 31년(1449) 12월 11일 세종은 신악이 조종의 공덕을 형용하였으니 폐할 수 없다고 하였다.

임금이 승정원에 이르기를, "이제 신악(新樂)이 비록 아악(雅樂)에 쓰이지는 못하지만, 그러나 조종(祖宗)의 공덕을 형용하였으니 폐할 수 없는 것이다. 의정부와 관습도감(慣習都監)에서 함께 이를 관찰하여 그 가부를 말하면, 내가 마땅히 손익(損益)하겠다" 하였다. 임금은 음률을 깊이 깨닫고 계셨다. 신악(新樂)의 절주(節奏)는 모두 임금이 제정하였는데, 막대기를 짚고 땅을 치는 것으로 음절을 삼아 하루저녁에 제정하였다. 수양대군 이유(李瑈) 역시 성악(聲樂)에 통하였으므로, 명하여 그 일을 관장하도록 하니, 기생 수십 인을 데리고 가끔 금중(禁中)에서 이를 익혔다. 그 춤은 칠덕무(七德舞)를 모방한 것으로, 궁시(弓矢)와 창검(槍劍)으로 치고 찌르는 형상이 다 갖추어져 있었다. 처음에 박연(朴堧)에게 명하여 종률(鍾律)을 정하게 하였다. 연(堧)이 일찍이 옥경(玉磬)을 올렸는데, 임금께서 쳐서 소리를 듣고 말씀하시기를, "이칙(夷則)의 경쇠소리가 약간 높으니, 몇 푼[分]을 감하면 조화(調和)가 될 것이다" 하시므로, 박연이 가져다가 보니, 경쇠공[磬工]이 잊어버리고 쪼아서 고르게 하지 아니한 부분이 몇 푼이나 되어, 모두 임금의 말씀과 같았다.《세종실록》

그러나 이때 구악과 신악 중에서 쓸 만한 소리를 임금이 산정(刪定)한 것을 마치 세종이 하루저녁에 제정한 것처럼 기록하였고, 세조 9년(1463) 12월 11일에는 박연이 작곡한 정대업·보태평을 마치 세종이 한 것처럼 왜곡하고 있다.

임금이 세종(世宗)이 지은 정대업(定大業)·보태평(保太平)의 악무(樂舞)의 가사(歌詞) 자귀(字句) 숫자가 많아서 모든 제사를 지내는 몇 사람 사이에 다 연주(演奏)하기가 어려웠기 때문에 그 뜻만 따라서 간략하게 짓고, 교천(郊天)의 악무(樂舞)도 아울러 정(定)하였다.《세조실록》

세종 31년(1449) 10월 3일의《세종실록》기사를 잘 보라. 예조에서 계문(啓文)에 의거하여 발상정재(發祥呈才) 11성(聲), 정대업정재(定大業呈才) 15성, 보태평정재(保太平呈才) 11성, 봉래의정재(鳳來儀呈才) 5성 등 75성(聲)을 항상 예습(隸習)하자고 하니, 세종은 그대로 따랐을 뿐이다.

《난계유고》에 있으나《세종실록》에 전문이 없는 소(疏) 1번은 훈민정음, 2번은 조하의절, 4번은 종묘제례악 및 용비어천가와 관련이 있다. 이들 소(疏)는 세종이 유중(留中)하여 처리하였다.

세종은 《율려신서》를 잘 아는 신하를 찾을 때부터 조선의 음악을 새롭게 정비하고자 하였다. 이때에 박연 같은 음악 천재가 나타나 새롭게 음악을 창제하였을 뿐만 아니라, 세종의 업적 중에 가장 빛나는 훈민정음을 만들어 임금의 이름으로 발표하게 된다.

5. 박연의 훈민정음

훈민오음정성(訓民五音正聲)

　세계무형유산으로 2001년 유네스코에 등재된 종묘제례악은 박연이 작곡한 것이다. 종묘제례악에는 정대업과 보태평도 포함되어 있다. 그러므로 정대업과 보태평도 박연이 작곡한 것이다. 박연이 작곡한 정대업과 보태평을 세조 9년(1463) 12월 11일 기사에서 세종이 지은 것이라 한다.

　임금이 세종(世宗)이 지은 정대업(定大業)·보태평(保太平)의 악무(樂舞)의 가사(歌詞) 자귀(字句) 숫자가 많아서 모든 제사를 지내는 몇 사람 사이에 다 연주(演奏)하기가 어려웠기 때문에 그 뜻만 따라서 간략하게 짓고, 교천(郊天)의 악무(樂舞)도 아울러 정(定)하였다. 《세조실록》

　왕조시대의 기록이란 신하가 한 일도 임금이 한 일로 기록될 수 있나 보다. 그렇다면 세종이 훈민정음을 창제하였다는 사실(史實)은 어떠할까? '세종의 훈민정음 창제'에 대한 의구심은 여기에서 출발하였다.

순조 22년(1822)에 박심학이 간행한 《난계유고》에 있는 소(疏) 39편은 박연 후손이 소장한 상소 초안을 가지고 편집하였기 때문에, 표1과 같이 《난계유고》와 이에 대응하는 《세종실록》의 상소 순서가 완전히 다르다. 게다가 《난계유고》의 1번 소는 앞부분만 있고 뒷부분은 차하결(次下缺)이라며 없으며, 《닌계유고》의 29번 '건고를 개조하사는 상소[請改造建鼓疏]'는 《세종실록》의 세종 12년 2월 19일과 같은 해 9월 21일에 나뉘어 있다.

난계유고	1	2	3	4	5	6	7	8	9	10	11	12	13	14	15	16	17	18	19	20
조선왕조실록			21		20	1	2	32	27	25	13	14	28	7	12	3	17	15	16	23
실록의 날짜			B		B	A	B	H	D	C	B	B	E	B	B	B	B	B	B	B
비고																				
난계유고	21	22	23	24	25	26	27	28	29	30	31	32	33	34	35	36	37	38	39	
조선왕조실록	22	18	6	5	8	33	4	11	19	26	29	30	31	24	10	9	35	34	36	
실록의 날짜	B	B	B	B	B	H	B	B	BC	C	E	F	G	C	B	B	I	I	I	
비고									*											

표 1_《난계유고》와 《실록》의 소(疏) 기록 순서. A : 세종 8년 4월 25일, B : 세종 12년 2월 19일, C : 세종 12년 9월 21일, D : 세종 13년 11월 5일, E : 세종 13년 12월 25일, F : 세종 14년 9월 3일, G : 세종 15년 1월 9일, H : 세종 23년 1월 6일, I : 문종 즉위년 11월 22일.

《난계유고》에 있는 소 39편 중 22편은 세종 12년 2월 19일의 '예조에서 의례상정소(儀禮詳定所)와 함께 의논한 봉상판관 박연이 상서한 조건'에 편중되어 있고, 상소문의 분량도 《세종실록》에 있는 것이 《난계유고》에 있는 것보다 훨씬 더 많다.

김조순이 《난계유고》 서문에서 유고가 적음을 지적한 바와 같이 박연의 긴 생애에 비하면 유고가 아주 간략하다.

내가 받아 읽어보니 시가 무릇 8편이고 소(疏)가 39편, 잡저(雜著)가 2편으로 아주 간략하였다. 그간 병화[병선(兵燹)]로 인하여 유일(遺佚)된 것이 아닌가?[•]

박연은 유품도 남겼다. 선계(先系)가 연-맹우-해-수현(秀賢)의 종손으로 김천(金泉)에 사는 박희종(朴喜宗)[호적에는 문수(文洙)]은 박연[초명은 朴然임]이 태종 11년(1411) 4월에 문과에 합격하여 받은 왕지(王旨)를 2004년 3월 7일 영동군 심천면 고당리에 있는 난계국악박물관에 기증한 바 있다.

박연의 손자 해(垓)의 장남 수원은 《난계유고》를 간행한 박심학의 선대이고, 차남 수현은 박희종의 선대이다. 수양대군 일파에게 역적으로 몰려 어려움에 처한 후손들이지만, 박연의 유품을 500여 년이나 보관해 온 것을 보면 내리사랑이 눈물겹다. 해(垓)는 차남 수현에게 왕지를 주면서 "언젠가 좋은 세상이 되면 난계의 후손임을 밝히라"고 일렀을 것이다.

박심학이 《난계유고》에서 소 39편의 순서를 어떻게 정하였는지는 알려진 게 없지만, 그는 나름대로 상소 내용의 중요도와 상소 초안의 낡은 정도를 보고 순서를 정한 것 같다. 《실록》에 전문(全文)이 없는 《난계유고》의 1번·2번·4번 소(疏)는 의용고부사 박연이 세종 5년(1423년) 3월 23일 예조의 악학별좌가 되어, 약 5년 동안 음악에 관한 많은 문헌을 연구한 세종 9년(1427)에서 세종 12년(1431)의 것으로 보이며, 이들 상소에는 박연이 세종을 통하여 이루자고 하는 국정의 핵심이 담겨 있다.

《난계유고》의 소 39편 중 1번 '널리 가례와 소학, 삼강행실을 가르치고, 오음정성으로 풍속을 바로잡자는 상소[請頒行家禮小學三綱行實訓民五音疏]'에서 가장 주목하는 것은 소의 마지막 부분이다.

• 권오성·김세종, 《역주 난계선생유고》, 국립국악원, 1993년, 20쪽.

관혼상제(冠婚喪祭)에는 주자가례(朱子家禮)를 널리 행하게 하여 국가의 예의를 바로잡게 하고, 국학(國學)과 향학(鄕學)에서는 소학(小學)을 널리 강의하여 사람으로서 지켜야 할 윤리를 가르쳐 선비들의 습속을 바로잡게 하고, 백성에게는 삼강행실(三綱行實)을 가르쳐 미풍양속을 이루게 할 것이며, 그뿐만 아니라 오음(五音)의 바른 소리를 가르쳐 민풍(民風)을 바로잡도록 하시기 바랍니다.

―이하누락― •

《난계유고》의 소 1번에 기록된 '훈민오음정성이정민풍(訓民五音正聲以正民風)'이라는 말은 도대체 무슨 말일까? 1번 상서 초안의 뒷부분이 없다. 박심학은 이것을 '차하결(此下缺)'이라고 하였다. 박연이 '훈민정음 창제'에 관한 사실을 영구히 숨기려고 제자(製字) 원리가 기록된 뒷부분을 의도적으로 없앤 것이다. 박연의 역할은 세종 25년(1443) 12월 30일 '임금이 친히 언문(諺文) 28자를 지었다'는 발표와 함께 완벽하게 끝난 것이다. 이때부터 훈민정음은 세종의 것이어야 했다.

박연은 모든 백성이 글을 알아 바른 삶을 살게 하려고 훈민오음정성(訓民五音正聲)을 만들었다. 이 말을 줄이면 훈민정음(訓民正音)이 된다. 박연이 훈민정음의 제자(製字) 원리는 버리고 이 말을 남긴 것은 문장의 앞뒤 문맥이 통하도록 하기 위함이며, 훈민정음이나 언문이라는 정확한 용어가 아니어서 별 탈이 없을 것으로 여겼기 때문이다. 그래서 지금까지 별 탈이 없이 지나왔다.

이 글에서 밝히고자 하는 것은 세종이 '훈민정음을 창제하였다'라는

• 권오성·김세종, 《역주 난계선생유고》, 국립국악원, 1993년, 32~33쪽.

세종 25년(1443) 12월 30일 이전(以前)의 박연의 '훈민정음 창제' 과정이
다.

언문(諺文)[훈민정음] 28자의 등장
우리나라에서 훈민정음이란 말을 처음 사용한 것은 세종 25년(1443)
12월 30일이지만, 이때 언문이란 말이 먼저 있다.

이달에 임금이 친히 언문(諺文) 28자(字)를 지었는데, 그 글자가 옛 전자(篆
字)를 모방하고, 초성(初聲)·중성(中聲)·종성(終聲)으로 나누어 합한 연후에
야 글자를 이루었다. 무릇 문자(文字)에 관한 것과 이어(俚語)에 관한 것을
모두 쓸 수 있고, 글자는 비록 간단하고 요약하지마는 전환(轉換)하는 것이
무궁하니, 이것을 훈민정음(訓民正音)이라고 일렀다. 《세종실록》

훈민정음 창제 후 가장 먼저 한 일은 한자로 된 《운회》를 번역하는 것
이었다. 《운회》란 《고금운회거요(古今韻會擧要)》를 간단히 말한 것으로,
원래 이것은 중국 원나라 황공소(黃公紹)가 편집한 것을 1297년에 태충
(態忠)이 보완하여 해설을 달아 30권으로 편성한 음운서(音韻書)이다.
세종 26년(1444) 2월 16일의 기사를 보자.

집현전교리(集賢殿校理) 최항(崔恒)·부교리 박팽년(朴彭年), 부수찬(副修撰)
신숙주(申叔舟)·이선로(李善老)·이개(李塏), 돈녕부주부(敦寧府注簿) 강희안
(姜希顏) 등에게 명하여 의사청(議事廳)에 나아가 언문(諺文)으로 《운회(韻
會)》를 번역하게 하고, 동궁(東宮)과 진양대군(晉陽大君) 이유(李瑈)·안평대
군(安平大君) 이용(李瑢)으로 하여금 그 일을 관장하게 하였는데, 모두가 성

품이 예단(睿斷)하므로 상(賞)을 거듭 내려주고 공억(供億)하는 것을 넉넉하고 후하게 하였다. 《세종실록》

《운회》를 번역하게 된 사람들 대부분이 집현전 직원이다. 세종 2년(1420) 3월 16일의 집현전의 직제를 보자.

집현전에 새로 영전사(領殿事) 두 사람을 정1품으로, 대제학 두 사람을 정2품으로, 제학(提學) 두 사람을 종2품으로 두되, 이상은 겸직이요, 부제학(副提學)은 정3품, 직제학은 종3품, 직전(直殿)은 정4품, 응교(應敎)는 종4품, 교리(校理)는 정5품, 부교리는 종5품, 수찬(修撰)은 정6품, 부수찬은 종6품, 박사(博士)는 정7품, 저작(著作)은 정8품, 정자(正字)는 정9품으로, 이상은 녹관(祿官)으로 하며, 모두 경연관(經筵官)을 겸임하였다. 《세종실록》

집현전의 제학 이상은 겸직이므로 부제학이 집현전의 실질적 수장(首長)이다. 이때의 집현전부제학은 최만리(崔萬理, ?~1445)였다. 최만리는 세종 2년(1420) 집현전박사로 출발하여 세종 20년(1438) 7월 30일 집현전부제학이 되었고, 세종 26년(1444) 2월 20일 '훈민정음 반대 상소'를 올릴 때까지 계속 집현전에서만 근무하였다.

집현전에서 근무하는 박팽년·신숙주·이선로·이개 등에게 훈민정음으로 《운회》를 번역하게 하자, 집현전의 수장 최만리를 비롯한 모든 집현전 학자들이 '훈민정음 창제' 사실을 알게 되었고, 이들은 세종 26년(1444) 2월 20일 '훈민정음 창제'의 부당함을 조목조목 지적하는 상소를 올리게 된다. 이 상소는 임금이 훈민정음을 창제하였다는 세종 25년(1443) 12월 30일로부터 불과 50일 만의 일이다.

"신 등이 엎디어 보옵건대, 언문(諺文)을 제작하신 것이 지극히 신묘하와 만물을 창조하시고 지혜를 운전하심이 천고에 뛰어나시오나, 신 등의 구구한 좁은 소견으로는 오히려 의심되는 것이 있사와 감히 간곡한 정성을 펴서 삼가 뒤에 열거하오니 엎디어 성재(聖栽)하시옵기를 바랍니다.

1. 우리 조선은 조종 때부터 내려오면서 지성스럽게 대국(大國)을 섬기어 한결같이 중화(中華)의 제도를 준행(遵行)하였는데, 이제 글을 같이하고 법도를 같이하는 때를 당하여 언문을 창작하신 것은 보고 듣기에 놀라움이 있습니다. 설혹 말하기를, '언문은 모두 옛 글자를 본뜬 것이고 새로 된 글자가 아니라' 하지만 글자의 형상은 비록 옛날의 전문(篆文)을 모방하였을지라도 음을 쓰고 글자를 합하는 것은 모두 옛것에 반대되니 실로 의거할 데가 없사옵니다. 만일 중국에라도 흘러들어 가서 혹시라도 비난하여 말하는 자가 있사오면, 어찌 대국을 섬기고 중화를 사모하는 데에 부끄러움이 없사오리까.

1. 예로부터 구주(九州)의 안에 풍토는 비록 다르오나 지방의 말에 따라 따로 문자를 만든 것이 없사옵고, 오직 몽고(蒙古)·서하(西夏)·여진(女眞)·일본(日本)과 서번(西蕃)의 종류가 각기 그 글자가 있되, 이는 모두 이적(夷狄)의 일이므로 족히 말할 것이 없사옵니다. 옛글에 말하기를, '화하(華夏)를 써서 이적을 변화시킨다' 하였고, 화하가 이적으로 변한다는 것은 듣지 못하였습니다. 역대로 중국에서 모두 우리나라는 기자(箕子)의 남긴 풍속이 있다 하고, 문물과 예악을 중화에 견주어 말하기도 하는데, 이제 따로 언문을 만드는 것은 중국을 버리고 스스로 이적과 같아지려는 것으로서, 이른바 소합향(蘇合香)을 버리고 당랑환(蟷螂丸)을 취함이오니, 어찌 문명의 큰 흠절이 아니오리까.

1. 신라 설총(薛聰)의 이두(吏讀)는 비록 야비한 이언(俚言)이오나, 모두 중국에서 통행하는 글자를 빌어서 어조(語助)에 사용하였기에, 문자가 원래 서로 분리된 것이 아니므로, 비록 서리(胥吏)나 복예(僕隷)의 무리에 이르기까지라도 반드시 익히려 하면, 먼지 몇 가지 글을 읽어서 대강 문자를 알게 된 연후라야 이두를 쓰게 되옵는데, 이두를 쓰는 자는 모름지기 문자에 따라야 능히 의사를 통하게 되기 때문에, 이두 때문에 문자를 알게 되는 자가 자못 많사오니, 또한 학문을 흥기시키는 데에 한 도움이 되었습니다. 만약 우리나라가 원래부터 문자를 알지 못하여 결승(結繩)하는 세대라면 우선 언문을 빌어서 한때의 사용에 이바지하는 것은 오히려 가할 것입니다. 그래도 바른 의논을 고집하는 자는 반드시 말하기를, '언문을 시행하여 임시방편을 하는 것보다는 차라리 더디고 느릴지라도 중국에서 통용하는 문자를 습득하여 길고 오랜 계책을 삼는 것만 같지 못하다'라고 할 것입니다. 하물며 이두는 시행한 지 수천 년이나 되어 부서(簿書)나 기회(期會) 등의 일에 방애(防礙)됨이 없사온데, 어찌 예로부터 시행하던 폐단 없는 글을 고쳐서 따로 야비하고 상스러운 무익한 글자를 창조하시나이까. 만약에 언문을 시행하오면 관리된 자가 오로지 언문만을 습득하고 학문하는 문자를 돌보지 않아서 이원(吏員)이 둘로 나누어질 것이옵니다. 진실로 관리된 자가 언문을 배워 통달한다면, 후진(後進)이 모두 이러한 것을 보고 생각하기를, 27자의 언문으로도 족히 세상에 입신(立身)할 수 있다고 할 것이오니, 무엇 때문에 고심노사(苦心勞思)하여 성리(性理)의 학문을 궁리하려 하겠습니까.

이렇게 되오면 수십 년 후에는 문자를 아는 자가 반드시 적어져서, 비록 언문으로써 능히 이사(吏事)를 집행한다 할지라도, 성현의 문자를 알지 못하고 배우지 않아서 담을 대하는 것처럼 사리의 옳고 그름에 어두울 것이오니, 언문에만 능숙한들 장차 무엇에 쓸 것이옵니까. 우리나라에서 오래 쌓아 내려온 우문(右文)의 교화가 점차로 땅을 쓸어버린 듯이 없어질까 두렵습니다. 전에는 이두가 비록 문자 밖의 것이 아닐지라도 유식한 사람은 오히려 야비하게 여겨 이문(吏文)으로써 바꾸려고 생각하였는데, 하물며 언문은 문자와 조금도 관련됨이 없고 오로지 시골의 상말을 쓴 것이겠습니까. 가령 언문이 전조(前朝) 때부터 있었다 하여도 오늘의 문명한 정치에 변로지도(變魯至道)하려는 뜻으로서 오히려 그대로 물려받을 수 있겠습니까. 반드시 고쳐 새롭게 하자고 의논하는 자가 있을 것으로써 이는 환하게 알 수 있는 이치이옵니다. 옛것을 싫어하고 새것을 좋아하는 것은 고금에 통한 우환이온데, 이번의 언문은 새롭고 기이한 한 가지 기예(技藝)에 지나지 못한 것으로서, 학문에 방해됨이 있고 정치에 유익함이 없으므로, 아무리 되풀이하여 생각하여도 그 옳은 것을 볼 수 없사옵니다.

1. 만일에 말하기를, '형살(刑殺)에 대한 옥사(獄辭) 같은 것을 이두 문자로 쓴다면, 문리(文理)를 알지 못하는 어리석은 백성이 한 글자의 착오로 혹 원통함을 당할 수도 있겠으나, 이제 언문으로 그 말을 직접 써서 읽어 듣게 하면, 비록 지극히 어리석은 사람일지라도 모두 다 쉽게 알아들어서 억울함을 품을 자가 없을 것이라' 하오나, 예로부터 중국은 말과 글이 같아도 옥송(獄訟) 사이에 원왕(冤枉)한 것이 심히 많습니다. 가령 우리나라로 말하더라도 옥에 갇혀 있는 죄수로서 이두를 해득하는 자가 친히 초사(招辭)를 읽고서 허위인 줄을 알면서도 매를 견디지 못하여 그릇 항복하는 자가 많사오니, 이는 초사의 글 뜻을 알지 못하여 원통함을 당하는 것이 아님이 명백합니다. 만일 그러하오면 비록 언문을 쓴다 할지라도 무엇이 이보다 다르오리까. 이것은 형옥(刑獄)의 공평하고 공평하지 못함이 옥리(獄吏)의 어떠하냐에

있고, 말과 문자의 같고 같지 않음에 있지 않은 것을 알 수 있으니, 언문으로써 옥사를 공평하게 한다는 것은 신 등은 그 옳은 줄을 알 수 없사옵니다.

1. 무릇 사공(事功)을 세움에는 가깝고 빠른 것을 귀하게 여기지 않사온데, 국가가 근래에 조치한 것이 모두 빨리 이루는 것을 힘쓰니, 두렵건대, 정치하는 체제가 아닌가 하옵니다. 만일에 언문은 할 수 없어서 만드는 것이라 한다면, 이것은 풍속을 변하여 바꾸는 큰일이므로, 마땅히 재상으로부터 아래로는 백료(百僚)에 이르기까지 함께 의논하되, 나라 사람이 모두 옳다 하여도 오히려 선갑(先甲) 후경(後庚)하여 다시 세 번을 더 생각하고, 제왕(帝王)에 질정하여 어그러지지 않고 중국에 상고하여 부끄러움이 없으며, 백세(百世)라도 성인(聖人)을 기다려 의혹됨이 없는 연후라야 이에 시행할 수 있는 것이옵니다. 이제 넓게 여러 사람의 의논을 채택하지도 않고 갑자기 이배(吏輩) 10여 인으로 하여금 가르쳐 익히게 하며, 또 가볍게 옛사람이 이미 이룩한 운서(韻書)를 고치고 근거 없는 언문을 부회(附會)하여 공장(工匠) 수십 인을 모아 각본(刻本)하여서 급하게 널리 반포하려 하시니, 천하 후세의 공의(公議)에 어떠하겠습니까. 또한, 이번 청주 초수리(椒水里)에 거동하시는 데도 특히 연사가 흉년인 것을 염려하시어 호종하는 모든 일을 힘써 간략하게 하셨으므로, 전일에 비교하오면 10에 8, 9는 줄어들었고, 계달하는 공무(公務)에 이르러도 또한 의정부(議政府)에 맡기시어, 언문 같은 것은 국가의 급하고 부득이하게 기한에 미쳐야 할 일도 아니온데, 어찌 이것만은 행재(行在)에서 급급하게 하시어 성궁(聖躬)을 조섭하시는 때에 번거롭게 하시나이까. 신 등은 더욱 그 옳음을 알지 못하겠나이다.

1. 선유(先儒)가 이르기를, '여러 가지 완호(玩好)는 대개 지기(志氣)를 빼앗

는다' 하였고, '서찰(書札)에 이르러서는 선비의 하는 일에 가장 가까운 것이나, 외곬으로 그것만 좋아하면 또한 자연히 지기가 상실된다' 하였습니다. 이제 동궁(東宮)이 비록 덕성이 성취되셨다 할지라도 아직은 성학(聖學)에 잠심(潛心)하시어 더욱 그 이르지 못한 것을 궁구해야 할 것입니다. 언문이 비록 유익하다 이를지라도 특히 문사(文士)의 육예(六藝)의 한 가지일 뿐이옵니다. 하물며 만에 하나도 정치하는 도리에 유익됨이 없사온데, 정신을 연마하고 사려를 허비하며 날을 마치고 때를 옮기시오니, 실로 시민(時敏)의 학업에 손실되옵니다. 신 등이 모두 문묵(文墨)의 보잘것없는 재주로 시종(侍從)에 대죄(待罪)하고 있으므로, 마음에 품은 바가 있으면 감히 함묵(含默)할 수 없어서 삼가 폐부(肺腑)를 다 하와 우러러 성총을 번독하나이다"
하니, (…) 《세종실록》

사대(事大)와 모화사상(慕華思想)이 가득 찬 세상이었다. 최만리는 훈민정음 창제의 부당함을 첫째, 중국과 문제가 생길 수 있다. 둘째, 중국의 이적이 된다. 셋째, 이두가 있다. 넷째, 언문으로 옥사를 공평하게 할 수 없다. 다섯째, 재상으로부터 백료에 이르기까지 함께 의논하지 않았다. 여섯째, 동궁은 언문에 관여할 겨를이 없다 등이다.

임금이 언문 28자를 지었다는 세종 25년(1443) 12월 30일, 언문으로 《운회》를 번역하게 한 세종 26년(1444) 2월 16일, 언문 제작의 부당함을 지적하는 최만리의 상소문과 이에 대한 세종의 반박 논리가 있는 세종 26년(1444) 2월 20일 등의 세 번의 기사에 '훈민정음'이란 말은 단 한 번 있다. '훈민정음'이란 말이 처음 나오는 세종 25년(1443) 12월 30일의 기사에도 언문이 먼저이고 '훈민정음'은 뒤에 있다.

《실록》에 '훈민(訓民)'이란 말은 이때 처음이지만, '정음(正音)'이라는 말은 세종 12년(1430) 2월 19일 박연이 그의 상소에서 처음으로 사용한 적이 있다. 세종 28년(1446) 11월 8일에 언문청이 설치되었다. 이 언문청은 문종 때 정음청으로 개칭된다.

게다가 성종 13년(1482) 2월 13일부터는 '훈민정음'이란 말이 《실록》에서 아예 사라지고 '언문'이라 하다가, 300년이 지난 정조 7년(1783) 7월 18일 대사헌 홍양호(洪良浩)의 상소에 '훈민정음'이란 말이 마지막으로 나온다. 이때 홍양호는 '훈민정음'은 세종이 다른 사람의 도움 없이 혼자서 창조한 것이라 하였다.

세종대왕께서 하늘이 낸 예지(睿智)로 혼자서 신기(神機)를 운용(運用)하여 창조(創造)하신 훈민정음(訓民正音)은 화인(華人)들에게 물어보더라도 곡진하고 미묘하게 된 것이었습니다.

무릇 사방의 언어(言語)와 갖가지 구멍에 나오는 소리를 모두 붓끝으로 그려낼 수 있게 되는데, 비록 길거리의 아이들이나 항간의 아낙네들이라 하더라도 또한 능히 통하여 알게 될 수 있는 것이니, 개물성무(開物成務)한 공로는 전대(前代)의 성인들도 밝혀내지 못한 것을 밝혀낸 것으로써 천지의 조화(造化)와 서로 가지런하여진 것이라 할 수 있습니다. 《정조실록》

《실록》에서 언문이란 말은 훈민정음보다 15배나 더 많이 사용되었다.

구분	세종	세조	성종	정조	기타	계
훈민정음	5	3	1	1	0	10
언문(諺文)	14	6	35	0	96	151

표 2_ 《실록》의 '훈민정음'과 '언문(諺文)'의 사용 수

　이처럼 훈민정음을 언문이라고 하다가 지금은 한글이라고 한다. 처음 한글이라는 이름이 사용된 것에 대한 명확한 기록은 없으나 1913년 3월 23일 주시경이 '배달말글몯음(조선어문회, 朝鮮言文會)'을 '한글모'로 바꾼 바 있고, 같은 해 9월 최남선의 출판사 '신문관(新文館)'에서 창간한 어린이 잡지 《아이들 보이》의 끝에 가로글씨로 '한글풀이'라 한 것이 있고, 1914년 4월에 '조선어강습원(朝鮮語講習院)'이 '한글배곧'으로 이름을 바꾼 것 등으로 볼 때 1913년 무렵 주시경이 처음으로 사용한 것으로 보이며, 1927년에는 조선어학회 회원들이 《한글》이라는 잡지를 매달 발간하였다. 한글이라는 명칭이 일반화된 것은 1928년 11월 11일 조선어연구회에서 가갸날을 한글날로 고쳐 부른 때부터라고 한다.[*]

　한글에 대한 고등학교 문법 교과서에서는 '한글의 제자원리'를 설명하면서 "한글의 특징이 독창성뿐이라면 유난스럽게 자랑할 것도 없다. 독창적인 문자라면 지금 당장이라도 누구나 만들어 낼 수 있기 때문이다. 한글이 진정한 자랑거리가 되는 이유는 독창성에 과학적인 점이 보태졌기 때문이다. 훈민정음이 과학적이라고 말할 수 있는 근거는 여러 가지가 있지만, 그중에서 최근 들어 지적되고 있는 가장 대표적인 특징은 몇 개의 기본요소를 가지고 거의 무한에 가까운 글자를 만들 수 있다는 점이다. 훈민정음의 기본이 되는 글자는 'ㄱ, ㄴ, ㅁ, ㅅ, ㅇ' 다섯 개의 초성자(初聲字)와 '·, ㅡ, ㅣ' 세 개의 중성자(中聲字)이다. 이것을 바탕으로 하여 가획(可劃), 병서(竝書), 연서(連書), 합용(合用) 등의 방법으로 더 많은 글자들을 만들 수 있다"고 한다.[**]

　그리고 고등학교 국사 교과서에는 '한글 창제'에 대하여 "우리나라는

[*] "한글" 위키백과 〈http://ko.wikipedia.org〉 [2012. 4. 18. 기사].
[**] 서울대학교 국어교육연구소, 《고등학교 문법》, 두산동아(주), 2011년, 41쪽.

고유문자가 없어서 우리말을 자유롭게 표현할 수 없었기 때문에, 일상적으로 쓰는 말에 맞으면서도 누구나 배우기 쉽고 쓰기 좋은 우리의 문자가 필요하였다. 이에 세종은 훈민정음을 창제하여 반포하였다(1446). 한글은 누구나 쉽게 배우고 쓸 수 있으며, 자기의 의사를 마음대로 표현할 수 있을 뿐만 아니라, 글자를 만드는 원리가 매우 과학적인 뛰어난 문자이다"라고 한다.•

현행 고등학교 국어나 국사 교과서는 다 같이 '한글은 과학적인 문자'라고 하면서도 '한글 창제 과정'에 관해서는 과학적인 연구·검토 없이 모두 세종이 창제하였다고 하고 있다.

훈민정음 창제자의 세 가지 조건

훈민정음을 왜 임금이 창제하였다고 하였을까? 세종은 많은 신하가 최만리와 같은 이유로 '훈민정음 창제'를 반대하리라 예상하였다. 그래서 '훈민정음'을 강력하게 추진하기 위한 수단으로 임금이 창제한 것으로 한 것이다. 최만리의 상소에 대한 세종의 반대 논리에 '임금이 훈민정음을 창제하였다고 해야 하는 이유'와 '어떤 사람이 훈민정음을 창제하였나에 대한 정답'이 숨어 있다. 세종 26년(1444) 2월 20일 최만리의 상소에 대한 세종의 반박 논리를 자세히 검토해보자.

> 임금이 소(疏)를 보고, 만리(萬理) 등에게 이르기를, "너희가 이르기를, '음(音)을 사용하고 글자를 합한 것이 모두 옛글에 위반된다' 하였는데, 설총(薛聰)의 이두(吏讀)도 역시 음이 다르지 않느냐. 또 이두를 제작한 본뜻이 백

• 국사편찬위원회·국정도서편찬위원회, 《고등학교 국사》, 두산동아㈜, 2011년, 287쪽.

성을 편리하게 하려 함이 아니하겠느냐. 만일 그것이 백성을 편리하게 한 것이라면 이제의 언문은 백성을 편리하게 하려 한 것이다. 너희가 설총은 옳다 하면서 군상(君上)의 하는 일은 그르다 하는 것은 무엇이냐. 또 네가 운서(韻書)를 아느냐. 사성칠음(四聲七音)에 자모(字母)가 몇이나 있느냐. 만일 내가 그 운서를 바로잡지 아니하면 누가 이를 바로잡을 것이냐. 또 소(疏)에 이르기를, '새롭고 기이한 하나의 기예(技藝)라' 하였으니, 내 늘그막에 날[日]을 보내기 어려워서 서적으로 벗을 삼을 뿐인데, 어찌 옛것을 싫어하고 새것을 좋아하여 하는 것이겠느냐. 또는 전렵(田獵)으로 매사냥을 하는 예도 아닌데 너희 말은 너무 지나침이 있다. 그리고 내가 나이 늙어서 국가의 서무(庶務)를 세자에게 오로지 맡겼으니, 비록 세미(細微)한 일일지라도 참예하여 결정함이 마땅하거든, 하물며 언문이겠느냐. 만약 세자로 하여금 항상 동궁(東宮)에만 있게 한다면 환관(宦官)에게 일을 맡길 것이냐. 너희가 시종(侍從)하는 신하로서 내 뜻을 밝게 알면서도 이러한 말을 하는 것은 옳지 않다" 하니, 만리(萬理) 등이 대답하기를, "설총의 이두는 비록 음이 다르다 하나, 음에 따르고 해석에 따라 어조(語助)와 문자가 원래 서로 떨어지지 않사온데, 이제 언문은 여러 글자를 합하여 함께 써서 그 음과 해석을 변한 것이고 글자의 형상이 아닙니다. 또 새롭고 기이한 한 가지의 기예(技藝)라 하온 것은 특히 문세(文勢)에 인하여 이 말을 한 것이옵고 의미가 있어서 그러한 것은 아니옵니다. 동궁은 공사(公事)라면 비록 세미한 일일지라도 참결(參決)하시지 않을 수 없사오나, 급하지 않은 일을 무엇 때문에 시간을 허비하며 심려하시옵니까" 하였다. 임금이 말하기를, "전번에 김문(金汶)이 아뢰기를, '언문을 제작함에 불가할 것은 없습니다' 하였는데, 지금은 도리어 불가하다 하고, 또 정창손(鄭昌孫)은 말하기를, '삼강행실(三綱行實)을 반포한 후에 충신·효자·열녀의 무리가 나옴을 볼 수 없는 것은, 사람이 행하고 행하지 않는 것이 사람의 자질(資質) 여하(如何)에 있기 때문입니다. 어찌 꼭 언문으로 번역한 후에야 사람이 모두 본받을 것입니까' 하였으니, 이따위 말이 어찌 선비의 이치를 아는 말이겠느냐. 아무짝에도 쓸데없는 용속(庸俗)한 선비이냐" 하였다. 번젓번에 임금이 정창손에게 하교하기를, "내가 만일 언문으로 삼강행실(三綱行實)을 번역하여 민간에 반포하면 어리석은 남녀가 모두 쉽게 깨달아서 충신·효자·열녀가 반드시 무리로 나올 것이다" 하였는데, 창손이 이 말로 계달한 때문에 이제 이러한 하교가 있었던 것이었다. 임금이 또 하교하기를, "내가 너희를 부른 것은 처음부터 죄 주려 한 것이 아니고, 다만 소(疏) 안에 한두 가지 말을 물으려 하였던 것인데, 너희가 사리를 돌아보지 않고 말을 변하여 대답하니, 너희 죄는 벗기 어렵다" 하고, 드디어 부제학(副提學) 최만리(崔萬理)·직제학(直提學) 신석조(辛碩祖)·직전(直殿) 김문(金汶), 응교(應敎) 정창손(鄭昌孫)·부교리(副校理) 하위지(河緯之)·부수찬(副修撰) 송처검(宋處儉), 저작랑(著作郎) 조근(趙瑾)을 의금부에 내렸다가 이튿날 석방하라 명하였는데, 오직 정창손만은 파직(罷職)시키고, 인하여 의금부에 전지하기를, "김문이 앞뒤에 말을 변하여 계달한 사유를 국문(鞫問)하여 아뢰라" 하였다.《세종실록》

최만리의 상소에 대한 세종의 반박 논리에 훈민정음을 창제한 사람은 어떤 사람인지 정확하게 표현되어 있다. 훈민정음을 창제한 사람은 첫째, '운서를 아는 사람', 둘째, '사성칠음에 자모가 몇인지 아는 사람', 셋째, '백성에게 훈민정음으로 된 삼강행실을 반포하자고 주장한 사람'이다. 훈민정음을 창제한 사람은 이 세 가지 조건에 맞아야 한다.

첫째 조건이 되는 '운서를 아는 사람'에 대하여 알아보자.《실록》에서 운서를 찾으면 세종 20년(1438) 1월 5일에 처음 나온다. 이때 박연은 첨지중추원사로 예조에서 일을 보았다.

예조에서 아뢰기를, "진사시(進士試)를 보일 때에, 고부십운시(古賦十韻詩)를
지으려면 응시하는 사람들이 운서(韻書)를 참고해야 할 터이니 가지고 들어
오는 것을 허가하겠습니다" 하니, 그대로 따랐다. 《세종실록》

박연은 서거정에게 보낸 편지에 "옛사람의 회문시에 십자체·선기
체·옥련환체·금전지체 등이 있어 각기 다른 체재가 있다"고 하였다. 박
연은 한시(漢詩)에도 해박한 지식이 있었다.*

《운서》란 《홍무정운(洪武正韻)》을 말한다. 《홍무정운》은 중국의 운
서로 1375년 명나라 태조 때 악소봉(樂韶鳳)·송렴(宋濂) 등이 칙명으로
편찬하였다. 따라서 그 당시 《운서》는 한시(漢詩)를 지을 때 필요한 최
신 이론서였다.

《세종실록》에서 '운서'를 검색하면 7번 나오는데 처음은 세종 20년
(1438) 1월 5일 예조와 관련하여, 두 번째는 세종 22년(1440) 6월 26일 공
조(工曹)에서 박연의 주자(鑄字) 제작과 관련하여, 세 번째는 세종 26년
(1444) 2월 20일 최만리의 상소에, 네 번째는 세종 27년(1445) 1월 7일
다음과 같은 내용에서 나온다.

집현전 부수찬(副修撰) 신숙주(申叔舟)와 성균관 주부(注簿) 성삼문(成三問)
과 행사용(行司勇) 손수산(孫壽山)을 요동에 보내서 운서(韻書)를 질문하여
오게 하였다. 《세종실록》

---

* 원문은 부록 徐居正, 東文選, 東文選卷之十, 五言律詩, 雙韻蓮花回文體. 幽居作. 幷序에 있음.

다섯 번째는 세종 31년(1449) 12월 28일에 있다.

"지금 오는 사신은 다 유자(儒者)이다. 신숙주(申叔舟) 등이 교열한 운서(韻書)를 실성(質正)하게 하고자 하니, 사신이 입경(入京)한 뒤에는 신숙주·성삼문(成三問) 등으로 하여금 태평관(太平館)에 왕래하게 하고, 또 손수산(孫壽山)·임효선(林效善)으로 하여금 통사를 삼게 하라" 하였다.《세종실록》

여섯 번째는 세종 32년(1450) 윤1월 3일에 나온다.

직집현전(直集賢殿) 성삼문(成三問)·응교(應敎) 신숙주(申叔舟)·봉례랑(奉禮郞) 손수산(孫壽山)에게 명하여 운서(韻書)를 사신에게 묻게 하였는데, 삼문(三問) 등이 관반(館伴)을 따라 뵈니, 사신이 말하기를, "이분들은 무슨 벼슬을 하는 사람입니까" 하니, 김하가 말하기를, "모두 승문원 관원이고, 직책은 부지승문원사(副知承文院事)입니다" 하고, 수산(壽山)을 가리키면서, "통사(通事)입니다" 하였다. 정인지(鄭麟趾)가 말하기를, "소방(小邦)이 멀리 해외(海外)에서 바른 음(音)을 질정(質定)하려 하여도 스승이 없어 배울 수 없고, 본국(本國)의 음(音)은 처음에 쌍기학사(雙冀學士)에게서 배웠는데, 기(冀) 역시 복건주(福建州) 사람입니다" 한즉, 사신이 말하기를, "복건(福建) 땅의 음(音)이 정히 이 나라와 같으니 이로써 하는 것이 좋겠소" 하였다. 하가 말하기를, "이 두 사람이 대인(大人)에게서 바른 음(音)을 배우고자 하니, 대인(大人)은 가르쳐 주기를 바랍니다" 하였다. 삼문(三問)과 숙주(叔舟)가《홍무운(洪武韻)》을 가지고 한참 동안 강론하였다.《세종실록》

일곱 번째는 세종 32년(1450) 윤1월 13일에 있다.

성삼문(成三問) 등이 운서(韻書)를 질문하매, 가지 '가(茄)' 자에 와서 사신이 말하기를, "이 나라의 가지는 열매가 무엇 같은가. 옛적에 장건(張騫)이 서역(西域)에 사신으로 갔다가 포도 종자를 얻어 와서 지금까지 중국에 전하였는데, 우리도 또 한 가지 종자를 얻어서 중국에 전하고자 하오."《세종실록》

'임금이 훈민정음을 창제하였다'는 세종 25년(1443) 12월 30일 이전에 《운서》라는 책은 박연이 근무하는 예조와 공조와 관련이 있고, 이후에는 집현전 학자들과 관련되고 있다. '훈민정음 창제' 발표 후 《운서》를 배우는 젊은 집현전 학자들! 이런 상황에서 나이 많은 부제학 최만리가 어찌하여 《운서》를 알겠는가? 게다가 운서를 모르는 집현전 학자들이 어떻게 세종의 '훈민정음 창제'를 도울 수 있단 말인가? 집현전의 그 누구도 세종 25년(1443) 12월 30일 훈민정음 창제 발표 이전에 《운서》를 몰랐다. 따라서 집현전 학자들은 훈민정음 창제와 관련이 없다.

두 번째 훈민정음 창제자 조건은 '사성칠음(四聲七音)에 자모(字母)가 몇인지 아는 사람'이다.

세종이 하는 말의 의미는 《운서》의 존재를 알고, 《운서》에 있는 사성(四聲)의 내용과 《운서》에서 말하는 칠음(七音)의 자모가 몇인지를 정확히 알아야 한다는 것이다. 사성이란 일반적으로 한자음의 성조(聲調)인 평성(平聲)·상성(上聲)·거성(去聲)·입성(入聲)을 말하며, 사성(四聲)도 세종 8년(1426) 4월 25일 박연의 상소문에 처음 나온다.

옛날에 사문(師文)이 거문고를 탈 적에, 봄을 당하여 상현(商絃)을 타면, 서늘한 바람이 뒤따라 이르고, 여름을 당하여 우현(羽絃)을 타면 눈과 서리가 번갈아 내리고, 가을을 당하여 각현(角絃)을 치면 따뜻한 바람이 천천히 돌고, 겨울을 당하여 치현(徵絃)을 타면 햇볕이 뜨거웠으며, 궁(宮)을 주로 하여 사성(四聲)을 총합하면 상서로운 바람과 상서로운 구름이 잠시 동안 모였나 하였으니, 이것은 오성(五聲)의 감소(感召)된 것이 그렇게 된 것입니다. 《세종실록》

《실록》에서 칠음(七音)이란 세종 26년(1444) 2월 20일 세종이 처음 사용하지만, 이것은 박연이 가장 잘 아는 아악의 칠음계가 아닌가. 아악의 칠음이란 궁(宮)·상(商)·각(角)·치(徵)·우(羽)·변치(變徵)·변궁(變宮)으로 《운서(韻書)》의 아음(牙音)·설음(舌音)·순음(脣音)·치음(齒音)·후음(喉音)·반설음(半舌音)·반치음(半齒音)과 관련된다. 그리고 자모(字母)가 몇인지는 《운서》에 없으나 이것은 사마광(司馬光)의 36자모를 말한다.

성균관대학교 음향학연구실 연혁을 보면 첫째가 '1398년 : 성균관 건학, 국악 악기 연구(박연, 음악음향학)'이고, 둘째가 '1954년 : 물리학과, 음향학연구실개설 박홍수 교수부임 : 물리음향학(음악음향학)'이다. 왜 박연을 우리나라 음향학자의 시조라 하였을까?

박연은 서른넷인 태종 11년(1411) 4월에 문과 동진사(同進士)에 1위로 급제하였다. 그러나 《실록》에는 세종 5년(1423) 3월 17일 '의영고부사 박연이 제생원 의녀(醫女)들의 훈도관이 되었다'는 기사에 처음 나오고, 세종 5년 3월 22일 기사에는 '전(前)교수관 박연'으로 5일 만에 훈도관을 그만두었다. 이때 조용(趙庸)에게 《율려신서》를 배우던 제자 유상지(兪尙智)가 박연으로 교체되었기 때문이다.

그러므로 성균관대학교 음향연구실 연혁의 1398년은 박연이 음악에 대한 연구를 시작한 1423년으로 수정되어야 한다. 박연은 1423년 3월

23일부터 《율려신서》에 있는 음악이론을 본격적으로 연구하였다.

박연은 어려서부터 음악에 소질이 있었다. 성현의 《용재총화》에 있는 박연에 관한 글이다.

> 대제학 박연(朴堧)은 영동(永同)의 유생이었다. 어렸을 적에 향교에서 수업할 때, 이웃에 피리 부는 사람이 있었는데 제학이 책을 읽는 틈에 겸하여 피리를 익히니, 그 지역에서 모두 훌륭하다고 인정하였다.[*]

악학별좌 박연은 칠음과 12운율과 84성조가 성악의 정도가 되게 하려고 《율려신서》와 《홍무정운》 등 많은 서적을 연구하였고, 여기에서 얻은 지식을 활용하여 훈민정음 28자를 창제한 것이다.

훈민정음 창제자의 셋째 조건은 '백성에게 훈민정음으로 된 삼강행실을 반포하자고 주장한 사람'이다. 이 내용이 바로 《난계유고》 1번 소(疏) '널리 가례와 소학, 삼강행실을 가르치고, 오음정성으로 풍속을 바로잡자는 상소'에 있다.

> 백성에게는 삼강행실(三綱行實)을 가르쳐 미풍양속을 이루게 할 것이며, 그뿐만 아니라 오음(五音)의 바른 소리를 가르쳐 민풍(民風)을 바로잡도록 하시기 바랍니다.
> ─이하누락─[**]

따라서 《율려신서》와 《홍무정운》을 잘 아는 사람, 사성칠음에 정통

---

[*] 원문은 부록 成俔, 慵齋叢話, 慵齋叢話卷之八에 있음.
[**] 권오성·김세종, 《역주 난계선생유고》, 낭만음악사, 1995년, 32~33쪽.

한 사람, 그리고 《난계유고》의 1번 소 '널리 가례와 소학, 삼강행실을 가르치고, 오음정성으로 풍속을 바로잡자'는 상소에서 '훈민오음정성이정민풍(訓民五音正聲以正民風)'을 주장한 박연이 훈민정음을 창제한 것이나.

훈민정음 창제에 대한 세종의 역할

'훈민정음 창제'에 대한 세종의 역할은 무엇일까? 세종 즉위년(1418) 10월 9일 상왕인 태종이 세종의 건강을 걱정한다.

주상은 사냥을 좋아하지 않으시나, 몸이 비중(肥重)하시니 마땅히 때때로 나와 노니셔서 몸을 존절히 하셔야 하겠으며, 또 문과 무에 어느 하나를 편벽되이 폐할 수는 없은즉, 나는 장차 주상과 더불어 무사(武事)를 강습하려 한다. 《세종실록》

세종은 평생을 당뇨와 합병증으로 고통받았다. 세종이 매사냥을 많이 한 것도 건강을 위한 운동의 일환이었다. 세종은 육식을 좋아하고 운동을 즐기지 않았다. 그러니 당뇨·풍질, 안질·각기병·임질 등 병이 침노할 수밖에 없었다. 특히 안질이 심해 그의 통치 19년 이후에는 왼쪽 눈을 실명하다시피 했다.[•] 인터넷 검색 결과 세종은 당뇨·풍질·부종·각기병·임질·등창·수전증·안질 등을 앓았다고 한다.^{••}

세종은 잦은 병치레와 건강의 악화로 세종 19년(1437)에 국왕이 중앙정부의 업무를 직할로 관장하던 6조 직할 체제를 변경하여 '의정부 서

• 이성무, 《선비평전》, 글항아리, 2011년, 93쪽.
•• "인터넷 끊고 궁금증 풀려나…" 조선일보 why, B4, 2012. 1. 28~29.

사제도'를 도입하였다. 의정부 서사제는 6조에서 올라오는 모든 의견과 보고를 영의정·좌의정·우의정이 의정부에서 심의하여 국왕에게 올려 결제를 받는 제도이다.[•]

세자 향(珦)[문종]은 세종 24년(1442) 7월 28일에 첨사원(詹事院)이 설치되자, 세종을 대신하여 정무를 보살폈다. 그러나 세종 25년(1443) 4월 17일부터는 세종의 건강 악화로 세자 향이 모든 정사를 도맡아 하였다.^{••} 따라서 세종 25년(1443) 12월 30일의 '세종이 훈민정음을 창제하였다'는 발표는 세종의 뜻을 세자 향이 수행한 것이다. 이것을 확인해주는 세종 26년(1444) 2월 20일의 세종의 말이다.

내가 나이 늙어서 국가의 서무(庶務)를 세자에게 오로지 맡겼으니, 비록 세미(細微)한 일일지라도 참예하여 결정함이 마땅하거든, 하물며 언문이겠느냐. 《세종실록》

조선왕이 처리하는 집무는 만 가지나 될 정도로 많다고 하여 '만기(萬機)'라 불렀다. 일상적으로 처리해야 할 업무도 이처럼 많은데 어찌 임금이 훈민정음 제자원리를 연구할 겨를이 있겠는가?

한문제(漢文帝)가 좌승상 진평(陳平)에게 형사사건의 건수와 연간 조세 수입의 규모에 대하여 물었다. 그가 대답했다. "잘 모르겠습니다. 주관하는 신하가 따로 있습니다. 형사사건은 정위(廷尉)의 담당이고 세금은 치속내사(治粟內史)가 잘 압니다." 황제가 불쾌했다. "그럼 승상은 무슨 일을 하는가?" "승상은 천자를 보좌하고 조화를 살피며, 사방을 어루

• 오정윤, 《단숨에 읽는 한국사》, 베이스북스, 2010년, 280쪽.
•• "세종은 어떤 사람인가?" 역사와 살아가는 이야기 〈http://dk7i17.egloos.com/2223892〉 [2012. 4. 18. 기사].

만지고, 관리를 적재적소에 배치하는 일을 합니다. 나머지는 책임 맡은 자가 알아서 합니다. 반대로 하면 천하가 어지러워집니다." 황제가 승복했다.[*]

세종 25년(1443) 12월 30일, 세종의 '훈민정음 장제' 발표는 세종의 건강과 밀접한 관련이 있다. 세종은 중국과의 외교문세 등 '훈민정음 창제'로 빚어질 수 있는 국내외의 온갖 어려운 문제를 혼자서 감당하려고 하였다. 그래서 그는 건강이 악화된 세종 25년(1443)의 연말을 훈민정음 창제 발표시기로 잡은 것이다. 훈민정음을 만들려는 박연을 격려하여 이 일을 이루게 하고, 훈민정음을 임금의 이름으로 발표하여 강력하게 추진한 것이 세종의 역할이었다.

박연을 신뢰한 세종

박연은 태조 이성계의 개국공신이나, 태조 7년(1398) 제1차 왕자의 난의 정사공신, 정종 2년(1400) 제2차 왕자의 난의 좌명공신이 아니다. 다만 고려 말에 이성계를 지지한 사대부 집안에 불과했다. 그래서 그는 공신 세력들의 견제를 받았고, 이럴 때마다 세종은 박연을 두둔하였다.

세종 8년(1426) 4월 25일 박연은 조정의 제향악(祭享樂)에 대한 상소문에서 공신 세력들이 견제하고 있음을 밝히고 있다.

지금 이로써 사람들에게 말한다면, 사람들은 모두 말하기를, '성조(盛朝)가 나라를 세운 이래 명현(名賢)이 서로 이어서 예악을 고정(考正)한 것이 매우 상실(詳悉)한데, 네가 아무개 누구보다 감히 어질고 지혜롭다고 이러한 광패

<hr>

• 정민, 《일침(一鍼)》, 김영사, 2012년, 241~242쪽.

한 말을 내느냐'고 할 것이니, 가난한 서생(書生)이 평소에 신용을 얻지 못했으므로, 입속으로 항상 머뭇머뭇하며 주저한 것이 하루가 아니었습니다. 지금 성상의 은혜를 입고서 봉상판관(奉常判官)으로 관등(官等)이 뛰어 임명되어 악학(樂學)을 찬집(撰集)하는 임무를 겸임하였으니, 〈천 가지 중에서〉한 가지를 알아낸 어리석은 소견으로 어찌 감히 끝내 말이 없이 잠잠히 있겠습니까. 《세종실록》

세종 10년(1428) 2월 20일 대언이 계사한 것에 대해 세종은 "박연은 세상일에 통하지 아니한 학자가 아니라 세상일에 통달한 학자라 할 수 있다"라고 하면서 박연을 두둔하였다. 시기적으로 보아, 이때 대언이 계사한 것은 훈민정음 창제에 관한 상소와 관련이 있는 것으로 추정한다. 대언이 계사한 내용이 《세종실록》에 없다.

세종 12년(1430) 2월 19일이다. 박연은 율관 제작에 대한 반대에 부딪히게 될까 봐 걱정하고 있다.

율관(律管)을 만들지 않는다면 오음(五音)의 청탁(清濁)도 참된 것을 잃게 될 것입니다. 맹자(孟子)가 말하기를, '사광(師曠)과 같은 귀 밝은 사람도 육률(六律)로 하지 않으면 오음(五音)을 바로잡을 수 없다'고 하였으니, 이는 참으로 만세(萬世)에 내려가며 변하지 않을 옳은 말입니다. 이것은 오늘날 이것을 제작하는 데 있어 급무(急務) 중에 큰 것이오니, 전하께서는 맡은 관원에게 의논을 내리시지 마시고 고요히 깊이 생각하시고 영단(英斷)을 내리시어 바로 시행하게 하시기 바라옵니다. 신은 혹시 중론(衆論)이 벌떼같이 일어나 희망을 달성하지 못할까 걱정입니다. 《세종실록》

세종 15년(1433) 1월 1일 근정전에서 회례연을 베풀고, 처음으로 아악을 사용하는 날이다.

지신사 정흠지(鄭欽之) 등이 연(墺)에게 묻기를, "모양의 세도와 성음(聲音)의 법을 어디에서 취했는가" 하니, 연이 말하기를, "모양 제도는 한결같이 중국에서 내려준 편경(編磬)에 의하였고, 성음은 신이 스스로 12율관(律管)을 만들매 합하여 이루었다"라고 하니, 여러 대언들이 연(墺)에게 말하기를, "중국의 음(音)을 버리고 스스로 율관을 만드는 것이 옳겠는가"라고 하며, 모두 거짓말이라 여기니, (…)《세종실록》

이때도 세종은 박연을 다음과 같이 두둔한다.

중국의 경(磬)은 과연 화하고 합하지 아니하며, 지금 만든 경(磬)이 옳게 된 것 같다. 경석(磬石)을 얻는 것이 이미 하나의 다행인데, 지금 소리를 들으니 또한 매우 맑고 아름다우며, 율(律)을 만들어 음(音)을 비교한 것은 뜻하지 아니한 데서 나왔으니, 내가 매우 기뻐하노라.《세종실록》

박연에 대한 세종의 신뢰는 대단하였다. 세종 15년(1433) 7월 21일 권근의 아들이요 권람의 아버지인 권도(權蹈)가 박연과 사석에서 나눈 이야기를 임금에게 고자질하였다. 권도는 고자질한 사실이 부끄러워서일까, 뒤에 권제(權踶)로 개명하였다. 하지만 세종은 박연의 벼슬만 파직하고, 그가 하던 업무는 그대로 진행하도록 하였다.

"연을 요망스러운 말로 사람들을 현혹하게 한 죄로 벌하는 것이 마땅하나,

그러나 늙은 서생이 경중을 모르고서 망발한 것이고, 또 아악(雅樂)을 전문
으로 맡아서 공이 없지 아니하므로 다만 그 벼슬만을 파직하고, 그대로 악
학에 출사하도록 하라” 하였다.《세종실록》

세종 25년(1443) 9월 11일 중추원부사 박연이 병조판서 정연(鄭淵)을
방문하였으므로 사헌부에서 분경(奔競)하는 것이라고 하여 탄핵하고
죄 주기를 청하였으나, 세종은 이를 용서하였다. 예순여섯 고령의 박연
을 임금의 숙위와 경비를 책임지는 중추원부사로 임명한 것부터 예사
롭지 않다. 이날 박연은 세종에게 훈민정음을 가르치기 위하여 경비는
다른 사람에게 맡기고 숙위만 하려고 병조판서와 상의한 것이 아닐까?

“연(堧)이 미복(微服)으로 집정(執政)한 사람의 집에 분경하였사오니 마음
가짐이 비루하옵니다. 청하옵건대, 법대로 논하소서” 하니, 임금이 말하기
를, “연(堧)이 이미 늙었으니 연(淵)에게 청할 것이 무엇이 있겠는가. 하물며,
연(淵)은 대신(大臣)인데 어찌 작은 일로써 처벌하겠는가” 하였다.《세종실
록》

이처럼 여러 번의 신하들의 견제에도 세종의 신뢰와 보호로 세종 15
년(1433)까지 조선의 음악을 정립한 박연은 그 후 10여 년을 훈민정음
창제에 몰두하였다. 세종은 ‘훈민정음 창제’에 신하들의 강력한 반대가
있을 것으로 예상하고 ‘훈민정음 창제’를 왕의 권위로 강력하게 추진하
고, ‘훈민정음 창제’를 임금이 하였다고 하는 것이 박연을 보호하는 최선
책이라고 판단하였던 것이다. 이를 뒷받침해 주는 구체적인 사실이 세
종 14년(1432) 11월 7일의 기사이다.

"비록 백성들로 하여금 다 율문을 알게 할 수는 없을지나, 따로이 큰 죄의 조항만이라도 뽑아 적고, 이를 이두문[吏文]으로 번역하여서 민간에게 반포하여 보여, 우부우부(愚夫愚婦)들로 하여금 범죄를 피할 줄 알게 함이 어떻겠는가" 하니, 이조판서 허조(許稠)가 아뢰기를, "신은 폐단이 일어나지 않을까 두렵습니다. 간악한 백성이 진실로 율문을 알게 되오면, 죄의 크고 작은 것을 헤아려서 두려워하고 꺼리는 바가 없이 법을 제 마음대로 농간하는 무리가 이로부터 일어날 것입니다" 하므로, 임금이 말하기를, "그렇다면, 백성으로 하여금 알지 못하고 죄를 범하게 하는 것이 옳겠느냐. 백성에게 법을 알지 못하게 하고, 그 범법한 자를 벌 주게 되면, 조사모삼(朝四暮三)의 술책에 가깝지 않겠는가. 더욱이 조종(祖宗)께서 율문을 읽게 하는 법을 세우신 것은 사람마다 모두 알게 하고자 함이니, 경 등은 고전을 상고하고 의논하여 아뢰라."《세종실록》

세종이 신임하는 허조(許稠, 1369~1439)마저 사대부가 아닌 백성에게는 이두[吏文]로 된 율문조차 반포하기를 반대하니, 그것이 훈민정음이고 다른 신하들이라면 오죽하겠는가?

박연의 훈민정음 창제 과정

박연은 음악을 정비할 때 많은 서적을 참고하였다.《세종실록》의 박연의 상소에 나오는 참고 서적은 우리나라의《조선국악장(朝鮮國樂章)》·《서례도(序例圖)》·《봉상악장(奉常樂章)》·《의범렴중(儀範簾中)》·《의궤(儀軌)》·《오례(五禮)》, 중국의《주례(周禮)》·《대성악보(大晟樂譜)》·《지정조격(至正條格)》·《예경(禮經)》·《시경(詩經)》·《홍무예제(洪武禮制)》·《진씨악서(陳氏樂書)》·《악기(樂記)》·《조회악편(朝會樂編)》·《고공기(考工記)》·《율려신서(律

呂新書)》·《진씨예서(陳氏禮書)》·《우서(虞書)》·《사림광기(事林廣記)》·《상정
고금예문(詳定古今禮文)》·《진양도설(陳暘圖說)》·《십이궁보(十二宮譜)》·《의
례경전통해(儀禮經傳通解)》·섭숭의(聶崇義)의 삼례도(三禮圖)·임우(林
宇)의 악보(樂譜)·사마도(司馬滔)의 광평악(廣平樂)을 비롯하여, 정사농
(鄭司農)·정강성(鄭康成)·사마천(司馬遷)·두우(杜佑)·마단림(馬端臨)·진
상(陳常)·오원장(吳元章)·진원정(陣元靖)·회암(晦菴) 주자(朱子)·서산(西
山) 채원정(蔡元正)의 설(說) 등이다.

박연이 음악 관련 서적을 구하기가 어렵다고 상소한 세종 7년(1425) 2
월 24일 기사는 음악을 정비하면서 국내에 없는 서적은 중국에서 구했
음을 알려준다.

> 문헌통고(文獻通考)·진씨악서(陳氏樂書)·두씨통전(杜氏通典)·주례악서(周
> 禮樂書) 등을 사장(私藏)한 자가 없으므로 비록 뜻을 둔 선비가 있더라도
> 얻어 보기가 어려우니, (…)《세종실록》

세종은 사신들로 하여금 중국의 유리창(琉璃廠)이라는 백화점식 서
점 근처에 숙소를 정하게 하고 새로 나온 책이나 판각들을 모두 사오게
했다. 그리고 절판된 책 중에 필요한 것은 황제에게 편지를 써서 하사
받았다.*

세종 8년(1426) 4월 25일에 기록된 박연의 상소문에도 이와 비슷한 내
용이 있다.

---

* 이성무, 「태종대의 역사와 문화」, 《세종시대의 문화》, 태학사, 2001년, 42쪽.

주관(周官)의 제도가 서책에 기재되어 있으니, 근본을 상고하여 조목을 밝
히는 것은 실로 어려운 일이 아니온대, 만일 그렇게도 못한다면 위로 중조
[中國]에 청하여 묻고 이를 시행할 것입니다. 《세종실록》

훈민정음과 관련하여 박연의 상소문에서 수복하는 책은 《홍무예제》이
다. 이 책은 1381년에 명나라 태조가 종래의 예제를 새롭게 하려고 유
신들을 시켜 편찬한 국가의 예식집으로 고려 말 이후 조선 세종 대에
《국조오례의》가 만들어질 때까지 국가적 예법의 준칙으로 활용되었던
책이다. 박연은 《홍무예제》를 세종 12년(1430) 2월 19일 언급하였다. 따
라서 《홍무예제》보다 6년 전 1375년 명나라 태조 때 악소봉(樂韶鳳)·
송렴(宋濂) 등이 칙명으로 편찬한 《홍무정운》, 곧 세종이 말하는 《운
서》도 박연이 일찍부터 구하여 연구하였음이 틀림없다.

《홍무정운》은 양(梁)나라 심약(沈約)이 제정한 뒤 800여 년간 쓰여 온
사성체계를 베이징[北京] 음운을 표준으로 삼아 고친 것으로, 관리시험
을 위한 표준 운서 중의 하나였다. 남송의 모황(毛晃)이 지은 《증수호주
예부운략》의 분운(分韻)을 전면적으로 개편하여 평성·상성·거성 각각
22운, 입성 10운 등 모두 76운으로 하여 운마다 동음(同音)의 자(字)를
O으로 묶어 반절(反切)로 발음을 나타낸다. 《강희자전》을 비롯한 자서
(字書)의 반절에 채택되었고, 조선 시대에 창제된 '훈민정음'의 참고자료
가 되었다.

《홍무정운》의 차례는 궁·상·각·치·우로 宮은 東止刪, 商은 先止
鹽, 角은 董止琰, 徵는 送止豔, 羽는 屋止葉이다. 《홍무정운》의 차례가
궁·상·각·치·우로 구분되어 있음은 박연이 음악 관련 서적을 중국으로
부터 구할 때 《홍무정운》도 함께 구하였음을 알려주는 결정적 단서가

된다.

박연은 《홍무정운》의 서(序)에서 송렴(宋濂)의 "사람이 출생하면 소리가 있고, 소리가 나오면 칠음이 갖춰지니, 이른바 칠음이라고 하는 것은 아(牙)·설(舌)·순(脣)·치(齒)·후(喉)와 반설(半舌)과 반치(半齒)이다. 슬기로운 사람은 그 청탁의 차례로 나누임을 알아서 살피는 것이다. 각(角)·치(徵)·궁(宮)·상(商)·우(羽)를 정하여서 반상(半商)과 반치(半徵)에 이르니 천하 음의 다함이 이에 있는 것이다[人之生也則有聲, 聲出而七音具焉, 所謂七音者, 牙舌脣齒喉及舌齒各半是也. 智者察知之, 分其淸濁之倫, 定爲角徵宮商羽, 以至於半商半徵, 而天下之音盡在是矣]"라는 말과 채원정(蔡元定)의 《율려신서》를 참고하여 훈민정음의 자음(子音) 23개를 만들었다.

또한, 《홍무정운》의 서문에는 심약(沈約)·오역(吳棫)·주희(朱熹)·사마광(司馬光)[일명 사마온공(司馬溫公)] 등의 이름이 나온다. 그러므로 박연은 훈민정음의 자음(子音) 23개를 만들 때 사마광의 36자모(字母)를 표시하는 운도(韻圖)를 구하여 참고하였을 것이다.

	세종	全淸	次淸	全濁	次濁	全淸	全濁
脣音	重脣音	幫	滂	並	明		
	輕脣音	非	敷	奉	微		
舌音	舌頭音	端	透	定	泥		
	舌上音	知	徹	澄	娘		
齒音	齒頭音	精	淸	從		心	邪
	正齒音	照	穿	牀		審	禪
牙 音		見	谿	羣	疑		
喉 音		影			喩	曉	匣
半舌音					來		
半齒音					日		

표 3_한자(漢子) 36자모(字母)

• 樂韶鳳·宋濂, 《洪武正韻》, 亞細亞文化社, 1973년, 7쪽.

박연은 '발성기관의 모양'과 '발음할 때 발성기관의 변화된 모양'으로 초성 17자를 만들었다. 예를 들면 ㄱ은 아래 어금니의 입 안쪽 모양을, ㄴ은 발음할 때 혀의 앞부분이 위로 올라간 모양을 ㅅ은 잇몸을 제외한 아래 앞니의 모양을 표현한 것이다.

칠음(七音)	초성 17자(字)	병서(竝書) 6자(字)
아음(牙音)	ㄱ(군:君)·ㅋ(쾌:快)·ㆁ(업:業)	ㄲ(규:虯)
설음(舌音)	ㄴ(나:那)·ㄷ(두:斗)·ㅌ(탄:呑)	ㄸ(담:覃)
순음(脣音)	ㅁ(미:彌)·ㅂ(별:彆)·ㅍ(표:漂)	ㅃ(보:步)
치음(齒音)	ㅅ(술:戌)·ㅈ(즉:卽)·ㅊ(침:侵)	ㅆ(사:邪)·ㅉ(자:慈)
후음(喉音)	ㅇ(욕:欲)·ㆆ(읍:挹)·ㅎ(허:虛)	ㆅ(홍:洪)
반설음(半舌音)	ㄹ(려:閭)	
반치음(半齒音)	ㅿ(양:穰)	

표 4_훈민정음 23자모

박연은 모음(母音) 11개는 천지인(天地人) 곧 '·ㅡ ㅣ'에서 생성(生成)하였다. 이는 곧 《홍무정운》 서문에 있는 사마광의 "만물의 체용이 다 갖추어 있으니 이 글자만 한 것이 없고, 모든 글자의 형성을 포용하고 있는 점은 운(韻)보다 더한 것이 없고, 소위 삼재(三才)의 도리는 성명(性命)과 도덕이 오묘하여 예악형정(禮樂刑政)의 근원이 된다. 모두 여기에 연계돼 있다. 성의를 다하되 신중을 기하지 않을 수 없다[司馬光有云, 備萬物之體用者莫過於字, 包衆字之形聲者, 莫過於韻, 所謂三才之道. 性命道德之奧. 禮樂刑政之原. 皆有繫於此. 誠不可不愼也]"는 말에서 훈민정음 모음 11개의 기본이 되는 천지인(天地人) '·ㅡ ㅣ'를 창안하였음을 알 수 있다.

구분	·	ㅡ	ㅣ	ㅗ	ㅏ	ㅜ	ㅓ	ㅛ	ㅑ	ㅠ	ㅕ
	탄(呑)	즉(卽)	침(侵)	홍(洪)	담(覃)	군(君)	업(業)	욕(欲)	양(穰)	슐(戌)	별(彆)

표 5_훈민정음 중성(中聲) 11자(字)

"모든 것이 삼재(三才) 천지인(天地人) 'ㆍ ㅡ ㅣ'에 매달려 있다"는 '개유계어차(皆有繫於此)'에서 착안하여, 훈민정음 자모 23개를 천지인(天地人) 'ㆍ ㅡ ㅣ'에서 파생된 중성 11자에 매달아 우리나라의 말을 글로 표현하도록 하였다.

소리는 자연의 이치, 거대한 자연을 배경 삼아 박연은 훈민정음을 완성한 것이다. 동아시아에서 학문적 우위를 점하고 있던 중국 음운학에서조차 모음을 '형태화'하지 못했고, 자음을 완전히 '형태화'하지 못한 것**을 박연이 한 것이다.

《율려신서》는 송나라의 건양 사람 채원정(蔡元定, 1135~1198)이 지은 책으로 주희(朱熹, 1130~1200)의 서문이 있다. 이 책은 2권으로 나누어져 있다. 하나는 율려본원(律呂本源)으로 모두 13편인데, 황종(黃鐘)이 제1이고, 황종지실(黃鐘之實)이 제2이고, 황종생(黃鐘生) 11율이 제3이고, 12율지실이 제4이고, 변율(變律)이 제5이며, 율생오성도(律生五聲圖)가 제6이고, 변생(變生)이 제7이며, 84성도(聲圖)가 제8이고, 60조도(調圖)가 제9이며, 후기(候氣)가 제10이며, 심도(審度)가 제11이며, 가량(嘉量)이 제12이고, 근권형(謹權衡)이 제13이다. 그 1권은 율려증변(律呂証辨) 90편이니, 조율(造律)이 제1이고, 율장단위경지수(律長短圍徑之數)가 제2이며, 황종지실(黃鐘之實)이 제3이고, 삼분손익(三分損益)·상하상생(上下相生)이 제4이며, 화성(和聲)이 제5이고, 오성대소지차(五聲大小之次)가 제6이며, 변궁·변치가 제7이며, 60조가 제8이고, 후기(候氣)가 제9이며, 도량권형(度量權衡)이 제10이다.***

• 樂韶鳳·宋濂, 《洪武正韻》, 亞細亞文化社, 1973년, 11쪽.
•• 노마 히데키, 《한글의 탄생》, 돌베개, 2011년, 137~138쪽.
••• 송방송·박정련 외, 《국역 율려신서》, 민속원, 2005년, 28쪽.

박연에게 《율려신서》를 전수한 조용은 세종 6년(1424) 7월 13일에 세상을 떠났다.

박연은 조용에게 《율려신서》를 1년 정도 배운 후 혼자서 많은 서적을 연구하여 조선의 음악을 정립하게 된다. 박연은 세종 6년(1424) 11월 18일까지 각종 악기를 정비하였고, 세종 7년(1425) 2월 24일에는 악학별좌로서 향악·당악·아악에 관한 악서(樂書)를 만들자고 하였으며, 음악업무를 시작한 1423년 3월 23일로부터 4년 후인 세종 9년(1427) 5월 15일에는 《율려신서》를 가지고 12율관(律管)을 만들었다.

박연은 《율려신서》의 정밀한 이론과 더불어 많은 악서(樂書)를 연구하여 얻은 해박한 지식으로 12율관을 만들었다. 이에 자신감이 생긴 박연은 세종 9년(1427) 6월 23일 평소에 그가 꿈꾸어 왔던 국가 통치에 관한 소 '널리 가례와 소학, 삼강행실을 가르치고, 오음정성으로 풍속을 바로잡자'는 상소를 올리게 된다. 이 같은 사실은 세종 9년 6월 23일 박연이 상소로 주장한 '사대부는 사조(四祖)까지 제사 지내기'라는 《세종실록》의 기사로 확인된다.

소의 내용을 보아 이때 벌써 박연은 《홍무정운》과 《율려신서》를 결합하여 훈민오음정성(訓民五音正聲)을 만들 구체적인 방법을 착안한 것으로 여겨진다. 《율려신서》의 7음(音)과 훈민정음의 7음(音)을 비교해 보자.

율려신서	궁(宮)	상(商)	각(角)	치(徵)	우(羽)	변치(變徵)	변궁(變宮)
훈민정음	아음(牙音)	설음(舌音)	순음(脣音)	치음(齒音)	후음(喉音)	반설음(半舌音)	반치음(半齒音)
음(音) 17	ㄱㅋㆁ	ㄴㄷㅌ	ㅁㅂㅍ	ㅅㅈㅊ	ㅇㆆㅎ	ㄹ	ㅿ

표 6_《율려신서》의 7음(音)과 훈민정음의 7음(音) 비교

아악 칠음계의 '궁(宮)'은 임금을 뜻한다. 훈민정음에서도 'ㄱ'은 임금 군(君)의 초성이므로 첫째 자리에 두었다

훈민정음은 7음에서 분화한 17자와 '· ― ㅣ ㅗ ㅏ ㅜ ㅓ ㅛ ㅑ ㅠ ㅕ'의 정성(正聲) 11자를 더한 28자로 이루어져 있다. 《율려신서》의 '황종은 11율을 낳고'에서 정성 11자를 만들고, 율관제작의 삼분손익법처럼 아음(牙音)·설음(舌音)·순음(脣音)·치음(齒音)·후음(喉音)의 오음에서 각각 3개의 음(音)으로 분화시켜 만든 15음에다 반설음·반치음의 2음을 더하여 17음을 만들었다.

훈민정음이 과학적인 것은 《율려신서》가 과학적이기 때문이다. 12율관을 만든 박연은 과학자였다. 세종 12년(1430) 2월 19일의 박연의 말을 들어보자. 이때는 12율관(律管)으로 자[度]·되[量]·저울[權衡]을 살필 수

있었다.

> 신이 원하옵기는, 남방의 여러 고을[州]에서 기른 기장을 모두 가져와서 세 등급으로 이를 골라 쌓아 올려서 관(管)을 만들어, 그중에 중국의 음(音)과 서로 합하는 것이 있으면 삼분손익(三分損益)하여 12율관(律管)을 만들어 오성(五聲)을 조화(調和)시키면 자[度]·되[量]·저울[權衡]도 따라서 살필 수 있게 될 것입니다. 《세종실록》

《난계유고》 4번 소에 있는 "대체로 악률과 성음의 제도는 위로 하늘을 상고하여 그 두병의 건(建)·신(辰)과 해·월의 교회를 헤아려 12율관의 법을 만들었고, 아래로는 땅에서 살펴 그 방위의 기(氣)와 풍토의 성질에 따라 팔물(八物)의 소리를 비유하여 제작하였던 것입니다"라고 한 것처럼 박연은 천지인(天地人) '·一ㅣ'를 중심에 두고, 오음을 세 개씩 분화(分化)하여 얻은 음(音)을 결합하여 글자가 되는 표음문자인 우리글을 창제한 것이다.

서양 음악에서 음은 바로 음악의 재료이나 국악에선 이 과정을 성(聲) → 음(音) → 악(樂) 순으로 잡는다.* 박연은 성(聲) → 음(音) → 악(樂)의 동양 음악이론을 응용하여 성(聲) → 음(音) → 글자[字] 순으로 훈민정음을 만들었다.

세종 29년(1447) 9월 29일 신숙주도 《동국정운》 서문에 이를 밝히고 있다.

---

* 박기환, 《국악통론》, 형설출판사, 1977년, 15쪽.

소리를 살펴서 음(音)을 알고, 음(音)을 살펴서 음악을 알며, 음악을 살펴서 정치를 알게 되나니, 뒤에 보는 이들이 반드시 얻는 바가 있으리로다. 《세종 실록》

《강희자전(康熙字典)》에서는 12율의 첫째음인 황종(黃鐘)을 '석명(釋名)에서 종은 빈 것이라. 안은 비어서 기운을 많이 받아들이기 때문에 소리가 크니라'釋名' 鐘, 空也. 內空受氣多, 故聲大也.'라고 하였다. 텅 비었지만, 기(氣)가 많은 황종에서 11성을 낳고, 여기서 오성(五聲)을 취하고 다시 변치(變徵)·변궁(變宮)을 더하여 7성(七聲)을 취한다.

황종처럼 텅 빈 만물의 영장인 인간의 입속에서 11성을 낳고, 여기에서 오음을 취하고, 다시 오음을 3개씩 분화시킴으로써 15음을 만들고, 여기에 변음 2음을 보태면 17음이다. 이리하여 11성과 17음을 합하면 모두 28자(字)이다.

28수(宿)는 하늘의 별자리를 뜻하기도 한다. 박연은 천문에도 밝아 세종 15년(1433) 6월 9일 혼천의를 만드는 일에 참여한 기록이 있다. 훈민정음 28자 중 마지막 'ㅕ'를 설명할 때 한자 별(彆)로 하였다. 순수한 우리말 별은 하늘의 별이다. 참으로 예술가 박연다운 재미있는 발상이 아니고 무엇인가?

천문학자인 연세대 나일성 명예교수는 "박연이 그린 혼천도(渾天圖)가 일본 국회도서관에 있다"면서 "사람들이 박연을 음악가라고만 알고 있지만, 사실은 뛰어난 천문학자이기도 했다"고 말한다. 박연 혼천도는 가로 세로 164센티미터의 크기라 한다.•

• "박연 혼천도" 오마이뉴스 〈http://search.ohmynews.com〉 [2012. 4. 18. 기사].

시각 디자이너 안상수 홍익대학교 교수는 "대칭과 비대칭이 절묘하게 어우러진 한글의 혁명성"을 예찬했다.* 그렇다. 그는 그림도 그렸다. 박연은 세종 13년(1431) 8월 24일 회례 남악 무동(舞童)의 관복을 그려 올렸고, 서거정의 《동문선》에는 박연이 "오언사운시 두 편을 지어 그림으로 연꽃 모양을 그려서 그대에게 부치며 연화회문이라고 이름 해본나"라고 하였다.

박연은 세종 5년(1423) 3월 23일 의영고부사에서 예조의 악학별좌가 되어 계속 예조에서 근무하였다. 그리고 박연이 훈민정음을 만들자는 소를 올린 해는 세종 9년(1427)이었다. 그로부터 12년이 지나 세종 21년(1439) 4월 25일 공조참의로 발령받아 세종 22년(1440) 6월 말까지 약 1년 정도 공조에서 근무하였다.

음악 전문가 박연이 왜 공조(工曹)로 갔을까? 공조참의로 근무한 1년 동안 주자 제작의 실정을 파악하고 훈민정음 주자를 만들기 위해서였다. 세종 22년(1440) 6월 26일 《운서》를 가지고 보충하였다는 기사다.

경연(經筵)에 갈무리한 《국어(國語)》와 《음의(音義)》 한 본(本)이 매우 탈락(脫落)된 것이 많으므로 중국에 구하여 별본(別本)을 얻었으나, 궐하고 빠진 것이 오히려 많고 주해(註解)가 또한 소략(疏略)하였다. 일본(日本)에 구하여 또 상세한 것과 소략한 것 두 본(本), 《보음(補音)》 세 권을 얻어왔으나 역시 완전하지 못하였다. 이에 집현전(集賢殿)에 명하여 경연에 간직하고 있는 구본(舊本)을 주(主)로 삼고, 여러 본(本)을 참고하여 와류(訛謬)된 것은 바로잡고 탈락(脫落)된 것은 보충하고, 인하여 《음의(音義)》와 《보음(補音)》을 가

지고 번란(煩亂)한 것은 깎아버리고 절목 아래에 나누어 넣고, 그래도 완전
하지 못한 것은 운서(韻書)를 가지고 보충하여, 드디어 주자소(鑄字所)에 명
하여 인쇄하여 널리 펴내게 하였다.《세종실록》

위에서 《국어(國語)》는 춘추시대 8개 나라의 인물과 사건에 대해 기
록한 역사산문이고,《음의(音義)》는 경(經)·율(律)·논(論)에 나오는 어려
운 낱말과 명칭들을 풀이한 책이며,《보음(補音)》은 일본글자로 추측된
다.
박연이 훈민정음 주자를 만든 사실을 입증하는 세종 26년(1444) 2월
20일 최만리의 언문 반대 상소문을 다시 보자.

또 가볍게 옛사람이 이미 이룩한 운서(韻書)를 고치고 근거 없는 언문을 부
회(附會)하여 공장(工匠) 수십 인을 모아 각본(刻本)하여서 급하게 널리 반
포하려 하시니, (…)《세종실록》

훈민정음 주자제작을 완료한 박연은 세종 22년(1440) 7월 2일 첨지중
추원사로 다시 예조에서 업무를 보게 된다.
세종과 박연은 '훈민정음 창제'를 극비로 추진하였다. 그러나 전후 사
정을 보아 세종 25년(1443) 세종의 '훈민정음 창제' 발표 때는 세자 향
(珦)[문종]도 박연의 '훈민정음 창제' 사실을 알았을 것으로 추정한다.
훈민정음은 예조의 소관이었다. 세종은 세종 23년(1441) 11월 14일 김
종서를 예조판서로, 세종 24년(1442) 6월 19일 허조의 아들 허후를 예
조참판으로, 세종 24년(1442) 10월 27일 박연을 예조참의로 임명하였다.
박연에게 예조에서 '훈민정음 창제' 발표를 위한 준비를 완료토록 한 것

이다.

세종이 '훈민정음 창제' 발표를 앞두고, 예조에 김종서·허후·박연을 배치한 것은 세종이 이 세 사람을 가장 신뢰하기 때문이라고 본다. 세종 25년(1443) 8월 22일 세종은 박연을 종2품 중추원부사로 승신시킨다. 이날 《세종실록》의 이연(李堧)은 박연으로, 이(李)는 박(朴)의 오자(誤字)다. 이때 중추원부사는 임금의 숙위와 경비를 맡는 중추원 소속이다. '세종의 훈민정음 창제'로 하기 위한 박연의 마지막 임무는 임금을 숙위하면서 극비리에 훈민정음 제자(製字)원리와 훈민정음 28자를 세종에게 가르치는 일이었다. 이를 알려주는 세종 26년(1444) 2월 20일의 세종의 말이다.

내 늘그막에 날[日]을 보내기 어려워서 서적으로 벗을 삼을 뿐인데, 어찌 옛것을 싫어하고 새것을 좋아하여 하는 것이겠느냐. 또는 전렵(田獵)으로 매사냥을 하는 예도 아닌데 너희의 말은 너무 지나침이 있다. 《세종실록》

박연의 '훈민정음 창제' 과정을 총정리하면 다음과 같다.

－세종 5년(1423) 3월 23일 : 《율려신서》, 《홍무정운》 등 문헌 연구

－세종 9년(1427) 6월 23일 : '훈민정음 창제'를 하자는 상소문 올림

－세종 21년(1439) 4월 24일 : '훈민정음 창제' 완료

－세종 21년(1439) 4월 25일 : 공조참의로 주자제작 실정 파악

－세종 22년(1440) 6월 26일 : 공조참의로 훈민정음 주자제작 완료

－세종 22년(1440) 7월 2일 : 예조에 업무 복귀

－세종 24년 (1442) 10월 27일 : 예조참의로 '훈민정음 창제' 발표를 위한 환

경 조성

  −세종 25년(1443) 8월 22일 : 중추원부사로 숙위(宿衛)하며 세종에게 훈민
   정음 교육
  −세종 25년(1443) 12월 30일 : '훈민정음 창제' 발표

  훈민정음의 산모(産母)는 박연이며, 산파(産婆)는 세종, 산파를 도운
사람은 문종과 김종서 그리고 허후이다. 이들이 진정한 훈민정음 에크
리튀르(e'criture) 혁명파였다.
  세종 25년(1443) 12월 30일 세종이 '훈민정음을 창제하였다'는 발표와
세종 26년(1444) 2월 20일의 최만리의 훈민정음 반대 상소가 마무리되
자, 세종은 박연을 세종 26년(1444) 7월 27일 인순부윤(仁順府尹)에 임
명하여 세자 곁에 두었다. 참신한 아이디어로 신명을 다해 그를 보좌한
박연에게 세자가 성군이 되도록 지도하라는 세종의 뜻이었다. 박연은
중국 사신인 절일사(節日使)의 임무을 마치고, 세종 29년(1447) 1월 16일
인수부윤(仁壽府尹)이 되어 세자가 1450년 2월 19일 문종으로 즉위할
때까지 세자시강원의 '빈객(賓客)'으로, 세자 교육을 담당하였다.
  세종 25년(1443) 세종의 '훈민정음 창제' 발표 후 반대 의견이 안전히
소멸하자, 세종 28년(1446) 3월 25일 예조판서 김종서는 우찬성(右贊成)
으로 승진하고, 정인지가 예조판서가 되어 세종 28년(1446) 9월 29일 훈
민정음을 반포하게 된다.

훈민정음 반포

'훈민정음 창제' 발표 후 3년이 지난 세종 28년(1446) 9월 29일 드디어
역사적인 '훈민정음 반포(頒布)'를 하게 된다. 이날의 세종의 훈민정음 서

문이다.

이달에 훈민정음(訓民正音)이 이루어졌다. 어제(御製)에, "나라말이 중국과 달라 한자(漢字)와 서로 통하지 아니하므로, 우매한 백성이 말하고 싶은 것이 있어도 마침내 제 뜻을 잘 표현하지 못하는 사람이 많나. 내 이를 딱하게 여기어 새로 28자(字)를 만들었으니, 사람들로 하여금 쉬 익히어 날마다 쓰는 데 편하게 할 뿐이다."《세종실록》

다음의 《세종실록》 기사는 박심학이 200년 전에 《난계유고》의 1번 소 '널리 가례와 소학, 삼강행실을 가르치고, 오음정성으로 풍속을 바로잡자는 상소' 끝에 '이 아래는 없어졌음[차하결(次下缺)]'이라고 한 부분으로 추정된다. '훈민오음정성(訓民五音正聲)'이 '훈민정음(訓民正音)'이 된 것처럼, 제자(製字)원리로 추정되는 이 부분도 수정이 있었을 것이다. 따라서 이 내용은 박연이 상소한 후 주자를 만든 세종 22년(1440) 약 12년이나 연구하여 확정한 최종안일 것이다.

ㄱ은 아음(牙音)이니 군(君)자의 첫 발성(發聲)과 같은데 가로 나란히 붙여 쓰면 규(虯)자의 첫 발성(發聲)과 같고, ㆁ은 아음(牙音)이니 업(業)자의 첫 발성과 같고, ㄷ은 설음(舌音)이니 두(斗)자의 첫 발성과 같은데 가로 나란히 붙여 쓰면 담(覃)자의 첫 발성과 같고, ㅌ은 설음(舌音)이니 탄(呑)자의 첫 발성과 같고, ㄴ은 설음(舌音)이니 나(那)자의 첫 발성과 같고, ㅋ은 아음(牙音)이니 쾌(快)자의 첫 발성과 같고, ㅂ은 순음(脣音)이니 별(彆)자의 첫 발성과 같은데 가로 나란히 붙여 쓰면 보(步)자의 첫 발성과 같고, ㅍ은 순음(脣音)이니 표(漂)자의 첫 발성과 같고, ㅁ은 순음(脣音)이니 미(彌)자의 첫 발성

과 같고, ㅈ은 치음(齒音)이니 즉(卽)자의 첫 발성과 같은데 가로 나란히 붙여 쓰면 자(慈)자의 첫 발성과 같고, ㅊ은 치음(齒音)이니 침(侵)자의 첫 발성과 같고, ㅅ은 치음(齒音)이니 술(戌)자의 첫 발성과 같은데 가로 나란히 붙여 쓰면 사(邪)자의 첫 발성과 같고, ㆆ은 후음(喉音)이니 읍(挹)자의 첫 발성과 같고, ㅎ은 후음(喉音)이니 허(虛)자의 첫 발성과 같은데 가로 나란히 붙여 쓰면 홍(洪)자의 첫 발성과 같고, ㅇ은 후음(喉音)이니 욕(欲)자의 첫 발성과 같고, ㄹ은 반설음(半舌音)이니 려(閭)자의 첫 발성과 같고, ㅿ는 반치음(半齒音)이니 양(穰)자의 첫 발성과 같고, ·은 탄(呑)자의 중성(中聲)과 같고, ㅡ는 즉(卽)자의 중성과 같고, ㅣ는 침(侵)자의 중성과 같고, ㅗ는 홍(洪)자의 중성과 같고, ㅏ는 담(覃)자의 중성과 같고, ㅜ는 군(君)자의 중성과 같고, ㅓ는 업(業)자의 중성과 같고, ㅛ는 욕(欲)자의 중성과 같고, ㅑ는 양(穰)자의 중성과 같고, ㅠ는 술(戌)자의 중성과 같고, ㅕ는 별(彆)자의 중성과 같으며, 종성(終聲)은 다시 초성(初聲)으로 사용하며, ㅇ을 순음(脣音) 밑에 연달아 쓰면 순경음(脣輕音)이 되고, 초성(初聲)을 합해 사용하려면 가로 나란히 붙여 쓰고, 종성(終聲)도 같다. ㅡ·ㅗ·ㅜ·ㅛ·ㅠ는 초성의 밑에 붙여 쓰고, ㅣ·ㅓ·ㅏ·ㅑ·ㅕ는 오른쪽에 붙여 쓴다. 무릇 글자는 반드시 합하여 음을 이루게 되니, 왼쪽에 1점을 가하면 거성(去聲)이 되고, 2점을 가하면 상성(上聲)이 되고, 점이 없으면 평성(平聲)이 되고, 입성(入聲)은 점을 가하는 것은 같은데 촉급(促急)하게 된다. 《세종실록》

다음은 예조판서 정인지(鄭麟趾, 1396~1478)의 서문이다. 그가 서문을 짓는 일은 관례적인 일이었다. 정인지가 박연이 이룬 일에 글을 지은 적은 《세종실록》에 여러 번 있다. 세종 12년(1430) 9월 29일 박연이 만든 12율관을 이용하여 주척(周尺)을 바로잡았고, 세종 12년(1430) 윤12

월 1일 박연이 완성한 《아악보(雅樂譜)》의 서(序)를 지었으며, 세종 14년 (1432) 12월 10일 태조(太祖)와 태종(太宗)의 공덕(功德)을 찬양하는 노래의 가사를, 세종 27년(1445) 4월 5일 권제(權踶)·안지(安止) 등과 박연이 작곡한 음악에 사용할 《용비어천가》 가사를 지었다.

세종 25년(1443) 12월 30일 세종이 '훈민정음을 창제하였나'라는 발표 5일 전, 정인지는 도순찰사가 되어 하삼도에서 전품(田品)을 나누고 있었다. 세종 28년(1446) 9월 29일 훈민정음 반포의 서문뿐, 정인지는 훈민정음 28자 제자(製字)에 어떤 역할도 하지 않았다.

천지(天地)자연의 소리가 있으면 반드시 천지자연의 글이 있게 되니, 옛날 사람이 소리로 인하여 글자를 만들어 만물(萬物)의 정(情)을 통하여서, 삼재 (三才)의 도리를 기재하여 뒷세상에서 변경할 수 없게 한 까닭이다. 그러나 사방의 풍토(風土)가 구별되매 성기(聲氣)도 또한 따라 다르게 된다. 대개 외국(外國)의 말은 그 소리는 있어도 그 글자는 없으므로, 중국의 글자를 빌려서 그 일용(日用)에 통하게 하니, 이것이 둥근 장부가 네모진 구멍에 들어가 서로 어긋남과 같은데, 어찌 능히 통하여 막힘이 없겠는가. 요는 모두 각기 처지(處地)에 따라 편안하게 해야만 되고, 억지로 같게 할 수는 없다. 우리 동방의 예악문물(禮樂文物)이 중국에 견주되었으나 다만 방언(方言)과 이어(俚語)만이 같지 않으므로, 글을 배우는 사람은 그 지취(旨趣)의 이해하기 어려움을 근심하고, 옥사(獄事)를 다스리는 사람은 그 곡절(曲折)의 통하기 어려움을 괴로워하였다. 옛날에 신라의 설총(薛聰)이 처음으로 이두(吏讀)를 만들어 관부(官府)와 민간에서 지금까지 이를 행하고 있지만, 그러나

• 신대철, 《용비어천가와 세종의 국가경영》, 한국학중앙연구원출판부, 2011년, 101쪽.

모두 글자를 빌려서 쓰기 때문에 혹은 간삽(艱澁)하고 혹은 질색(窒塞)하여, 다만 비루하여 근거가 없을 뿐만 아니라 언어의 사이에서도 그 만분의 일도 통할 수가 없었다.

계해년 겨울에 우리 전하(殿下)께서 정음(正音) 28자(字)를 처음으로 만들어 예의(例義)를 간략하게 들어 보이고 명칭을 훈민정음(訓民正音)이라 하였다. 물건의 형상을 본떠서 글자는 고전(古篆)을 모방하고, 소리에 인하여 음(音)은 칠조(七調)에 합하여 삼극(三極)의 뜻과 이기(二氣)의 정묘함이 구비 포괄(包括)되지 않은 것이 없어서, 28자로써 전환(轉換)하여 다함이 없이 간략하면서도 요령이 있고 자세하면서도 통달하게 되었다. 그런 까닭으로 지혜로운 사람은 아침나절이 되기 전에 이를 이해하고, 어리석은 사람도 열흘 만에 배울 수 있게 된다. 이로써 글을 해석하면 그 뜻을 알 수가 있으며, 이로써 송사(訟事)를 청단(聽斷)하면 그 실정을 알아낼 수가 있게 된다. 자운(字韻)은 청탁(淸濁)을 능히 분별할 수가 있고, 악가(樂歌)는 율려(律呂)가 능히 화합할 수가 있으므로 사용하여 갖추지 않은 적이 없으며 어디를 가더라도 통하지 않는 곳이 없어서, 비록 바람소리와 학의 울음이든지, 닭 울음소리나 개 짖는 소리까지도 모두 표현해 쓸 수가 있게 되었다. 마침내 해석을 상세히 하여 여러 사람에게 이해하라고 명하시니, 이에 신(臣)이 집현전응교(集賢殿應教) 최항(崔恒), 부교리(副校理) 박팽년(朴彭年)과 신숙주(申叔舟), 수찬(修撰) 성삼문(成三問), 돈녕부주부(敦寧府注簿) 강희안(姜希顏), 행집현전부수찬(行集賢殿副修撰) 이개(李塏)·이선로(李善老) 등과 더불어 삼가 모든 해석과 범례(凡例)를 지어 그 경개(梗槪)를 서술하여, 이를 본 사람으로 하여금 스승이 없어도 스스로 깨닫게 되는 것이다. 그 연원(淵源)의 정밀한 뜻의 오묘(奧妙)한 것은 신(臣) 등이 능히 발휘할 수 없는 바이다. 삼가 생각하옵건대, 우리 전하(殿下)께서는 하늘에서 낳으신 성인(聖人)으로서 제도와 시설(施設)이 백대(百代)의 제왕보다 뛰어나시어, 정음(正音)의 제작은 전대의 것을 본받은 바도 없이 자연적으로 이루어졌으니, 그 지극한 이치가 있지 않은 곳이 없으므로 인간 행위의 사심(私心)으로 된 것이 아니다. 대체로 농방에 나라가 있은 지가 오래되지 않은 것이 아니나, 사람이 아직 알지 못하는 도리를 깨달아 이것을 실지로 시행하여 성공하는 큰 시혜는 대개 오늘날에 기다리고 있을 것인져.《세종실록》

"소리에 인하여 음은 칠조에 합하여 삼극의 뜻과 이기의 정묘함이 구비 포괄되지 않은 것이 없어서" 그리고 "자운은 청탁을 능히 분별할 수가 있고, 악가는 율려가 능히 화합할 수가 있으므로 사용하여 갖추지 않은 적이 없으며"라는 정인지의 글도 박연이 음악이론에서 항상 사용하던 말이다.

'훈민정음 창제' 발표 4년 후 세종 29년(1447) 9월 29일《동국정운(東國正韻)》6권을 완성하여 간행하면서 집현전응교 신숙주(申叔舟)가 서문(序文)을 지었다.《동국정운(東國正韻)》을 만든 것은《난계유고》1번 상소에 있는 '우리말이 바르지 아니하니 민풍이 잘못되고 잡스럽습니다[方音不正而民風訛雜]'에서 의미를 내포하고 있는 우리말의 표준화와 관련이 있다고 본다.

하늘과 땅이 화합하여 조화(造化)가 유통하매 사람이 생기고, 음(陰)과 양(陽)이 서로 만나 기운이 맞닿으매 소리가 생기나니, 소리가 생기매 칠음(七音)이 스스로 갖추이고, 칠음이 갖추이매 사성(四聲)이 또한 갖춰진지라. 칠음과 사성이 경위(經緯)로 서로 사귀면서 맑고 흐리고 가볍고 무거움과 깊고 얕고 빠르고 느림이 자연으로 생겨난 이러한 까닭으로, 포희(庖犧)가 괘

(卦)를 그리고 창힐(蒼頡)이 글자를 만든 것이 역시 다 그 자연의 이치에 따라서 만물의 실정을 통한 것이고, 심약(沈約)·육법언(陸法言) 등 여러 선비에 이르러서, 글자로 구분하고 종류로 모아서 성조(聲調)를 고르고 운율(韻律)을 맞추면서 성운(聲韻)의 학설이 일어나기 시작하매, 글 짓는 이가 서로 이어서 각각 기교(技巧)를 내보이고, 이론(理論)하는 이가 하도 많아서 역시 잘못됨이 많았는데, 이에 **사마온공(司馬溫公)이 그림으로 나타내고,** 소강절(邵康節)이 수학(數學)으로 밝히어서 숨은 것을 찾아내고 깊은 것을 긁어내어 여러 학설을 통일하였으나, 오방(五方)의 음(音)이 각각 다르므로 그르니 옳으니 하는 분변이 여러 가지로 시끄러웠다.

대저 음(音)이 다르고 같음이 있는 것이 아니라 사람이 다르고 같음이 있고, 사람이 다르고 같음이 있는 것이 아니라 지방이 다르고 같음이 있나니, 대개 지세(地勢)가 다름으로써 풍습과 기질이 다르며, 풍습과 기질이 다름으로써 호흡하는 것이 다르니, 동남(東南) 지방의 이[齒]와 입술의 움직임과 서북(西北) 지방의 볼과 목구멍의 움직임이 이런 것이어서, 드디어 글 뜻으로는 비록 통할지라도 성음(聲音)으로는 같지 않게 된다. 우리나라는 안팎 강산이 자작으로 한 구역이 되어 풍습과 기질이 이미 중국과 다르니, 호흡이 어찌 중국 음과 서로 합치될 것이랴. 그러한즉, 말의 소리가 중국과 다른 까닭은 이치가 당연하고, 글자의 음에는 마땅히 중국 음과 서로 합치될 것 같으나, 호흡의 돌고 구르는 사이에 가볍고 무거움과 열리고 닫힘의 동작이 역시 반드시 말의 소리에 저절로 끌림이 있어서, 이것이 글자의 음이 또한 따라서 변하게 된 것이니, 그 음(音)은 비록 변하였더라도 청탁(淸濁)과 사성(四聲)은 옛날과 같은데, 일찍이 책으로 저술하여 그 바른 것을 전한 것이 없어서, 용렬한 스승과 속된 선비가 글자를 반절(反切)하는 법칙을 모르고 자세히 다져 보는 요령이 어두워서 혹은 글자 모양이 비슷함에 따라 같은 음(音)으로 하기로 하고, 혹은 전대(前代)의 임금이나 조상의 이름을 피하여 다른 음(音)으로 빌어서 하기도 하며, 혹은 두 글자로 합하여 하나로 만들거나, 혹은 한 음을 나누어 둘을 만들거나 하며, 혹은 다른 글자를 빌려 쓰거나, 혹은 섬(點)이나 획(劃)을 더하기도 하고 감하기도 하며, 혹은 한음(漢音)을 따르거나, 혹은 속음[俚語]에 따르거나 하여서, 사모(字母) 질음(七音)과 청탁(清濁)·사성(四聲)이 모두 변한 것이 있으니, 아음(牙音)으로 말할 것 같으면 계모(溪母)의 글자가 태반(太半)이 견모(見母)에 들어갔으니, 이는 자모(字母)가 변한 것이고, 계모(溪母)의 글자가 혹 효모(曉母)에도 들었으니, 이는 칠음(七音)이 변한 것이라.

우리나라의 말소리에 청탁(清濁)의 분변이 중국과 다름이 없는데, 글자음[字音]에는 오직 탁성(濁聲)이 없으니 어찌 이러한 이치가 있을 것인가. 이는 청탁(清濁)의 변한 것이고, 말하는 소리에는 사성(四聲)이 심히 분명한데, 글자음에는 상성(上聲)·구별이 없고, '질(質)'의 운(韻)과 '물(勿)'의 운(韻)들은 마땅히 단모(端母)로서 종성(終聲)을 삼아야 할 것인데, 세속에서 내모(來母)로 발음하여 그 소리가 느려지므로 입성(入聲)에 마땅하지 아니하니, 이는 사성(四聲)의 변한 것이라. '단(端)'을 '내(來) 소리'로 하는 것이 종성(終聲)에만 아니고 차세(次第)의 '제'와 목단(牧丹)의 '난' 같은 따위와 같이 초성(初聲)의 변한 것도 또한 많으며, 우리나라의 말에서는 계모(溪母)를 많이 쓰면서 글자 음에는 오직 '쾌(快)'라는 한 글자의 음뿐이니, 이는 더욱 우스운 것이다. 이로 말미암아 글자의 획이 잘못되어 '어(魚)'와 '노(魯)'에 참 것이 혼란되고, 성음(聲音)이 문란하여 경(涇)과 위(渭)가 함께 흐르는지라 가로[橫]로는 사성(四聲)의 세로줄[經]을 잃고 세로[縱]로는 칠음(七音)의 가로줄[緯]에 뒤얽혀서, 날[經]과 씨[緯]가 짜이지 못하고 가볍고 무거움이 차례가 뒤바뀌어, 성운(聲韻)의 변한 것이 극도에 이르렀는데, 세속에 선비로 스승 된 사람이 이따금 혹 그 잘못된 것을 알고 사사로이 자작으로 고쳐서 자제(子弟)들을 가르치기도 하나, 마음대로 고치는 것을 중난하게 여겨 그대로 구습(舊習)을 따르는 이가 많으니, 만일 크게 바로잡지 아니하면 오래될수록 더욱 심하여져서 장차 구해낼 수 없는 폐단이 있을 것이다.

대개 옛적에 시(詩)를 짓는 데에 그 음을 맞출 뿐이었는데, 3백편(三百篇)으로부터 내려와 한(漢)·위(魏)·진(晉)·당(唐)의 모든 작가(作家)도 또한 언제나 같은 운율에만 구애하지 아니하였으니, '동(東)'운을 '동(冬)'운에도 쓰고, '강(江)'운을 '양(陽)'운에도 씀과 같은 따위이니, 어찌 운(韻)이 구별된다 하여 서로 통하여 맞추지 못할 것이랴. 또 자모(字母)를 만든 것이 소리에 맞출 따름이니, 설두(舌頭)·설상(舌上)과 순중(脣重)·순경(脣經)과 치두(齒頭)·정치(正齒)와 같은 따위인데, 우리나라의 글자 음에는 분별할 수 없으니 또한 마땅히 자연에 따라 할 것이지, 어찌 꼭 36자(三十六字)에 구애할 것이랴. 공손히 생각하건대 우리 주상전하(主上殿下)께옵서 유교를 숭상하시고 도(道)를 소중히 여기시며, 문학을 힘쓰고 교회를 일으킴에 그 지극함을 쓰지 않는 바가 없사온데, 만기(萬機)를 살피시는 여가에 이 일에 생각을 두시와, 이에 신(臣) 신숙주(申叔舟)와 수집현전직제학(守集賢殿直提學) 신(臣) 최항(崔恒), 수직집현전(守直集賢殿) 신(臣) 성삼문(成三問)·신(臣) 박팽년(朴彭年), 수집현전교리(守集賢殿校理) 신(臣) 이개(李愷), 수이조정랑(守吏曹正郎) 신(臣) 강희안(姜希顔), 수병조정랑(守兵曹正郎) 신(臣) 이현로(李賢老), 수승문원교리(守承文院校理) 신(臣) 조변안(曹變安), 승문원부교리(承文院副校理) 신(臣) 김증(金曾)에게 명하시와 세속의 습관을 두루 채집하고 전해 오는 문적을 널리 상고하여, 널리 쓰이는 음(音)에 기본을 두고 옛 음운의 반절법에 맞추어서 자모(字母)의 칠음(七音)과 청탁(淸濁)과 사성(四聲)을 근원의 위세(委細)한 것까지 연구하지 아니함이 없이 하여 옳은 길로 바로잡게 하셨사온데, 신들이 재주와 학식이 얕고 짧으며 학문 공부가 좁고 비루하매, 뜻을 받들기에 미달(未達)하와 매번 지시하심과 돌보심을 번거로이 하게 되겠삽기에, 이에 옛사람의 편성한 음운과 제정한 자모를 가지고 합쳐야 할 것은 합치고 나눠야 할 것은 나누뇌, 하나의 합침과 하나의 나눔이나 한 성음과 한 자운마다 모두 위에 결재를 빌고, 또한 긱긱 고중과 빙거를 두어서, 이에 사성(四聲)으로써 조절하여 91운(韻)과 23자모(字母)를 정하여서 어제(御製)하신 《훈민정음》으로 그 음을 정하고, 또 '질(質)'·'물(勿)' 둘의 운(韻)은 '영(影)'으로써 '내(來)'를 기워서 속음을 따르면서 바른 음에 맞게 하니, 옛 습관의 그릇됨이 이에 이르러 모두 고쳐진지라. 글이 완성되매 이름을 하사하시기를, 《동국정운(東國正韻)》이라 하시고, 인하여 신(臣) 숙주(叔舟)에게 명하시어 서문(序文)을 지으라 하시니, 신 숙주(叔舟)가 그윽이 생각하옵건대 사람이 날 때에 천지의 기운을 받지 않은 자가 없는데, 성음(聲音)은 기운에서 나는 것이니, 청탁(淸濁)이란 것은 음양(陰陽)의 분류(分類)로서 천지의 도(道)이요, 사성(四聲)이란 것은 조화(造化)의 단서(端緖)로서 사시(四時)의 운행이라, 천지의 도(道)가 어지러우면 음양이 그 자리를 뒤바꾸고, 사시(四時)의 운행이 문란하면 조화(造化)가 그 차례를 잃게 되나니, 지극하도다, 성운(聲韻)의 묘함이어. 음양(陰陽)의 문턱은 심오(深奧)하고 조화(造化)의 기틀은 은밀한지고. 더구나 글자[書契]가 만들어지지 못했을 때는 성인의 도(道)가 천지에 의탁했고, 글자[書契]가 만들어진 뒤에는 성인의 도가 서책(書册)에 실리었으니, 성인의 도를 연구하려면 마땅히 글의 뜻을 먼저 알아야 하고, 글의 뜻을 알기 위한 요령은 마땅히 성운(聲韻)부터 알아야 하니, 성운은 곧 도를 배우는 시작[權輿]인지라, 또한 어찌 쉽게 능통할 수 있으랴. 이것이 우리 성상(聖上)께서 성운(聲韻)에 마음을 두시고 고금(古今)을 참작하시어 지침(指針)을 만드셔서 억만 대의 모든 후생을 길 열어주신 까닭이다.

옛사람이 글을 지어내고 그림을 그려서 음(音)으로 고르고 종류로 가르며 정절(正切)로 함과 회절(回切)로 함에 그 법이 심히 자상한데, 배우는 이가 그래도 입을 어물거리고 더듬더듬하여 음(音)을 고르고 운(韻)을 맞추기에 어두웠더니, 훈민정음(訓民正音)이 제작됨으로부터 만고(萬古)의 한 소리로 털끝만큼도 틀리지 아니하니, 실로 음(音)을 전하는 중심줄[樞紐]인지라. 청탁(淸濁)이 분별되매 천지의 도(道)가 정하여지고, 사성(四聲)이 바로잡히매 사시(四時)의 운행이 순하여지니, 진실로 조화(造化)를 경륜(經綸)하고 우주(宇宙)를 주름잡으며, 오묘한 뜻이 현관(玄關)에 부합(符合)되고 신비한 기미(幾微)가 대자연의 소리에 통한 것이 아니면 어찌 능히 이에 이르리오. 청탁(淸濁)이 돌고 구르며 자모(字母)가 서로 밀어 칠음(七音)과 12율(律)과 84성조(聲調)가 가히 성악(聲樂)의 정도(正道)로 더불어 한 가지로 크게 화합하게 되었도다. 아아, 소리를 살펴서 음(音)을 알고, 음(音)을 살펴서 음악을 알며, 음악을 살펴서 정치를 알게 되나니, 뒤에 보는 이들이 반드시 얻는 바가 있으리로다. 《세종실록》

"청탁이 돌고 구르며 자모가 서로 밀어 칠음과 12운율과 84성조가 가히 성악의 정도로 더불어 한 가지로 크게 화합하게 되었도다. 아아, 소리를 살펴서 음을 알고, 음을 살펴서 음악을 알며, 음악을 살펴서 정치를 알게 되나니"라며 신숙주도 훈민정음의 이치를 음악이론으로 시작하여 음악이론으로 결론을 맺는다. 신숙주가 훈민정음 28자 제자(製字)에 한 역할이 무엇인가? 그는 '훈민정음 창제' 발표 후 1년이 지난 세종 27년(1445) 1월 7일부터 《운서》를 배우기 시작했었다.

위에서 말하는 12율은 황종(黃鍾)·대려(大呂)·태주(太簇)·협종(夾鍾)·고

선(姑洗)·중려(仲呂)·유빈(蕤賓)·임종(林鍾)·이칙(夷則)·남려(南呂)·무역
(無射)·응종(應鍾)이다. 이를 6개씩 양율(陽律)과 음율(陰律)로 나눈다.

왜 세종의 훈민정음이라 할까?

그러면 왜 지금까지 '훈민정음 창제'의 진실이 밝혀지지 않고, 세종의
훈민정음이라 할까? 그 원인을 다음의 여섯 가지로 본다.

첫째, 세종 25년(1443) 12월 30일에 '임금이 친히 언문(諺文) 28자(字)
를 지었다'는 기사가 《세종실록》에 있다. 당시에 사대부가 아닌 일반 백
성을 위한 문자인 '훈민정음 창제'를 추진하고 정착시키려면 임금이란 강
력한 힘이 필요했다. 그래서 '세종의 훈민정음 창제'로 한 것이다. 훈민정
음으로 일반 백성도 글을 깨우쳐 바른 삶을 살게 하려는 박연과 세종
의 강하고 숭고한 의지가 엿보이는 대목이다. 근세에 와서는 한글의 위
대함과 신성(神聖)함을 강조하려고 더욱 세종의 '훈민정음 창제'를 부각
시키고 있는 것 같다.

그 둘째 이유로는 1910년 전까지는 《실록》을 열람할 수 없었다는 점
을 들 수 있다. 한국사 전공 교수의 말에 의하면 1910년 한일합방 이전
까지 사관(史官)이 아니면 《실록》에 접근할 수 없었다고 한다. 1929년부
터 1932년까지 4년 동안에 경성제국대학에서 태백산 본을 저본(底本)으
로 하여 《실록》 전체를 사진판으로 영인한 일이 있다. 그러나 이때 겨우
30부만 출판하였으며, 이 또한 대부분 일본으로 가져가고, 한국에는 총
8부밖에 두지 아니하였다. 해방 후에도 학자들은 계속 한문으로 된 《실
록》 영인본(影印本)을 보았다.

셋째, 한문으로 된 《실록》을 이해할 수 있는 사람이 적다는 점이다.
1933년 조선어학회에서 '한글맞춤법통일안'을 제정한 것은, 한글이 있기

에 한문을 아는 사람이 급격히 줄었음을 의미하기도 한다. 1994년에야 비로소 《실록》을 현대 한국어로 번역해서 발행하였다. 다행히 2005년 말부터 국사편찬위원회가 인터넷 사이트(http://sillok.history.go.kr)를 개설하여 컴퓨터로 누구나 자유롭게 한글과 한문으로 된 《실록》을 열람할 수 있게 되었다.

넷째, 지금까지 세종 28년(1446) 9월 29일의 '훈민정음 반포 내용'을 너무 중시하여 한글은 세종과 집현전 학자들이 만든 것이란 그릇된 고정관념이 일반화되었다. 이 때문에 반포 3년 전의 세종 25년(1443) 12월 30일 임금이 언문 28자를 만들었다는 기록은 경시되고, 훈민정음 반포의 세종과 정인지의 서문을 중시하여, 한글은 세종과 집현전 학자들이 만든 것이라는 그릇된 인식이 굳어졌다. 게다가 조선의 역사를 너무 왕의 위주로 취급한다는 점이다. 예를 들어 박연이 작곡한 정대업과 보태평을 아무런 의구심 없이 세종이 만들었다고 하니 말이다. 왕의 지도력에는 우열이 있겠지만, 작곡(作曲) 같은 전문적인 일을 임금이 하였다면 믿을 수 있겠는가?

다섯째, '박연은 아악을 정리한 음악가'라는 사람들의 고정관념 또한 너무 확고하다. 이러한 고정관념은 '박연이 최초로 훈민정음을 만들었다'는 가설을 세우기 어렵게 하였으며, 한자로 된 《난계유고》를 읽은 사람도 '방언부정(方言不正)'이나 '훈민오음정성이정민풍(訓民五音正聲以正民風)'을 음악 관련 용어로 보는 우(愚)를 범하게 하였다.

이제부터 박연의 '훈민정음 창제'에 대하여 연구하는 일은 사학자·국문학자·국악학자들이 공동으로 하는 것이 옳다고 본다. 왜냐하면, 지금까지 《난계유고》를 본 국악학자는 음악용어에는 관심이 있으나 주자가례·소학·삼강행실 등의 용어는 등한히 하였을 것이고, 사학자와 국문학자는 옛 음악가 박연의 《난계유고》에 별로 관심이 없어 박연에 대한 올바른 연구가 없기 때문이다. 게다가 한자로 된 박연이 사용한 음악용어가 매우 어렵다. 궁중음악이 어렵다는 사실은 그때도 마찬가지였다.

성종 8년(1477) 12월 12일 석강(夕講)에서 시강관 최숙정(崔淑精)이 성종에게 하는 말이다.

《율려신서(律呂新書)》는 오직 정인지(鄭麟趾)만 알아서, 정인지가 만약 죽는다면, 이 책은 전(傳)함이 끊어질 것이니, 청컨대 조신(朝臣) 중에서 나이 젊고 총명한 자를 택해서 정인지에게 배우게 함이 좋을 것 같습니다. 《성종실록》

여섯째로 중요한 사실은 박연의 셋째 아들 박계우가 이른바 계유정난(癸酉靖難) 간당(姦黨)으로 몰려 1454년 9월 9일 수양대군 일파에게 교형을 당하고 박연은 귀양을 갔다는 사실이다. 이와 같은 사실은 박연이 이룬 업적이 왜곡되거나, 축소 내지 외면당하는 양상으로 나타날 수 있다는 것을 의미한다. 《세종실록》의 마지막 편찬 책임자는 수양대군 일파인 정인지였다.

《세종실록》은 그가 세상을 떠난 지 2년 1개월 뒤인 문종 2년(1452) 3월 22일부터 편찬하기 시작하여 단종 2년(1554) 3월에 완성되었는데, 2년 1개월이 걸렸다. 당시 편찬의 총재관은 처음에 황보인·김종서·정인지였으나, 단종 원년(1453)에 일어난 계유정난으로 황보인·김종서가 죽임을 당하자, 최후의 감수는 정인지 혼자 담당하였다.

정인지는 《고려사》 주편집자를 김종서에서 자기가 하였다고 바꿔치기 한 인물이다. 김종서가 수양대군에게 격살당한 후 '김종서'를 '정인지'로 바꿔치기한 것이다. 김종서가 함경도 도절제사로 북방개척에 여념이 없을 때 그의 병든 아내에게 어육을 공급하라는 세종의 전지를 한 달 이상 이행하지 않았던 충청감사 정인지가 《고려사》 편찬자란 이름마저 빼앗아 간 것이다.[**]

따라서 《세종실록》 후반부터 《성조실록》까지 단종의 반대세력이 기록한 박연에 관한 기사를 어디까지 믿어야 할지 알 수 없다. 박연의 음악적 소질을 발견하여 악학별좌로 삼아 그가 하고자 하는 일에 힘을 실어주고, 백성이 바른 삶을 살게 하려고 훈민정음을 반포한 세종의 탁월한 영도력은 높게 평가한다. 그러나 이제는 사실(史實)이 사실(事實)이 되게 마땅히 그 진실(眞實)을 밝혀야 한다.

악성(樂聖) 박연처럼, 《율려신서》를 지은 중국의 채원정도 외방으로 쫓겨났다는 기록이 《세종실록》에 있다. 재주가 뛰어나면 온전치 못한 세상은 좋은 세상이 아니다. 좌정언 이숭원(李崇元)은 사간원을 대신하여 귀양 간 일흔여덟의 박연이 죽은 아내마저 마음대로 장사(葬事) 지내지 못하게 세조에게 간했다. 박연의 아내 송씨부인은 막내아들 박계우가 교형당한 지 1년 후에, 박연은 단종이 죽은 다음 해에 귀양지 영동에서 별세하였다.

세조가 시작하여 성종 12년(1481)에 완성한 《경국대전》은, 박연이 귀양 간 단종 2년(1454)부터 문헌(文獻)이란 시호를 받은 영조 43년(1767)까지 박연 후손의 과거 응시 기회를 박탈했다. 그들은 1454년부터 1767년까지 무려 313년간을 양반 아닌 양반으로 살아야 했다. 그때의 후유

• 유종문, 《이야기로 풀어쓴 조선왕조실록》, 아이템 북스, 2008년, 97쪽.
•• 이덕일, 《김종서와 조선의 눈물》, 옥당, 2010년, 196쪽.

218

증이 지금도 남아 있다. 《난계유고》 1번 소(疏)의 정확한 해석이 늦은 것도 그 후유증의 일환이다.

왜 박연의 훈민정음일까?

세종 25년(1443) 12월 30일 '임금이 훈민정음을 창제하였다'라고 발표한 50일 후의 집현전부제학 최만리의 훈민정음 반대 상소문과 이에 반박(反駁)하는 세종의 논리, 세종 28년(1446) 9월 29일 훈민정음 반포에 대한 정인지의 서문, 세종 29년(1447) 9월 29일의 《동국정운》의 신숙주의 서문, 게다가 박연의 보직(補職) 변경과 훈민정음 28자의 생성원리 등 박연이 훈민정음을 만들었다는 정황은 분명하다. 지나간 일 중에 명백히 진상을 밝힐 수 있는 것이 얼마나 되겠는가. 자료만 나열하고 자료에만 빠져 있는 지나친 실증주의도 경계할 일이다. 정황 증거만으로 논리를 잘 구성해도 받아들일 수 있어야 한다.*

《세종실록》에 박연의 '훈민정음 창제'에 대한 결정적 기록은 없다. 그러나 《실록》과 《난계유고》의 소는 똑같은 자격으로 보아야 한다. 《실록》에는 박연(朴堧)의 상소 '사대부는 사조(四祖)까지 제사 지내기'가 있으나 《난계유고》에는 없다. 반대로 《난계유고》에는 '훈민오음정성이정민풍'이란 기록이 있으나 《실록》에는 없다. 그러므로 《실록》에 있는 박연의 '사조(四祖)까지 제사 지내기'는 《난계유고》 1번 소(疏)의 '관혼상제'와 결부시킬 수밖에 없고, 같은 이유로 《난계유고》 1번 소의 '훈민오음정성이정민풍'은 '박연이 훈민정음을 창제하였다'는 사실과 결부시킬 수밖에 없다.

---

* 정병설, 「길 잃은 역사 대중화」, 《역사비평》, 역사비평사, 2011년 봄호, 338쪽.

만약에 박연이 훈민정음을 만든 것이 아니라면, 세종 26년(1444) 2월 20일의 세종이 정창손에게 하교하였다는 다음의 내용은 무엇이란 말인가?

내가 만일 언문으로 《삼강행실(三綱行實)》을 번역하여 민간에 반포하면 어리석은 남녀가 모두 쉽게 깨달아서 충신·효자·열녀가 반드시 무리로 나올 것이다. 《세종실록》

이것과 《난계유고》 소 1번에 있는 '백성에게는 삼강행실을 가르쳐 미풍양속을 이루게 할 것이며, 그뿐만 아니라 오음정성을 가르쳐 백성이 바른 삶을 살게 하자'는 것과 얼마나 차이가 나는가?

세종 때 《삼강행실(三綱行實)》을, 성종 때 《삼강행실언해(三綱行實諺解)》를 간행했고, 《경국대전》에 《언해삼강행실도(諺解三綱行實圖)》의 훈습(訓習)을 명문화했으며, 중종 때 《속삼강행실도(續三綱行實圖)》, 광해군 때 《동국신속삼강행실도(東國新續三綱行實圖)》를 간행한 것도 그 때문이다. 삼강이 말단의 근본에 대한 종속을 강조했기 때문에 효자·충신·열녀가 중시되었다.•

이것도 아니라면, 《난계유고》 '잡저(雜著)'에 있는 박연의 '왕세자조하의절(王世子朝賀儀節)'과 《세종실록》 세종 12년(1430) 윤12월 23일 '예조에서 정조에 왕세자의 조하를 받는 의식에 대해 아뢰다'라는 기록이 일치하고 있음을 어떻게 설명할 것인가? 《세종실록》에 박연이란 이름이 없다고 하여, 이것이 《난계유고》에 있는 박연의 '왕세자조하의절(王世子

<hr>

• 이성무, 《선비평전》, 글항아리, 2011년, 372~373쪽.

朝賀儀節)'이 아니란 말인가?

《세종실록》에 있는 세종 12년(1430) 윤12월 23일의 왕세자조하의(王世子朝賀儀)와 군신조하의(群臣朝賀儀)는 《난계유고》 2번 소(疏)의 "왕세자와 여러 신하의 소하(朝賀)의 예식을 성대(聖代)의 의식에 맞도록 새롭게 해야 할 것입니다"라는 상소에서 거론한, 《난계유고》 '잡저'에 있는 조하의절(朝賀儀節)이다. 《난계유고》 2번 소(疏)도 1번 소(疏)처럼 전문(全文)이 《세종실록》에 없다.

이 글은 '난계 박연이 훈민정음 창제를 하였다'라는 진실을 알리는 첫 신호에 불과하다. 훈민정음은 우리 민족 모두가 사용하고 있다. 우리 민족에게 위대한 한글[소리글자]을 만들어 준 분이 진정 누구인지 확실하게 아는 것은 한글을 사용하는 우리 모두의 책무(責務)이다. 따라서 국가적 차원에서 '박연'과 '훈민정음'에 대하여 새롭게 연구·검토할 것을 강력히 주장하는 바이다.

6. 박연의 음악 세계

국립국악원에서는 조선 시대 회례연에서 사용하던 태평지악과 궁중 연례악의 태평서곡을 2010년 서울에서 개최한 20개국[G20] 정상회의 때 연주하였다. 회례연에서 연주하는 곡은 세종 15년(1433) 1월 1일에 처음 연주한 바 있다. 회례연에서 보여주는 화려한 복식과 악기, 격조 높은 무용과 장엄한 음악은 난계 박연이 1423년부터 약 10년에 걸쳐 음악적 연구와 실험의 결과로 빚어낸 창조의 세계였다.

조용(趙庸, ?~1424)에게 세종 5년(1423) 3월 23일부터 《율려신서》를 배워 궁중음악을 정비하게 된 박연은 그의 음악적 천재성과 함께 악성으로 태어나는 계기가 된다. 세종은 공자의 예악 사상에 있는 '예가 지닌 절제와 악이 지닌 화합의 원리'로 고차원의 국가통치를 원했다. 그래서 《율려신서》에 밝은 조용을 찾게 되었고, 그에게 《율려신서》를 전수받은 박연에게 조선의 음악을 새롭게 정립하도록 한 것이다.

박연의 정악은 중국 고래의 오성십이율을 기본으로 하였으나, 실제로는 중국 고전의 재음미에서 출발하여 독창성을 발휘해서 조선 음악의 독자성을 이룩했다.*

박연은 세종의 음악 정비의 의도를 《예기(禮記)》 19장의 '악기(樂記)'에서 찾았을 것이다. "선왕이 음악을 제정함에 백성이 정을 느끼고 감동하는 음에 따라 오성십이율을 상고하고, 청탁(淸濁)·고하(高下)·존비(尊卑)·융살(隆殺)의 절(節)을 제정했는데 그런 후에 이것을 사용하여 천지 생생(生生)의 화기(和氣)에 합하고 그 양기로 하여금 흩어지지 않고 그 음기로 하여금 밀폐(密閉)되지 않게 하여 오행(五行)의 성(性)을 인도하고 또 강기(剛氣)가 성해도 성내지 않고 유기(柔氣)가 성해도 두려워하지 않게 했다. 이 네 가지가 창달(暢達)하여 안에서 조화를 이루고 겉에 나타나서 모두 그 자리에 편안하여 서로 빼앗지 않게 된다. 그런 후에야 학등(學等)을 세우고 절주(節奏)를 넓히며 그 문채를 살펴서 덕후(德厚)를 바로 재고 또 오음(五音)의 대소의 대칭을 바르게 하며 처음과 끝의 차례를 정하여 일과 행실의 본이 되게 하고 친소(親疏)·귀천(貴賤)·장유(長幼)·남녀(男女)의 도리를 모두 악(樂)에 나타나 보이게 했다."**

박연이 조선 음악을 정비한 지 350년 후, 이에 대한 정조(正祖, 1752~1800) 임금의 평(評)이 정조 15년(1791) 2월 21일에 있다.

고 충신 박계우(朴季愚)는 바로 대제학 박연(朴堧)의 아들인데, 연이 악(樂)을 제작한 것은 허문경공(許文敬公)이 예를 제작한 공과 백중을 이루는 것이다. 《정조실록》

정조는 조선 초에 정립된 예악에서 허조(許稠)의 예(禮)와 박연의 악(樂)을 동등하게 평가한 것이다.

• 유종문, 《이야기로 풀어쓴 조선왕조실록》, 아이템 북스, 2008년, 107쪽.
•• 金塋洙, 《四書五經 禮記下》, 韓國敎育出版公社, 1985년, 39~40쪽.

율관(律管)·악기의 제작

우리나라는 고려 공민왕(恭愍王, 1330~1374) 때부터 음악을 바로잡고
자 많은 노력을 하였다. 그 후 공양왕(恭讓王, 1345~1394)은 1391년 문
묘제례 때 연주되는 아악을 주관하기 위해 아악서를 설치하였다. 아악
서란 고려 말에서 조선 초기에 궁중음악을 담당하던 곳이었다. 그러나
당시 아악에 사용하는 악기는 중국의 수출 제한 품목이었다. 중국에서
악기를 사려고 해도 돈으로 살 수 없었다.

태종 5년에는 명에 아악기의 부족을 호소하고 편종, 편경 등의 악기를
구매하고자 한다는 뜻을 전한 일이 있는데, 이에 대해 명에서는 '아악기
는 돈으로 사사로이 살 수 없는 것'임을 강조한 뒤 편종과 편경 각 1틀
과 금 4개, 슬 2개, 생 2개, 소 4개 등의 아악기를 보내왔다. 명이 대단한
선심으로 보내온 아악기들은 그러나 조선의 아악을 정상화시키는 데는
절대적으로 부족하였다.•

조용으로부터 《율려신서》를 배운 박연은 세종 6년(1424) 6월 28일 조
용의 죽음으로 혼자서 음악을 깨우쳤다. 그는 음악에 대하여 천부적인
소질이 있어 어릴 적부터 적(笛)의 명수였다. 박연은 《율려신서》를 비롯
한 경전(經傳)·사기(史記) 등에 있는 음악이론은 물론, 많은 종류의 악서
와 악현도를 참고하여, 먼저 궁중의 악기를 제작·교정하는 일에 정성을
다하였다. 세종 6년(1424) 11월 18일의 기록이다. 이 일은 천재적 음악가
박연만이 할 수 있는 일이다.

예조에서 계하기를, "본조의 악부(樂部)는 다만 생(笙) 2부(二部)가 있었는

• 송혜진, 「세종대 음악정책의 전개 양상과 특성」, 《세종시대의 문화》, 태학사, 2001년, 367쪽.

데, 원래 중국에서 온 것으로 하나는 썩고 깨어진 지 이미 오래되었습니다. 국가에서 두 번이나 악기도감(樂器都監)을 설치하고, 완전한 것을 본떠서 제조하였으나, 불어도 소리가 나지 아니하였습니다. 그러므로 종묘와 사직에 악기를 갖추지 못한 지가 여러 해 되었습니다. 이제 다시 도감(都監)을 설치하고 생(笙) 21부를 만들었는데, 중국에서 온 것과 다름이 없습니다. 또 전에는 화(和)·우(竽)가 없었는데, 악현도(樂懸圖)와 악서(樂書)를 참고하여 새로 화 열넷과 우 열다섯을 만들었고, 또 전에 만든 봉소(鳳簫)·약(籥)·훈(塤)·지(篪)의 성음이 맞지 아니하여, 이제 교정하여 다시 만들었는데, 팔음(八音)이 처음으로 다 맞게 되었습니다. 또 금(琴) 8개와 슬(瑟) 10개와 대쟁(大箏)·아쟁(芽箏) 각 3개와 가야금(伽倻琴)·현금(玄琴)·당비파(唐琵琶)·향비파(鄕琵琶) 각 둘을 만들어, 종묘와 〈기타〉 여러 제사에 사용함에 풍족하니 그 공로가 적지 아니한 것입니다. 이에 공장들에게 상을 주어야 하겠으므로 그 공로를 상고하여 상·중·하 3등으로 나누어 기록하여 아룁니다" 하니, 정포(正布)를 차등 있게 하사하였다.《세종실록》

세종은 예조에 악기도감을 설치하여 박연를 악학별좌에 임명하고, 그로 하여금 공장들을 지도하게 하여 생·화·우·봉소·약·훈·지·금·슬·대쟁·아쟁·가야금·현금·당비파·향비파를 만들게 하였다. 만약에 이 일을 박연이 아닌 다른 사람이 하였다면, 그가 악학별좌가 되어야 했다.

박연의 힘으로 웬만한 악기의 제작이나 교정은 해결되었으나, 석경과 편종 같은 헌가에 쓰는 악기의 제작은 기준 음을 잡아주는 12율관이 있어야 했다. 하지만 12율관은 그때까지 우리나라에서 만든 적이 없었다. 박연은《율려신서》를 참고하여 세종 9년(1427) 5월 15일 우리나라 최초로 12율관을 만들었다.

1틀에 12개 달린 석경(石磬)을 새로 만들어 올렸다. 처음에 중국의 황종(黃鍾)의 경쇠로써 위주하였는데, 삼분(三分)으로 덜고 더하여 12율관(律管)을 만들고, 겸하여 옹진(甕津)에서 생산되는 검은 기장[秬黍]으로 교정(校正)하고 남양(南陽)에서 나는 돌로 만들어 보니, 소리와 가락이 잘 조화되는지라, 그것으로 종묘와 조회 때의 음악을 삼은 것이다.《세종실록》

박연은 세종 12년(1430) 2월 19일 율관제작의 어려움을 밝히면서, 더욱 정확한 율관제작에 심혈을 기울인다.

기장을 쌓아 올리는 법은 비록 방책(方策)에 기재(記載)되었지마는 기장의 진품(眞品)을 얻는 것이 가장 어려운 일입니다. 신이 지금 동적전(東籍田)에서 기른 것으로 쌓아 올려서 황종관(黃鍾管)을 만들어 불어보니, 그 소리가 중국의 황종(黃鍾)보다도 한 음률이 높으므로, 신은 아마도 땅이 메마르고 기후(氣候)가 가물어서, 기를 때에 화기(和氣)를 잃어서 그렇게 된 것이 아닌가 생각됩니다. 그 이유는 다 같이 한 종자의 화곡(禾穀)으로도 남방의 쌀은 윤기가 나고 굵직굵직하며, 경기(京畿)의 쌀낱은 메마르고 자잘하며, 동북 지경의 것은 더욱 메마르고 자잘하니, 기장의 굵고 잔 것도 꼭 이러한 것입니다. 신이 원하옵기는, 남방의 여러 고을[州]에서 기른 기장을 모두 가져와서 세 등급으로 이를 골라 쌓아 올려서 관(管)을 만들어, 그중에 중국의 음(音)과 서로 합하는 것이 있으면 삼분손익(三分損益)하여 12율관(律管)을 만들어 오성(五聲)을 조화(調和)시키면 자[度]·되[量]·저울[權衡]도 따라서 살필 수 있게 될 것입니다. 다만 역대(歷代)로 음률을 마련할 때에 기장으로 하였으므로 일정하지 않았고, 또 따라서 성음(聲音)의 높낮이도 시대마다 차이가 있었을 것인데, 오늘날 중국의 음률은 오히려 참된 것이 아니고,

우리나라의 기장이 도리어 진짜를 얻은 것인지 어떻게 알 수 있겠습니까.
《세종실록》

율관제작과 석경을 만든 이야기는 신숙주가 기록한 《국조보감》 제6
권 세종조2(世宗朝二) 15년(1433)에노 상세하게 나와 있다.

제악(祭樂)은 팔음(八音)을 갖추지 못하여 제사를 지낼 때에는 경(磬)은 와
경(瓦磬)을 쓰고 종(鐘)도 잡다하게 매달아 쓴 데다 그 숫자도 갖추지 못하
였다. 그러다가 을사년 가을에 검은 기장이 해주(海州)에서 나오고 병오년
봄에 경(磬)을 만들 수 있는 돌이 남양(南陽)에서 생산되니, 상이 옛것을 바
꾸어 새로 만들 뜻을 갖게 되었다. 이에 박연(朴堧)에게 명하여 편경(編磬)
을 만들게 하니, 박연이 해주의 검은 기장을 가져다가 그 푼과 치수를 쌓아
가지고 고설(古說)대로 황종(黃鐘) 1관(管)을 만들어 불어보니 중국의 황종
보다도 조금 높은 소리가 났다. 이에 전현(前賢)의 의논을 참고해 보니, "토
질에는 비옥하고 척박한 차이가 있고 기장에는 크고 작은 차이가 있어서
소리의 높낮이가 시대마다 같지 않다" 하고, 진양(陳暘)도 "대를 많이 잘라
서 기운을 살피는 것이 가장 정확하다" 하였다. 그러나 우리나라는 지역이
동쪽에 치우쳐 있어서 중국의 풍토와는 아주 달라서 기운을 살피는 것으
로도 해결하기 어려웠다. 이에 해주의 검은 기장 알 모양으로 밀랍을 녹여
조금 크게 만들어서 푼을 쌓아 관(管)을 만들었다. 한 알을 1푼으로 삼고
열 알을 쌓아 1치[寸]로 하는 법을 삼았다. 9치를 황종(黃鐘)의 길이로 삼은
다음, 3푼을 더하기도 하고 빼기도 하여 12율(律)을 완성하였다.
한 달이 지나서 신경(新磬) 2가(架)를 제작하여 올리면서 아뢰기를, "지금
만든 경(磬)은, 모양은 한결같이 중국 것과 같게 하였습니다만 소리는 문제

가 있습니다. 우선 중국의 경(磬)이 유빈(蕤賓)은 그 소리가 도리어 임종(林鐘)보다 높고, 이칙(夷則)은 남려(南呂)와 같으며, 응종(應鐘)은 무역(無射)보다 낮아서, 당연히 높아야 할 것은 도리어 낮고 당연히 낮아야 할 것은 도리어 높으니, 아마도 한 시대에 제작된 것이 아닌 듯합니다. 만약 이것대로 제작하게 되면 결코 음률에 맞을 이치가 없습니다. 그래서 삼가 중국의 황종(黃鐘)의 소리에 따라 황종의 관을 만든 다음, 그것을 기준으로 더하기도 하고 빼기도 하여 12율관(律管)을 만들어 불어서 율을 맞춘 다음 이것으로 결정하였습니다” 하였다. 상이 신경(新磬) 2가와 명나라에서 하사한 경(磬) 1가, 소(簫)·관(管)·방향(方響) 등의 악기를 새로 제작한 율관과 협주해 보게 하였다. 상이 이르기를, “중국의 경은 과연 음이 맞지 않고 지금 새로 만든 경이 제대로 되어서 소리가 맑고 아름답다. 율을 제정하고 음을 바로잡은 것이 뜻밖에 잘되어서 나는 매우 기쁘다. 단지 이칙만이 음이 맞지 않는 것은 무슨 이유인가?” 하니, 박연이 즉시 살펴보고 아뢰기를, “한계를 나타내는 먹줄이 아직 있는 것으로 보아 다 갈아내지 않아서 그런 것입니다” 하고, 즉시 갈아서 먹줄을 다 없애고 나니, 소리가 제대로 났다. 경(磬)이 완성되고 나자, 박연에게 명하여 악기 제작하는 일을 전적으로 담당하게 하였다. 그리하여 조제(朝祭)의 음악이 처음으로 완비되었다.

‘을사년 가을에 검은 기장이 해주에서 나오고 병오년 봄에 경을 만들 수 있는 돌이 남양에서 생산되니’에서 을사년은 세종 7년(1425)이고 병오년은 세종 8년(1426)이다. 박연은 세종 때 죽률관 대신에 동률관을 만든 적이 있었다고 문종 1년(1451) 4월 10일 밝히고 있다.

아악(雅樂)의 종(鍾)과 경(磬)의 소리는 처음으로 만들 때에, 오로지 죽률관

228

(竹律管)에 따라서 교정(校正)하였습니다. 그러나 죽률은 가볍고 가운데가 비어서 추위와 더위에 쉽게 감응하므로 볕 나고 건조하면 소리가 높고, 흐리고 추우면 소리가 낮으니, 이 이치가 미묘하여 일찍이 미리 헤아리지 못하다가, 2년이 지나서야 비로소 깨닫게 되어 사유를 갖추어서 아뢰어, 동률관(銅律管)으로 고쳐 만들어서 교정하였습니다. 그러나 정미힘을 다하지 못하여, 무릇 6년 동안 교정한 소리가 조금 높기도 하고 조금 낮기도 한데 역시 추위와 더위 때문에 변화가 있는 것이니, (…)《문종실록》

박연은 기후에 따라 길이가 변하는 율관 때문에 생기는 음의 차이를 극복하기 위하여 많은 노력을 하였음을 알 수 있다.
세종 12년(1430) 8월 18일 임금은 사청성을 감상하였다.

사정전(思政殿)으로 거둥하여 아악(雅樂)과 사청성(四淸聲)을 감상하였다. 이는 박연(朴堧)이 새로 만든 종(鐘)·경(磬)들이었다.《세종실록》

사청성은 십이율의 황종·대려·태주·협종까지의 4음을 1옥타브 높인 청황종·청대려·청태주·청협종의 4음을 총칭하는 말이다. 흔히 12율4청성(十二律四淸聲)이라고 하여 아악[여기서는 문묘제례악에 한정함]의 전형적인 음역으로 쓰이고 있다.
박연 등은 세종 13년(1431) 6월 15일 회례악기를 만들었다.

상호군(上護軍) 남급(南伋)·대호군 박연(朴堧)·군기판관(軍器判官) 정양(鄭穰) 등이 새로 만든 회례악기(會禮樂器)를 올리었다.《세종실록》

세종 13년(1431) 12월 26일 임금은 종묘의 악기를 검열하였다.

사정전에 나아가 몸소 종묘의 악기를 검열하였다. (이 악기는) 상호군 박연
이 만든 것이었다. 《세종실록》

박연은 옥경·명구·방향·대고·뇌고·영고·노고·건고·도고·축·어·질
장구[缶]·부·독·관·용·포 등도 새로 만들거나 교정하였다. 세종 9년
(1427) 9월 4일 박연에 대하여 세종이 예측한 것이 한 치의 오차도 없이
정확하였다.

악기(樂器)는 박연에게 맡긴다면 성음(聲音)의 절주(節奏)는 거의 될 것이다.
《세종실록》

악서(樂書) 편찬

박연은 세종 5년(1423) 3월 23일부터 여러 악서를 연구하여 악기를 교
정하거나 새롭게 제작하여 8음을 갖추었다. 궁중음악을 담당한 지 2년
이 지난 세종 7년(1425)에 악학별좌로 《세종실록》에 다시 나온다.

박연은 악학별좌(樂學別坐)에 임명되어 악사(樂事)를 맡아 보았다. 악
학이란 앞서 보았던 아악서나 전악서처럼 전문 음악인들을 거느리지 않
았고, 그들의 연주활동을 이론적이고 행정적인 차원에서 관리 감독하던
과거 출신의 문사들로 구성된 음악 기관이다. 업무로는 악서 편찬과 연
주되는 음악의 악보화, 음악이론과 역사 및 음악인의 관복과 의식 고증,
악기제작, 악공 선발과 연주 교육 등의 일을 담당하였다.*

예조의 악학별좌 박연은 세종 7년(1425) 2월 24일 악서를 찬집하고,

악기와 악보법을 써서 책을 만들자고 수본(手本)으로 아뢰어 세종의 허
락을 받는다.

음악의 격소(格調)가 경선(經傳)·사기(史記) 등에 산재하여 있어서 상고하여
보기가 어렵고, 또 문헌동고(文獻通考)·진씨악서(陳氏樂書)·두씨통전(杜氏
通典)·주례악서(周禮樂書) 등을 사장(私藏)한 자가 없으므로 비록 뜻을 둔
선비가 있더라도 얻어 보기가 어려우니, 진실로 악률(樂律)이 이내 폐절되지
나 않을까 두렵습니다. 청컨대, 문신(文臣) 1인을 본 악학에 더 설정하여 악
서를 찬집(撰集)하게 하고, 또, 향악(鄕樂)·당악(唐樂)·아악(雅樂)의 율조
(律調)를 상고하여, 그 악기(樂器)와 악보법(樂譜法)을 그리고 써서 책을 만
들어, 한 질(秩)은 대내(大內)로 들여가고, 본조와 봉상시(奉常寺)와 악학 관
습도감(樂學慣習都監)과 아악서(雅樂署)에도 각기 1질씩을 수장하도록 하소
서.《세종실록》

세종 8년(1426) 1월 10일에는 말[계(啓)]에 의하여 소관(簫管)이라는 악
기를 음악에 사용하자고 하였고, 세종 8년(1426) 4월 25일 종5품 봉상판
관(奉常判官)으로 승진하여 처음으로 상소를 올리게 된다. 이때도 악서
를 새롭게 하자고 건의하였다.

지금 편집하는 악서(樂書)는 아(雅)가 맨 먼저 있으나, 조리가 완전하지 못
함이 이와 같으니, 만약 다시 새로이 편집하지 않고 구례를 그대로 둔다면,
기록하지 않고 지혜 있는 사람을 기다리는 것만 못할 것입니다. 신의 어리

석은 생각으로 망령되게 말씀드리건대 주관(周官)의 제도가 서책에 기재되
어 있으니, 근본을 상고하여 조목을 밝히는 것은 실로 어려운 일이 아니온
대, 만일 그렇게도 못한다면 위로 중조[中國]에 청하여 묻고 이를 시행할 것
입니다. 삼가 바라옵건대 성상께서 결재하시어 영전(令典)을 새롭게 하신다
면 매우 다행하겠습니다. 《세종실록》

이로부터 4년이 지난 세종 12년(1430) 2월 19일에도 또다시 악서 편집
을 거론하였다.

악서(樂書)를 편집하는 한 가지 일은 신이 매우 염려하는 바이옵니다. 이제
우리나라에서 쓰는 삼부(三部)의 음악을 자세히 살펴보면 모두 정제되지 못
하였사온데, 그중에 아악부가 더욱 심합니다. 그 율려(律呂)의 제도와 가무
(歌舞)의 규식(規式)과 금슬(琴瑟)의 보법(譜法) 등의 정밀(精密)하고 미묘(微
妙)한 곡절(曲折)은 함부로 허술하고 가볍게 논설을 세울 수가 없으므로, 여
러 글을 두루 상고하고 한편으로 여러 사람의 말을 참고하여, 몸소 깨우쳐
마음에 그렇다고 인정이 된 후에 그림으로 그리고 논설로 나타내 적어서,
모든 사람으로 하여금 다 찾아내고 풀어내어 알 수 있도록 하려는 것입니
다.《세종실록》

박연은 세종 때 이루지 못한 '악서 간행'을 문종 즉위년(1450) 11월 22
일 다시 건의한다.

악부(樂部)의 악(樂)에는 제향악(祭享樂)이 있고 연향악(宴享樂)이 있는데,
제악(祭樂)은 봉상시(奉常寺) 구본(舊本)·《십이궁보(十二宮譜)》와 아울러 20

여 장(章)이 있어서 이습(肄習)한 지가 이미 오래이나, 연악(宴樂)은 우리나라에서 일찍이 보고 듣지 못하였다가 경술년(庚戌年) 가을에 세종(世宗)께서 이에 주문공(朱文公)의 《의례경전통해(儀禮經傳通解)》 중에서 연향(宴享) 아악시장(雅樂詩章) 12편(篇)의 악보(樂譜)를 얻어 표제(表題)하여 내었습니다. 또 보법(譜法)이 널리 퍼지지 못할까 염려하여, 이때에 옛사람의 이미 이룩한 법규(法規)를 써서 몸소 친히 부연(敷衍)한 뒤에야 보법(譜法)이 크게 갖추어졌으며, 이어서 곧 부연(敷衍)한 보법(譜法) 중에서 그 성음(聲音)이 아름다운 것을 골라서 회례연(會禮宴)·양로연(養老宴)의 음(音)으로 들이었으며, 이어서 보법(譜法) 전부를 주자소(鑄字所)에 명하여 인출(引出)하여 이를 전(傳)한 지 지금까지 21년이나 아직도 인행(印行)하지 못하고 있으니, 오로지 세종(世宗)의 명(命)을 거스를 뿐만 아니라 또한 잊어버려 폐기(廢棄)하는 조짐이 있을까 두렵습니다. 만약 보법(譜法)을 한번 잃으면 그 이미 퍼진 금석(金石)의 음(音)도 그 소종래(所從來)를 알지 못할 것이니, 융안지보(隆安之譜)가 어려(魚麗) 제4장(章)에서 나오고, 서안지보(舒安之譜)가 황황자화(皇皇者華) 제2장(章)에서 나오고, 휴안지보(休安之譜)가 남산유대(南山有臺) 제3장(章)에 나오고, 수보록(受寶籙)이 녹명(鹿鳴) 제1장(章)에 나온 것과 같은 사실을 후세 사람이 어찌 알겠습니까? 바라건대 전하(殿下)께서는 인행(印行)하도록 거듭 명하고 미루어 두지 말도록 한다면 심히 다행함을 이기지 못할 것입니다. 《문종실록》

이 상소문은 의정부(議政府)에 내려져 영의정 하연(河演)·우의정 남지(南智)·좌찬성 김종서(金宗瑞)·우찬성 정분(鄭苯)·좌참찬 정갑손(鄭甲孫) 등이 의논하여 간행키로 하였으나, 문종의 죽음으로 간행하지 못했다. 단종 1년(1453) 6월 23일 의정부에서 문종 때 하지 못한 악보를 간행하자고 단종에게 청한다.

경오년에 악학제조(樂學提調) 박연(朴堧)이 상언하기를, '악부(樂府)의 음악은 제향악(祭享樂)이 있고, 연향악(宴享樂)이 있는데, 경오년(庚午年) 가을에 세종이 주문공(朱文公)의 《의례경전통해(儀禮經典通解)》 중에 연향(宴享) 아악시장(雅樂詩章) 12편보(十二篇譜)를 얻어서 표(表)하여 출간하였고, 또 보법(譜法)이 널리 사용되지 못할까 염려하여, 이때에 옛사람들이 이미 이루어 놓은 규모(規模)를 이용하여 몸소 친히 부연(敷衍)하여서 보법 중에서 그 성음(聲音)이 아름다운 것을 골라서 회례연(會禮宴)·양로연(養老宴)의 음악으로 넣어 그대로 보법(譜法) 전부를 주자소(鑄字所)에 명하여 인쇄하여 전하게 하신 지 지금까지 21년이지만, 아직도 인쇄(印刷)하여 간행(刊行)하지 못하였습니다. 바라건대, 전하께서 거듭 명하시어 인쇄 간행하게 하소서' 하니, 즉시 주자소(鑄字所)에 내렸으나, 그러나 지금에 이르도록 인쇄하지 못하였습니다. 오래되면 책을 잃어버릴까 두려우니, 청컨대 상언한 것에 의하여 인쇄하여 간행하게 하소서. 《단종실록》

단종도 악서 간행을 결정하였으나, 단종 1년(1453) 10월 10일부터 시작된 계유정난으로 박연은 결국 악서 간행의 뜻을 이루지 못하고 조정에서 쫓겨나 서울 밖으로 귀양 가게 된다.

신숙주도 《국조보감》 제9권 단종조 1년(1453)에 "악학제조(樂學提調) 박연(朴堧)이 《세종어제악보(世宗御製樂譜)》를 인쇄 반포하여 널리 전하게 하기를 청하였다"고 기록하였다. 박연이 《세종어제악보》 등을 인쇄 반포하려고 철저히 준비한 자료가 있었다는 것은 분명하다. 이토록 박연이 주장한 악서 간행은 이로부터 40년 후 성종 24년(1493)이 되어서야

234

빛을 보게 된다. 박연이 오랜 기간에 준비한 자료를 기초하여, 장악원제
조(掌樂院提調) 성현(成俔, 1439~1504)이 유자광(柳子光) 등과 당시의 음
악을 집대성한 《악학궤범》을 편찬하였다.

악공(樂工)의 처우개선

박연은 악기·악서뿐만 아니라, 음악에 종사하는 사람들의 제복도 개
선하였다. 세종 13년(1431) 8월 9일이다.

대호군 박연이 회례에 쓰는 남악(男樂)과 관복(冠服)을 당나라 경운지무(景
雲之舞)의 녹운관(綠雲冠)·화금포(花錦袍)와, 성수지무(聖壽之舞)와 해홍지
무(解紅之舞)의 금동관(金銅冠)·화봉관(花鳳冠)·오색화의(五色畫衣)·자비
수유(紫緋繡襦)와, 용지지무(龍池之舞)의 부용관(芙蓉冠)·오색운의(五色雲
衣) 등을 모방하여 그림 그리고 아울러 속체(俗體)의 세 모양을 그려 올리
니, (…)《세종실록》

이에 대하여 세종은 경운·용지 등의 무복을 쓰라고 명하였다.

경운(景雲)·용지(龍池) 등의 무복을 쓰라고 명하고, 인하여 다섯 가지 채색
(綵色)으로써 모형 의상[見樣衣裳] 및 회례 아악과 당(唐)·송(宋)의 제도로
당상(堂上)·당하(堂下)의 공인(工人)의 관복 모양을 그림으로 그리고 모형
을 만들어 올리라고 명하고, 또 상정소 제조에게 명하여 함께 의논하여 아
뢰라고 명하였다.《세종실록》

세종 13년(1431) 8월 24일에 박연이 당나라에서 만든 운금과 화금의

모양을 본떠서, 채색 비단에다가 회례 남악의 무동의 관복을 그려서 올리니, 세종은 "관(冠)과 의복을 무동의 수효대로 갖추어 만들라" 하였다. 세종 14년(1432) 5월 2일 박연 등이 회례 때의 악공·동남의 관복을 만들어 올리니 세종은 명하였다.

문무를 추는 사람과, 악기를 잡는 사람의 가죽 띠는 녹색을 사용하고, 남악(男樂)의 가죽 띠는 분홍색을 사용하게 하라.《세종실록》

이리하여 세종 15년(1433) 3월 22일 박연은 음악에 쓰는 관복 제도를 완성한다.

1. 당상(堂上)·당하(堂下)의 여러 악공(樂工)들의 관(冠)을, 당(唐)·송(宋)의 제도에는 조회(朝會)와 제향(祭享)에서 모두 개책관(介幘冠)을 썼는데, 우리나라에서는 흑포두건(黑布頭巾)을 쓰니 모양이 좋지 못하고, 근거가 없으므로, 바라건대 당·송의 제도에 의하여 개책관으로 고쳐 쓰게 하옵소서.

1. 공인(工人)들이 입는 옷은 당나라에서는 주구의(朱構衣)와 주련장(朱連掌)을 썼으되, 그 제도가 자세하지 못한데, 송나라에서는 비란삼(緋鸞衫)을 썼고, 그 제도는 상고할 수 있습니다. 우리나라에서는 오승포의(五升布衣)를 쓰고 있되, 추악하고 체재가 적삼[衫]의 제도가 아니오니 바라건대, 송조(宋朝) 묘악(廟樂)의 제도에 의하여 난삼(鸞衫)으로 고쳐 쓰되, 구승(九升) 명주를 쓰게 하옵소서.

1. 문무(文舞)에 쓰는 관은, 당나라에서는 위모관(委貌冠)을 쓰고, 송나라에서 평면(平冕)을 썼사온데, 평면은 선유(先儒)들이 잘못되었다고 하고, 위모관은 《사림광기(事林廣記)》에 있으나 체재가 분명치 못하여, 주해(註解)에

236

이르기를, '주나라의 위모관은 지금의 진현관(進賢冠)이 바로 그 유상(遺像)이라고 하였으므로, 인해 진현관의 제도를 상고하니, 섭숭의(聶崇義) 삼례도(三禮圖)에 나타났는데, 촌분(寸分)을 낮추면 족히 의거할 수 있습니다. 우리나라의 문무(文舞)의 관(冠)은 종이를 붙여서 만들되, 두 조각을 만들어 연결하여 쓰므로, 이마가 비어 덮이지 아니하니 춤추는 사람의 머리가 모양에 맞지 않음이 더욱 심하옵니다. 바라건대 진현관으로 고쳐 쓰게 하옵소서.

1. 무무(武舞)의 관은 당·송에서 모두 평면(平冕)을 썼사온데, 진양(陳暘)이 비난하기를, '면(冕)을 쓰고 간(干)으로 춤을 추는 것은 천자의 예(禮)이나, 제우(諸侯)가 면(冕)을 쓰고 대무(大武)의 춤추는 것도 《예경(禮經)》에는 오히려 참람하다고 하였는데, 하물며 무랑(舞郎)이 춤추는 데에 어찌 평면을 쓸 수 있을까. 작변(爵弁)으로는 문(文)을 춤추고, 위변(韋弁)으로는 무(武)를 춤추는 것이 가하지 않을까' 하였는데, 우리 조정에서는 예전에 평면을 썼으니, 바라건대 진씨의 말에 의하여 가죽고깔[皮弁]로 바꾸어 쓰게 하옵소서.

1. 옛 제도에는 악정(樂正)·악사(樂師)·운보인(運譜人) 등의 복색이 있었는데 우리 조정에서는 없으니, 바라건대 당·송의 제도에 의하여 각각 두 벌을 만들되, 악정은 자색(紫色)으로 공복(公服)을 하고, 악사는 비색(緋色) 공복, 운보인은 녹색(綠色) 공복으로 할 것입니다.

1. 무인(舞人)과 공인(工人)의 복색은 한나라 때에는 각각 방색(方色)에 따랐으니, 생각하건대 한나라는 고대와 멀리 떨어지지 아니하여 그 제도를 이어 받은 것인데, 당·송 때에 이르러서는 천신(天神)·지기(地祇)·인귀(人鬼) 등의 제사에서는 복색을 변하지 아니하였으나, 춤추는 사람은 모두 검은 옷을 입고, 공인들은 모두 붉은 옷을 입었는데, 당나라 조신언(趙愼言)이 말하

기를, '지금 제기(祭器)와 인욕(裀褥)은 모두 오방(五方)·오교(五郊)의 빛깔을 따랐으나, 의복만은 그 빛깔이 틀려서 춤추는 자는 항상 검은색을 입고, 공인(工人)은 항상 붉은색을 입으니, 신의 어리석은 생각으로는 적당하지 못한 듯하옵니다. 그 무인과 공인의 복색은 청하건대, 방색에 의하옵소서' 하였는데, 진양이 이 말을 인용하여, 제사에는 검은색을 쓰고, 땅 제사에는 누른색을 쓰며, 종묘에는 수(繡)를 쓰면 또한 거의 옛 제도에 가깝다고 말하였습니다. 우리 조정에서는 문무(文舞) 및 여러 악공(樂工)들의 복색은, 매양 제사에는 모두 붉은빛을 쓰고, 무무(武舞)에는 검은빛을 통해 쓰오니, 바라건대 진(陳)씨와 조(趙)씨의 말에 의하여, 무릇 인귀(人鬼)에게 제사할 때에는 비수난삼(緋繡鸞衫)을 쓰고, 회례(會禮)의 여러 공인(工人)의 복색은, 천신(天神)을 제사할 때에는 검은[玄]빛을 쓰고, 지신[地祇]을 제사할 때에는 누른빛을 쓸 것입니다.

1. 옛 제도에 띠[帶]가 없는 의복이 없사온데, 우리나라 제악(祭樂)의 무인(舞人) 및 당하(堂下)의 여러 공인은 옷은 있되 띠가 없으므로, 임시로 공인들이 자기의 가는 끈을 매고, 다만 당상(堂上)의 공인은 추포(麤布)로 만든 홑띠[單帶]가 있으나, 친향대제(親享大祭)에만 쓰고 나머지 제사에는 쓰기를 허락하지 않으니 심히 예가 아닙니다. 지금 옛 제도를 상고하건대, 제악(祭樂) 안의 악정(樂正)·악사(樂師)·보인(運譜人)·무인(舞人) 등의 띠를 당·송에서는 모두 가죽띠를 썼사오니, 지금부터는 당·송의 제도에 의하기를 바라옵고, 또 당상(堂上)의 등가공인(登歌工人) 및 당하의 여러 공인의 띠를 당나라에서는 혁대(革帶)를 쓰고, 송나라에서는 말대(袜帶)를 썼사오니, 지금부터는 송나라 제도에 따르시기를 바라옵니다.

1. "제악(祭樂)에 신는 신[履]은 바라건대 옛 그림에 의하여 만들게 하옵소서" 하니, 예조와 상정소로 하여금 논의하게 하매, 논의에 이르기를, "모두

아뢴 바에 의할 것이나, 다만 공인(工人)이 심히 많은데, 만약 세 가지 빛깔의 옷을 갖추자면 경비가 많이 들므로, 당·송의 제도에 의하여 춤추는 이는 모두 검은 옷을 입고, 공인들은 모두 붉은 옷을 입게 하며, 악정(樂正)은 지금의 협률낭(協律郞)인데 제복(祭服)을 입고, 악사(樂師)는 지금의 전악(典樂)인데 비공복(緋公服)을 입게 하며, 운보인(運譜人)은 지금에 없는 바이므로 공복(公服)을 만들지 말게 하옵소서" 하므로, 그대로 따랐다.《세종실록》

한편, 박연은 악공과 무동의 충원 문제에 대하여, 세종 12년(1430) 11월 4일 세종에게 아뢰었다.

'조회에 복무할 악공(樂工)은 모두 공사비(公私婢)의 자식으로서, 갑오년 6월 이후에 양민에게 출가하여 출생한 자, 또는 간척(干尺)과 보충군(補充軍)에게 출가하여 출생한 자로서, 서울에 거주하는 자를 뽑아서 소속시키라' 하셨으니, 앞으로는 서울에 거주하는 점쟁이·판수·경장이[經師]·무당 및 각색 보충군의 자손을 모두 찾아내어 소속시키게 하옵소서" 하니, 그대로 따랐다.《세종실록》

다음 해인 세종 13년(1431) 12월 25일에는 동남(童男)을 각도에서 뽑자고 하였다.

동남은 11세 이상 13세 이하의 용모가 단정하고 깨끗하며, 성품과 기질이 뛰어나게 총명하여 어전의 정재(呈才)에 갖출 만한 사람을 가려서, 경상도에 15명, 전라도에 10명, 충청도·강원도에 각각 7명, 경기도·황해도·평안도에 각각 5명, 함길도에 3명을 원정원으로 정하고, 서울과 지방에 명부(名簿)를 두고 임자년부터 윤번으로 수효를 채워서 서울로 올려 보내게 하고, 관청에서 의복과 양식을 주고 또한 초료(草料)를 주게 하고, 한번 입속(入屬)한 이후로 나이 장성하여 쓰지 못하거나, 사고가 있어 일할 수 없는 사람은 나누어 각 고을에 배정하고는 전(前)의 것에 따라 수효를 채워서 보내게 할 것입니다.《세종실록》

또한 세종 14년(1432) 5월 6일에는 음악을 교습하는 동남의 나이를 낮출 것을 아뢰어 허락받는다.

"이제 동남(童男)의 나이 11세 이상 되는 자로서 음악을 교습(敎習)하고 있으니, 지금 비록 쓸 수 있으나, 그들의 재예(才藝)가 완성된 때에는 체격과 모양이 이미 장대하여서 다시 쓸 수 없게 될 것입니다. 청컨대, 8세 이상 10세 이하를 뽑아서 쓰게 하소서" 하니, 그대로 따랐다.《세종실록》

박연은 악공과 무동 등의 처우개선에도 각별한 관심을 둔다. 세종 13년(1431) 12월 25일이다.

동남이 장정이 되기 전에 어버이를 떠나오고 친족을 버리게 되어, 생리가 의지할 데가 없고 의식을 계속하기가 곤란하면 반드시 배우기를 즐기지 않을 것이며, 또 어린아이의 용모는 오래가지 못하는 데도 정재하는 연월은 기한이 있으니, 소재관으로 하여금 한 집만 사역하지 말고 부모 형제나 멀고 가까운 족속 등 동남이 의지하는 호는 그냥 놀리고 역사를 시키지 말고 그들로 하여금 왕래하면서 봉족들게 하고, 또 사시로 **의복과 양식을 내려서 우**

대하여 학문을 권장하게 하고, 나이 장성하여 쓸 수 없는 지경에 이른 후에 본 고장에 돌려보내어 역을 정하게 할 것이며, 만약에 여러 가지 음악에 겸해 익혀서 당상과 당하의 악공이 될 만한 사람이 있으면 그대로 주악의 수효에 충당할 것입니다. 《세종실록》

게다가 박연은 관현의 음악을 맡은 장님의 처우개선도 하자고 역설하였다.

관현의 음악을 맡은 장님은 모두 외롭고 가난하여 말할 데가 없는 사람들로서, 지난해에 뽑아서 관습도감에 들어온 사람이 겨우 18인 정도인데 재주가 취할 만한 사람은 4, 5인에 지나지 않고, 그 나머지는 모두 처음 배워서 익숙하지 못하고 나이가 이미 반이 넘어서 잔폐(殘廢)함이 이미 심하여졌습니다. 대개 관현의 음악을 익히는 일은 고생을 면치 못하지마는 복서(卜筮)의 직업은 처자를 봉양할 만한 까닭으로, 총명하고 나이 젊은 사람들은 모두 음양학으로 나가고 음률을 일삼지 않으니, 만약 격려시키는 법이 없다면 고악(瞽樂)은 끊어지고 장차 힘쓰지 않을 것입니다. 옛날의 제왕은 모두 장님을 사용하여 악사를 삼아서 현송(絃誦)의 임무를 맡겼으니, 그들은 눈이 없어도 소리를 살피기 때문이며, 또 세상에 버릴 사람이 없기 때문입니다. 이미 시대에 쓰임이 된다면 또한 그들을 돌보아 주는 은전이 있어야 할 것 같습니다. 《세종실록》

박연이 맹인 악공의 처우개선을 주장하면서 '세상에 버릴 사람은 아무도 없다'라고 한 말은 오늘날 책의 제목이 되었다. 세종 때 난계 박연(朴堧, 1378~1458)은 이들 관현맹인의 처우개선에 많은 노력을 기울였다.

세종 13년(1431) 12월 박연은 임금 앞에서 관현맹인의 어려움을 호소한 뒤, 그들에게 더 높은 벼슬을 제수하고 일반관리들처럼 사시(四時)로 녹봉을 주자고 요청하였다. 또 그는 이 자리에서 '세상에 버릴 사람은 아무도 없다'라고 강조하면서 그들의 처우개선을 강력히 주장했는데, 그는 음악이나 의학적 재능뿐만 아니라 어진 성품도 있었던 듯하다.[*]

의식(儀式)음악 정비

궁중음악의 악부(樂部)에는 제향악과 연향악이 있다. 죽은 자가 산 자보다 더 대우받던 시대였다. 박연은 제향악부터 먼저 손질하였다. 박연은 기존의 제향악과 연향악을 음악 이론에 맞게 수정하면서 여러 악서를 토대로 새롭게 만들기도 하였다. 《세종실록》에 전문(全文)이 없는 《난계유고》의 소 4번의 끝 부분만 다시 보자.

오늘날 성상의 흥작(興作)에 응하여 해주(海州)의 기장과 남양(南陽)의 경석(磬石)이 차례로 나타나지 않았습니까? 청컨대 악관(樂官)에 명하여 황종의 율법에 따라 기장을 쌓아 촌 〈율관〉을 완성하여 율에 맞추어 편경을 제조하고 모든 음제(音制)와 기법(器法) 그리고 악장의 절차를 수비(修備)하여 성대에 종묘 조회의 올바른 악을 제정하여야 할 것입니다.[**]

해주의 기장과 남양의 경석으로 율관과 편경을 제조하자는 내용이 있는 것으로 보아 이 상소는 12율관과 석경을 제작한 세종 9년(1427) 5월 15일 이전에 작성한 상소로 추정된다.

• 정창권, 《세상에 버릴 사람은 아무도 없다》, (주)문학동네, 2005년, 58~59쪽.
•• 권오성·김세종, 《역주 난계선생유고》, 국립국악원, 1993년, 47쪽.

악기와 악서(樂書)를 정비한 박연은 제향악(祭享樂)부터 정립(定立)하였다. 이에 대한 상세한 내용은 《세종실록》 세종 12년(1430) 2월 19일 '예조에서 의례 상정소와 함께 의논한 박연이 상서한 조건에 대해 아뢰다'에 있다.

세향악 정립에 참고 한 서석은 《주례(周禮)》·《대성악보(大晟樂譜)》·《지정조격(至正條格)》·《봉상악장(奉常樂章)》·《의범렴중(儀範簾中)》·《조선국악장(朝鮮國樂章)》·《문헌통고(文獻通考)》·《공자가어(孔子家語)》·《진씨악서(陳氏樂書)》·《진씨예서(陳氏禮書)》·《사림광기(事林廣記)》·《예기(禮記)》·진상도(陳常道)의 《예서(禮書)》·《홍무예제(洪武禮制)》 등이다.

조회악이란 말은 《실록》에는 세종 11년(1429) 11월 28일에 처음 나온다. 박연은 제향악을 정비하면서 조회악에도 관심을 둔 것으로 보인다. 제향악을 정비한 박연은 조회악을 정비하기 위한 상소를 올린다. 세종 12년(1430) 9월 21일 '예조에서 상정소와 더불어 박연이 글로 올린 조회 때 쓰는 음악에 관한 일을 의논하여 아뢰다'라는 기록이 《세종실록》에 있다. 이때 참고한 서적은 《진씨악서(陳氏樂書)》와 《진씨예서(陳氏禮書)》이다.

세종 12년(1430) 12월 7일 경연에서 음악에 대해 세종이 한 말을 보자.

"박연(朴堧)이 조회(朝會)의 음악을 바로잡으려 하는데, 바르게 한다는 것은 어려운 일이다. 《율려신서(律呂新書)》도 형식만 갖추어 놓은 것뿐이다. 우리나라의 음악이 비록 다 잘되었다고 할 수는 없으나, 반드시 중국에 부끄러워할 것은 없다. 중국의 음악인들 어찌 바르게 되었다 할 수 있겠는가" 하였다. 《세종실록》

그러나 세종 12년(1430) 12월 27일 세종은 조회악을 만든 박연을 포상한다.

대호군(大護軍) 박연(朴堧)에게 털옷[毛衣]과 관(冠)을 내려주었으니, 아악(雅樂)을 만드는 것을 감독했기 때문이었다. 《세종실록》

세종 13년(1431) 1월 11일에는 맹사성·허조·신상·정초·황보인 등과 조회악을 만든 감역관으로부터 공장에 이르기까지 모두 포상하자고 의논한다.

"이번에 상호군(上護軍) 남급(南汲)과 대호군(大護軍) 박연(朴堧) 등이 새로 아악(雅樂)을 제작하여 바쳤으므로, 내 이에 논공행상(論功行賞)을 하려 하는데 어떤가" 하니, 여러 사람이 의논하여 아뢰기를, "공역(功役)은 비록 적다 하더라도 관계는 지극히 중대하오니, 위의 감역관(監役官)으로부터 아래의 공장(工匠)에 이르기까지 모두 차등을 두어 상전을 베푸는 것이 온당할 것입니다." 《세종실록》

세종 13년 2월 28일 세종이 이조참판 정초에게 조회악과 제향악의 사용 가능성을 묻는다.

임금이 새로 만든 조회악(朝會樂)과 제향악(祭享樂)을 물으니, 정초가 고례(古禮)에 따라 대답하매, 임금이 말하기를, "가급적으로 4월 삭일(朔日) 대조회(大朝會)에 쓸 수 있겠는가" 하니, 이에 대답하기를, "신이 앞으로 자세히 살펴보겠습니다" 하였다. 《세종실록》

세종 13년 4월 1일에 조회악과 제향악이 완성되었고, 의식음악 중 마지막에 만든 것이 회례악이었다. 회례악은 세종 13년 6월 15일 남급·박연·정양 등이 새로 회례악기를 만들어 올림으로써 그 제작이 시작되었다.

상호군(上護軍) 남급(南伋)·내호군 박연(朴堧)·군기판관(軍器判官) 정양(鄭穰) 등이 새로 만든 회례악기(會禮樂器)를 올리었다. 《세종실록》

세종은 세종 13년 8월 24일 상정소 제조에게 명하여 박연이 그려 올린 회례 남악 무동의 관복을 갖추어 만들게 하였다

대호군 박연이 당나라에서 만든 운금(雲錦)과 화금(花錦)의 모양을 본떠서, 채색 비단에다가 회례 남악의 무동(舞童)의 관복을 그려서 올리니, 임금이 말하기를, "이 관과 의복을 무동의 수효대로 갖추어 만들라" 하였다. 《세종실록》

세종 14년(1432) 3월 28일의 기사를 보면 세종은 의식음악 중 제향악과 조회악만 정비하려고 하였으나 신하들이 거듭 요청하므로 회례악까지 확대하게 되었다고 하였다.

처음에 아악(雅樂)을 만들 때에 나는 다만 조정의 의식에만 설치하고자 하였을 뿐 뜻이 회례에까지는 미치지 않았더니, 거듭 청(請)함에 따라 회례악기(會禮樂器)와 공인의 관복(冠服)과 문·무 두 가지 춤에 쓸 기구(器具)도 또한 제조하게 하였으므로, 사세가 장차 그만둘 수 없게 되었다. 《세종실록》

마침내 세종 15년(1433) 1월 1일 처음으로 아악으로 된 회례악을 사용하였다. 이날 사관(史官)은 박연이 궁중음악을 완성해 온 과정을 다음과 같이 길게 기술하였다.

임금이 근정전에 나아가서 회례연(會禮宴)을 의식에 따라 베풀었는데, 처음으로 아악(雅樂)을 사용하였다. 처음 고려 예종(睿宗) 때에 송휘종(宋徽宗)이 제악(祭樂)의 종(鍾)·경(磬) 각각 1가(架)와 금(琴)·슬(瑟)·생(笙)·우(竽)·화(和)·소(簫)·관(管) 등 악기 각각 2부(部)씩을 내려주었는데, 제조가 매우 정밀하였다. 홍건적(紅巾賊)의 난리에 사람들이 수호하기 어려웠는데, 어느 늙은 악공이 종·경 두 악기를 못 속에 던져 넣었으므로 보존할 수 있었다. 명나라에 이르러 태조고황제(太祖高皇帝)와 태종문황제(太宗文皇帝)가 종과 경을 주었으나 제조가 매우 거칠고 소리도 아름답지 못하여, 귀히 여길 만한 것은 오직 송조(宋朝)에서 내려준 악기뿐이었다. 우리나라 제악(祭樂)은 팔음(八音)을 갖추지 못하여, 공인들이 봉상시(奉常寺)에서 예전부터 간직해 오던 십이관보(十二管譜)만 배울 뿐이고 음률(音律)이 무엇인가를 알지 못하였다. 매양 제사 때를 당하면 경(磬)은 와경(瓦磬)을 쓰고, 종(鍾)도 어지러이 매달아 그 수효를 갖추지 못하여, 외설(猥褻)하고 망령되게 만들었으나 습관이 되어 예사로 여겼다. 을사년 가을에 거서(秬黍)가 해주에서 나고, 병오년 봄에 경석(磬石)이 남양(南陽)에서 생산되자, 임금이 개연(慨然)히 예전 것을 개혁하여 새로 고칠 뜻을 두어 박연에게 편경(編磬)을 만들기를 명하였으나, 우리나라에서는 본래 음(音)에 맞는 악기가 없으므로, 연이 해주의 거서를 가지고 그 분촌(分寸)을 쌓아 고설(古說)에 따라 황종(黃鍾) 1관(管)을 만들어 불어보니, 그 소리가 중국의 종(鍾)·경(磬)과 황종 및 당악(唐樂)의 필률(觱篥) 합자성(合字聲)보다 약간 높기 때문으로 말미암아 전현(前

賢)의 논의를 상고하니, "토지가 기름지고 메마름이 있어 기장[黍]의 크고 작음이 있으므로, 성음(聲音)의 높낮이가 시대마다 각각 다르다" 하였고, 진양(陳暘)이 또 이르기를, "대나무를 많이 잘라서 기운을 살펴서 바르게 함만 같지 못하다"고 하였나. 그러나 우리나라는 지역이 동쪽에 치우쳐 있어 중국 땅의 풍기(風氣)와는 진연 다르므로, 기운을 살펴서 음률(音律)을 구하려 하여도 응당 징험이 없을 것을 요량하고, 이에 해주의 거서의 모양에 의하여 밀[蠟]을 녹여 다음으로 큰 낱알[粒]을 만들어서 푼(分)을 쌓아 관(管)을 만들었는데, 그 모양이 우리나라 붉은 기장[丹黍]의 작은 것과 똑같았다. 곧 한 낱을 1푼으로 삼고 열 낱을 1촌(寸)으로 하는 법을 삼았는데, 9촌을 황종(黃鍾)의 길이로 삼았으니 곧 90푼이다. 1촌을 더하면 황종척(黃鍾尺)이 된다. 원경(圓經)을 3푼 4리(釐) 6호(毫)의 법을 취하였다. 이에 해죽(海竹)으로서 단단하고 두껍고 몸이 큰 것을 골라 뚫으니 바로 원경의 푼수(分數)에 맞으며, 관(管)의 길이를 비교해서 계산하니 바로 촌법(寸法)에 맞았다. 문득 밀을 가지고 기장 낱알 1천2백 개를 만들어서 관(管) 속에 넣으니 진실로 남고 모자람이 없었고, 이를 불어 보니 중국 종(鍾)·경(磬) 황종의 소리와 당악(唐樂)의 필률 합자(合字) 소리와 서로 합하였다. 그러므로 이 관(管)을 삼분손익(三分損益)하여 12율관(律管)을 만들어 부니 소리가 곧 화하고 합하였다. 이 악기가 한번 이룩되자, 제악(祭樂) 팔음(八音)의 악기가 성음(聲音)에 근거가 있으니, 한 달이 지나서 신경(新磬) 2가(架)가 이룩되어 바치매, 지신사 정흠지(鄭欽之) 등이 연(堧)에게 묻기를, "모양의 제도와 성음(聲音)의 법을 어디에서 취했는가" 하니, 연이 말하기를, "모양 제도는 한결같이 중국에서 내려준 편경(編磬)에 의하였고, 성음은 신이 스스로 12율관(律管)을 만들매 합하여 이루었다"고 하니, 여러 대언들이 연(堧)에게 말하기를, "중국의 음(音)을 버리고 스스로 율관을 만드는 것이 옳겠는가" 하며, 모두 거짓말이라 여기니, 연(堧)이 글을 갖추어 아뢰기를, "지금 만든 편경은 모양의 제도는 한결같이 중국 것에 의하였으나, 성음은 중국의 경(磬)은 대려(大呂)의 각표(刻標)한 것이 그 소리가 도리어 태주(太簇)보다 낮고, 유빈(蕤賓)의 각표한 것이 그 소리가 도리어 임종(林鍾)보다 높으며, 이칙(夷則)은 남려(南呂)와 같고, 응종(應鍾)은 무역(無射)보다 낮아서, 마땅히 높을 것이 도리어 낮고, 마땅히 낮을 것이 도리어 높으니, 한 시대에 제작한 악기(樂器)가 아니라 생각됩니다. 만약 이것에 의하여 제작하면 결코 화하여 합할 이치가 없으므로, 때문에 삼가 중국 황종의 소리에 의하여 황종의 관(管)을 만들고, 인하여 손익(損益)하여 12율관을 이룩하여 불어서 음률(音律)에 맞추어, 이에 근거하여 만들었습니다" 하니, 명하여 중국의 경(磬) 1가(架)와 새로 만든 경 2가와 소(簫)·관(管)·방향(方響) 등의 악기를 들여 모두 새로 만든 율관(律管)에 맞추게 하고, 임금이 말하기를, "중국의 경(磬)은 과연 화하고 합하지 아니하며, 지금 만든 경(磬)이 옳게 된 것 같다. 경석(磬石)을 얻는 것이 이미 하나의 다행인데, 지금 소리를 들으니 또한 매우 맑고 아름다우며, 율(律)을 만들어 음(音)을 비교한 것은 뜻하지 아니한 데서 나왔으니, 내가 매우 기뻐하노라. 다만 이칙(夷則) 1매(枚)가 그 소리가 약간 높은 것은 무엇 때문인가" 하니, 연이 즉시 살펴보고 아뢰기를, "가늠한 먹이 아직 남아 있으니 다 갈지[磨] 아니한 것입니다" 하고, 물러가서 이를 갈아 먹이 다 없어지자 소리가 곧 바르게 되었다. 경(磬)이 이룩되자 연(堧)에게 명하여 악(樂)을 제작하는 임무를 전장(專掌)하게 하였다. 병오년 가을부터 무신년 여름까지 남양(南陽)의 돌을 다듬어서 종묘(宗廟) 영녕전(永寧殿)의 편경(編磬) 및 여러 제사에 통용하는 편경·등가편경(登歌編磬)·특경(特磬) 등이 이룩되었는데 모두 528매이다. 임금이 또 연(堧)에게 명하기를, "내가 조회(朝會)의 아악(雅樂)을 창제(創制)하고자 하는데 입법(立法)과 창제가 예로부터 하기가 어렵다. 임금이 하고자 하는 바를 신하가 혹 저지하고, 신하가 하고자 하는 바를 임금이 혹 듣지 아니하며, 비록 위와 아래에서 모두 하고 자 하여도 시운(時運)이 불리한 때도 있는데, 지금은 나의 뜻이 먼저 정하여 셨고, 국가가 무사(無事)하니 마땅히 마음을 다하여 이룩하라" 하였다. 이에 또 조회(朝會)의 악경(樂磬)을 남양에서 만들고, 조세(朝祭)의 악종(樂鍾)을 한강에서 만들었는데, 연(堧)으로 하여금 일을 감독하게 하고, 또 대호군(大 護軍) 남급(南汲)을 버금으로 일을 맡아 보게 하였다. 이에 이르러 비로소 헌가(軒架) 아악(雅樂) 및 무동(舞童)의 기예(技藝)를 쓰고, 여악(女樂)을 쓰 지 않으며, 이웃 나라 사객(使客)의 연회에도 여악을 쓰지 아니하였다고 이 른다. 《세종실록》

세종이 "지금은 나의 뜻이 먼저 정하여졌고, 국가가 무사하니 마땅히 마음을 다하여 이룩하라"고 박연에게 한 이 말은 무엇일까? 이미 조회 악이 완성되었는데 말이다.

신악(新樂)의 창조

세종이 '조회의 아악을 창제'하고자 하는 것은 지금까지의 그릇된 음 악을 새로운 음악으로 완전히 다시 만들겠다는 말이다. 이 내용은 《난 계유고》의 소 4번과 관련 있다.

우리 성조의 공은 태조보다 높은 적이 없고 덕은 태종보다 성한 적이 없는 데, 종묘의 예에 아직도 공덕을 기릴 만한 악장이 없고 조회나 연향의 악에도 율법이 고르지 못하고 음제가 차례를 잃어 악장이 뒤섞이고 편종·편경 등 헌가에 기물의 수가 극히 허술하기 이를 데 없습니다. 성인은 예악을 잠시도 몸에서 떨어지게 할 수 없어서 반드시 예를 갖추고, 악을 조화롭게 하는 것인데, 오늘날 붕괴하고 일그러짐이 이와 같으니 어찌 성상께서 한번 혁신하실 때가 아니겠습니까?[•]

박연이 이 소에서 말하고자 하는 것은 '태조와 태종의 종묘의 예에 공덕을 기릴 만한 악장'을 비롯한 조회나 연향의 음악을 새롭게 하자는 것이다. 이에 대하여 세종은 "나의 뜻이 먼저 정하여졌고, 국가가 무사하니 마땅히 마음을 다하여 이룩하라"라고 하였다. 이것은 곧 신악(新樂)을 작곡하라는 세종의 뜻이다. 이 신악에는 결과적으로 《용비어천가》도 포함된다.

《세종실록》에 《용비어천가》라는 말은 세종 24년(1442) 3월 1일에 처음 나온다. 세종이 경상도와 전라도 관찰사에게 전지(傳旨)하였다.

"홍무(洪武) 13년 9월에 왜구(倭寇)가 떼를 지어 육지로 올라와 우리의 경계를 침략하였을 때에, 우리 태조(太祖)께서 부오(部伍)를 정비하여 이끌고서 바로 운봉(雲峯)에 이르러 한 번에 소탕하였으니, 그 훌륭한 공과 위대한 업적은 후세에까지 전하지 아니할 수 없다. 그러므로 그때의 군마(軍馬)의 수효와 적을 제어한 방책과 접전한 수와 적을 함락시킨 광경 등을 반드시 본 사람이 있을 것이니, 경은 도내 여러 고을에 산재(散在)하여 사는 늙은이들에게 널리 다니며 방문(訪問)하여 상세히 기록하여 아뢰라" 하였다. 이때에 임금이 바야흐로 《용비어천가(龍飛御天歌)》를 짓고자 하여 이러한 전지를 내린 것이었다. 《세종실록》

• 권오성 · 김세종, 《역주 난계선생유고》, 국립국악원, 1993년, 46~47쪽.

《용비어천가》를 제작하는 일이 이때부터 공식적으로 시작되었음을 뜻한다. 그러나 이것보다 10년 전인 세종 14년(1432) 5월 7일에 박연은 이 문제를 임금과 상의한 바 있다.

상참을 받고 정사를 보았다. 임금이 좌우의 신하들에게 말하기를, "이제 회례 때의 문무·무무의 두 가지 춤에 연주할 악장을 박연(朴堧)이 말하기를, '마땅히 현금(現今)의 일을 가영(歌詠)하여야 합니다'라고 하였으나, 내가 생각하여 보니, 대체로 가사(歌辭)라는 것은 성공(成功)을 상징하여 성대한 덕을 송찬(頌讚)하는 것이다. 내가 살펴보니 주나라의 무왕은 무로써 천하를 평정하였는데, 성왕 때에 이르러 주공이 대무(大武)를 지었다. 역대(歷代)에서 다 그렇게 하였으니 지금 세상의 일을 가지고 가영(歌詠)하게 할 수는 없다. 더구나 나는 다만 왕위를 이었을 뿐인데 무슨 가송할 만한 공덕이 있겠는가. 태조께서는 전조의 쇠잔한 말기를 당하여 백 번 싸웠으되 백 번 이겨 공덕이 사람들에게 흡족하였으며, 어지러운 것을 제거하여 세상을 바른 데로 돌리고 왕업(王業)을 창건(創建)하여 왕통(王統)을 후손에게 전하였다. 태종께서는 예악을 새로 제작하셔서 교화가 퍼지고 풍속이 아름다워졌으며, 안과 밖이 또 편안하도록 하셨다. 태조를 위하여 문무를 제작하고, 태종을 위하여 문무를 지어서 만세(萬世)에 통용(通用)할 제도로 하는 것이 마땅하나, 그러나 혹은 무를 문보다 먼저 하는 것이 온당하지 않을지도 모르겠다. 역대의 제도 중에도 또한 무를 문보다 먼저 한 것이 있는지. 만약 반드시 현금(現今)의 세상 일로 노래를 지어야 한다면 세대(世代)를 계승하는 임금은 다 (그를 위한) 악장이 있어야 할 것이니, 어찌 그들의 공덕이 다 찬가(讚歌)를 부를 만한 것이겠는가. 그것을 박연·정양(鄭穰) 등과 같이 의논하여 아뢰라" 하니, 지신사 안숭선·좌대언 김종서 등이 아뢰기를, "마땅히 태조를 위하여 무무를 만들고, 태종을 위하여 문무를 만들 것이며, 겸하여 현금의 일도 노래하게 하는 것이 좋겠습니다"고 하고, 좌부대언 권맹손(權孟孫)은 말하기를, "마땅히 임금의 말씀과 같이 태조·태종을 위하여 나누어 문무 두 가지 춤을 만들어야 합니다. 지금 시대의 일은 뒷세상에서 반드시 가영(歌詠)할 것입니다" 하였다. 《세종실록》

세종 14년(1432) 10월 18일에는 세종이 '문(文)과 무(武) 두 가지 춤의 가사 1장'을 더 마련하라고 상호군 박연에게 이른다.

임금이 상호군(上護軍) 박연(朴堧)에게 이르기를, "문(文)과 무(武) 두 가지 춤의 가사(歌詞) 1장(章)으로는 그 가운데에 태조·태종의 공덕(功德)을 다 찬송하기에 미진(未盡)함이 있으니, 다시 1장을 더함이 어떠할까" 하니, 박연이 아뢰기를, "성상의 하교가 진실로 옳습니다" 하였다. 임금이 또 말하기를, "마련(磨鍊)하여 아뢰라" 하니, 박연이 아뢰기를, "1장 가운데에 태조·태종의 공덕을 겸하여 기림은 미흡하오니, 바라건대 각각 공덕을 따로 1장씩 찬송하여 모두 2장의 가사를 만들어 각각 8박자(拍子)로 하고, 춤을 출 때에 제1변(變)은 태조를 기리고, 제2변은 태종을 기리어 서로 차례대로 송덕(頌德)하고, 제6변에 이르러 태종에서 끝마치되, 악이 끝나면 물러가게 하옵소서" 하니, 그대로 따랐다. 《세종실록》

이때 박연은 정대업(定大業)과 보태평(保太平)의 두 악장을 만들기로 한 것이다. 그리고 세종 15년(1433) 12월 21일에는 두 악장에 쓰이는 곡명을 정립할 것을 박연은 건의한다.

'음악에는 반드시 칭호(稱號)가 있고, 곡(曲)에는 반드시 이름이 있어서, 다 아름다운 이름을 붙여서 훌륭한 덕(德)을 나타내는 것인데, 지금 문소전(文昭殿)의 제례(祭禮)에 새로 악장을 제작하여, 그 절주(節奏)는, 초헌(初獻) 때에는 당악(唐樂) 중상령(中腔令)을 쓰고, 아헌(亞獻) 때에는 향악(鄕樂) 풍입송조(風入松調)를 사용하게 되었습니다. 그러나 악호(樂號)와 곡명(曲名)은 정립(定立)되지 않아서 옛 제도에 어긋남이 있사오니, 바라건대, 아름다운 칭호를 명명(命名)하여 뒷세상에 전하게 하소서'라고 한 조항에 대하여, 태조의 제향 초헌(初獻)의 악곡명(樂曲名)은 환환곡(桓桓曲), 아헌(亞獻)의 악곡을 유황곡(維皇曲)이라고 하고, 태종의 초헌의 악곡명을 미미곡(亹亹曲), 아헌(亞獻)을 유천곡(維天曲)이라고 하소서.《세종실록》

박연이 '태조와 태종의 종묘의 예에 공덕을 기릴 만한 악장'을 제작하자고 건의한 지 13년이 지난 세종 27년(1445) 4월 5일 의정부 우찬성 권제(權踶)·우참찬 정인지(鄭麟趾)·공조참판 안지(安止) 등이 《용비어천가》의 가사 10권을 만들어 올렸다. 이때 지은 뜻을 밝힌 전(箋)이다.

어진 덕을 세상에 널리 베푸시고 큰 복조를 성하게 열으시매, 공(功)을 찬술(撰述)하고 사실을 기록하여 가장(歌章)에 폄이 마땅하오니 이에 거친 글을 편찬하와 예감(睿鑑)에 상달하옵니다. 그윽이 생각하옵건대, 뿌리 깊은 나무는 가지가 반드시 무성하고 근원이 멀면 흐름이 더욱 긴[長] 것이옵니다. 주(周)나라는 면과(緜瓜)를 읊조려 그로부터 나온 근본을 미루어 밝혔고, 상(商)나라는 현조(玄鳥)를 노래하여 그 난 바를 미루어 폈으니, 이는 왕자(王者)의 일어남이 반드시 선대(先代)의 공을 지음에 힘입었습니다. 오직 우리 본조(本朝)에서는 사공(司空)께서 신라 시대에 비로소 나타나서 여러 대를 서로 이으셨고 목왕(穆王)께서 처음 변방에 일어나사 큰 명(命)이 이미 조짐되었으며, 익조(翼祖)와 도조(度祖)가 연이어 경사(慶事)를 쌓으시고, 환조(桓祖)에 미쳐 상서가 발하였나이다. 은혜와 신의(信義)가 본래 진실하오매 사람들의 붙좇는 자가 한두 대(代)만이 아니오며, 상서로운 징조가 여러 번 나타났으매 하늘의 돌보심이 거의 몇 백 년이옵니다. 태조 강헌 대왕께서는 상성(上聖)의 자질로써 천 년의 운수(運數)에 응하사, 신성(神聖)한 창[戈]을 휘둘러서 무위(武威)를 떨쳐 오랑캐를 빠르게 소탕하시고, 보록(寶籙)을 받아 너그럽고 어짊을 펴서 모든 백성을 화목하고 편하게 하셨으며, 태종 공정 대왕께서도 영명(英明)하심이 예[古]에 지나시고 용지(勇智)하심은 무리에 뛰어나사, 기미(幾微)를 밝게 보시고 나라를 세우시니, 공이 억만년에 높으시고 화란(禍亂)을 평정하고 사직(社稷)을 편히 하시니, 덕이 백왕(百王)의 으뜸이옵니다. 위대하신 여러 대(代)의 큰 공은 전성(前聖)과 더불어 아름다움을 가지런히 하였으매, 이를 형용해 노래하여 내세(來世)와 지금에 밝게 보이옵니다. 공경하여 생각하옵건대, 주상 전하께서는 학문이 오직 한결같으시고 정밀하시며, 선업(先業)을 잘 잇고 행하시어 도(道)가 흡족하고 정사가 다스려져서 패연(霈然)히 덕택이 널리 젖었고, 예(禮)가 갖추어지고 악(樂)이 화하여 밝게 문물(文物)이 극히 나타났사오니, 생각하옵건대, 시가(詩歌)를 지음은 이 성하고 태평한 시기에 속하옵니다. 신 등은 조전(雕篆)의 재주로써 외람되게 문한(文翰)의 임무를 더럽히와 삼가 민속(民俗)의 칭송하는 노래를 캐 모았사오니 어찌 조정과 종묘의 악가(樂歌)에 비기오리까. 이에 목조(穆祖)의 처음 터전을 마련하실 때로부터 태종의 잠저(潛邸) 시대에 이르기까지 무릇 모든 사적(事跡)의 기이하고 거룩함을 빠짐없이 찾아 모으고, 또 왕업(王業)의 어려움을 널리 베풀고 자세히 갖추었으며, 옛일을 증거로 하고 노래는 국어를 쓰며, 인해 시(詩)를 지어 그 말을 풀

254

이하였습니다. 천지를 그림하고 일월을 본뜨오니 비록 그 형용을 다하지 못하였사오나, 금석(金石)에 새기고 관현(管絃)에 입히면 빛나는 공을 조금 드날림이 있을 것이옵니다. 만약 살펴어 들이시고 드디어 펴 행하사, 아들에게 전하고 손자에게 전하여 큰 업(業)이 쉽지 아니함을 알게 하시고, 시골에서 쓰고 나라에서 써서 영세(永世)에 이르노록 잊기 어렵게 하소서. 편찬한 시가(詩歌)는 총 125장(章)이온데, 삼가 쓰고 장황(裝潢)하여 전(箋)을 아뢰옵니다. 《세종실록》

《용비어천가》를 세종은 판에 새겨 발행하기를 명하였다. 《용비어천가》의 가사가 완성된 그해 세종 27년(1445) 8월 21일 박연은 절일사가 되어 북경에 가게 된다. 세자가 백관을 거느리고 경복궁에서 표문(表文)을 배송하였다.

동지중추원사 박연(朴堧)을 보내어 경사(京師)에 가서 성절(聖節)을 하례하게 하니, 세자가 백관을 거느리고 경복궁(景福宮)에서 표문(表文)을 배송하였다. 임금이 연(堧)에게 이르기를, "지금 나이 10여 세 된 자를 뽑아 무동(舞童)을 삼았지만, 노래와 춤을 익히고 장성하면 문득 쓰지 않으니 장차 계속하기 어려울까 염려된다. 경이 경사(京師)에 가서 연향(宴享)의 풍악에 소년과 장년의 공인(工人)을 섞어 쓰는 것과 잡희(雜戱)를 아울러 베푸는 일을 하고 않는 것을 듣고 보고 오라" 하였다. 《세종실록》

박연이 절일사로 북경에 돌아온 뒤 세종 29년(1447) 5월 5일 강녕전에서 《용비어천가》를 연주하게 하였다는 기사가 있다.

예조(禮曹)에서 좋은 술 50병과 소·양·기러기·오리 등 물건을 진상하니, 임금이 강녕전(康寧殿)에 나와 창기(倡妓)와 재인(才人)으로 하여금 용비어천가(龍飛御天歌)를 연주하게 하였는데, 향악(鄕樂)과 당악(唐樂)을 관현악(管絃樂)으로만 하고, 노래는 부르지 못하게 하였다.《세종실록》

세종 29년(1447) 6월 4일《용비어천가》의 여민락·치화평·취풍형 등을 공·사간의 연향에도 통용케 하였다.

이제 용비어천가(龍飛御天歌)를 내리신 것은 조종(祖宗)의 융성한 덕과 거룩한 공을 노래하고 읊게 하기 위하여 지으신 것이오니, 마땅히 상하(上下)에 통용하여서 칭송하고 찬양하는 뜻을 극진히 하여야 할 것이옵고, 종묘에서 쓰는 데만 그치게 함은 불가하오니, 여민락(與民樂)·치화평(致和平)·취풍형(醉豐亨) 등의 음악을 공사간(公私間)의 연향(燕享)에 모두 통용하도록 허락하시되, 조참(朝參)과 표문(表文)이나 전문(箋文)을 배송(拜送)하는 날 궁궐 밖을 나가실 때는 여민락만(與民樂縵)을, 조참(朝參)하는 날 환궁(還宮)하실 때와 표문이나 전문을 배송하거나 조칙(詔勅)을 맞으러 행차하실 때에는 여민락령(與民樂令)으로 하되, 모두 황종궁(黃鐘宮)을 쓰게 하시고, 계조당(繼照堂)에 조참하는 날 자리에 오르실 때는 여민락만을, 궁궐 안으로 돌아오실 때에는 여민락령에 모두 고선궁(姑洗宮)을 쓰도록 일정한 제도가 되게 하소서” 하니, 그대로 따랐다. 처음에 임금이 용비어천가(龍飛御天歌)를 관현(管絃)에 올려 느리고 빠름을 조절(調節)하여 치화평·취풍형·여민락 등 음악을 제작하매, 모두 악보(樂譜)가 있으니, 치화평의 악보는 5권이고, 취풍형과 여민락의 악보는 각각 2권씩이었다. 뒤에 또 문·무(文武) 두 가지 춤곡조를 제작하였는데, 문(文)은 ‘보태평(保太平)’이라 하고 무(武)는

'정대업(定大業)'이라 하여 악보가 각각 1권씩이고, 또 상서(祥瑞)의 감응된 바를 취재(取才)하여 따로 한 가지 곡조를 지었는데, 이름을 '발상(發祥)'이라 하여, 악보 1권이 있었다. 또 속악(俗樂)을 정하여 환환곡(桓桓曲)·미미곡(亹亹曲)·유황곡(維皇曲)·유천곡(維天曲)·정동방곡(靖東方曲)·헌천수(獻天壽)·절화(折花)·만엽지요도(萬葉熾瑤圖)·최자(嗺子)·소포구락(小抛毬樂)·보허자(步虛子)·파자(破子)·청평락(淸平樂)·오운개서조(五雲開瑞朝)·중선회(衆仙會)·백학자(白鶴子)·반하무(班賀舞)·수룡음(水龍吟)·무애(無㝵)·동동(動動)·정읍(井邑)·진작(眞勺)·이상곡(履霜曲)·봉황음(鳳凰吟)·만전춘(滿殿春) 등의 곡조로써 평시에 쓰는 속악(俗樂)을 삼았는데, 악보 1권이 있다. 《세종실록》

세종 31년(1449) 10월 3일 《용비어천가》에 사용할 음악을 정할 때 예조에서는 종묘(宗廟)·조회(朝會)·공연(公宴)의 음악에 전조(前朝)의 잡성(雜聲)을 엮어 넣음은 심히 타당하지 않다면서 새로 정한 제악(諸樂)과 구악(舊樂) 안에서 쓸 만한 여러 소리[諸聲]를 다시 산정(刪定)하도록 하였다.

그러나 이때 발상정재(發祥呈才) 11성(聲), 정대업정재(定大業呈才) 15성, 보태평정재(保太平呈才) 11성, 봉래의정재(鳳來儀呈才) 5성, 외양선정재(外羊仙呈才) 6성, 포구락정재(抛毬樂呈才) 4성, 연화대정재(蓮花臺呈才) 4성, 처용정재(處容呈才) 3성, 동동정재(動動呈才) 1성, 무애정재(無㝵呈才) 1성, 무고정재(舞鼓呈才) 3성, 향발정재(響鈸呈才) 1성과 제악(祭樂)으로 초헌(初獻) 1성, 아헌(亞獻) 1성, 종헌(終獻) 1성과 여민락만(與民樂慢) 1성, 치화평중(致和平中) 2성, 진작사체(眞勺四體) 4성 등 합계 75성(聲)은 항상 예습(隸習)하게 하였다.

이제 《용비어천가》에 사용할 음악 등 신악의 선택은 세종의 몫이었다. 이로써 조선의 음악은 박연에 의하여 완벽하게 정립되었다.

7. 박연의 시(詩) 12편

지금까지 알려진 박연의 시(詩)는 총 12편이다. 《난계유고》에 8편, 서거정의 《동문선》에 2편, 몽유도원도 찬시 1편, 여기에 문중(門中)에 보관 중인 시 1편이 더 있다. 김조순은 《난계유고》의 서문에서 '난계의 글이 간략한 것은 병선(兵燹)으로 인하여 유실된 것이 아닌가?'라고 하였다.

안평대군·송유·서거정

1. 박연은 단종 2년(1454) 9월 9일 막내아들 박계우가 이른바 계유정난 간당이라는 죄로 안평대군의 아들 이우직(李友直) 등과 같이 교형을 당하자, 일흔일곱의 몸으로 송씨부인의 고향 여산(礪山)이 가까운 전라도 고산(高山)에서 유배생활을 하게 된다. 세조 1년(1455) 8월 10일의 기사이다.

고산(高山)에 안치(安置)한 박연(朴堧)이 상언(上言)하여 그의 죽은 아내를
고향으로 돌아가 장사 지내게 해주기를 청하여 이를 허가하셨으니, 신 등의
생각으로는 그 소재지에 어찌 장사할 곳이 없겠습니까? 《세조실록》

세종의 충신 박연에게 아내의 묘소마저 마음대로 쓰지 못하게 하는 기막힌 사연이다. 유배 중인 난계가 다음의 시를 지은 것은 송씨부인이 별세한 세조 1년(1455)으로 추정된다. '가훈 17칙'도 이때 지었다. 귀양 간 단종 2년(1454)에는 시를 지을 마음의 여유가 없었을 것이다.

'송설당'은 박연이 비명(非命)에 간 안평대군을 생각하며 지은 시다. 시에서 서로 주고받았다는 것은 '시(詩)를 서로 주고받았다(授受相傳)'는 뜻이다.

송설당(松雪堂)

우뚝한 임금 글씨 법궁에 빛나니,	倬彼天章映法宮
그 광채 아롱져 화산처럼 높구나.	昭回影接華山崇
몸소 주고받아 정이 들던 날,	身扶授受相傳日
큰 경륜 드디어 협찬하였네.	道大經綸贊化工
천길 샘을 파던 그 의지,	掘井千尋曾有志
삼태미 흙을 쌓아 산을 이뤘네.	爲山一簣不虧功
공중에 소리 없이 오른 임,	雲衢若許乘槎客
하늘나라 무사히 갔는가.	直欲尋源上碧穹

난계파 족보에는 송설당을 선생당호라 하여 박연의 호라고 하지만, 송설당은 박연의 호가 아니다. 박연의 호는 난계 하나뿐이다. 안평대군과 가깝다는 이유로 후손들이 더 이상 박해를 당하지 않도록, 난계는 시의 제목을 안평대군의 호인 비해당(匪懈堂) 또는 매죽헌(梅竹軒)으로 하지 않고 송설당이라고 한 것이다.

안평대군은 당대의 명필이었으며 그의 송설체(松雪體)는 지금도 자주 거론된다. 안평대군은 몽유도원도의 발문(跋文)도 송설체로 썼다. 송설체란 중국 원나라의 서예가인 조맹부(趙孟頫, 1254~1322)의 글씨체인데 그의 오를 따라 붙여신 이름으로 조체(趙體)라고도 한다. 전통에 구애받지 않고 개성을 중시하던 송대의 서풍(書風)과는 달리 조맹부는 전통, 즉 진당(晉唐) 이전으로의 복고를 주장하여, 왕희지(王羲之)의 글씨를 바탕으로 필법이 굳세고 결구가 정밀하면서도 유려한 서체를 완성했다. 조맹부는 해서·행서는 물론 당시에는 잘 쓰이지 않던 초서·전서·예서까지도 연구했다.

송설체는 중국에서 한림원체(翰林院體)라 하여 판본(版本)에도 널리 사용되었고, 청나라 전반에까지 영향을 미쳤다. 우리나라에서는 고려 말 원과의 밀접한 관계 속에서 충선왕이 베이징[北京]에 세운 만권당(萬卷堂)을 통해 조맹부와 직접 교류가 있었으므로 고려에 그의 서적이 유입되었고, 많은 문인이 베이징을 왕래하며 그의 서법을 배우게 되었다. 이암(李嵓, 1297~1364)·이제현(李齊賢, 1287~1367) 등이 유명한데, 특히 이암은 조맹부 필법의 진수를 체득하여 귀국한 뒤 처음으로 송설체를 전한 인물이다.

조선 시대에는 안평대군 이용을 위시하여 집현전을 중심으로 그와 교유하던 문사들과 최흥효(崔興孝)·성임(成任) 등이 송설체를 사용했다. 그 후 조선 중기까지 200여 년 동안 해서·행서에서는 거의 송설체가 지배할 정도로 한 시대를 풍미했다.

시에서 난계는 억울하게 죽은 안평대군의 원혼이 구천(九天)에 떠돌지 말고 저 푸른 하늘[벽궁(碧穹)]에 있는 생명의 원천을 찾아가라고 간절히 기원하고 있다. 시어(詩語) '천장(天章)'은 제왕의 사장(詞章)이며,

‘법궁’은 경복궁, ‘화산(華山)’은 중국 5악(五嶽)의 하나로 산시성(陝西省)에 있는 명산이다. 서울의 북한산을 삼국시대에 부아 또는 횡악(橫岳), 고려 성종 이후부터 1900년대까지 약 1천 년은 삼각산이라고 하였지만, 조선 중기까지 화산(華山) 혹은 화악산이라고도 불렸다고 한다. 운구(雲衢)는 승천(昇天)하는 큰길[大道]이다. 객(客)으로 뗏목을 타고[승사객(乘槎客)]에서 사(槎)는 어떤 의미일까? 제주도 영등굿에는 떼[사(槎), 뗏목]의 송신(送神)하는 행사가 있다. 영등굿은 중요무형문화재 제71호로 지정되어 보존되고 있다.

한치문의《탐라실록》을 보면 연대 미상의 중국 상인이 제주에 표류하여 죽었는데 두골과 사지가 분해되어 두골은 어등개[魚登浦]에 오르고 수족은 명월포에 오르니 그 혼은 달랠 길이 없었다. 이 혼이 화(化)하여 연등신(燃登神)이 되니 매년 정월회일(正月晦日)에 바람이 서해로부터 불어오면 이에 따라 이 연등신이 내려온다고 하여 해변 주민은 무당을 청하여 야사(野祀)하고 밤새도록 마두를 만들어 약마희(躍馬戲)로서 신을 즐겁게 하며, 2월 순망이 되면 배를 만들어 포구에서 띄우며 별식신식(別式神式)을 행하여 송신하면 그때에 동북풍이 불며 신이 떠난다고 한다.•

시(詩)에서 ‘몸소 주고받아 정이 들던 날’에서 무엇을 서로 주고받았을까? 답은 다음의 시 2번과 3번에서 찾을 수 있다. 부(扶)는 ‘돕다’ 또는 ‘원조하다’라는 뜻의 한자다. 따라서 몸소 서로 시(詩)로 도움을 주고받았다는 의미이다.

• “어등개연등신” 제주의 마을 〈http://www.jejuvill.net〉 [2012. 4. 23. 기사].

2. 박연에게는 형제처럼 지낸 열 살 아래의 송유(宋愉, 1388~1446)라
는 분이 있다. 그의 아버지는 송극기(宋克己)이며, 어머니 고흥유씨(高興
柳氏)는 유준(柳濬, 1321~1406)의 딸이다. 송유는 정조 11년(1787) 7월 17
일 절의로 인정되어 회덕 정절사에 배향되었다. 송유는 어려서부터 천
성이 강직하고 효성이 지극하며, 기상이 호탕하고 학행이 잘 갖추어졌다
고 한다.

회덕(懷德)에 사는 유생(儒生) 윤봉렬(尹鳳烈) 등이 상소하기를, "신들이 사
는 고을에 정절사(靖節祠)가 있는데, 바로 고(故) 충정공(忠正公) 박팽년(朴
彭年)이 살던 옛터이고 후세 사람이 창설한 것입니다. (…) 따라서 높은 풍
도와 높은 절개가 있는 이 고을의 어진 이로 이를테면 고 처사(處士) 신 송
유(宋愉)·증영의정(贈領議政) 경헌공(景獻公) 신 송갑조(宋甲祚)·증영의정
문정공(文貞公) 신 김경여(金慶餘)를 아울러 제사하고 또 증좌랑(贈佐郞) 신
송상민(宋尙敏)을 배향(配享)하는데, 대개 이 다섯 신하는 혹 자신을 죽여
서 인(仁)을 이루기도 하고 곧은 덕을 지니고 세상을 떠나 숨어 살기도 하
고 흉론(凶論)을 배척하여 대의(大義)를 돕기도 하고 바른 것을 지켜서 거
취를 구차하게 하지 않기도 하고 스승을 위하여 원통함을 호소하다가 소재
(所在)에서 죽기까지 하였습니다." 《정조실록》

송유는 일찍이 고향 회덕으로 돌아와 학문에 정진하였다. 정사(精舍)
를 지어 박연에게 청하여 세종 25년(1443)에 '쌍청당'이라 편액하고 필연
(筆硏)과 금기(琴碁)로 여생을 보냈다. 이 때문에 후인들이 쌍청처사라
부르기도 하였다.

은진송씨가 회덕에 처음 정착한 것은 송유의 조부 송명의 때이지만,

은진송씨가 회송(懷宋)이라고 칭해질 만큼 지역사회의 깊은 연고를 가지게 된 것은 송유 때부터이다. 송유가 회덕 배달촌[白達村]에 와서 살기 시작하면서부터 송촌(宋村)이라는 지명이 생겼다. 송유는 세종 28년(1446) 향년 쉰여덟의 나이로 세상을 떠났다. 묘소는 회덕 남쪽 판교리에 있다.

난계 박연·안평대군·박팽년·김수온 이 네 사람 이름이 함께 등장하는 《쌍청당제영》에는 난계와 안평대군의 시, 세종 26년(1444)의 김수온, 세종 27년(1445)의 박팽년이 지은 '쌍청당기' 등이 전해지고 있다.

숙종 13년(1687) 8월 하순에 간행된 은진송씨의 중시조 송유 문집인 《쌍청당제영》에 있는 송유의 8대손 우암 송시열(宋時烈, 1607~1689)이 쓴 서문의 일부다.

비래계(飛來溪)가 동담산(東澹山)에서 나와 서쪽으로 10리쯤 흐르다가 갑천(甲川)으로 들어가는데, 그 마을을 송촌(宋村)이라 이름 한 것은, 이 마을에 사는 이가 모두 우리 송씨이기 때문이다. 쌍청당은 마을 복판에서 북쪽으로 위치하였는데, 우리 선조인 처사부군(處士府君)[송유(宋愉)를 가리킴]이 기거하던 곳이다. 부군은 맑은 풍채와 높은 절조가 금고에 빛났는데, 청음(淸陰) 김선생(金先生)은 부군의 외손(外孫)으로 그 묘문(墓文)을 지었고, 당(堂)에 대한 제영(題詠)은 난계(蘭溪) 박연(朴堧)을 위시하여 석주(石洲) 권필(權韠)이 마쳤는데, 모두 현판에 게시되어 있다.

쌍청(雙淸)은 '맑은 바람과 밝은 달'을 뜻하지만 김수온은 '쌍청당기'에 '송유와 그의 어머니'를 뜻하기도 한다고 적었다.*

쌍청당은 현재 대전광역시 대덕구 중리동에 있다. 본래 조선 초기에

부사성 벼슬을 지낸 송유가 벼슬을 버리고 내려와 살던 중 세종 14년 (1432)에 지은 별당이다. 쌍청은 맑은 바람과 밝은 달을 의미한다. 송유가 거처할 때 박연(朴堧)이 유성에 온천욕을 하려고 가다가 이곳에 들러 쌍청이란 이름을 지어주고 시를 지었다. 안평대군이 그의 시에 화답했다.[**]

쌍청당(雙淸堂)

쌍청 누각에서 긴 길을 굽어보니,	雙淸小閣俯長程
명리에 달리는 사람도 많구나.	朝暮閒看走利名
밝은 달빛은 언제나 가득하고,	霽月滿庭非假借
맑은 바람 저절로 불어오네.	光風拂檻豈招迎
찬 술잔에는 금물결 일고,	冷侵酒斝金波灔
시원히 경내에 구슬 잎사귀 날리네.	凉掃雲衢玉葉輕
이 경치 이 마음이 한결같거니,	此景此心同意味
다시야 어느 곳에 집착할쏘냐.	更於何處役吾形

난계의 시에 비해당(匪懈堂) 안평대군이 화답했다. 세종 25년(1443)이니 안평대군의 나이 스물일곱이다. 안평대군은 난계의 부탁으로 이 시를 지었다.

• "쌍청당기" 한국고전종합DB 〈http://db.itkc.or.kr〉 [2012. 4. 23. 기사].
•• 심경호, 《내면기행》, 이가서, 2009년, 406쪽.

쌍청당(雙淸堂)

　　－비해당(匪懈堂) 청지(淸之)

쌍청당이 남쪽 하늘 어딘가 있다더니 몇 리 길인가	堂在天南問幾程
와룡 선생이나 서봉 선생처럼 이름이 나 있지도 않네.	臥龍棲鳳不聞名
뜰이 깊고 나무가 무성하여 비바람이 일렁이고	庭深茂樹生風雨
긴 길 끝에 문이 내려앉아 손님을 맞고 보내는구나.	門壓長途管送迎
세상을 피해 누정에 오르니 누런 학이 멀리 날고	遁世登樓黃鶴遠
몸을 기울여 물가에 누우니 백구가 가볍구나.	寬身泛渚白鷗輕
오가는 세월 속에 희황제의 뜻을 남기는 듯하니	却看遺意羲皇上
양보산 시를 읊으며 기인과 은사가 되려 함이네.	梁甫吟中欲寄形

다락집 밖에는 앞길과 뒷길 연이어져 있고	閣外前程連後程
오가는 사람은 언제나 일곱 송씨만 보이누나.	行人長見七松名
반생을 잔나비 되어 명리 찾던 일 그만두니	半生聲利猿吟罷
방 안의 거문고와 서적들이 학춤 추며 반겼지.	一室琴書鶴舞迎
해와 달에서 흐르는 빛은 세월 따라 바뀌어도	日月流光從歲換
산과 시냇물도 기이하다 구름처럼 가볍구나.	山川高事與雲輕
쌍청당이란 이름 영원히 자손만대에 전해져	傳孫傳子堂名久
세월 오고 계절 가도 외롭지 않길 바란다네.	春去春來不孤形

　시(詩)에 있는 '양보음'은 양보산을 거닐던 제갈량(諸葛亮)이 지은 시이다. 제갈량의 '양보음'을 감상해보면 안평대군이 10년 전에 계유정난을 예감한 것처럼 여겨져 간담이 서늘하다.

양보산을 거닐며[梁甫吟]

－제갈량(諸葛亮)

걸어서 제나라의 성문을 나서니	步出齊城門
저 멀리 탕음리가 바라보인다.	遙望蕩陰里
마을 안에 있는 세 개의 무덤	里中有三墳
크기도 모양도 비슷하구나.	累累正相似
물어보자 어느 집안 무덤인가	問是誰家塚
전씨 강씨 고치씨의 무덤이라네.	田疆古冶氏
힘은 능히 남산을 떠밀 만하고	力能排南山
학문은 땅의 이치를 꿰뚫었으나	文能絶地理
하루 아침 참언에 걸려들어	一朝被讒言
두 개의 복숭아로 세 선비 죽이니	二桃殺三士
제나라 재상 안자가 그리했다네.	相國齊晏子

제갈량은 시에서 세 무덤의 주인, 전씨·강씨·고씨가 참언을 당하여 죽었다고 하였다. 계유정난으로 영상이 된 수양대군은 참언을 이용하여 동생 안평대군을 비롯하여 김종서·황보인·정분 등 참 많은 사람을 죽였다.

3. 몽유도원도는 안평대군 이용의 꿈을 안견(安堅, ?~?)이 그림으로 그린 것이다. 세종 29년(1447) 음력 4월 20일에 그리기 시작하여 사흘만인 23일에 완성하였다고 한다. 지금은 일본의 덴리대학[天理大學] 중앙도서관에 소장되어 있다. 이 그림은 비단 바탕에 수묵담채로 크기가 세로

38.7cm, 가로 106.5cm라고 한다.

몽유도원도에는 안평대군의 서시(序詩)와 발문(跋文) 그리고 박팽년 등 당대의 명사 21명의 시와 자필서(自筆書)가 곁들여 있다. 명사 21명의 찬시 중 11번째 찬시를 박연이 지었다. 안평대군이 서시를 지은 해는 세종 32년(1450)이다. 서시 다음에 21명이 지은 시가 차례로 나온다. 이들 21명은 계유정난과 사육신 사건에서 생사를 달리하였다.

만우(卍雨)·최수(崔脩)는 졸년이 불명(不明)하나, 김종서(金宗瑞)·이현로(李賢老)는 단종 1년(1453)의 계유정난 때, 박팽년(朴彭年)·성삼문(成三問)·이개(李塏)는 세조 2년(1456)의 사육신 사건 때, 계유정난의 간당으로 몰린 박연(朴堧)은 유배 중인 세조 4년(1458)에 별세하였다. 그러나 나머지 13명 신숙주(申叔舟)·하연(河演)·송처관(宋處寬)·김담(金淡)·고득종(高得宗)·강석덕(姜碩德)·정인지(鄭麟趾)·이적(李迹)·최항(崔恒)·윤자운(尹子雲)·이예(李芮)·서거정(徐居正)·김수온(金守溫)은 수양대군에게 살아남았다.

난계는 안평대군과 같이 '쌍청당(雙淸堂)'이란 시를 지은 4년 뒤, 세종 29년(1447) 몽유도원도에 찬시를 남겼다.

몽유도원도(夢遊桃源圖)

　　　　－박연의 찬시(讚詩)

어부가 찾아갔다가 길을 잃은 일 생긴 이후로	一自漁郞迷路行
이 세상에 비로소 도원이라는 이름 있게 되었네.	寰中始有桃源名
고금의 이름 난 그림들이 비바람 만난 듯 놀라고,	古今名畵風雨驚
앞뒤 웅장한 문장들 출렁이는 파도처럼 기우네.	前後雄文波濤領

언덕의 복숭아 숲은 몇 해나 꽃을 피웠던고?　　挾岸桃林幾歲榮

바위에 기대 엮은 집들은 제멋대로 생겼구나.　　架巖屋舍隨意生

흙섬돌 띠풀 집은 꽃 속에서 밝게 보이고,　　土砌茅茨花裏明

눈부신 노을 시냇가 들판에 가득 피어오르네.　　霞蒸綺灩川原平

마음 편하고 즐거워 다투는 이 없으니,　　熙熙皥皥絶紛爭

어찌 희·황 시대만 세상이 맑다 할 것이랴!　　豈獨羲黃世大淸

달인은 본디 스스로를 형체에 의지하지 않고,　　達人本自不依形

정신으로써 신선의 경지를 드나드는 법,　　其乃精神通仙扃

학 한 마리 흐르는 별처럼 긴 바람 몰아가니,　　一鶴星軺駕長風

세 신선의 말고삐가 영롱하게 반짝이네.　　三僊玉珂交玲瓏

우연히 서로 만나 기쁨을 나누는데,　　怡然草次偶相逢

대 그림자 사방으로 짙푸르게 둘러쌌네.　　竹影四座籠靑葱

이들의 감응 어디에서 오나 헤아려 보니,　　料他感應是的傳

물 즐기고 산 즐기며 살아가는 사람들이라.　　樂水樂山其襟靈

세미한 생각, 고운 꿈은 반드시 징험이 있을 터,　　緬思佳夢必有徵

황제의 화서씨 이상사회도 믿을 만한 이야기.　　華胥瑞應聊可憑

그대는 모르는가? 형왕이 베개 밑 꿈속에서　　君不見荊王枕上

부암으로 들지 않고, 무협으로 향하였음을.　　夢不入傅巖向巫

그대는 또 모르는가? 장주가 병풍 밑 꿈속에서　　峽又不見蔣生屛

주공을 흠모 않고 호랑나비를 그리워하였음을.　　底夢不愛周公戀

구름이 되고 비가 되는 것은 필경 무슨 덕일까?　　胡蝶爲雲爲雨竟

너울너울 자유롭게 홀로 노니는구나.　　的德相邃空自適

비해당 높은 곳에 매화와 대나무가 비쳐 있고,　　匪懈堂高映梅竹

주옥같은 만권 서적 빽빽이도 들어차 있네.　　　　　瓊珠萬卷書連壓

문장과 도덕은 은하수 가에까지 뻗쳐 있고,　　　　　文章道德薄雲漢

제도와 경륜은 임금님의 정사를 보필한다네.　　　　　制度經綸弼宵旰

세상 도리와 백성의 풍도는 못내 개탄스러우나,　　　世道民風慨三嘆

주공의 마음과 공자의 뜻 한결같이 추구한다네.　　　周情孔思求一貫

마음이 태연하여 형체를 수고롭게 하지 않으니,　　　天君泰然不役形

세속의 잡된 생각 따위 파고들 틈조차 없어라.　　　塵想無緣抵間隙

하늘과 땅에 뜻을 두어 거듭 순박하기만 하오며,　　有意乾坤再淳朴

온 백성 천수를 누리는 낙원에 오르기 바라네.　　　且欲人民躋壽域

황제의 화서씨 나라 꿈 허황한 것 아니었나니,　　　軒轅準胥兆不成

비해당의 도원 꿈 어찌 헛된 꿈이라 말하랴!　　　匪懈桃源豈虛得

비심이 초야를 갈망하니 언사가 순일하여지고　　　裨諶謀野辭命精

자천이 거문고 타나 정사는 절로 다스려지네.　　　子賤彈琴治道成

초연히 물외로 나아가 성정을 기쁘게 지니니,　　　超然物表怡性情

참으로 큰 저울대 절로 그 가운데 있다네.　　　　　於中自有大權衡

쉽사리 단청을 의논하지 말지니,　　　　　　　　　莫將容易議丹靑

내 이제 눈 비비고 천지의 편안함 보리라.　　　　　我今刮目天地寧

시(詩)에서 난계는 안평대군이 주공과 공자의 사상을 한결같이 추구하고 있다고 하였다. 형제들을 죽이고 어린 조카 단종의 왕위를 찬탈한 수양대군과 정반대의 인물인 주공에 대하여 알아보자.

주공은 공자가 흠모했고 또한 유가들에 의해 고대 중국의 최고 성인으로 추앙받는 인물이다. 주공은 문왕의 넷째 아들이자, 주나라를 개국한 무왕의 동생이다. 문왕은 정비인 태사와의 사이에서 모두 열 명의 아들을 얻었다. 이 열 명의 아들 가운데서 주공은 가장 탁월한 능력과 비범한 자질을 갖춘 듯하다. 문왕이 강태공이라는 책사를 얻어 은나라 주왕의 마수에서 벗어나 독립적인 세력으로 발돋움할 수 있었던 것처럼, 무왕은 동생인 주공을 책사로 중용하여 비로소 은나라를 멸망시키고 주나라를 세울 수 있었기 때문이다. 진시황의 생부로 알려진 전국시대 진(秦)나라 여불위가 편찬한 《여씨춘추》에 실린 기록을 보더라도 그의 인품과 자질을 짐작해 볼 수 있다. 형만 한 동생이 없다는 말은 주공에게는 해당되지 않는다. 기원전 1122년 은나라를 멸망시키고 주나라를 세운 무왕은 그로부터 6년 후에 세상을 떠났다. 당시 무왕에게는 어린 아들 희송이 있었다. 개국 초기 정치적 불안정 속에서 어린 아들에게 왕위를 물려주고 세상을 떠나는 무왕의 심정을 알 수 있다. 무왕이 주공에게 왕위를 물려주려고 했지만, 주공이 이를 사양했다는 설까지 나온 배경 역시 이와 같은 무왕의 심정을 헤아렸기 때문이다. 하여튼 주공은 무왕이 죽자 어린 조카 희송에게 왕위를 잇게 했는데, 그가 바로 성왕이다. 어린 성왕에게 제국을 맡길 수 없어 주공은 섭정을 했다. 주공은 재상의 직을 맡아 무왕을 보좌하고도 또 성왕을 대신해 나라를 다스리는 동안, 이제 막 시작한 주나라를 반석 위의 나라로 바꾸어 놓았다. 그것의 대표적인 것이 진시황이 천하통일을 하기 전까지 중국 사회를 지배한 분봉제후제와 봉법제[봉건제도]이다.•

　이렇게 난계 박연과 안평대군은 서로 시를 지어 주고받는 사이였다. 나이 차이는 많으나 이들은 예술혼이 통하는 친구 같은 사이였다.

• "주공과 성왕" 주역高島 易斷〈http://cafe.naver.com/juyukgodo/1267〉 [2012. 4. 18. 기사].

4·5. 서거정(徐居正)의 《동문선》 제10권에는 박연의 유거작(幽居作) 오언율시(五言律詩), '쌍운연화회문체(雙韻蓮花回文體)'가 있다.

유거란 '속세를 떠나 외딴곳에서 삶 또는 그런 거처'라는 말이니, 박연이 고산(高山)에 유배 중임을 의미한다. 독처(獨處)와 독거(獨居)라는 시어(詩語)를 보아, 때는 난계의 아내 송씨부인이 별세한 1455년 8월 이후이다. 회문체란 한시체(漢詩體)의 한 가지로 머리에서 내리읽으나, 아래에서 치읽으나, 다 말이 되게 글귀를 이룬 시를 말한다.

연화회문(蓮花回文)

혼자 거처하여 소일함을 달게 여겨,	獨處甘遺逸
작은 동산에 몸을 편히 하네.	安身一小園
골짜기는 오붓하여 누추한 집에 알맞고,	谷盤宜陋室
물굽이는 가늘게 맑은 술병 가까이 흐르네.	灣細近菁尊
대는 푸른데 밝은 달이 머물고,	竹翠棲明月
산은 푸른데 항상 흰 구름을 갓 쓰고 있네.	山青冠白雲
신선을 배우고 싶은 마음 간절하지만,	學仙心切切
어려운 일은 세상이 분분함이네.	難事世紛紛

홀로 살아 흥이 그윽한데,	獨居幽興逸
분수를 편히 하여 숲 동산을 지키네.	安分守林園
골짜기는 은밀하여 낡은 집을 감추고,	谷密藏頹室
물굽이는 맑아서 누운 술병에 비치네.	灣澄映臥尊
대밭이 성기매 담담한 달빛을 체질하고,	竹疏篩淡月

산이 멀어 한가로운 구름을 내네.　　　　　　　山遠出閑雲

도를 배우고자 간절히 수련하나 어렵구나.　　　學道勤磨切

착잡한 것을 풀기가 힘드네.　　　　　　　　難哉解錯紛

한자 5자씩을 거꾸로 읽어도 같은 뜻의 시가 된다. 앞에 나온 한시를 5자(字)씩 거꾸로 적어 보았다.

逸遺甘處獨　園小一身安　室陋宜盤谷　尊菁近細灣　月明樓翠竹　雲白冠靑山　切
切心仙學　紛紛世事難

逸興幽居獨　園林守分安　室頹藏密谷　尊臥映澄灣　月淡篩疏竹　雲閑出遠山　切
磨勤道學　紛錯解哉難

　서거정의 어머니는 권근(權近, 1352~1409)의 딸이다. 권근은 목은 이색 문하로 박연의 스승 중 한 사람으로 추정된다. 박연은 권근의 아들 권도(權蹈)[권제(權踶)]와도 서로 가까운 사이였다. 그러나 권도는 박연을 경쟁자로 여기고 있었다.

　세종 9년(1427) 6월 23일 세종이 이조판서 허조(許稠)와 상의하는 내용이다.

　"권도(權蹈)의 상서에 공신으로 시조를 삼기를 청하였는데 어떠하냐" 하니, 조(稠)가 아뢰기를, "좋지 못합니다" 하였다. 임금이 말하기를, "그러면 개국(開國)한 뒤에 대부(大夫)된 분으로 시조를 삼는 것이 가하겠는지 의논하여 알리라" 하였다. 임금이 말하기를, "박연(朴堧)의 상서에 사대부는 사조(四

祖)까지 제사 지내기를 청하였는데, 어떠하냐” 하니, 허조가 아뢰기를, “좋겠습니다” 하니, 임금이 말하기를, “나도 역시 옳다고 생각한다” 하였다. 《세종실록》

이 일로 인하여 권도는 박연에게 자존심이 많이 상했던 모양이다. 박연의 ‘사조(四祖)까지 제사 지내기’는 오늘날에도 유효하다. 지금도 김천 지방에서는 4대 고조부까지는 기제사(忌祭祀)로 모시고, 5대조부터는 묘제(墓祭)로 모신다. 난계는 사람이 오래 살면 고조부와 고손자 4대가 서로 볼 수 있음을 고려한 것 같다.

세종 15년(1433) 7월 21일 권도의 상소 때문에 박연이 파직된 일이 있다.

도가 아뢰기를, “상호군 박연(朴堧)이 신한테 말하기를, ‘이제 승문원의 터를 살펴본 것은 필시 호걸이 날 것을 막으려고 살펴본 것이리라’ 하기에, 신이 그 말을 듣고 상소한 것입니다” 하매, 연을 불러서 물으니, 연이 아뢰기를, “한(漢)나라 역사에 ‘동방에 천자의 기운이 있다’고 한 말이 기재되어 있으므로, 이제 승문원 터를 살펴본 것을 신의 망령으로 호걸의 날 것을 의심하여 살펴본 것으로 생각하기 때문에 도에게 말하였던 것입니다.” 《세종실록》

박연이 가까운 사이라 믿고 한 말을 권도는 고자질하였다. 박연은 파직되지만, 악학(樂學)에는 그대로 출사하게 된다.

서거정은 1451년(문종 기원) 겨울, 수양대군이 사은사(謝恩使)로 명나라에 갈 때 집현전교리로서 수행했는데, 도중에 모친상을 당하여 귀국

하였다. 시묘살이 하던 단종 1년(1453)에 계유정난이 일어나자 그는 광릉나루에 근처에 있는 별장에 은거하였다. 1455년 윤6월에 즉위한 세조는 서거정의 탈상을 기다렸다가 9월 2일에 그를 지제교 겸 예문관응교로 임명하고, 원종공신(原從功臣) 1등에 올렸다. 서거정은 세조 초의 관제 개편작업에서 중요한 역할을 하였다.[*]

서거정의 시 '대구십영(大丘十詠)'은 중종 25년(1530) 증보(增補)된 《신증동국여지승람》에 실린 칠언절구 10수를 이른다. 대구십영은 대구십경(大丘十景), 달성십영(達城十詠), 달성십경(達城十景) 등으로 말하기도 한다.

1) 금호범주(琴湖泛舟, 금호강의 뱃놀이) – 복현 나루터 일대

2) 입암조어(笠巖釣魚, 입암에서의 낚시) – 건들바위 일대

3) 귀수춘운(龜岫春雲, 거북산의 봄구름) – 제일중학교의 돌거북을 비롯한
   교정

4) 학루명월(鶴樓明月, 금학루의 밝은 달) – 구 달성관 동북쪽 모퉁이

5) 남소하화(南沼荷花, 남소의 연꽃) – 영선시장

6) 북벽향림(北壁香林, 북벽의 향림) – 도동 측백나무 숲

7) 동화심승(桐華尋僧, 동화사의 중을 찾음) – 동화사

8) 노원송객(櫓院送客, 노원에서의 송별) – 팔달교 부근

9) 공영적설(公嶺積雪, 팔공산에 쌓인 눈) – 팔공산

10) 침산낙조(砧山落照, 침산의 저녁노을) – 침산공원

• 심경호, 《김시습 평전》, 돌베개, 2003년, 248쪽.

위의 4) 학루명월(鶴樓明月)[금학루의 밝은 달]이란 서거정의 시다.

학루명월

    -서거정

일 년에 열두 번 둥근달이야 뜨지만,	一年十二度圓月
기다리던 한가위 달 한결 더 둥그네.	待得中秋圓十分
긴 바람 한바탕 불어 구름 쓸어내니,	更有長風雲去
누각에 티끌 한 점 붙을 자리 없네.	一樓無地着纖

'학루'는 금학루(琴鶴樓)를 말한다. 대구광역시 중구 대안동 50번지 일대에 자리 잡고 있었던 구(舊) 달성관(達城館)[객사(客舍)] 동북쪽 모퉁이에 세종 7년(1425) 대구읍지군사(大邱邑知軍事)였던 금유(琴柔)가 세우고, 경상도도관찰출섭사(慶尙道都觀察黜涉使)였던 졸재(拙齋) 김요(金銚, ?~1455)가 기문(記文)을 지었다.

기문에 "옛사람이 사물의 이름을 지을 때는 그 지명에 따르거나 사람의 이름을 따서 짓게 된다. 파릉(巴陵)의 악양루(岳陽樓)는 그 지명을 땄으나 취옹정(醉翁亭)은 저주지사인 취옹의 이름을 땄듯이 이제 금후(琴候)가 읍에 부임했고 읍에 금호(琴湖)의 이름도 있고 보니 그 이름과 누(樓)의 모양이 학(鶴)이 춤추듯 하여 누에 오른즉슨 일금(一琴)에 일학(一鶴)이라 세속의 티끌을 털어내고 마음에 거리낌이 없는 상쾌한 기상이로다. 거문고 소리에 은은히 화답하듯 하고 남풍에 세상의 시름 풀어주는 즐거움이 있으니 그 이름을 금학루라 함이 가하도다" 하면서 누(樓)의 이름이 지어진 경위를 말해주고 있다. 금학루를 두고 읊은 금유의 '영각서풍청(鈴閣署風淸)'이라는 시가 있다고 한다. 금유는 박연 누나의 남편이다.

금학루가 언제 뜯겼는지 정확한 연대는 알 수 없으나, 《대구읍지》에 폐지구의(廢之久矣)라는 기록이 있는 것으로 미뤄 1908년 객사를 헐고 길을 낼 때보다 먼저 헌 것으로 추측된다. 금학루가 있을 때는 주위에 나무가 푸르러 학이 노닐 정도였다 하나 일본강점기에 번화기를 거쳐서 지금은 재개발을 바라보고 있는 지경에 이르렀다.

6. 청천일장지 사아복중시(靑天一張紙 寫我腹中詩) 고풍(古風).

난계의 시(詩) 중에는 아직 세상에 알려지지 않은 시 한 편이 있다. 제목이 '청천일장지(靑天一張紙) 사아복중시(寫我腹中詩)'로 고풍(古風)이다. 한시는 크게 고체시[古風]와 근체시[今體詩·律詩]로 나뉜다. 고풍은 근체에 대한 상대어이다. 고풍은 성립 시기부터 불린 이름이 아니라 당대(唐代)에 근체시가 완성되면서부터 이를 구분하기 위하여 붙여진 이름이다. 근체시 성립 이후의 근체시(近體詩)도 규격에 맞지 않는 시(詩)는 고풍(古風)이라고 이른다.

난계의 시 제목은 이백의 '오로봉'이라는 시(詩)에 나오는 말이다.

오로봉(五老峯)

　　　−이백(李白)

뾰족한 오로봉을 붓으로 삼고　　　　　五老峯爲筆

삼상의 강물을 연지 삼아,　　　　　　三湘作硯池

푸른 하늘 한 장 종이 위에　　　　　　靑天一張紙

내 마음에 품은 시를 써보리라.　　　　　　　寫我腹中詩

대한제국의 안중근(安重根, 1879~1910) 의사도 1910년 2월 만주 여순 (旅順)의 옥중에서 이백의 시 '오로봉'을 친필로 남겼다.

이백은 유랑 시인이다. 평생토록 이어진 그의 유랑은 시를 낳았고 그를 더욱 그답게 해주었다. 이백의 유랑은 정치적 좌절감이나 고통·우울 등으로 말미암아 떠난 경우가 많았다고 한다. 759년의 이백과 1456년의 박연 그리고 1910년의 안중근 의사의 심정엔 남에게 표현할 수 없는 수많은 사연과 한이 있었던 게 아닐까.

난계의 시 '청천일장지 사아복중시'는 5연(聯)으로 구성되어 있다.

제1연

달밤에 내가 지은 시 거꾸로 외워보며,	月夜倒誦自家詩
백주에 반쯤 취하니 한강은 봄이로세.	白酒半醉漢水春
가을바람에 학 등의 구름 쓸어 가니,	西風掃去鶴背雲
푸른 하늘엔 기러기 그림자 분명하네.	碧空分明鴈影宇
사양에 오로봉을 붓 삼아 들어 올리니,	斜陽掀動五老筆
검은 벼루엔 상강이 유유히 흘러 흘러.	墨硯湘江流去去

제1연(聯) 첫 행(行)에 귀양 간 박연이 서거정에게 보낸 '연화회문(蓮花 回文)'이라는 오언사운시 2편을 지은 이야기가 있다. '달밤에 내가 지은 시 거꾸로 외워보며 백주에 반쯤 취하니 한강은 봄이로세.' 그렇다. 지금 은 서울이 온통 수양의 세상, 때는 봄이다. 수양대군 일파에게는 봄이지

만, 그를 반대하는 이들에게 봄은 봄이 아니다.

지난가을 사랑하는 송씨부인을 잃은 난계는 울분을 달래려고 붉게 물든 서쪽 하늘에 오로봉을 붓 삼아 시를 짓기 시작한다. '사양(斜陽)'은 지는 해도, 난계의 늙고 쇠뢰한 모습을 뜻하기도 한다. 유배생활을 시작한 지 1년 후 세조 1년(1455) 8월에 송씨부인를 어의고, 홀로 남은 일흔아홉의 난계의 모습이 너무 애처로워 눈물겹다. '서풍(西風)'은 추풍(秋風)이요, 음력 8월이니 가을이다. '학(鶴)'은 난계, '구름(雲)'은 먼저 간 아내를 뜻한다. 막내아들 박계우가 교형으로 죽은 지 만 1년, 다른 두 아들은 귀양 가고, 서로가 의지하던 부인은 기러기처럼 날아갔다.

전통결혼 예식에는 기러기가 있다. 아주 옛날에는 결혼식에서 산 기러기를 사용했다고 한다. 기러기의 세 가지 덕목이 있다. 첫째, 기러기는 보통 수명이 150~200년 정도인데, 중간에 짝을 잃더라도 결코 다른 짝을 찾지 않고 영원히 사랑의 약속을 지키며 홀로 지낸다는 것이다. 둘째, 날아갈 때도 행렬을 맞추며 앞서 가는 놈이 울면 뒤따라가는 놈도 화답을 해주는 질서 바른 새다. 즉 상·하의 질서를 철저히 지키는 예의 바른 습성을 갖고 있다고 한다. 셋째, 기러기는 한번 인연을 맺게 되면 반드시 흔적을 남기는 습성이 있다고 한다. 따라서 이 시의 앞뒤 정황을 보면 세조 2년(1456) 봄에 지은 것이다. 그해 6월에 사육신 사건이 일어났다.

제2연

인간이 만든 종이에 어찌 다 표현하랴!　　人間之紙豈盡寫
이른바 가슴속 하늘에 시 한 수 적어보네.　　日也胸中天上詩

미산의 밝은 달과 흥에 겨워 놀아보고,　　　嵋山明月放遊興

채석의 맑은 바람과 허랑하게 지내봤다.　　　采石清風虛浪過

돛단배 하나 표연히 봄 강 위에 떠 있어,　　　飄然一帆上春水

만 리 하늘빛에 여의주처럼 빛나도다.　　　萬里天光如意珠

　나라와 임금을 받들어 이룩한 난계의 혁혁한 공로는 탐욕의 무리에게 무참히 짓밟히고 아들 셋 중 하나는 죽임을 당하고, 둘은 귀양 갔다. 게다가 죽은 아내의 무덤마저 마음대로 쓸 수 없었던 이 참혹한 현실을 어찌 인간이 만든 종이에 다 표현할 수 있겠는가? 그래서 그는 '이른바 가슴속 하늘에 시 한 수 적어보네'라고 노래했다.

　난계가 인용한 '미산의 달'이 있는 이백의 시 '아미산월가'를 감상해보자.

아미산월가(峨眉山月歌)

－이백(李白)

아미산에 반쪽 된 가을 달님은　　　峨嵋山月半輪秋

그림자만 평강물 따라 흐르네.　　　影入平羌江水流

밤 청계를 출발해 삼협을 바라　　　夜發清溪向三峽

임 그리며 못 본 채 유주로 가네.　　　思君不見下渝州

　아미산은 중국 쓰촨성[四川省] 어메이현[峨眉縣]의 남서쪽에 있으며, 중국 불교의 성지로 알려진 산이다. 높이 3,092m. 쿤룬[崑崙]산계 동쪽 끝 청라이[邛崍]산맥 중의 한 산으로 고생대층의 사암·석회암으로 이루어져 있으며, 수많은 동식물이 서식하는 것으로도 유명하다. 5,000여 종의 식물과 2,300여 종의 동물이 서식한다고 알려졌으며 1996년에는 세계자연문화유산으로 지정되었다.

오랜 유랑생활 끝에 이백은 외롭고 쓸쓸한 죽음을 맞아야만 했다. 일설에 의하면, 채석(采石)강가에서 술을 마시던 이백이 물속에 비친 달을 잡으러 뛰어들었다가 죽음을 맞았다고 한다. 난계의 '돛단배 하나 표연히 봄 강 위에 떠 있어'라는 표현은 난계도 죽음을 기다린다는 뜻일 게다.

난계가 시(詩)에서 '미산의 밝은 달과 흥에 겨워 놀아보고, 채석의 맑은 바람과 허랑하게 지내봤다'면서 아미산과 채석강을 인용하는 것은 세종 30년(1448) 12월 5일의 '불당 경찬회를 베풀다'라는 사실을 뜻하고 있다. 김수온도 이 이야기를 《식우집(拭疣集)》 2권 '사리령응기(舍利靈應記)'에 남겨놓았다. 아미산은 중국 불교의 성지이다.

불당(佛堂)이 이룩되니, 경찬회를 베풀고 5일 만에 파하였다. 불당의 제도가 사치와 화려함이 지극하여 금과 구슬이 눈을 부시게 하고, 단청이 햇볕에 빛나며, 붉은 비단으로 재봉(裁縫)하여 기둥에 입혀서 주의(柱衣)라고 이름하여 더럽혀짐을 방지하고, 향나무를 새겨 산(山)을 만들고 금부처 세 구(軀)를 그 가운데 안치하였으니, 그 금부처는 안평대군(安平大君)이 일찍이 성녕대군(誠寧大君) 집에서 감독해 만든 것이다. 《세종실록》

박연과 관계되는 이날의 기사가 다음과 같이 계속된다.

신곡(新曲)을 지어 관현(管絃)에 올리고, 악기(樂器)를 모두 새로 만들어서 공인(工人) 50명과 무동(舞童) 10명으로 미리 연습시켜서 부처에게 공양하여, 음성공양(音聲供養)이라고 일렀으니, 종(鍾)·경(磬)·범패(梵唄)·사(絲)·죽(竹)의 소리가 대내(大內)에까지 들리었다. 정분·민신·이사철·박연(朴堧)·김수온(金守溫) 등이 여러 중[僧]들과 섞이어 뛰고 돌면서 밤낮을 쉬지 아니하니, 땀이 나서 몸이 젖어도 피곤한 빛이 조금도 없었다. 《세종실록》

제3연

한가운데의 은하수·한강물 다 같이 긴데,	中間漢漢水共長
넓고 큰 산 일대의 반이 떨어졌구나.	一帶恢恢山半落
군산의 젊은 여종들 금전을 좋아하고,	君山少婢奉金箋
노래하다 자주 쉬니 제목이 반이로다.	數關歌詞題半面
광산에서 쇠 가니 어느새 달밤은 깊고,	匡山磨鐵夜月高
봉황대 배 떠나니 봄날이 더디 가네.	鳳臺移舟春日遲

하늘 복판에 있는 은하수[한(漢)]와 우리나라 한가운데 있는 한강(漢江)이 다 같이 길다고 했다. 주공(周公)과 같은 높은 이상을 가진 사람들을 은하수로 보고, 탐욕으로 가득 찬 수양대군 일파를 한강이라고 보면 해석이 된다. 계유정난에 단종을 지지하는 많은 사람이 죽은 것을 '넓고 큰 산 일대의 반이 떨어졌구나'로 표현하였다. 그렇다면 아직 반이 남았다. 아직 남은 반은 사육신(死六臣)과 그리고 그들과 뜻을 함께하는 사람들이다.

군산(君山)은 상산(湘山) 또는 동정산(洞庭山)이라고도 하는데, 지금의 호남성(湖南省) 악양현(岳陽縣) 서남쪽에 있는 동정호(洞庭湖) 가운데에 자리 잡고 있다. 전설에는 진나라 시황제가 남쪽을 순수할 때 이곳에 머물렀다고 해서 군산이라 부르게 되었다고 한다.

박연이 세종 27년(1445) 절일사(節日使)로 중국에 갔을 때 아마도 동성호에 유람 가서 기생들과 한산 하였나 보다. 지난날 추억에 잠겼다가 다시 이백의 옛 고사를 생각하는데 어느덧 달밤은 깊어만 가고 있다.

이백은 젊어서 공부할 때 광산(匡山)이라는 곳에 들어가서 공부를 하였으나 도저히 학업이 이루어지지 않아 중도에 포기하고 산을 넘어 귀가하는 중이었다. 산중턱쯤 내려왔을 때 수염을 기르고 도포를 입은 도사 한 사람이 큰 쇠 절굿공이를 바위에 계속 갈고 있었다. 이것을 본 이백이 의아해서 물었다.

"도대체 그 절굿공이를 왜 갈고 있나요?"

"응, 이것을 갈아서 바늘을 만들려고 하는 중이네."

"이 큰 것을 언제 다 갈아서 바늘이 되겠습니까?"

"허허 오늘 갈고 내일 갈고, 이달에 갈고 다음 달에 갈고 또 올해에 갈고 내년 또 내후년 계속 갈아 십 년만 갈면 결국 바늘이 될 게 아닌가?"

이백은 이 도사의 말을 듣고 자신이 학업을 포기한 것이 너무 일렀다고 반성하고, 오던 길을 되돌아가서 더욱 열심히 공부하여 오늘날 세인들의 칭송을 받는 대시인이 되었다고 한다. 이백의 시에는 봉대곡(鳳臺曲)이라는 것도 있다. 난계는 송씨부인를 진나라 공주로, 자기는 신선으로 표현하며 거의 여든이 되도록 해로(偕老)한 아내를 잃고, 세조 2년(1456)의 봄날이 지루하다고 한다.

봉대곡(鳳臺曲)

－이백(李白)

옛적에 진나라 공주님	嘗聞秦帝女
봉황의[男女合一의 이치] 소리를 전해 듣고	傳得鳳凰聲
이날 신선[소사]을 만났다네.	是日逢仙子
그때 각별한 정을 품고	當時別有情
채색피리 불며 따라나서니	人吹彩蕭去
하늘에서 푸른 구름 내려줬다네.	天借綠雲迎
아련한 소리만(曲) 남기고 돌아올 줄 모르니	曲在身不返
농옥이란 이름만 남아 떠돈다.	空餘弄玉名

봉대곡은 악부(樂府) 곡사(曲辭)의 하나인데, 진목공(秦穆公)의 딸 농옥(弄玉)이 당시에 퉁소를 잘 불던 소사(簫史)라는 사람과 서로 좋아하므로, 마침내 그에게 시집을 보냈는데, 나중에는 농옥도 퉁소를 배워 봉황(鳳凰)의 울음소리를 잘 냄으로써 봉황이 그의 집에 모여들자, 마침내 봉대를 짓고 부부가 그곳에서 살다가 어느 날 함께 봉황을 따라 신선(神仙)이 되어 갔다는 내용을 노래한 것이다. 제[笛]의 명수 박연 부부와 너무나 잘 어울리는 시(詩)가 아닌가?

제4연

장안에 백일하에 드러난 소인배들을,	長安白日小小輩
불쌍한 인간들이 하나같이 우러러보네.	落木人間皆仰見

이건과 전패는 이미 지난 이야기　　　　　罹巾顚沛兩初過

비단 도포만 표여히 바람에 날리누나.　　　錦袍飄然風自搖

밤중에 달 하나 명주(明紬)처럼 새하얀데,　中宵一月素如練

식녀가 붓 받들고 계궁에 늘어오네.　　　捧筆天孫來桂宮

'장안에 백일하에 드러난 소인배들을 불쌍한 인간들은 하나같이 우러러보네.' 계유정난 후 왕권을 잡은 수양대군 일파를 불쌍한 인간들이 다 우러러본다고 당시의 세태를 꼬집는다. '장안(長安)'은 서울이고, '소소배(小小輩)'는 수양대군 일파며, '풍락목(風落木)'은 바람에 의해 꺾어지거나 저절로 죽은 나무인데, 여기서는 수양대군의 기세에 기가 꺾인 사람들을 뜻한다. 사람들은 약자에게 동정을 베풀면서도 강자만을 따른다. 그럼에도 우리는 소수의 약자를 위해 싸워야 한다.

'이건(罹巾)'은 막내 박계우와 송씨부인의 죽음을, 그리고 '전패(顚沛)'는 엎어지고 자빠지는 것으로 본인과 두 아들의 귀양을 의미하며, 지금은 쓸모없는 지난날 예문관대제학 난계가 입었던 비단도포만 봄바람에 저절로 나부끼고 있다.

'천손(天孫)'은 직녀성(織女星)이며 직녀성(織女星)은 거문고자리의 수성(首星)인 베가성[Vega 星]의 한자로 된 이름이다. 칠석날 밤에 은하수 건너에 있는 연인(戀人) 견우성(牽牛星)과 만난다는 전설의 별이다. 계궁(桂宮)은 월궁(月宮) 즉 달이다. 직녀성인 송씨부인이 붓을 들고, 견우성인 난계가 하얀 달 속에서 시(詩) 짓는 것을 도우려 하고 있다.

제5연

<table>
<tr><td>중원천지를 오장육부와 아울러 보니,</td><td>中原天地一腑覞</td></tr>
<tr><td>잔가지에 새소리 다투어 종이 파네.</td><td>小枝啁啾爭賣紙</td></tr>
<tr><td>일월은 저 푸른 창공을 돌고 도는데,</td><td>周回日月彼蒼者</td></tr>
<tr><td>당나라 때 문장이 오늘에야 빛이 나네.</td><td>唐世文章今白也</td></tr>
<tr><td>은하수 일대에 장원이란 글 보이는데,</td><td>銀河一帶書壯元</td></tr>
<tr><td>문무(文武)의 대안 선생은 ○○ 않는구나.</td><td>大眼先生不○○</td></tr>
</table>

'조추(啁啾)'는 악기의 소리가 서로 섞여 들림, 또는 새가 지저귀는 소리를 이르는데, 시를 읊는다는 의미도 있다. 시를 짓느라 애쓰니, 이제 밤은 깊어 배는 고프고, 배에서 나는 꼬르륵 소리는 마치 나뭇가지에 앉아 지저귀는 새소리처럼 들린다. 원광대 김태주 교수는 "조선 시대에는 관리(官吏)도 하루에 아침·저녁 두 끼만 먹었다"는데 귀양살이하는 난계야 말해 무엇 하랴!

당나라 이백의 시가 난계의 글재주와 어울려 더욱 빛이 나니 '은하수 일대엔 장원(壯元)이란 글 보이는데,' 그러나 아직도 세조의 왕위찬탈을 되돌릴 대안 선생이 나타나지 않는다고 탄식한다.

중화민국 교육부에서 마련한 인터넷 사이트 국어사전(國語辭典)에서 '대안(大眼)'을 검색해 보면 대안에는 농미대안(濃眉大眼)과 조미대안(粗眉大眼)이 있는데 농미대안은 눈썹과 눈이 분명하며 영기(英氣)를 지닌 사람을 말하고, 조미대안은 얼굴이 거칠고 사납게 생겼지만, 성격은 호탕하고 의지가 굳센 사람을 이르는 말이라고 한다. 따라서 대안(大眼)은 문관과 무관을 의미하는 말이다.

이 시(詩)는 세조 2년(1456) 봄에 지었지만, 그해 6월 초에 사육신 사건이 일어났다. 사육신 사건은 문무(文武) 합작사건이다. 아쉽게도 성승·유응부·박쟁 등이 별운검(別雲劍)이 되어 세조와 세자의 목을 치는 일은 성사되지 못했다.

이상한 것은 가장 마지막 두 글자를 누군가 훼손하였다. 두 글자는 출문(出門), 출현(出現), 거사(擧事) 등 여러 가지로 추정된다. 이 또한 사육신의 단종복위운동이 실패로 끝나자 후손들에게 미칠 후환(後患) 때문에 난계가 찢은 것이 아닐까? 난계는 이로부터 2년 후 단종이 죽은 다음 해인 세조 4년(1458) 3월 26일 여든하나로 삶을 마감하였다.

사촌 형제 박흥생·박흥거

7·8. 고려 말 우문각대제학 박시용의 두 아들은 천석과 천귀다. 형 천석의 아들은 박연이고 동생 천귀의 아들은 흥생과 흥거다. 박연은 네 살 위의 사촌 형 흥생에게 2편의 시, 사촌 동생 흥거에게 1편의 시를 남겼다.

종형 국당공의 운자를 따서
[경차종형국당공(홍생)운(敬次 從兄菊堂公(興生)韻)]

이분이 간직한 오랜 포부로,	伊人藏器久
성대의 태평세월 맞이하였네.	聖代已昇平
푸른 강에 낚싯대 드리우고,	未罷淸江釣
언제나 푸른 들농사 지었지.	依然綠野耕
가난에 처할수록 심력이 굳고,	安貧心力壯

잡은 뜻은 세상인연 멀리해.　　　　　　樂志世緣輕

때늦은 걸 한탄하지 마세요.　　　　　　莫恨遭時晚

명군은 늙은이를 귀히 여긴다오.　　　　明君貴老成

난계가 사촌 형 국당공을 차운하여 남긴 시다. 차운(次韻)은 남이 지은 시의 운자(韻字)를 따서 시를 짓는 방법을 말한다.

《세종실록》에 형 국당은 세종 9년(1427) 12월 21일 전 현감 박홍생으로 나온다. 족보에 창평현감(昌平縣監)을 역임했다고 한다. 창평현은 지금의 담양군 고서면과 창평면 그리고 남면 일대이다. 시의 내용으로 보아 국당은 말년에 농사를 돌보면서 강에서 낚시도 하면서 소일하였나 보다.

조선 시대 지방관의 임기는 엄격히 정해져 있었다고 한다. 관찰사는 360일, 군현의 수령은 1,800일의 임기였다. 국당은 세종 5년(1423)에 창평현령에 제수되어 기강을 엄히 하고 소송을 분명히 하여 칭송이 있었으나, 친상(親喪)을 당하여 사임하고 고향 충주로 돌아갔다고 전한다.

조선 시대 지방관은 수령칠사(首領七事)라고 불리는 7가지의 중요한 임무를 지니고 있었다. 농업과 잠업(蠶業)을 흥하게 하는 것, 인구를 증가시키는 것, 교육을 진흥시키는 것, 군사를 정비하는 것, 부역을 균등하게 하는 것, 송사를 처리하는 것, 범죄를 없애는 것 등이었다.•

• 이덕일, 《사화로 보는 조선역사》, 석필, 1998년, 129~130쪽.

국당공에게[정국당공(呈菊堂公)]

도연명을 닮으려 해도 마음대로 못하고,	欲訪淵明不自由
꽃 피고 꽃이 지니 세월만 흘러가네.	花開花落水長流
궁리하다 못해 홀연히 일어나,	沈吟忽起歸來興
가벼운 바람 속에 배를 띄었네.	輕颺搖搖一葉舟

도연명(陶淵明, 365~427)은 중국 동진(東晋) 시대 대표적인 은거시인이다. 도연명은 마흔하나에 진나라 심양도 팽택현령으로 재직하면서, 상급기관의 관리들에게 굽실거려야 하는 현실을 깨닫고 "내 어찌 쌀 다섯 말의 봉급을 위하여 그에게 허리를 굽힐쏘냐" 하고 사직하여 집으로 돌아왔는데, 이때 지은 작품이 유명한 '귀거래사'이다. 기교를 부리지 않고, 평담(平淡)한 시풍이었기 때문에 당시의 사람들에게는 경시를 받았지만, 당대(當代) 이후는 6조(六朝) 최고의 시인으로서 그 이름이 높아졌다. 도연명이 지은 시(詩) '계묘년 초봄 옛집을 그리며[癸卯歲始春懷古田舍]'를 감상해 보자.

계묘년 초봄 옛집을 그리며

—도연명

스승께서 가르침 남기셨으니,	先師有遺訓
도를 근심할 뿐 가난은 근심 말라 하셨네.	憂道不憂貧
우러러도 까마득해 못 미치지만,	瞻望邈難逮
뜻만은 늘 부지런히 하려 한다네.	轉欲志長勤

쟁기 잡고 시절 일을 즐거워하며,　秉未歡時務

환한 낮으로 농부들을 권면하누나.　解顏勤農人

너른 들엔 먼 바람이 엇갈려 불고,　平疇交遠風

좋은 싹은 새 기운을 머금었구나.　良苗亦懷新

한 해의 소출은 가늠 못해도,　雖未量歲功

일마다 즐거움이 많기도 하다.　卽事多所欣

밭 갈고 씨 뿌리다 이따금 쉬나,　耕種有時歇

길 가던 이 나루터를 묻지를 않네.　行者無問津

저물어 서로 함께 돌아와서는,　日入相與歸

술 마시며 이웃을 위로 하누나.　壺漿勞近隣

길게 읊조리며 사립 닫으니,　長吟掩柴門

애오라지 밭두둑의 백성 되리라.　聊爲隴畝民

《국당유고(菊堂遺稿)》는 국당의 후손 박희석(朴禧錫)이 가장(家藏) 초본을 바탕으로 모집(蒐集)·편차(編次)하여 1828년 활자로 초간하였고, 1888년 후손 박상호(朴祥浩)가 가장 초본을 참고하여 취류(聚類)·재편(再編)한 정고본(定稿本)을 후손 박중호(朴重浩)가 저자(著者)의 아우 박흥거(朴興居)의 '이요당유고(二樂堂遺稿)'를 부집(附集)하여 1895년 영동(永同) 쌍청루(雙淸樓)에서 활자로 간행한 중간본(重刊本)이다.

9. '종제 감찰을 보내면서[증별종제감찰흥거(贈別從弟監察興居)]'라는 시이다.

종제 감찰을 보내면서[증별종제감찰흥거(贈別從弟監察興居)]

천 리 호남에서 자네를 만나,	千里湖南逢子由
이별주 한잔에 눈물 먼저 흐르네.	一尊論別淚先流
고향에도 오늘은 봄이 깊어,	故園今日春應好
언덕의 복사꽃 낚싯배에 비치겠지.	挾岸桃花暎釣舟

난계가 멀리 호남에서 사촌 동생을 만나 이별주 한잔을 하고 있다. 때는 봄이라 자연히 고향의 봄을 얘기한다. 영동에 흐르는 금강과 금강에 띄운 낚싯배, 배가 떠가는 물 위에 언덕의 활짝 핀 복사꽃이 화려하게 비치고 있다. 한 폭의 그림처럼 아름다운 시이다.

감찰(監察)은 조선 시대 사헌부의 정6품직이다. 태조 1년(1392) 7월 관제신정(官制新定) 때 설치되었는데, 그 직함이 나타내는 대로 내(內)·외관(外官)의 비위를 실제로 감찰하는 임무를 수행하였으며, 또 각사(各司)로부터의 청대(請臺)에 파견되기도 하였다. 세종 9년(1427) 9월 5일에 감찰 박흥거에 대한 기사가 있다.

감찰방주(監察房主) 김허(金虛)와 유사(有司) 김숙검(金叔儉)·권택(權擇)이 신감찰(新監察) 권수종(權守琮)과 박흥거(朴興居)에게는 참례(參禮)를 받고, 이보정(李補丁)과 성허(成栩)에게는 받지 않고 강제로 병이라 핑계하고 사직(辭職)하게 했는데 (…)《세종실록》

이요당 박흥거는 세종 20년(1438)에 난계의 부탁으로 밀양에서 '밀양 박씨 화수회(花樹會)'를 조직한 적이 있다.

함흥(咸興)·교화(交河)·울산(蔚山)

10. 함흥차사(咸興差使)로 유명한 함흥은 교통의 요지이며, 신라 진흥왕의 순수비가 있는 곳이다. 난계가 무엇을 하러 함흥에 갔는지에 대한 정확한 기록은 없지만, 태조 이성계 부모의 산소가 함경남도 함흥 동쪽 귀주동에 있다니 제향(祭享) 행사에 간 것으로 여겨진다.

제함흥관(題咸興館)

동해 만 리의 이 바닷가 모래톱 위	萬里東溟一岸洲
구름은 뭉게뭉게 옥비녀가 빠진 듯하고,	雲山點點玉簪抽
봄바람에 꽃과 새 시샘이 절정이로다.	春風花鳥妖氛絶
올해엔 임금 모시고 유람 오고 싶네.	想像當年鳳輦遊

박연이 함흥에 갔을 때는 봄이다. 봄꽃이 화사한 가운데 새들의 노래 즐겁고, 푸른 바닷가 하얀 모래톱 위엔 비녀 빠진 젊은 여인의 풍성한 머릿결 같은 뭉게구름이 두둥실 떠 있다. 난계는 좋은 것만 보면 가장 먼저 떠오르는 임이 늘 세종이다.

같은 제목의 삼봉(三峰) 정도전(鄭道傳, 1342~1398)의 시도 있다. 삼봉은 음력 3월 3일에 함흥에 갔다. 삼봉은 '버들 빛은 노랗고 풀싹은 뾰족뾰족'이라고 하고 난계는 '춘풍에 꽃과 새 시샘이 절정이로다'라고 하였으니 삼봉이 난계보다 더 이른 봄에 함흥에 간 것 같다. 같은 3월 3일이라도 음력은 해마다 기후가 같지 않다. 봄의 풍경도 차이가 나기 마련이다.

제함흥관(題咸興館)

  −정도전

삼월이라 삼짇날 함수를 떠나가니,	三月三日發咸州
버들 빛은 노랗고 풀싹은 뾰족뾰족.	柳色搖黃草欲抽
관동이라 좋은 시절 바로도 만났거니,	正値關東好時節
벼슬놀이 도리어 한가한 놀이로세.	宦遊還是等閒遊

11. 교하(交河)는 한강과 임진강이 만나는 곳이라서 생긴 이름이다. 고려 500년, 조선 500년 무려 1000년 동안 개성과 한양은 한반도 수도였다. 그 사이에 있는 교하는 1000년의 수도권이었다. 강이 있는 곳에 길이 있다. 교하는 조선의 도읍지 한양에서 하루 이내 거리이고, 교하의 남쪽 30리 거리에 고양(高陽)이 있다. 교하는 포구(浦口)로 강화와도 마주하며, 지금의 경기도 파주군 교하면과 탄현면이 교하였다.

교하를 지나면서[과교하(過交河)]

뽕나무 푸른 물결 고을 앞에 넘실대고,	滄海餘波接縣門
산봉우리 푸르름 붉은 구름과 어울렸네.	華峰蒼翠暎紅雲
온 고을엔 뽕나무, 백성은 안녕하니,	一村桑柘人無事
최상의 푸른 비단 우리 임금 드리리.	欲上靑縑獻我君

《실록》에서 알 수 있듯이, 박연은 한의학·음향학[언어학]·음악·천문학·지리학의 대가였다. 난계가 시로 남긴 교하에 대해 지리풍수설의 대

가인 전 서울대학교 교수 최창조는 통일수도의 입지로 적합하다는 의견을 발표한 적이 있다.

12. 난계는 외동이지만 여형제는 4명이나 있다. 고향에 살던 한 누이는 《세종실록》에 나온다. 박연의 막내 여형제 남편은 김보린(金寶麟)이다. 안동김씨 영모단(永慕壇)은 충청북도 청주시 흥덕구 서촌동에 있는 안동김씨 판관공파의 단소를 말한다. 여기에 김보린의 묘가 있다니 《세종실록》에 나오는 박연 누이의 남편이 아닐까 한다. 여형제 중 셋째는 울산박씨 박여생(朴汝生)에게 출가하였다. '울산을 지나면서'라는 시와 관련이 없을까?

《경국대전》에는 조선 시대 특별휴가에 대한 규례인 급가(給暇) 조항이 있다. 3년에 한 번씩 부모를 뵈러 갈 때, 5년에 한 번씩 조상의 묘를 보러 갈 때, 과거에 급제했거나 관직에 임명된 사람이 부모를 찾아가는 영친(榮親) 때, 그리고 조상에게 벼슬이 추증되는 분황(焚黃) 때, 그리고 혼례 때는 모두 7일씩의 휴가를 주었다. 친부모의 상사 때는 삼년상을 치르기 위해 휴직했고, 아내·장인·장모의 상사 때는 15일의 휴가를 주었다. 따라서 《경국대전》 이전에도 형제간의 상사(喪事)에 휴가가 있었을 것이다.

울산을 지나면서[과울산(過蔚山)]

반월산 끝 간 곳에 땅은 다한 것 같고,	半月山奔地盡頭
칠성지 연못가에 저녁 구름 걷히네.	七星池畔暮雲收
아득한 만 리, 물결 고요하니,	汪洋萬里波恬靜

성화가 동쪽으로 온 것 이 고을에서 보겠네. 　　　　　　聖化東漸見此州

　'지진두(地盡頭)'는 중앙에서 멀리 떨어져서 바다와 연접하여 끝을 이
룬 땅이고, '왕양(汪洋)'은 바다가 가없이 넓음이며, '엄정(恬靜)'은 안정(安
靜), '동진(東漸)'은 세력이 차츰차츰 동쪽으로 옮김을 뜻한다. 난계 박연
은 세종의 교화(敎化)가 동진하여 멀리 울산까지 미친다며 태평성대를
노래했다. 어쨌든 오늘날 울산광역시는 근로자 평균급여가 전국 1위이
다.

8. 박연의 도학사상

박연의 도학(道學)사상

조선의 역대 27명 왕 중 세종이 가장 책을 좋아했다고 한다. 세종은 선천적으로 총명함을 타고난 데다가 세자 시에는 책벌레일 정도로 독서를 부지런히 하였으며, 임금이 되고 나서도 독서와 학문을 생활화하였다고 한다.[*] 그런 세종이 "박연은 세상일에 통달한 학자"라고 하였고, 송유는 김수온에게 보낸 편지에서 박연을 "유림의 큰 줄기요 조정의 모범[儒林之偉幹 朝著之儀形]"이라고 하였다. 게다가 문종 즉위년(1450) 7월 19일 신숙주는 "예문관대제학은 유림(儒林)의 장(長)"이라고 하였다. 그들은 왜 박연을 '학자', '유림의 큰 줄기'라고 했으며, 어떻게 박연은 '유림의 장'으로 예문관대제학이 되었을까?

난계는 1455년에 지은 '송설당(松雪堂)'이라는 시(詩)에서 도(道)와 경륜(徑輪)으로 안평대군과 서로 도왔다고 노래하였다. 여기에서 도(道)는 무엇일까? 도(道)란 도학(道學)의 준말이며 도학이란 유학(儒學)의 중요

• 김건곤, 《세종시대의 문화》, 태학사, 2001년, 168쪽.

한 분야로서, 중국 송대에 정호(程顥, 1032~1085)·정이(程頤, 1033~1107) 형제와 주희(朱熹, 1130~1200)에 의해 크게 발달한 정주성리학(程朱性理學) 곧 성리학의 별칭이다. 성리학의 목적은 위기지학(爲己之學) 곧 자기 수양 또는 수기(修己)에 있다.[*]

한국의 성리학은 창업과 수성(守成)의 두 단계로 말한다면, 고려 후기의 정주학 수용은 창업 단계에 해당하고, 조선조 초기로부터 전개되는 성리학은 수성의 단계로 발전하는 것이라 할 것이다. 이러한 창업시기가 되는 고려 후기의 성리학 집대성자는 바로 목은 이색이다.[**]

박연과 이색의 만남은 박연의 할아버지 박시용과 이색의 아버지 이곡과의 만남에서 비롯되었다. 박시용 후손들은 박시용이 한산군수를 역임한 것은 알았지만, 그의 선정(善政)을 밝힌 이곡의 '한주중영객사기(韓州重營客舍記)'의 존재는 몰랐다. 족보에 숙종 6년(1680) 박연 후손 박성기(朴成杞, 1647~1716)가 우암 송시열이 거제도 유배에서 풀려나 상경할 때 청주 송계서원에서 만났다는 사실은 있지만,[***] 이곡의 '한주중영객사기'에 대한 글은 없다. 박시용 후손들은 선대가 목은 이색 집안과 서로 교제(交際)한 사이임을 잘 모르고 있었다.

고려 말에 한산군수를 역임한 박시용(朴時庸, ?~1355)은 살아서 손자 박연를 보지 못했다. 그러나 한산의 지방관 박시용의 선정은 고향이 한산(韓山)인 이곡이 알게 되었고, 이곡은 이 사실을 '한주중영객사기'에 남겼다. 이것을 부친상을 당하여 고향 한산에서 여묘살이를 하던 목은 이색이 보게 되었고, 이로 말미암아 목은 이색은 박시용과 그의 아들

• "성리학" 위키백과 〈http://ko.wikipedia.org〉 [2012. 4. 23. 기사].
•• 박경심, 《목은 이색의 철학적 인간학》, 문사철, 2009년, 221쪽.
••• 박윤하, 《밀양박씨문헌공난계파대동보》, 1979년, 147쪽.

박천석과도 자연스럽게 친교한 것이다. 목은의 졸년(卒年)인 태조 5년 (1396)은 난계의 나이 벌써 열아홉 살이다. 목은이 박연의 스승이라는 기록은 없지만 직·간접적으로 큰 영향을 주었으리라는 사실은 확실하 다.

난계 박연의 출생지는 어디일까? 난계의 사촌 형 국당 박홍생이 파조 (派祖)인 국당파 족보에는 박연의 아버지 박천석은 개경에서 관료생활 을 하였기 때문에 동생 되는 박천귀가 고향 영동에서 어머니 영산김씨 를 봉양하였다고 한다. 박천석은 고려조의 삼사좌윤이었고, 그의 부인 경주김씨의 아버지 김오(金珸)는 통례문부사였다. 그리고 김오의 두 아 들 김자정(金子汀)과 김자수(金自粹)도 고려 말에 벼슬을 하였다.

이러한 사실들을 보면 박연은 개경(開京)에서 태어나 개경에서 교육 을 받았다. 고려 시대에는 장가들면 대체로 처가에서 살았다. 따라서 박연은 개경의 외가에서 나고 자랐다. 그러나 태조 5년(1396)부터 태종 2년(1402)까지 6년간의 여묘살이는 부모의 묘소가 있는 영동에서 하였 다.

송유가 박연을 '유림의 큰 줄기'라 한 것은 조선 초 유학자들의 스승 이색의 마지막 문하생이었기 때문이다. 목은 학문의 연원(淵源)은 안향 에서부터 이어져 온 부친 이곡(李穀)에게서 계승한 바가 크다고 하겠다. 이처럼 목은의 학문적 성장은 그의 부친으로부터 전해 받은 가학과 원 나라 유학 당시의 스승인 구양수와 고려 사대부학자인 이제현에게서 큰 영향을 받은 것이다. 고려 말의 신진사대부 성리학자들 대부분이 목 은의 문하에서 배출된 것을 볼 때, 정도전과 정몽주·권근 등 조선왕조 의 창립에 참여하거나 조선성리학에 절대적인 영향을 끼친 성리학자들 은 당시 원로 목은에게서 배운 자들이다.[*]

당시 사대부학자들의 사제관계는 혈연으로 이어져 그들의 학문적 유대와 교유는 정주학(程朱學)의 학풍을 수용하는 것이었다. 특히 사대부 사회를 중심으로 하는 성균관 교육을 통하여 실천 유학적 사상체계를 형성하기에 이르렀다.

1378년생 박연은 목은의 졸년인 태조 5년(1396)까지 이색의 문하생, 태조 5년(1396)부터 태종 2년(1402)까지 부모에 대한 6년간 여묘살이, 태종 2년(1402)부터 태종 9년(1409)까지는 권근(權近, 1352~1409)의 문하생으로 추정된다. 박연은 태종 5년(1405)에 생원시, 태종 11년(1411)에 문과에 급제하였다.

이색 및 권근에게 학문을 배운 박연에게 나타나는 도학사상·충효사상·애민사상과 더불어 난계가 나이 일흔여덟의 노쇠한 몸으로 지은 '가훈 17칙'을 살펴보자.

목은 이색은 원나라 유학과 벼슬살이를 하면서 허형(許衡) 문하인 구양현(歐陽玄)의 교수(敎授)를 통해 원대 관학(官學)인 허형의 실천 중시적 학풍을 계승하여 인륜을 중시하는 실천성을 강조하였다. 이러한 허형의 실천 중시적 학풍은 주희의 성리학을 비판하면서 공자와 맹자의 실천 중심의 유학 본래의 모습으로 돌아가자는 주장으로 조선 후기에 실학을 완성한 정약용의 사상과 일맥상통하는 점이 있다.

정약용의 《목민심서》에는 이곡의 '한주중영객사기'에 나오는 박연 조부 박시용에 관한 내용을 하나의 모범사례로 들고 있다.••

정약용은 주희가 완성한 성리학을 비판하면서 공자와 맹자가 말하였던 실천 중심의 유학 본래의 모습으로 돌아가려고 하였다. 이 같은 정

• 박경심, 《목은 이색의 철학적 인간학》, 문사철, 2009년, 35~36쪽.
•• 원문은 부록 丁若鏞, 與猶堂全書, 第五集政法集第二十七卷○牧民心書卷十二, 工典六條 繕廨에 있음.

약용의 입장은 인간에 대한 이해에 잘 나타나 있다. 정약용은 인간의 본성을 선천적인 도덕성으로 이해하고 형이상학적으로 설명한 성리학자들과 달리, 마음이 인간 생명의 실체이며, 마음의 속성인 성은 선을 좋아하고 악을 싫어하는 기호(嗜好)에 따라 실천에 의해 후천적으로 얻어지는 것이라고 보았다.*

또한, 목은은 고려 말 최해(崔瀣, 1287~1340)의 《동인지문(東人之文)》에서 보이는 당시의 동인의식을 유지하여 동국에 대한 자부심을 가지고 있었다. 목은은 고려에 원의 법제를 적용하라는 원의 요구에 대해 고려는 고려대로의 전통과 습속이 있어 중국과 다르므로 강제성을 띠면 오히려 역효과를 낼 것이라고 하면서 거부하였을 정도로 동인의식이 매우 강하였다. 그의 이러한 동인의식은 고려의 독자성을 강조하는 최해·이제현·이암·이곡 등에게서 영향 받은 것이기도 하다.**

목은의 실천 중시적 학풍과 동인의식은 난계에게도 계승되어 그는 조선 음악의 독자성을 추구하며 12율관을 만들었고, 이것을 이용하여 새로운 음악인 '신악(新樂)'을 창조하였다. 또한, 명나라의 사신을 위로하는 연석(宴席)에서 여악(女樂)을 사용하지 말 것을 여러 차례 주장한 바 있다.

이처럼 목은 사상은 박연에게도 분명히 나타나며 이러한 목은의 실천 유학적 사상체계와 동방이학(東方理學)의 토착화는 조선 후기인 17세기 중반부터 일어난 실학(實學)사상과 통하는 점이 많다.

실학이란 17세기 중엽부터 19세기 초반까지 조선 후기 사회에서 나타났던 새로운 사상으로 당시 사회 문제의 해결을 위해 성리학의 관념성

* 박경심, 《목은 이색의 철학적 인간학》, 문사철, 2009년, 35~36쪽.
** 박경심, 《목은 이색의 철학적 인간학》, 문사철, 2009년, 53쪽.

과 경직성을 비판하며 경세치용(經世致用)과 이용후생(利用厚生), 실사구시(實事求是)의 학문 태도를 강조했다.

네이버 백과사전에 의하면 실학이라는 용어는 한국과 중국, 일본에서 17세기 이전부터 폭넓게 사용하였으나 오늘날에는 17~19세기에 걸쳐 조선 후기 사회에서 유형원(柳馨遠)·이익(李瀷)·정약용(丁若鏞)·박지원(朴趾源)·홍대용(洪大容)·박제가(朴齊家)·김정희(金正喜)·최한기(崔漢綺) 등을 중심으로 나타났던 유학의 새로운 학풍이자 사상 조류를 가리키는 말로 쓰인다고 한다.

후기실학파 이규경(李圭景, 1788~1856)은 평생을 저술에 힘썼으며, 19세기 최고의 백과사전이라는 《오주연문장전산고(五洲衍文長箋散稿)》를 출간하였다. 그의 할아버지 이덕무(李德懋, 1741~1793)처럼 학자로서 활동적이던 이규경은 벼슬에는 전혀 나가지 않고, 재야에서 한국과 중국의 많은 서적을 읽고 천문·지리·역사·문학·종교·서화·풍속 등 모든 학문을 깊이 연구하였다.

《오주연문장전산고》 경사편(經史篇)의 논사류(論史類) 인물(人物) 동국제일인재변증설(東國第一人材辨證說)을 보자. 이규경은 이것을 할아버지 이덕무의 협대(夾帒)에 있던 명단을 기록하였다고 한다.

이황(李滉, 1501~1570)의 덕(德), 박은(朴誾, 1479~1504)의 시(詩), 최립(崔岦, 1539~1612)의 문장(文章), 유형원(柳馨遠, 1622~1673)의 경륜(經輪), 이순신(李舜臣, 1545~1598)의 전략(戰略), 김상헌(金尙憲, 1570~1652)의 충절(忠節), 남이(南怡, 1441~1468)의 용기(勇氣), 서경덕(徐敬德, 1489~1546)의 천문(天文), 박연(朴堧, 1378~1458)의 음악(音樂), 황공도(黃公圖)의 총명(聰明), 김장생(金長生, 1548~1631)의 예학(禮學), 정북창(鄭北窓, 1506~1549)의 선술(仙術), 홍령(興嶺)의 산술(算術), 이광사(李匡師,

1705~1777)의 필법(筆法), 김인후(金麟厚, 1510~1560)의 풍채(風采), 송미수(宋眉叟)의 효행(孝行) 등이다.*

이덕무는 조선 후기의 실학자이다. 박학다식하고 고금의 기문이서(奇文異書)에 이르기까지 달통하였으며, 문장에 개성이 뚜렷하여 문명을 일세에 떨쳤으나, 서자였기 때문에 크게 등용되지 못하였다. 어릴 때 병약하고 빈한하여 거의 전통적 정규교육은 받을 수 없었다. 그러나 총명한 그는 가학(家學)으로써 여섯에 이미 문리(文理)를 얻고, 약관에 박제가(朴齊家)·유득공(柳得恭)·이서구(李書九)와 함께 《건연집(巾衍集)》이라는 사가시집(四家詩集)을 내어 문명을 떨쳤다. 특히 박지원·홍대용·박제가·유득공·서이수 등의 북학파 실학자들과 깊이 교유하여 많은 영향을 받았다. 조선 시대 실학자들이 언급한 박연을 그와 동시대 사람들은 어떻게 평했을까?

난계 박연의 소박한 인간상은 이육(李陸, 1438~1498)의 《청파극담(靑坡劇談)》에 잘 나타나 있다. 박연은 세종 18년(1436) 12월 3일 쉰아홉에 첨지중추원사(僉知中樞院事)가 되었다.

대제학(大提學) 박연(朴堧)은 영동(永同) 사람이다. 나이 40이 되도록 영락(零落)하여 세상을 만나지 못하고, 거문고와 장기로 스스로 마음을 위로하였다. 아들 몇이 있었으나 또한 글 읽기를 힘쓰지 않아 바둑을 들고 이웃집에 들러 통음(痛飮)하는 것으로 일삼았다. 그러나 밤이 되면 등잔불을 켜놓고 글을 읽지 않은 적이 없었고, 또한 때때로 제[笛]를 비껴 물고 스스로 즐

* 我東第一人材. 誰能品定. 而嘗得王考所鈔於夾俗中者. 復謹錄于長箋中. 容俟後人作小傳或小贊以寓景仰之心. 退溪德. 挹翠軒朴公闓詩. 崔簡叟易文. 柳磻溪馨遠經綸. 李忠武公舜臣略. 金淸陰尙憲節. 南怡勇. 徐花潭敬德天文. 朴堧樂. 黃公圖聰. 金沙溪先生禮. 鄭北窓仙. 興嶺算. 李圓嶠匡師筆. 金河西鱗厚風采. 宋圭庵眉壽孝.

기곤 하였다. 그 뒤 과거에 급제하여 벼슬이 첨지(僉知)에 이르렀다. 휴가를 얻어 고향으로 돌아가는 도중 서원(西原)[지금의 청주(淸州)]을 거쳐 가게 되었다. 지위를 속여 남루한 옷차림으로 주사(州司)에 자고 가기를 청했는데, 이때 공은 이미 백발이었지만 동침하는 기생이 있었다. 거문고에 대하여 잘 알고 있기에 공이 손수 몇 곡을 타니, 여러 아진이 모여들어 안 보는 자가 없었고, 수리(首吏)는 공이 연로하면서도 솜씨 있음을 기뻐하여 많은 음식까지 장만하여 대접하여 공은 마음껏 즐기고 놀았다. 그 뒤로는 악기만 있으면 꼭 두세 곡씩 즐기니, 아전들이 모두, "노인께서는 못하는 것이 없으신 분이십니다" 하였다. 공이 살통의 큰 살을 뽑아서 여러 아전에게 나누어 주고 서로 한껏 즐기다가 파하였다. 아침에 공이 주관(州官)에게 이름을 통하니, 목사 이하 모두 달려와 절하고 뵈었다. 여러 아전은 크게 놀라 모두 그 살을 돌려보냈지만, 공은 또한 끝내 이에 대하여 한마디의 언급도 없었으니, 고을 사람들이 지금까지 이 일을 말하고 있다.*

단종 즉위년(1452) 10월 1일 사관(史官)은 박연에 대하여 다음과 같이 기록하였다.

박연은 사람됨이 진실하고 정성스러우며 사치스러움이 없었다. 음률(音律)에 정통하여 세종(世宗)의 인정을 받고 종률(鍾律)을 만들었다. 일대의 음악이 찬연하여 볼 만한 것은 모두 박연의 힘이었다. 이에 이르러 자헌대부(資憲大夫)로 가자(加資)되니 사람들이 적당하다고 하였다. 《단종실록》

박시용과 박연은 조선후기의 실학파들이 인정하는 역사적 인물들이다. 박연의 도학사상은 일찍이 가학(家學)과 목은 이색으로부터 배운 실천 중심의 유학 본래의 모습에서 비롯되었다. 박시용의 시호(詩號) '문간(文簡)'이란, 문학이 넓고 본 것이 많은 것이 '문(文)'이고 경(敬)에 거(居)하여 간소(簡素)하게 행동함이 '간(簡)'이다. 난계는 '가훈 17칙'의 마지막에 "우리 집은 청렴하고 소박하여 보배로운 물건은 하나도 없다"라고 하였다.

박연의 충효(忠孝)사상

충효란 충성과 효도를 아울러 이르는 말로 왕을 성심으로 받들고 부모를 지성으로 모시는 유교사상에 바탕을 둔 덕목이다. 충(忠)은 역사적으로 볼 때, 종족 또는 그 족장, 국민 또는 그 군주·군국(君國)을 위하여 자기를 바치고 시종 그 절조가 변하지 않는 것을 말하며, 이것은 봉건적 군신관계의 근본윤리로 발전하였다.

《효경(孝經)》에서 공자는 "효자가 어버이를 섬길 때에[孝子之事親也], 평소 생활하면서는 공경을 다하고[居則致其敬], 봉양할 때에는 즐거움을 다하며[養則致其樂], 병 드셨을 때에는 근심을 다하고[病則致其憂], 상을 당했을 때에는 슬픔을 다하며[喪則致其哀], 제사 지낼 때에는 엄숙함을 다해야 한다[祭則致其嚴]"고 하였다.

제29대 성균관장으로 재추대된 최근덕(崔根德)은 1994년에 발간한 《밀양박씨문헌공난계파세보》에 '유교적 입장에서 본 난계공'이라는 글을 남겼다. 여기에 보면 우암 송시열(宋時烈, 1617~1689)은 박연을 평하기를 "성실한 효도는 천성으로 나타났고 덕행은 세상에 우뚝하여 경륜제작(經綸制作)으로 성대한 정치를 도왔다"라는 내용이 있다.•

목은의 저작 가운데 예학에 대해 본격적으로 논의한 글은 없다. 그러나 그가 부친상을 삼년상으로 치르는데 이는 고려조에 처음 있는 일이다.•• 목은 이색에게 배운 대로 박연은 돌아가신 부모에게 6년간의 여묘살이를 하였다. 이 사실은 이서구(李書九, 1754~1825)가 지은 《척재집(惕齋集)》의 '난계(蘭溪) 박선생찬(朴先生贊)'에도 있다.

난계선생은 일찍이 아버지를 여의고 극진한 효성으로 어머니를 모셨다. 어머니가 돌아가시자 상장제(喪葬祭)를 당시 사회계층이 하던 불교의식을 물리치고 주자가례로 받들었다. 아버지 묘소 아래 어머니 묘소를 마련하고 죽을 먹으면서 여묘(廬墓)를 3년 하고 3년을 마친 뒤 또다시 여묘(廬墓) 3년을 더 함으로써 앞에 돌아가신 선친께 추효(追孝)의 도리를 하였다. 전·후 6년간 아침저녁 올라가 곡을 하니 땅에서는 바위와 나무도 함께 슬퍼하고 밤낮으로 애모(哀慕)하는 곳에는 꿩과 호랑이가 따르며 보호하였다. 하늘이 그의 성효(誠孝)에 감동하여 그렇게 된 것이다. 1402년(태종 2) 임금이 이 말을 듣고 정려문과 비석을 세워 표창하도록 명하였다.•••

지금도 영동군 심천면 고당리에 있는 경란재(景蘭齋) 입구에 태종 2년(1402)에 나라에서 박연에게 내린 효자비가 있다. 2008년 금파(琴波) 김은기(金銀基)가 지은 '효자 박연과 호랑이'라는 동화가 있다. 어린이 효(孝) 교육에 좋은 자료가 될 것이다.

• 崔根德, 「儒敎的 立場에서 본 蘭溪公」, 《밀양박씨문헌공난계파세보》, 1994년, 223쪽.
•• 박경심, 《목은 이색의 철학적 인간학》, 문사철, 2009년, 97쪽.
••• 원문은 부록 李書九, 惕齋集, 惕齋集卷之八, 蘭溪朴先生贊에 있음.

효자 박연과 호랑이

충청북도 영동은 감나무로 이름 높은 고장입니다. 가로수가 모두 감나무라서 가을이면 거리마다 감이 여물어 갑니다. 이 감나무 길을 따라 서북쪽으로 이삼십 리 가다 보면 심천면 고당리 버들내에 이릅니다. 사시사철 맑은 냇물이 흐르는 버들내를 건너면 오른쪽 산 아래에 난계 사당이 있습니다. 이 사당이 바로 조선 시대 때 으뜸가는 음악가 박연 선생을 모신 곳입니다.

난계 박연은 고구려의 왕산악, 신라의 우륵과 더불어 우리나라 3대 악성으로 손꼽힙니다. 난계 사당이 있는 이곳 고당리에서 박연 선생은 태어났고, 또 이곳에 묻혔습니다. 그래서 이 고장에는 박연 선생에 관한 많은 이야기가 입에서 입으로 전해져 내려오고 있습니다.

"박연 선생은 어린 시절부터 가야금의 명수였단다. 가야금을 타기만 하면 날아가던 새며 짐승들이 모여들었어. 그리고는 음악 소리에 맞추어서 훨훨, 덩실덩실 춤을 추었단다."

할아버지와 할머니들은 어린 손자들을 무릎에 앉혀놓고 이런 이야기를 들려주곤 했습니다.

박연 선생은 이렇듯 사람과 짐승의 마음을 하나로 통하게 하는 음악의 천재였습니다. 그리고 그에 못지않게 지극한 효자로도 이름이 높았습니다.

박연은 일찍이 어머니를 여의었습니다. 아직 어린 소년이었지만, 박연은 시묘살이를 하겠다고 나섰습니다. 옛날에는 부모님께서 돌아가시면, 부모님 묘지 옆에 움막을 짓고 그곳에서 삼 년 동안을 지냈습니다. 이것을 시묘살이라고 부릅니다. 마을에서도 한참 떨어지고, 오가는 사람도 없이 무덤들만 늘어선 산속에서 혼자 지내야 하는 것이었습니다. 그것은 어른들에게도 매우 힘든 일이었습니다.

어린 박연은 온종일 바람 소리와 새 소리밖에 들리지 않고, 이야기를 나눌 친구조차 없는 깊은 산속에서 돌아가신 어머니를 그리며 지냈습니다. 아침저녁으로 밥을 차려놓고, 어머니 무덤에 절을 하고는 곡을 했습니다. 낮에는 무덤 주위에 난 잡풀을 뽑고, 잔디가 잘 자라나 비를 맞아 흙이 쓸려 내려가지는 않았나 살폈습니다. 밤에도 잠을 이루지 못하고 짐승들이 묘지를 파헤치지 않나 귀를 곤두세웠습니다. 어린 박연은 참으로 지극한 정성을 쏟았습니다.

그런 어느 날 저녁 무렵, 호랑이 한 마리가 시묘살이하는 박연의 움막 앞에 나타났습니다.

"악!"

박연은 소스라치게 놀랐습니다.

그러나 호랑이는 무덤 앞에 한가롭게 앉아 있을 뿐 사람을 해칠 생각은 없는 듯했습니다. 밤이슬을 흠뻑 맞으며 무덤 주위에 앉아 있던 호랑이는 날이 밝자 슬그머니 사라졌습니다. 그리고는 다음 날도 그 다음 날도 계속해서 어둑어둑해지면 나타나서 무덤 앞에 앉아 있는 것이었습니다.

호랑이가 오면서부터는 밤마다 가까이서 들리던 늑대며 승냥이 울음소리도 그쳤습니다. 박연은 호랑이가 옆에 있어 주는 일이 마음 든든하고 정다운 친구와 함께 있는 것처럼 느껴졌습니다. 그러는 사이에 박연은 차차 호랑이와 정이 들기 시작했습니다. 저녁때가 되면 호랑이가 기다려지곤 했습니다. 호랑이는 효자 박연을 도와 시묘살이를 함께 해주었습니다.

그러던 어느 날, 그날 따라 호랑이가 늦도록 오지 않았습니다. 어두워진 하늘에 별들이 초롱초롱 돋아나는데도 호랑이는 나타나지 않았습니다.

'웬일일까? 밤마다 찬이슬을 맞으며 묘를 지키느라 몸살이 난 것일까?'

박연은 무덤을 한 바퀴 빙 돌아보며 생각했습니다. 그리고 호랑이가 오나

해서 목을 길게 빼고 어둠에 잠겨 있는 검은 숲을 내다보았습니다.

'어디 먼 곳으로 떠났을까? 내게 작별 인사도 없었는데.'

박연은 잠자리에 누워서도 잠을 이루지 못했습니다.

별들이 빛을 잃어 가는 새벽녘, 박연은 살포시 얕은 잠이 들었습니다. 그러자 기다렸다는 듯이 호랑이가 꿈속에 나타났습니다.

"상주님, 상주님! 제발 저를 살려주옵소서. 저는 지금 당재에서 함정에 빠졌는데 곧 죽게 되었습니다. 상주님!"

호랑이는 너무나 애절하고 다급하게 외쳐댔습니다.

어린 박연은 깜짝 놀라 벌떡 일어났습니다. 꿈이었습니다. 그러나 단순히 꿈이라고만 지나쳐 버리기에는 너무 생생했습니다. 호랑이의 슬픈 눈동자가 자꾸만 어른거렸습니다.

'아무래도 호랑이가 위험에 처한 것 같아. 이러고 있을 때가 아니야.'

박연은 어머니의 묘소를 떠나 당재 쪽으로 달렸습니다. 언덕길을 뛰어 내려가 냇물을 건너고, 다시 산비탈을 뛰어올랐습니다. 박연이 숨 가쁘게 당재에 도착해 보니 마을 사람들이 웅성거리며 모여 있었습니다. 그들은 함정에 빠진 호랑이 한 마리를 꺼내놓고 빙 둘러서서 지켜보고 있었습니다. 박연은 사람들을 헤치고 들어가 호랑이를 보았습니다. 틀림없이 어머니 무덤을 지켜주던 바로 그 호랑이였습니다. 그러나 호랑이는 두 다리를 죽 뻗고 누워서 두 눈을 꼭 감고 있었습니다. 이미 숨이 끊어진 뒤였던 것입니다.

"내가 한발 늦었구나. 조금만 더 빨리 왔어도 너를 살릴 수 있었을 텐데."

박연은 호랑이를 부둥켜안고 서럽게 울었습니다. 어머니를 잃은 것만큼이나 큰 슬픔이었습니다.

상복을 입은 아이가 호랑이를 붙들고 우는 모습이 마을 사람들에게는 매우 괴상하게 보였습니다. 그 가운데 한 사람이 어린 박연의 어깨를 흔들었습니다.

"애야, 대체 왜 그러느냐?"

그제야, 어린 박연은 옷소매로 흐르는 눈물을 훔치며 일어섰습니다. 그리고
는 빙 둘러선 사람들에게 그 호랑이에 관해 이야기했습니다. 마을 사람들
은 이야기를 들으며 눈물을 글썽거렸습니다. 어떤 사람은 코를 푸는 척하며
슬쩍 눈물을 닦기도 했습니다.

"제발, 이 호랑이를 제게 주십시오. 양지바른 곳에 잘 묻어주고 싶습니다."

"아무렴, 그렇게 해야지! 이렇게 의로운 호랑이를 정말 아깝게 죽였어."

마을 사람들은 박연과 호랑이와의 인연을 귀하게 여겨 호랑이를 박연의 어
머니 묘소까지 옮겨다 주었습니다. 박연은 죽은 호랑이를 어머니 무덤 아래
에다 정성을 다해 묻어주었습니다. 그리고 해마다 이 호랑이 무덤에 제사를
지내주었습니다

그 뒤로도 박씨 문중에서는 박연 어머니의 묘소에 제사를 지낼 때마다 반
드시 이 호랑이 무덤에도 제사를 지내주었다고 전해집니다.

지금도 영동군 심천면 마곡리 아버지 박천석의 묘 아래에 박연이 여
묘할 때 그를 호위한 호랑이의 묘 의호총(義虎塚)이 있다. 6년간의 여묘
살이는 박연의 관계 진출을 늦게 했다. 스물여덟 살인 태종 5년(1405)
에 생원시, 서른넷이 되는 태종 11년(1411)에 문과에 급제하였다. 그는 태
종·세종·문종·단종 4대에 거쳐 조정에서 활동하면서 특히 세종 조에
는 '음악(音樂)의 정립'과 함께 '훈민정음 창제'라는 찬란한 금자탑을 세
운 것이다.

임금에 대한 충(忠)은 부모에 대한 효(孝)를 국가적인 차원으로 확대
한 것이다. 국가를 가족의 연장으로 생각한 유교의 국가관에서 효의 대

상이 임금으로 옮겨져서 충이 되는 것이다. "임금과 부모는 일체이다[君
父一體]"라는 《소학》의 표현은 이러한 가족과 국가, 효와 충의 관계를
잘 보여준다. 효 관념의 확대로서 충은 절대적인 복종을 의미한다. 임금
과 신하 사이는 현실적으로 상·하의 차별을 갖는 관계이기에 군주는 신
하에게 절대적인 복종과 충성을 요구한다. 그렇지만 임금과 신하 사이
는 부모와 자식 사이같이 천륜으로 맺어진 것이 아니라 의로써 맺어진
관계[君臣有義]이다. 따라서 임금과 신하 사이에는 의의 덕목이 개재한
다. 임금은 신하에게 충과 의에 따라 복종을 요구해야 하며 신하 역시
의로써 임금을 섬겨야 한다.•

난계가 남긴 시(詩) 12편에는 임금에 대한 시구(詩句)가 3번이나 나온
다. '제함흥관'에서는 "올해에 임금 모시고 유람 오고 싶네[想像當年鳳輦
遊]" '교하를 지나면서'에서는 "최상의 푸른 비단 우리 임금 드리리[欲上
靑縑獻我君]" '울산을 지나면서'에서는 "성화가 동쪽으로 온 것 이 고을
에서 보겠네[聖化東漸見此州]"라고 노래하였다.

문득 아름다운 것과 마주쳤을 때 지금 곁에 있으면 얼마나 좋을까 하
고 떠오르는 얼굴이 있다면, 그대는 그 사람을 사랑하고 있는 것이다.
박연은 세종 임금을 진정으로 사랑하였다.

박연의 애민(愛民)사상

박연의 학문과 사상의 성장에 지대한 영향을 미친 사람은 목은 이색
이다. 따라서 박연을 이해하기에 앞서 목은의 학맥과 정주학의 수용과
정착 과정을 아는 것은 박연의 학문세계를 이해하는 데 중요한 대목이

다. 가정 이곡과 목은 이색에게 동시에 스승이 되는 사람이 이제현(李齊賢, 1287~1367)이다.

이제현은 사대부 출신으로 고려 후기의 대표적인 유학자이며 목은과 그의 부친 이곡의 스승으로 목은에게 직접적 영향을 주었다. 이제현은 충목왕이 어린 나이로 즉위하였을 때 고려 후기 정무기간인 도당(都堂)에 상소하여 《효경》과 사서를 배우게 할 것과 최씨 정권의 권력기관이었던 정방(政房)과 백성에게 괴로움을 가중시키던 응방(鷹房)과 내승(內乘)을 폐지할 것을 주장하였다. 자질이 부족한 자를 부득이하게 뽑아야 할 경우에는 차라리 중앙에 관직을 줄지언정 지방관으로는 임명하지 말 것을 말하여 위민(爲民)정신을 드러내고 있다.•

고려 사회의 불교계의 문제점을 지적하는 이제현의 상소문에서 《중용》, 《맹자》 등을 인용하고, 충목왕에게 사서와 《효경》을 강의할 것을 건의한 것을 보면 그는 《논어》에서 공자가 말한 '사람은 중요하다[인위귀(人爲貴)]'와 '널리 대중을 사랑한다[범애중(泛愛衆)]'에서 비롯한 위민(爲民)정치를 유학 이념으로 삼아 고려의 중흥을 꾀하였다. 그리하여 원에서 받아들인 성리학의 이념으로 원의 횡포에 대항하고, '위민'의 정치를 찾아보기 어려운 시대에 백성을 위하여 지방관의 자질을 논할 수가 있었다. 이제현은 또한 '위민'으로 당시 불교계의 문제점을 인식하여 다음과 같이 불도들의 폐해를 정확하게 지적하고 있다. "내가 생각하기에 요즘 부도(浮圖)의 무리는 해야 할 일이 있으면 반드시 권문호걸의 가에서 힘을 빌려 백성에 해를 끼치고 나라를 병들게 한다. 공연히 일을 빨리 이르는 것에만 힘쓰고 복을 심으려 하는 것이 원망을 안겨주는 것을 알

• 박경심, 《목은 이색의 철학적 인간학》, 문사철, 2009년, 39~41쪽.

지 못한다."[*]

이색에게 영향을 준 이제현의 위민사상은 박시용과 박연에게도 분명히 깃들어 있으며, 불교계의 문제점은 박연의 상소문이나 '가훈 17칙'에도 있다.

충정왕 1년(1349) 한산군수 박시용은 비바람에 무너진 객사를 다시 지으면서, 《맹자(孟子)》 '진심장(盡心章) 상편'에 있는 "편안하게 해주는 방법으로써 백성을 부리면 백성은 비록 고달프더라도 원망하지 아니하며, 살리는 방법으로써 백성을 죽이면 비록 죽더라도 죽이는 자를 원망하지 아니한다[以佚道使民 雖勞不怨 以生道殺民 雖死不怨殺者]"라는 말을 인용하고 있다.

옛사람이 말하기를, '편안히 살 방도로 백성을 부리면 비록 수고로워도 백성이 원망하지 않는다' 하였으니, (…)[**]

이렇게 하여 한산군수 박시용은 무너진 객사를 몇 개월 만에 완성하였다.

또 고을 관원의 일 보는 집과 서적을 두는 곳과, 물건을 두는 창고를 짓지 않을 수 없다 하여 규모와 계획이 이미 정해졌는데, 박군이 마침 체직되어 떠나게 되었다. 고을 사람들은 정신이 아득하여 부모를 잃은 것처럼 여겼으니, 박군은 역시 능하다 하겠다.[***]

---

* 박경심,《목은 이색의 철학적 인간학》, 문사철, 2009년, 42쪽.
** 원문은 부록 李穀, 稼亭集, 稼亭先生文集卷之六, 韓州重營客舍記에 있음.
*** 원문은 부록 李穀, 稼亭集, 稼亭先生文集卷之六, 韓州重營客舍記에 있음.

박시용의 백성을 사랑하는 사상은 아들 천석에게 전해지고, 천석 또한 이러한 애민사상을 그의 아들에게 교육하였을 것이다. 박연은 세종 13년(1431) 12월 25일 맹인 악공들의 처우개선에 대하여 상소한 적이 있다.

> 옛날의 제왕은 모두 장님을 사용하여 악사를 삼아서 현송(絃誦)의 임무를 맡겼으니, 그들은 눈이 없어도 소리를 살피기 때문이며, 또 세상에 버릴 사람이 없기 때문입니다. 이미 시대에 쓰임이 된다면 또한 그들을 돌보아 주는 은전이 있어야 할 것 같습니다. 《세종실록》

"세상에 버릴 사람은 아무도 없다[천하무기인(天下無棄人)]"는 박연의 말은 오늘날 책의 제목이 되었다.[*]

박연은 문종 1년(1451) 2월 18일 임금에게 성주(星州) 태봉(胎峯) 아래에 있는 백성의 집과 전토를 철거하지 말도록 상언하였다.

> 풍수학설(風水學說)에, '산근(山根)에 너무 가깝지 아니하고 인가에서 멀리 떨어지면 철거하지 마라'라고 하였는데, 이제 성주(星州) 태봉(胎峯)은 봉 밑[峯下] 좌액(左腋)에 법림사(法林寺)가 가장 산근(山根) 가까이 있고 민가(民家)는 한곳에 모여 살며, 법림사 밑에 있어서 서로 거리가 멀리 떨어졌으니, 가축이 밟을 까닭이 없고, 만약 민가에 불이 나는 일이 있을지라도 법림사 뒷봉[後峯]을 지난 뒤에야 태봉(胎峯)에 이를 것입니다. 이는 신이 혼자 본 것이며 다른 사람은 본 이가 없습니다. 백성을 해롭게 함은 중한 일인데 성

• 정창권, 《역사 속 장애인 이야기-세상에 버릴 사람은 아무도 없다》, (주)문학동네, 2005년, 58~59쪽.

상의 마음을 수고롭게 할까 봐 두려워하여 그대로 있지 못하고 다시 천총 (天聰)을 어지럽게 하니, 실로 소신(小臣)의 명예를 요구하는 계책이 아니고 진실로 성상의 덕이 곤궁한 백성에게 미쳐 한 사람이라도 살 곳을 얻지 못하 는 자가 없게 하고자 함입니다. 신의 어리석은 마음을 살펴 의심 없이 시행 하소서. 《문종실록》

세종대왕의 왕자태실은 성주군 월항면 인촌리 태봉 정상에 위치하며, 현재 19기의 태실이 세종 20년(1438)에서 세종 24년(1442)사이에 만들어 졌다. 이 태실은 수양대군을 비롯한 세종의 적서 18왕자와 왕손 단종의 태를 안장한 곳이다.

처음에는 19기의 태실을 두었으나 수양대군이 단종을 축출한 뒤 이 를 반대한 수양의 동복동생 금성대군, 배다른 한남군, 영풍군, 그 사건 에 무고로 연좌된 화의군 및 계유정란에 죽은 동복동생 안평대군의 태 와 장태비 등은 세조 3년(1457) 산 아래로 파 던져졌다. 이후 1975년 흩 어진 기단석을 찾아 복원했다.

세조가 왕위에 등극한 뒤 예조판서 홍윤성은 세조의 태가 이곳에 묻 혀 있음을 알리고 비를 세웠는데, 세조의 잘못을 미워한 백성들이 비석 에 오물을 퍼붓고 돌로 찍고 갈아서 거의 글자를 알아볼 수 없게 닳아 옛 자취를 대변하고 있다. 화강암으로 만든 19기의 태실은 조선왕조 태 실의 의궤에 따랐고 지상에 석실을 만들고 그 속에 백자로 된 태호가 들어 있고, 그 위에 기단석, 중동석, 개첨석으로 이루어져 있다.[•]

양반만이 행세하던 사회에서 박연의 확고한 충효사상은 애민사상으

• "세종대왕자태실" 네이버지식iN 〈http://kin.naver.com〉 [2012. 4. 23. 기사].

로 승화되었고, 그의 애민사상은 민족의 보물 훈민정음을 낳았으니 500
년을 앞선 선각자로 평가받기에 추호도 손색이 없다.

박연의 '가훈(家訓) 17칙'

'가훈 17칙'은 1455년 박연이 전라도 고산 귀양지에서 지은 것으로, 후
손 박사량(朴思良, 1708~1772)이 영조 21년(1745)에 간행한 적이 있다. 이
때 도암(陶庵) 이재(李縡, 1680~1746)가 부서(附書)를 지었다.

영릉(英陵, 세종) 때 인재가 가장 많이 나왔다. 박공[朴堧]은 음률에 정통하
여 수백 년이 지난 지금까지 어린아이들조차도 그의 이름을 모르는 사람이
없으니 이는 순(舜)임금의 기(夔)에 비유(比譬)된다. 내가 그 후손의 뜻에 따
라 난계집을 얻어 읽어보니, 공의 저서 중에 가훈(家訓) 한 편이 있는데 자
손들을 가르치기 위하여 지은 것이다. 명언이 아주 많아 숙독하여 음미하
니 곧 한 권의 소학(小學)이라고 할 수 있다. 거기에 소학의 명륜(明倫)·경신
(敬身) 등의 의의(意義)를 참마음을 다하여 정성스럽게 간직하라고 당부하
였으니 가히 밝고 절실하다 하겠다. 아! 고려가 망한 뒤라서 풍속이 무너지
고 윤기(倫紀)가 부서졌는데, 공이 분연히 궁벽지인 시골에서 일어서서 스승
에게 배운 바도 없이 입언(立言)·수훈(垂訓)하여 옛사람과 일치하니, 어찌
하늘이 영재를 점지하여 우리나라의 문화를 열어 준 것이 아니라 하겠는
가?
세상에서는 공을 음악학자라고 일컫지만, 또한 모르는 말이다. 그 때를 당
하여 성군이 위에 계셔서 문교(文敎)가 아름다운 빛을 발하여 의례를 제정
하고 음악을 제작하는 훌륭한 제도가 삼대(三代)를 능가하였기 때문이다.
공이 조정에서 보필한 사항 중 전할 만한 것이 반드시 많을 터인데, 가승(家

乘)이 흩어져 거두지를 못하였으니 진실로 아까운 일이다. 박사량이 장차 가훈을 발간하려고 나에게 서문을 부탁하므로 감히 손을 씻고, 삼가 이처럼 기록한다.

을축(乙丑, 1745) 5월 후학(後學) 삼주(三州) 이재(李縡) 서(序)•

도암 이재는 박연의 '가훈 17칙' 부서에서 "공이 분연히 궁벽지인 시골에서 일어서서 스승에게 배운 바도 없이 입언(立言)·수훈(垂訓)하여 그 행실이 고인(古人)과 일치하니, 어찌 하늘이 영재를 점지하여 우리나라의 문화를 열어 준 것이 아니라 하겠는가?"라고 했다. 그러나 "궁벽지인 시골에서 일어서서 스승에게 배운 바도 없이 입언·수훈하여"라는 기록은 명백한 오류다. 이처럼 오류가 생긴 원인은 도암이 부서를 지을 때 박사량의 말에 의존하였기 때문일 것이다. 난계파 족보에 '한주중영객사기'가 없는 것을 보면 박사량은 이곡의 '한주중영객사기'를 알지 못했다. 박연에게는 분명히 이색·권근·김자수라는 훌륭한 스승들이 있었다.

'가훈 17칙'은 박연이 일흔여덟의 고령으로 고산에서 유배생활을 하던 1455년에 지은 글이다. 박연은 단종 2년(1454) 9월 9일 막내아들이 수양대군 일파에게 교형을 당할 때 연좌되어, 그의 아내 송씨부인의 고향 여산(礪山)이 가까운 고산현(高山縣)에서 유배생활을 하였다. 이때 3형제 중 장남 맹우는 광주에, 차남 중우는 거제도에 귀양 갔다. 이처럼 어려운 시기에 당시 사대부 가문에서나 필요할 만한 '가훈 17칙'을 남긴 것은 '단종은 반드시 복위된다'는 굳은 신념이 박연에게 있었기 때문이리라. 이때에 난계의 자녀 7남매에게서 태어난 손자손녀들이 몇 명인지 정확

• 원문은 부록 蘭溪遺藁, 雜著, 家訓 十七則에 있음.

히 알 수 없다. 하지만 어려운 여건에서도 후손을 위하여 다양한 지식과 경험이 농축된 '가훈 17칙'을 남긴 것은 실로 놀라운 일이다.

다음은 '가훈 17칙'의 번역문이다.*

1. 아이들이 생후 3~4세가 되어 약간 지각이 생기거든 곧 학업에 힘쓰도록 하되, 오로지 좋은 말로 웃어가면서 조용히 지도하여, 습관이 성품화 되도록 이끌어 도와주고 권장(勸獎)하는 것이 좋다. 7~9세가 되어 점차 향학(向學)에 뜻을 알게 되거든 부지런히 하는가, 게으르게 하는가에 따라서 지도하고 일깨워 주어야 한다. 기뻐하거나 노여워하는 얼굴빛을 보이지 말고 잘못을 뉘우치고 깨달음의 마음을 열어주되 소리를 지르고 종아리를 쳐서 부자간에 정을 거슬려서는 아니 된다. 개몽(開蒙)한 후에도 소학에만 전념하게 하여 학문에 입문케 할 것이나 그 자성(字聲)의 높고 낮음과 뜻의 정밀함과 거침을 반복해 가르쳐도 미숙한 곳이 있으면 부디 다른 책을 읽히지 말고 처음과 같이 두 번이고 세 번이고 읽도록 하는 것도 무방할 것이다. 소학을 정숙(精熟) 관통한 후에 사서(四書)에 들어가는 것이 좋다. 대체로 이 책은 주자가 옛날의 사람 가르치는 법이 없어지거나 전해지지 않은 것을 강개(慷慨)하여 옛 법 중에서 남아 있는 것과 역대 명현들의 좋은 말씀과 착한 행실을 수집한 것이다. 전부가 어리석은 사람들을 깨우쳐주고 후인을 가르쳐 길을 열어 주려고 모조리 찾고 줍고 한 말씀이다. 강령(綱領)과 세목(細目)이 있어 배우기가 쉬워 반복·숙지하여 마음에 새기면 아이들을 가르치는 바른 길이 될 것이니 다시 가훈을 저술할 필요가 없다. 이처럼 하여야 얻음이 있을 것이다. 내 자손들은 아침저녁으로 소학을 스승으로 삼아 잠

----

* 원문은 부록 蘭溪遺藁, 雜著, 家訓十七則에 있음.

시(暫時)라도 게을리 하고 소홀히 하는 일이 없기를 바란다.

가훈의 첫째가 자녀 교육에 대한 것이다. 나이가 서너 살로 어릴 때에는 인간의 본성이 잘 형성되도록 부드럽고 조용히 지도하라고 하였다. 조기교육을 그때에 이미 강조하였다. 7~9세부터는 《소학》에만 전념하게 하여, 내용을 완전히 숙지할 때까지 두세 번 반복하여 교육하고, 숙지한 뒤에도 《소학》을 스승으로 삼으라고 하였다. 박연이 《소학》을 중시한 것도 스승 이색의 가르침이라고 여겨진다. 《난계유고》 1번 소(疏)에는 '국학(國學)과 향학(鄕學)에서는 소학(小學)을 널리 강의하여 사람으로서 지켜야 할 윤리를 가르쳐 선비들의 습속을 바로잡게 하자'는 내용이 있다

목은의 성리학은 이제현의 영향과 원의 유학에서 허형(許衡)의 실천 중시적 학풍을 계승하여 인륜을 중시하는 실천성을 강조한 것이다. 그것은 조선조 초기 도학자들에게 나타나는 《소학》의 실천이기도 한 것이다.•

목은의 스승인 원나라의 허형은 "《소학》을 나는 신명과 같이 믿고 부모와 같이 공경한다"라고 하였고, 이색 문하의 권근은 "《소학》을 공부한 다음에 다른 공부를 할 것이며, 성균관에 입학하고자 하는 자에게는 《소학》의 능통 여부를 알아본 다음에 시험에 응시하도록 해야 한다"고 주장하였다. 이리하여 《소학》은 서당·향교·서원 등의 모든 유학 교육 기관에서 필수적인 교과목으로 다루어졌다.

2. 형제는 한 부모로부터 태어난 몸이니 서로 후(厚)하여야 한다. 세상사람

• 박경심, 《목은 이색의 철학적 인간학》, 문사철, 2009년, 100쪽.

중에는 길거리에서 만난 사람들에게 하는 것처럼 형제가 비록 궁하고 배고
픔을 당해도 돌보지 않으면서 도리어 소원(疎遠)한 사람들에게 후하게 재물
을 융통하고, 애휼(愛恤)함을 아끼지 않는 사람이 있으니 이것이 도대체 어
떤 마음일까? 만일 우애 없음이 세상에 알려져 잘못됨이 죄가 되어 패가망
신(敗家亡身)하면 도대체 무슨 이익이 있겠느냐? 나의 자손들은 형제산에
잘못이 있으면 서로 가르치고 재물은 있고 없음에 따라 서로 융통하라. 부
녀자의 말을 듣지 말고 하인들의 하소연도 믿지 마라. 노여운 마음을 마음
에 품어두지 말고 원망을 가슴에 품어두지 말며, 항상 은혜와 사랑을 서로
베풀고, 책망하고 꾸짖는 말로서 되갚음하지 마라. 친족을 반갑게 여기고
화목함으로써 길이 좋은 가풍을 세워 이것을 마을과 친구들이 본받으면 좋
은 일이 아니겠느냐?

《세종실록》에는 난계의 가까운 집안의 형제가 재산문제로 다투었다
는 기록이 있다. 난계는 이 사실을 교훈으로 삼았을 것이다.

3. 가정을 온전하게 잘 지키자면 온화하고 순함이 중요한데 서로 뜻이 맞지
않아서 다투는 일은 잉첩(媵妾)에게서 일어난다. 내가 보니 세상에 어리석
은 사람들이 폐첩(嬖妾)의 농간에 혹하여 상·하의 구분을 엄격히 하지 못하
고 정에 빠져서 악행을 조장하고 교만과 시샘을 키워서 참언(讒言)과 생흔
(生釁)으로 변란을 만든다. 옳고 그른 것을 구별하지 못하여, 적게는 여러
사람이 마음속으로 원망하고, 크게는 아버지와 아들이 서로 헤어져 그 화
가 가볍지 않다. 바라건대, 내 자손들은 아들이 없어 첩을 두더라도 높고 낮
음을 분별하여 모든 진퇴(進退)·기거(起居)·의복(依服)·음식(飮食)에서 본
가에 견주어 분수에 넘치게 하여서는 안 될 것이며 모든 일을 본가에 아뢰

어 명을 받아 행하도록 하여라. 이간질하는 말이 있을 때에는 즉각 그 근
원을 파서 대질 심문하여 확실한 것을 밝힌 다음, 책임을 묻고 벌하는 것을
분명히 하여라. 참소(讒訴)하는 말은 부디 마음속에 쌓아두지 말고 발설(發
說)하지도 마라. 이처럼 하면 말을 교묘하게 꾸미고 사실을 근사하게 조작
하는 말을 입 밖에 내지 못할 것이다. 또한, 가정에 큰 우환은 첩을 둔 사람
들이 서자를 너무 편애(偏愛)하여 집안을 다스리는 일이 뒤바뀌는 수가 있
다. 노비(奴婢)와 재물을 나누어 주는 데도 공평하지 못하거나 경중을 잃으
면 세상 상식과는 많이 어긋나는 일이다. 내가 일찍이 이런 일에 대하여 애
통해 한 적이 있다. 내 자손들이 이러한 행실이 있는 것을 나는 바라지 않는
다. 하인의 수가 얼마 안 될 때에는 나누어 주지 않아도 좋고 또 많다고 하
더라도 나무하고 물 긷는 정도의 둘이나 셋이면 될 것이다. 최고 많이 줄 때
라도 넷을 넘어서는 안 된다. 재물을 나누어 주는 데 있어서 공정하게 할
것이며 분수를 넘어서는 안 된다. 만약 나의 유명을 지키지 않으면 내 자손
이 아니다.

"내가 일찍이 이런 일에 대하여 애통해 한 적이 있다"라는 말은 세종
30년(1448) 3월 10일의 기사와 관련이 있다고 본다.

사헌부에서 아뢰기를, "부윤(府尹) 박연(朴堧)이 휴가를 얻어 귀향(歸鄕)하더
니, 누이가 죽으매 서울에 돌아갈 날이 급하였다고 핑계하여, 나흘 만에 장
사 지내고 드디어 재산을 나누어 짐바리에 싣고 왔사오며, 또 악학제조(樂
學提調)로서 사사로이 악공(樂工)을 데리고 영업을 하게 하였사오니, 청하옵
건대 벌을 주소서" 하니, 명하여 그 직(職)을 파(罷)하였다. 《세종실록》

박연이 죽은 누이를 나흘 만에 장사 지내고, 재산을 나누어 짐바리에 싣고 온 까닭이 궁금하다. 죽은 누이를 박연의 마음대로 나흘 만에 장사 지낼 수 있었다면, 누이의 가정은 정상이 아니다. 이때는 혼인한 여자가 자식 없이 죽으면 여자의 재산은 남편이나 시댁 소유가 되는 것이 아니라 친정으로 돌아갔다.* 게다가 누이의 남편은 애첩 때문에 본처인 누이를 잘 돌보지 않았을 것이다. 죽은 누이가 난계의 네 여형제 중 누구인지는 모르겠지만, 막내 여형제의 남편 김보린(金寶麟)의 묘가 청주시 흥덕구 서촌동에 있다고 한다.

4. 전처가 죽고 후처를 들이면 전후 아내에게서 난 아들들이 다투는 일이 흔하다. 바라건대, 나의 자손 중 불행하게도 배필을 잃는 일이 있더라도 전처의 자식이 있어 아버지와 할아버지를 대신하여 조상의 제사를 받들 수 있으면, 다시 후처를 얻지 말고 마땅히 단산한 여자를 구하여 식사를 차리는 일을 맡기면 이것 또한 가문을 보존하는 크게 빛나는 절조가 될 것이다.

5. 나의 자손 중에서 불행히도 후사가 없는 자는 반드시 본종(本宗)에서 양자할 것이며, 만약에 본종에 뜻에 맞는 자가 없으면 동종(同宗) 중에서 잘 선택하여 대(代)를 잇도록 하여라. 타성의 아이를 시양(侍養)하거나 수양(收養)하여서는 안 된다. 또 노비[창적(蒼赤)] 및 세전기물(世傳器物)은 삼가 자손 외에는 아무도 남용 못하게 하여라.

6. 친족(親族) 안에 때가 지나도록 출가 못한 딸이 있어도 집안이 가난하여

• 이순구, 《조선의 가족 천개의 표정》, 너머북스, 2011년, 67쪽.

결혼이 어려우면 각자 자기 살림에 알맞게 돈을 내어 혼사 차림새의 밑천을 갖추게 하여 실기 않도록 하여라. 만약 모은 재산이 있어 혼자서도 감당할 만하면 다른 힘을 빌리지 마라. 이것도 우리 가문의 아름다움이 될 것이다. 내 뜻은 이와 같으니 너희는 어떻게 생각하느냐?

7. 상례(喪禮)와 장례(葬禮)는 한결같이 주자가례(朱子家禮)를 따르도록 하여라. 지나치게 슬퍼하여 몸을 손상하여서는 안 되고 너무 방자하고 가볍게 하여 예의에 어긋나서도 안 된다. 지나치게 슬퍼하여 몸을 손상하는 일은 오히려 취할 바가 있으나, 너무 방자하고 가볍게 하여 예의에 어긋나는 것은 금수와 같은 것이니 삼가지 않으면 안 된다. 너무 방자하고 가볍게 하는 데에는 여덟 가지가 있다. 크게 취해서 정신 잃기[大醉昏迷] 맛있는 음식 포식하기[飽食珍羞] 떠들고 웃으며 이야기하기[喧呼談笑] 사랑방에서 바둑 두기[戱慢博奕于謁] 남과 더불어 관가에 가서 소송하기[公門與人鬪訟] 여자관계로 혐의(嫌疑)받는 일[不閑女嫌] 상사가 아닌 일로 이곳저곳 다니기[非喪事而諸處出入]이다. 이 밖에도 잡란(雜亂)이 있으나 다 기록하지 못한다.

여기에서 "상례(喪禮)와 장례(葬禮)는 한결같이 주자가례(朱子家禮)를 따르도록 하여라"라는 말도 《난계유고》 1번 소(疏)에 나오는 내용이다.

8. 또 내가 세상 사람들을 보니 부모가 돌아가신 날에 상례와 장례에 대하여 생각할 겨를도 없이 먼저 부처에게 귀의(歸依)하는 것을 급선무로 삼고 있다. 그리하여 재물과 곡식을 모두 절에 바쳐도 부족하다고 여기면 애걸복걸하면서 이자(利子)를 주는 돈을 꾸어 그 용도에 충당한다. 어찌 부처에게는 후하게 하고 부모에게는 박하게 하는가? 중들은 말할 것이다. 이렇게 해

야만 망자로 하여금 죄과를 씻고 복을 받아서 천당에서 살 수 있다 할 것이
니 이런 말을 들으면 자식 된 사람으로 따르지 않을 수 있겠느냐? 내가 들으
니 옛적에 유리왕(瑠璃王)이 군사를 일으켜서 석가여래의 구족(九族)을 멸
하여 한 사람도 남겨누지 않았다. 석가여래의 신통력과 변화로써도 자기의
구족이 멸하는 데 구제하지 못하면서 업보는 피할 수 없다고 한다. 그렇다면
어찌 전생부터 업보가 얽혀 있는 몸으로 하루아침에 부처를 받들어서 뇌물
을 쓴다고 하여 사람의 죄과를 없애고 사람의 행복을 가져올 수 있겠느냐?
이러한 이치는 단연코 있을 수 없으니 믿지 마라. 바라건대, 나의 자손들은
부모가 돌아가신 날에 상례와 장례에 전념할 것이니 부처를 섬기지 말고 다
만 아침저녁으로 전(奠)을 지내고 삭망(朔望)으로 제사 지내면 그것으로 충
분하다. 무릇 제사에 쓰는 제물은 살았을 때와 같이 정결하고 간략하게 하
여 삼 년으로 마치면 된다.

고구려(高句麗) 제2대 유리왕(瑠璃王)은 재위기간이 BC 19년~AD 18
년이며, 우리나라에 불교가 처음으로 전래된 것은 고구려 소수림왕 2년
(372) 6월 전진(前秦)의 왕 부견이 순도(順道)스님을 통해 불상과 경전을
보내 오면서부터이다.

9. 주역에 이르기를 '선(善)을 쌓은 집은 반드시 경사가 있고 불선(不善)을 쌓
은 집은 반드시 재앙이 따른다' 하였다. 대체로 일에는 착한 것과 착하지 않
은 것이 있나니 마땅히 따를 바를 잘 선택하여야 한다. 불교의 가르침은 부
처에게 귀의하여 시주하는 것을 착한 일이라 하고 성인의 가르침은 자기 몸
을 닦고 남을 사랑하는 것을 착한 일을 쌓는 것이라고 한다. 내 생각으로는
효도·우애·신의·예의·염치로써 가정의 법으로 삼아 마음을 맑고 욕심을

적게 하여 남을 헤치지 않고 명예를 구하지 않으며, 남을 사랑하는 마음을 새겨 신의로 대함으로써 남의 과실을 말하지 않고 남의 비밀을 털어놓지 않으며, 남의 급한 것을 도와주고 남의 어려움을 구제할 것이며, 길(吉)·흉(凶) 간에 서로 도와주고 경(慶)·조(弔) 간에 부조금을 주는 일 등을 마음속에 항상 잊지 않고 행하여 잠시라도 소홀히 해서는 안 된다. 이 밖에 심을 만한 좋은 일과 바랄 만한 복은 없을 것이다. 내가 세상 사람들을 보건대 부모·형제·처자·친척을 섬기는 일에는 칭찬할 만한 것이 추호도 없고 존장과 붕우의 윤리에서도 모든 도리를 상실하고서는 단지 부처에 귀의하는 것만 착한 일로 삼으니 나는 대단히 통탄하는 바이다. 내 자손들은 절대로 불교를 숭봉하지 말고 오로지 성훈에 종사하도록 하여라.

10. 가정 안에서 삼현가무(三絃歌舞)를 가르치는 것은 실로 집을 망치는 근원이니 결코 마음도 갖지 마라. 거문고와 비파 같은 바른 음악의 악기는 옛날부터 군자가 곁에 두고 성정(性情)을 길렀으니 고요한 가운데에 손수 다루어보면 좋을 것이다. 또 바른 사람과 단정한 선비로 벗을 삼고, 노인이나 경륜과 지식이 뛰어나 일 처리가 노련한 사람들을 손님으로 초대하여 맑은 바람과 밝은 달 아래서 한 잔 술에 시 한 수 읊음은 좋은 일이지만 늘어지게 취하여 노래하고 춤추며 용렬한 무리와 매일 접촉하는 것은 내가 원하는 바가 아니다.

삼현가무(三絃歌舞)를 합성어로 보지 않고, 삼현만을 따로 떼어내어 해석하면, 엉뚱하게 악성(樂聖) 박연이 삼현을 가르치지 말라는 말이 된다. 이는 앞뒤 문맥을 보아 올바른 해석이 아니다. 《실록》에서 삼현이란 말은 《태종실록》에 3번, 《영조실록》에 3번, 그리고 《순조실록》에 1번으로 모두 7번 나온다. 삼현에 대하여 설명하는 영조 50년(1774) 8월 28일의 기사다.

> 임금이 넉유낭(德游堂)에 나아가 새로 과거에 급제한 사람들을 소견하였다. 임금이 김노영(金魯永)에게 이르기를, "너는 부모가 나 살아 있는데도 풍악을 베풀지 않았다고 하니, 이는 네 아비의 뜻인 것 같다. 네가 사는 동네가 바로 나의 옛집과 같은 동네이다. 용호영(龍虎營)의 삼현(三絃)을 특별히 내려줄 터이니, 너는 오늘 유가(遊街)하라."《영조실록》

기사의 주(註)에 삼현이란 거문고·가야금·향비파라고 하였다. 거문고는 중국 진나라의 칠현금(七絃琴)을 고구려의 왕산악(王山岳)이 고쳐 만든 악기이고, 가야금은 가야의 우륵이 만든 악기이며, 향비파는 우리 전통악기 중 사부(四部)에 속하는 현명악기(絃鳴樂器)로 오한·오현비파·지름비파(直頸琵琶)라고도 하는 것이다. 난계는 집 안에서 삼현을 연주하면서 가무(歌舞)를 하지 말라고 하였지, 삼현을 연주하면서 시(詩)를 읊는 것조차 하지 말라고 하지는 않았다. 그러면서 난계는 삼현가무에 대하여 "늘어지게 취하여 노래하고 춤추며 용렬한 무리와 매일 접촉하는 것은 내가 원하는 바가 아니다"라고 재차 설명하지 않는가?

11. 매나 개를 기르는 것은 부귀한 가문으로 사람이 많아 그 일을 맡길 수 있다면 하여도 좋다. 그러나 가난한 하류 가정에서 스스로 사냥꾼이 되어 매를 팔에다 올려놓고 개를 부르는 것으로 소일하고 가사를 돌보지 않으면 하인과 말을 괴롭히고 처자로 하여금 굶주리게 하는 것이니 매우 부끄러운 일로 사람이라 할 수 없다. 또 매 새끼를 길들이는 사이에 다른 동물의 생

명을 많이 죽이게 되니 잔인하고 의리를 헤치는 일이다. 난 진실로 이를 안타까운 일로 여긴다. 내 자손들은 이렇게 하지 않기를 바란다. 삼가 망령된 취미를 가지지 말고 몸을 온전히 보존하여 문호를 잃지 않도록 꾀하여라.

《실록》에 '매사냥'이란 말은 355번 있다. 태종 112번, 세종이 172번, 기타 71번이다. 박연의 사촌 처남 송거신도 매사냥을 즐겼다고 한다. 이것을 곁에서 본 박연은 '매사냥'의 피해(被害)에 대하여 누구보다도 더 잘 알고 있었다. 세종 29년(1447) 5월 14일 송거신의 졸기의 한 구절이다.

성품이 질박(質樸)하고 정직하며, 살림살이를 꾀하지 아니하고 항상 매사냥으로써 스스로 즐기다가 나이가 79세에 세상을 마치었다. 《세종실록》

12. 입[口]은 화와 복의 문이니 신중하지 않을 수 없다. 남과 대화할 때에는 단지 강산·풍월·화조·시장 등과 옛 현인의 사적에서 법으로 삼을 만한 것이나 경계할 만한 것만 말하라. 국가의 정교(政敎)나 인간의 훼예(毁譽)는 삼가 입 밖에 내지 마라.

이 내용은 세종 15년(1433) 7월 21일의 권도(權蹈)와 관련이 있을 것이다. 권도는 권근의 아들이다. 권근은 이색 문하로 박연의 스승이다. 이러한 인연 때문에 박연이 권도를 믿고 한 말을 세종에게 일러바쳤다. 이 일로 인하여 박연은 벼슬이 파직되었으나 하던 업무는 그대로 하였다.

13. 먼 친척이나 친구가 첩에게 빠져 있을 때에는 삼가 경솔하게 드나들지 마라. 또 과부네 집에 비록 어진 자손이 있어서 친하다면 집에 초대하여 상

종하는 것은 좋지만, 그 집에 드나드는 것은 삼가라.

14. 여색이 가장 명예와 절조에 관계되는 것이니 경홀(輕忽)히 해서는 아니된다. 장기늘은 서방이 구름같이 많아서 벼슬차례가 난잡[계란(階亂)]한 경우가 허다하다. 외방관기는 의심스러운 섬이 더욱 낳다. 구차하게 일시적 욕망으로 망령되고 경솔히 침범하게 되면 혹 부자·형제 간에 서로 범하는 수가 있고 또는 존장(尊長)·사우(師友) 간에도 서로 범하게 된다. 순간적인 조그마한 일로 마침내 종신의 흠을 남기게 되니 후회해도 어쩔 수 없다. 전적(全的)으로 뜻을 두지 않는다면 상책이지만 그렇게 하지 못한다면 멀고 가까운 친족들이 범하였거나 당대의 고관대작이며 은문(恩門)·종계(宗稧)·내료우(內僚友)·별성(別星)·수령(守令) 등이 조금이라도 범한 흔적이 있으면 상세히 모두 묻고 분별하여 절대로 가까이하지 마라. 이처럼 하면 혐의를 받을 우려가 없을 것이며 시비의 함정에 빠지지도 않을 것이다. 따라서 평생 욕되는 일이 없을 것이다. 또한, 서울의 기생으로 말한다면, 서울의 조신(朝臣)들 가운데는 기생을 첩으로 삼는 사람이 많지만, 왕실의 친족과 고관명문들은 그 지위를 문병(門屛)을 가리듯이 삼가 바람과 비도 침범하지 못할 정도로 가정을 지켜나간다. 하지만 그 밖에 중류 및 하류의 무리로서 화류계에 정을 둔 자는 죄과(罪過)에 빠져서 명예와 절조는 땅에 떨어지고 가성(家聲)이 불미스러워진 사람이 흔히 있다. 바라건대, 나의 자손들은 서울 기생에게는 절대로 가까이하지 말 것이며 지방의 관기와도 의심쩍은 일이 없도록 하여 이 늙은이의 뜻을 이어받아 선조의 유풍을 더럽히지 마라.

15. 대체로 헤아려 생각하건대 공사 간의 연회나 환락 장소에서 중요한 일이 없거든 오래 머물지 말고 일찍이 적당한 핑계를 대고 나와라. 또한, 연회장에

서 진퇴(進退)하고 좌립(坐立)할 때 삼가 명기(名技) 옆에는 가지 마라. 만약 어떠한 의혹을 받게 되면 비난을 면치 못할 것이니 무엇으로 변명하겠느냐? 뒤에 가서 후회하기보다는 미리 무관(無間)하게 하는 것이 어떠하냐? 삼가고 삼가라. 이것도 몸을 다스리는 하나의 큰 절도이다.

16. 입신출세하여 민간인의 송사(訟事)를 처결하는 관원이 되거나 대성(臺省)의 임무에 종사할 때, 사족(士族)의 문제로서 죄의 흔적(痕迹)이 애매하면 신중히 하고 먼저 사건 발단의 사유를 말하지 마라. 만일에 부녀(婦女)의 간통사건일 경우에는 더욱 가볍게 재결(裁決)하면 안 된다. 사정이 명백하지 않고 또 현저한 증거가 없을 때는 처리하지 않는 것이 좋을 것이다.

17. 우리 집은 청렴하고 소박하여 보배로운 물건은 하나도 없으나 다만 한 평생 겪은 사건과 아울러 원하는 바를 기록한 저서를 가정의 규범으로 삼아 장래에 길이 전하여 없어지지 않도록 하길 바란다.

1455년 7月 상순에 78세 늙은이의 힘과 괴로운 손으로 이를 써서 전한다.

난계의 '가훈 17칙'의 내용이 얼마나 구체적인가! 가훈에서도 박연 가(家)의 가풍과 함께 이색이 박연에게 전수한 유교의 실천중시적 학풍의 영향이 물씬 풍긴다. 후손에게 전하는 '가훈 17칙'을 지을 때, 귀양지 고산(高山)의 박연은 그해 윤6월 10일에 있었던 단종의 선위 사실을 몰랐거나, 알았다 해도 곧 단종이 복위할 것으로 믿고 있었다. 그러나 단종의 왕위를 찬탈한 세조와 그의 후손은 1455년 윤6월 11일부터 조선이 끝나는 날까지 왕이었다.

막내아들 박계우의 죄는 세조의 명에 의해 편찬한 《경국대전》의 과거 응시자격 결격사유인 '사직을 위태롭게 하는 모반죄인'에 해당하였다. 연좌제가 적용된 박연 후손들은 영조 43년(1767) 11월 14일 박연에게 문헌(文獻)이라는 시호가 내려지기 전까지 죄인 아닌 죄인, 양반 아닌 양반으로 살아야 했다. 그들은 단종 2년(1454)부터 영조 43년(1767)까지 313년간 과거 응시자격이 없었다.

참고로, 촉한(蜀漢)의 제갈공명(諸葛孔明)이 평생 좌우명(座右銘)으로 삼았으며, 그의 아들 첨(瞻)에게도 일러주었다는 계자편(戒子篇)을 보자.

"무릇 군자의 행실은[夫君子之行], 고요함으로 몸을 닦고 알뜰함으로써 덕을 길러야 한다[靜以修身 儉以養德]. 마음이 담백하지 않으면 뜻이 밝을 수가 없고, 고요하지 않으면 뜻을 멀리 이룰 수가 없다[非淡泊无以明志 非寧靜无以致遠]. 무릇 학문이란 반드시 평온한 마음으로 임해야 하며 재능은 반드시 배움을 필요로 하나니[夫學須靜也 才須學也], 배우지 않는다면 재능을 넓힐 수 없고 뜻이 없다면 학문을 이룰 수 없다[非學无以廣才 非志无以成學]. 마음이 게으르면 정밀한 이치를 깨칠 수 없고, 조급함에 빠진다면 심성을 다스릴 수 없다[怠慢則不能勵精 險躁則不能冶性]"고 하였다.

박연이 이룬 업적을 보면, 아버지 천석은 아들 연에게 제갈공명의 좌우명처럼 살라고 가정교육을 하지 않았을까?

* * *

난계 박연의 삶을 조명하기 위해서 제일 먼저 한 일은 그의 선대를 알아보는 것이었다. 우리나라의 박씨는 모두 신라 시조 왕 박혁거세의 자손이다. 신라의 박씨 왕은 모두 열 명인데, 족보에는 대부분 박씨가 신라 54대 경명왕(景明王, 재위 917~924)의 자손으로 되어 있다. '신라왕손(新羅王孫) 만파일원(萬派一源)'이라 할 때 광의(廣義)로는 신라 시조 왕의 후손이지만, 협의(狹義)로는 경명왕의 후손이다.

밀양박씨는 경명왕의 장남인 밀성대군(密城大君)을 시조로 한다. 신라의 왕족인 밀양박씨는 고려에서는 귀족이었다. 그러나 밀성대군부터 박연의 증조부 박순중(朴純中)까지는 족보 이외의 문헌에서 관련 사실을 찾을 수 없었지만, 조부 박시용(朴時庸)에 대해서는 이곡(李穀)이 지은 '한주중영객사기'가 있어, 그의 한산군수 재직 때의 선정을 알게 되었다.

박연의 어머니 경주김씨의 외조부 되는 손홍량(孫洪亮, 1287~1379)의 기록은 《고려사》와 《고려사절요》에, 박연의 장인 송빈(宋贇, ?~1388)의 참담한 기록도 《고려사절요》에 있다.

박시용이 영산김씨 시조인 김영이의 사위가 되어 영동이 고향이 된 것도 따지고 보면 본가(本家)의 경제적 기반이 처가(妻家)보다 약했기 때문이 아닐까? 조부 박시용으로 말미암아 박연 가(家)는 고려 말부터 조선 초에 형성되는 신흥사대부가 될 수 있었고, 조선에 와서는 박연이 송씨부인과 결혼함으로써 태종비 원경왕후 등 왕실과도 가까웠다.

박연 가(家)는 경제적으로 크게 부유하지는 않았지만, 학문을 숭상하고 바르게 살기를 바라는 가풍을 가진 집안이었다. 이러한 집안의 내력은 그의 인품이 올바르게 형성되는 바탕이었으며, 게다가 할아버지로 말미암은 이색 가문과의 교류는 그의 학문에 큰 영향을 끼친 것으로 파악되었다.

박연이 남긴 글은 상소문으로 대부분 《실록》에 있다. 상소문과 시(詩) 12편, 그리고 '가훈 17칙'이 현존하는 그가 남긴 글의 전부이다. 난계 박연에 관한 연구는 그가 남긴 글과 그에 대하여 기록된 《실록》을 바탕으로 이루어져야 한다. 그러나 성현(成俔, 1439~1504)의 《용재총화》와 이육(李陸, 1438~1498)의 《청파극담(靑坡劇談)》에 나오는 박연에 관한 기록도 참고할 만하다. 성현과 이육은 박연이 조정에서 물러난 이후에 문과에 급제했기 때문에, 박연의 실제 모습을 본 것은 아니다. 단지 주위 사람들이 박연에 대하여 말하는 것을 듣고 옮겨 적었을 따름이다. 그렇다 하더라도 이들의 글에서 난계 박연의 모습을 그려볼 수밖에 없다. 성현과 이육에게 박연에 대하여 얘기한 이들은 모두 그를 만난 사람들이기 때문이다.

박연에 대한 다른 글들은 모두 위에서 열거한 문헌을 인용한 것이다. 다만 이서구(李書九, 1754~1825)가 지은 《척재집(惕齋集)》의 '난계 박선생 찬(贊)'에 있는 '여묘살이와 호랑이'에 관한 이야기는 예로부터 구전으로 후손들에게 전해왔으며, 박연에게 내린 태종의 효자비도 실제로 존재한다.*

박연(朴堧)이 정립한 조선 음악을 연구하려면 조선왕조실록(http://sillok.history.go.kr)에서 그에 관한 기사를 참고하면 된다. 그러나 사학자나 국문학자는 《난계유고》도 함께 보아야 할 것이다. 《난계유고》에는 《실록》에 없는 난계의 시(詩)와 소(疏) 1번·2번·4번이 있기 때문이다. 이 중에서 특별히 귀중한 것은 소(疏) 1번이다. 소(疏) 1번에는 난계 박연이 지향(志向)하는 조선의 교육정책이 나열되어 있다.

---

* 원문은 부록 李書九, 惕齋集, 惕齋集卷之八, 蘭溪朴先生贊에 있음.

일찍이 유교의 실천 중시적 학풍을 중시하는 가문의 후예로서, 난계 박연은 500년이나 앞선 인본주의자였다. 그는 경기도 개경(開京, 지금의 개성)에서 태어나 고향 영동에서 6년간의 여묘살이를 하였으며, 태종 11년(1411) 문과 급제하여 서울에서 살았다. 그러나 수양대군 일파에게 이른바 계유정난 간당(姦黨)으로 지목된 아들 박계우에 연좌되어 전라도에서 귀양살이하였고, 지금은 충청도에 잠들어 있다.

15세기 조선 최고의 학자였던 박연은 조선의 음악(音樂)을 정립하였을 뿐 아니라, 음악 서적에서 얻은 전문적 지식으로 천(天)·지(地)·인(人)의 바람소리·물소리·목소리를 아우르는 훈민정음을 탄생시켰다. 이제 우리는 난계 박연을 세종 때의 위대한 음악가로만 여길 것이 아니라, 우리 민족이 영원히 감사하여야 할 훈민정음을 창제한 5000년 역사상 가장 위대한 분으로 받들어야 할 것이다.

● 李穀, 稼亭集, 稼亭先生文集卷之六, 韓州重營客舍記

至正己丑秋. 雨甚. 馬山客館南廊壞. 雨旣霽. 農亦隙. 州人欲修之. 郡守朴君
曰. 非惟南廊. 雖廳廡幾圮陊. 盍一擧新之. 州人謂地不產材. 尋尺之木. 於它山
百里外取之. 而又居吾土者多蔽于權豪. 誰肯爲吾役. 君曰. 第爲之何有. 且曰.
不去舊屋. 人將不力則一朝而盡撤之. 州人始疑且憂. 君迺量吏才. 其能者. 則
畀之大屋而多其夫. 拙者少之. 旣分幹之. 則令之曰. 古人云. 以佚道使民. 雖勞
不怨. 今爾之所以衣食茲土. 而無無聊之歎者. 皆上之賜也. 凡賓客之來. 大則
布天子之德音. 小以頒國令而邦本是恤. 則茲館宇之設. 其究爲民也. 今者之役.
非佚爾之道歟. 況其故制觕樸. 且將頹壓. 無以奉使華而聽詔令. 郡守惟不敬是
懼. 安敢怠. 敢違者罰. 於是籍戶出夫. 唯免老稚. 航海取材. 不憚險遠. 率錢而
助. 簞食以餉者磨其肩. 役以其年之閏. 纔數閱月. 廳房廊廡. 結構旣周. 時方寒
沍. 不可塗墍. 姑令寢工. 迨明年春仲. 功將告訖. 不高不庳. 以稱面勢. 不侈不
陋. 以適時宜. 始之疑且憂者終焉悅服. 昔之豪橫. 今役頤指. 又以爲州官視事
之堂. 架書庫藏之所. 不可以不作. 規畫已定矣. 君適代去. 州人茫然如失怙恃.
君亦能哉. 余少長鄕里. 知民之禍福實繫于守令. 於吾鄕益見之. 比在輦轂. 聞
吾吏民往往竄伏. 而邑塗荊棘. 賓客無所歸. 郡守莫知所爲. 懷印而去. 余喟然
曰. 此非獨吏民之罪. 守土者亦不得逃其責. 丙戌之春. 奉詔而歸. 時則有李君
資爲政. 伊始馭吏臨民. 俱有條法. 一境之人. 拭目成效. 曾未半歲. 召官于朝.
李君自長繼政益勤. 知無不爲. 則曰. 國制守令之居. 謂之公廨. 此州之守. 無所
於寓. 寓於民家. 何以州爲. 命其州吏. 分曹部役. 不日而成. 又將館宇. 以次脩

葺. 俄以家艱去郡. 朴君之至. 能兼二李之才. 數年之間. 利興害除. 事集民和.
實非前日之韓山也. 又能待人以誠意. 接賓無惰容. 至於供需之物. 牀褥什器之
微. 皆致完潔. 然其取足於公帑贓物. 而無一毫斂及於民. 故其聲譽藹然冠於一
方. 余鄕人也. 慈侍之余. 幸獲見聞. 今因館舍之作. 略書大槩. 噫. 自今蒞君者.
一以君爲法. 而功之未完. 事之未已者. 卒能成之. 則不憂不爲良吏矣. 君名時
庸. 字道夫. 密城人. 由科第任文翰. 拜監察糾正. 例出爲州云. 庚寅三月日. 記.

● 丁若鏞, 與猶堂全書, 第五集政法集第二十七卷○牧民心書卷十二, 工典六條
繕廨

朴時庸爲韓山郡守. 秋雨. 客館南廊壞. 雨旣霽. 郡人欲修之. 君曰. 非唯南廊.
雖廳廡幾圮陊. 盍一擧新之. 郡人謂地不產材. 尋尺之木. 皆於他山百里外取之.
又居吾土者. 多蔽于權豪. 誰肯爲吾役. 君曰. 不去舊屋. 人將不力. 一朝而盡撤
之. 郡人始憂. 君乃量吏才. 各授以職. 於是籍戶出夫. 唯免老穉. 航海取材. 不
憚險遠. 踰年功告訖. 李穀爲之記.

● 朴堧, 蘭溪遺藁

蘭溪先生遺藁序

祖淳少時讀 國朝寶鑑至

莊憲王與公正雅樂公辨黍律磬音如神嘆曰異哉其大章之一變乎旣而讀黃江漢所

爲公神道碑銘盒知公言行出處之賢而心景仰焉朴生心學公之裔孫也一日踵門手

一卷告曰此先祖蘭溪公遺藁請以弁卷累公祖淳受而閱之詩凡八篇疏凡三十有九

篇雜著凡二篇簡矣哉其兵燹遺失之故歟大凡著述之傳後者或以文或以人然其文
非大過人雖多未必久傳其人賢雖少必久傳無疑盖名生於文故文湮則名亦湮文依
於名故名之存文亦賴存多則傳多少則傳少未有其人賢而其文不傳者故曰有德者
必有言也今公文之所傳者雖少其疏與儀節諸篇皆禮樂之議也天下國家之所不
可廢者也其家訓一篇井井乎顏氏柳氏之遺意而居家之所必知也顧可以簡編之少
而忽之哉宜其孫之必欲壽其傳也嗚呼以
英陵之聖視公如虞帝之命典樂公之用非所謂明良喜起者耶樂旣正居田里不復從
政公之守非所謂善居成功者耶雖然公之賢豈但爾也公之子死六臣禍而公以三朝
元老免噫當時之號稱三朝元老而駢首血市者何限而公獨免哉卽非公平日之名雖
雷霆之威有不得不爲之屈者耶嗟乎其賢矣心學受業從叔父三山齋之門與祖淳厚
今於索言也不得以不文辭謹書如右
上之二十二年孟夏輔國崇祿大夫領敦寧府事永安府院君金祖淳序

蘭溪先生遺藁目錄

詩

題松雪堂－先生堂號－

題雙淸堂－宋公愉堂號－

敬次從兄菊堂公－興生－韻

呈菊堂公

贈別從弟監察－興居號二樂堂－

題咸興館

過交河

過蔚山

疏

請校正雅部樂疏

請改正祭樂工人服飾疏

請陶造土缶疏

請備造大鼓疏

請易換雷鼓靈鼓疏

請改正雷鼓靈鼓路鼓之制疏

請堂上之樂用拊疏

請改造竹牘疏

請改造建鼓疏

請預備樂架疏

請管絃之工幷許除職疏

請堂下加設琴瑟歌工疏

請 宗廟樂改用六句黃鍾疏

請用軒架依古制疏

請校正鍾磬疏

請備鑄編鍾疏

請使臣宴享勿用女樂疏

請復設歌童疏

請印行樂譜疏

雜著

朝賀儀節

家訓－十七則－

附錄

謚狀

神道碑銘－幷序－

[跋]

詩

題松雪堂－先生堂號－

倬彼天章映法官昭回影接華山崇身扶授受相傳日道大經綸贊化工掘井千尋曾有
志爲山一箕不虧功雲衢若許乘槎客直欲尋源上碧穹

題雙淸堂－宋公愉堂號－

雙淸小閣俯長程朝暮閒看走利名霽月滿庭非假借光風拂檻豈招迎冷侵酒罍金波
灔凉掃雲衢玉葉輕此景此心同意味更於何處役吾形

敬次從兄菊堂公－興生－韻

伊人藏器久 聖代已昇平未罷淸江釣依然綠野耕安貧心力壯樂志世緣輕莫恨遭時
晚 明君貴老成

呈菊堂公

欲訪淵明不自由花開花落水長流沈吟忽起歸來興輕颺搖搖一葉舟

贈別從弟監察－興居號二樂堂－

千里湖南逢子由一尊論別淚先流故園今日春應好挾岸桃花暎釣舟

題咸興館

萬里東溟一岸洲雲山點點玉簪抽春風花鳥妖氛絶想像當年　鳳輦遊

過交河

滄海餘波接縣門華峰蒼翠暎紅雲一村桑柘人無事欲上靑縑獻我　君

過蔚山

牛月山奔地盡頭七星池畔暮雲收汪洋萬里波恬靜　聖化東漸見此州

疏

請頒行家禮小學三綱行實訓民五音疏

伏以　聖朝作新方興禮樂之純治而更革之初俗習猶存廢朝之餘風甚可慨也今左
敎惑衆而人心陷溺至於人家喪祭不遑葬奠之禮而專以醮佛爲厚夷風亂世而邦典

不修至於會禮奏御未見雅正之儀而優倡女樂之進戲三綱不明而俗尙不美方音
不正而民風訛雜凡此斁倫之習皆亂先王之敎而甚非 聖世之風化也請使攸司痛
禁左敎夷風之惑衆亂世者及斁倫謬習之害敎傷化者而冠婚喪祭頒行朱子家禮以
正邦禮國學鄉序頒講小學彝倫之敎以正士習頒民三綱行實以厚俗尙訓民五音正
聲以正民風
此下缺

請修 朝賀禮及禁用女樂疏

伏以 聖學修治之要禮樂王政之本誠願 御幄睿學一以大學格致誠正修齊治平之
道爲本而經筵學士咨以聖經賢傳聖學王政之術冬至陽生之慶節正元回泰之盛辰
俱是人君履長體元受福之日而尤當致謹於開泰正始之初也請修 王世子及群臣朝
賀之禮以新 聖代之儀公宴用女樂非禮也曾於 太宗之世 皇使端木禮來聘見女
樂之設以爲夷風不許一陳曰夫以禮義之邦何爲而自取玷辱若是哉 太宗爲是之
恥而使臣宴禮一切禁用女樂今請 奏御會享及養老宴客之禮一切禁用女樂而純
用男樂以爲國家移風易俗之盛典

請制律管疏

伏以聲樂之和自古爲難而古人論聲音則必以擊磬爲至言律管則必以索黍爲本今
天降秬黍以示至和之應地産磬石以兆克諧之端然今日所當先正者律管也稽之於
古周得有邰秬黍而樂和漢得任城秬黍而近古隋得羊頭山秬黍而不協宋得京城秬
黍而亦不中以此觀之索黍之法雖載方册得黍之眞最爲難事臣今以東籍田所養索
爲黃鍾管吹之其聲高於中國黃鍾一律臣恐地瘠年旱所養失和而然也臣仍思之均

340

是一種禾穀也南方之米光潤而肥大京畿之粒枯燥而瘦細至於東北之界則瘦細尤

甚黍之大小亦應如之臣願悉取南方諸州所養黍以三等擇之秬以爲管其間有與中

國之音合者則三分損益制十二律管以和五聲而度量權衡因亦可察也但歷代制律

因黍个一聲音高下世世差異則安知今日中國之律爲非眞而我 朝秬黍乃得其眞也

耶然同律度量衡乃天子之事非侯邦之所自專也若今秬黍終不協於中國之黃鍾則

姑從權宜假用他黍案成律管求協於中國黃鍾然後依法損益以正聲律可也今若不

制律管則五音淸濁未免失眞孟子曰師曠之聰不以六律不能正五音眞萬世不易之

論也

請定 廟朝正樂疏

伏以禮樂之道本之於人心之中和而達之於天地之位育是以聖人之論政必以禮樂

爲重而帝王之晟治皆以禮樂致之也然而禮之用粲之於天地之尊卑陰陽之慘舒而

形之於人倫之叙別等分之隆殺其儀物度數之制小有聰明之人見之於目而猶可記

也樂之用節之於建斗之運變陰陽之和合而比之於八物之淸獨人事之治忽其音響

節奏之制雖有聰明之人聞之於耳而難可察也是以知禮之眞儒世或有之而成樂之

君子代乏其人樂之不備而禮不得以獨行所以三代之後治不得以復古者以其禮樂

之不備故也今五禮粗備而六律全壞豈非 聖代之欠典哉盖樂律聲音之制上稽於

天而測其斗柄之建辰日月之會合而十二律管之法生矣下察於地而辨其方位之氣

風土之性而八物比音之制作矣律法協其陰陽之運變而節其人事之動靜音制調其

方音之淸濁而養其性情之中和其理至妙其用至廣所以贊天地聖人之盛德功化者

必成之於樂也我 聖朝功莫崇於 太祖德莫盛於 太宗而 宗廟之禮尙闕頌象功德

之樂章至於朝會享宴之樂律法不諧音制失序樂章亂錯而編鍾編磬軒架器物之

數極爲苟缺聖人之於禮樂不可斯須去身而必以禮備樂成爲度今之壞缺如此則豈

非 聖上一新興作之時哉今天應 聖作之期而海州之秬黍南陽之磬石次第而呈獻
請付樂官依其黃鍾之律法而素粒成寸諧律造磬而凡其音制器法樂章之節盡爲
修備以定 聖代廟朝之正樂

請 祭享樂成告備疏

伏以禮樂二字不可偏廢臣觀每祭行事之儀禮文獨備而樂不成章盖禮之察在目人
所易能也樂之察在耳非知音者無以辨其終始故周禮春官樂師令奏鐘鼓樂成則告
備焉謹重之也今迎神之樂有六變八變九變之別祼獻之樂每位以八句而成章一變
不具則已反所降之神一句有缺則已虧所頌之德非小欠也我 朝祭享執禮者不以
樂之條理爲節專以獻時事宜爲據至於 親行之日則猶恐 殿下久勞於禮其迎神之
樂纔至二三變卽日樂止祼獻之章未及三四句亦曰樂止一祭之間禮雖整齊而樂實
專差聖人所重者禮樂而樂之歇後如此非其宜也願依周官之制樂成告備然後執禮
者發言

請正 祀享雅樂疏

伏以謹按周禮春官太師掌六律六呂以合陰陽之聲黃鍾大簇姑洗蕤賓夷則無射陽
聲也大呂應鍾南呂函鍾小呂夾鍾陰聲也盖斗柄運於十二辰而左族聖人制六律以
象之日月會於十二次而左轉聖人制六呂以象之六律陽也左旋以合陰六呂陰也右
轉以合陽故大司樂祀天神則奏黃鍾歌大呂以合之祭地祇則奏大簇歌應鍾以合之
祀四望則奏姑洗歌南呂以合之祭山川則奏蕤賓歌函鍾以合之享先妃則奏夷則歌
小呂以合之享先祖則奏無射歌夾鍾以合之陽律奏於堂下陰呂歌於堂上陰陽配合
迭相唱和然後中聲備和氣應矣漢室近古凡樂皆用合聲至唐則樂懸制度至爲詳悉

惟祭社下奏大簇上歌黃鍾其時趙愼言請改黃鍾爲應鍾用合聲也盖大簇陽也位
於寅應鍾陰也位於亥寅亥之所以爲合者斗柄建亥之月日月會於寅斗柄建寅之月日
月會於亥左右族轉交相配合不得相離他月亦然各有其合是知聖人之制取合陰陽
而堂上堂下必用合聲所以備中聲均陰陽而和其神人者也唐之祭社歌奏俱陽聲非
聖人合樂之意先儒非之是也我 朝宗廟之樂本據周制奏無射歌夾鍾享先祖之文
今堂下奏無射祼鬯奠幣初獻等樂皆屬堂上亦奏無射徒知無射爲祭祖之樂而不知
夾鍾爲無射之合堂上下皆用無射陽聲此宗廟之樂未當也社稷之樂本據周制奏大
簇歌應鍾祭地祇之文今堂下奏大簇奠幣獻爵撤籩豆等樂皆屬堂上亦奏大簇徒
知大簇爲祭社稷之樂而不知應鍾爲大簇之合堂上下純用大簇陽聲此社稷之樂未
當也釋奠之樂周時主於養老大合六代之樂至北齊時以大牢釋奠設軒架六佾唐開
元中釋奠文宣王宮架用王禮焉律用樂宮則未之詳也今觀中國大成樂譜及至正條
格皆下奏姑洗上歌南呂其用樂次第則迎神黃鍾九變之後盥洗用姑洗升殿用南呂
奉俎用姑洗初獻用南呂亞終用姑洗撤籩豆用南呂陰陽合聲迭相爲用正與周禮合
聲之制相符但姑洗南呂本屬四望而用於釋奠者妄意先聖祠廟世居魯邦承祀不節
則遠地之祭宜與四望同也 本朝釋奠之樂亦用南呂似矣然無盥洗升殿之樂只有
初獻終獻撤籩豆之樂已失之而初獻撤籩豆登歌用南呂則亞終獻宜皆下奏姑洗
今亞獻下奏南呂終獻登歌南呂歌奏純用南呂不用其合節次不備上下失倫曾謂孔
聖之廟設此無據之樂哉此釋奠之樂未當也圜壇籍田先蠶等祭本朝皆用大簇大
簇祭地祇之樂故社稷用之今圜壇祈告于天之祭先農先蠶前代人鬼之祭用社稷
之樂且三祭堂上堂下純用大簇陽聲此三祭之樂亦未當也山川壇之樂據周制奏蕤
賓歌函鍾今自奠幣至撤籩豆堂上堂下皆用大呂大呂黃鍾之合也祀天神用之故於
風雲雷雨則可也於山川則未可也況獨用其
一乎且古制天神不與山川同位祭之今一壇行祭此山川壇之樂亦未當也以此觀之
雅樂之疎略甚矣大小祀享俱用陽律中聲不備歌奏失宜聲音如有感通之理則豈無

所召昔師曠鼓琴當春而鼓商絃凉風隨至當夏而鼓羽絃霜雪交下當秋而鼓角絃溫
風徐回當冬而鼓徵絃陽光熾烈合宮而總四聲則和風慶雲不旋踵而會五聲之感召
者然也今之工人未有如師曠之妙手則感應之理未可擬議然積累之久乖氣傷和況
聖心敬神之禮亦未免欠缺者乎周官制度布在方册按本修明實非難事如又不然則
上請中朝而施行之不勝幸甚.

請正 祀享樂律疏

伏以 宗廟之樂前此堂上堂下皆用無射宮有陽而無陰今據古制下奏無射上歌夾
鍾盖夾鍾無射卽卯與戌陰陽之合而先王享人鬼之樂也社稷之樂前此堂上堂下皆
用大簇宮亦純乎陽也今據古制下奏太簇上歌應鍾盖大簇應鍾卽寅與亥陰陽之合
而先王祭地祇之樂也釋奠之樂前此堂上堂下皆用南呂宮無其合也今據古制下奏
姑洗上歌南呂盖姑洗南呂卽辰與酉陰陽之合而古人祀四望祀聖賢之樂也圜壇之
祭卽圜邱祀上帝之禮也諸侯無常祭之理我 朝舊行之非禮也又其用樂堂上堂下
皆用大簇宮全非也永樂丙申年間故文貞公趙庸爲禮曹判書 啓聞改正祭以祈雨
歌用雲漢其樂下奏黃鍾上歌大呂以復周官六合之制盖黃鍾大呂卽子與丑陰陽之
合而先王祀天神之樂也是其律呂合聲之法已見於其時著在圜壇之儀但未及徧於
他祭之樂也先農先蠶之樂前此堂上堂下皆用大簇宮全無所據今用古制下奏姑洗
上歌南呂如釋奠之樂此卽辰酉之合而古人祀聖賢之樂也風雲雷雨之樂皆用大呂
純乎陰也祀天神而純用陰律尤非所宜今據古制下奏黃鍾上歌大呂如圜壇之樂此
卽子丑之合而先王祀天神之樂也山川之樂奏蕤賓歌函鍾我 朝據洪武禮制州縣
之儀與風雲雷雨同壇而祭故只用祀天神黃鍾大呂之宮盖無二尊故也雩祀之樂前
此堂上堂下皆用大簇宮全非也求之古制亦無用某律之文然此祭六位之神我 朝
據文獻通考月令孔子家語等書以爲句芒蓐收玄冥則少皞氏之子也祝融則顓頊氏

344

之子也后土則共工民之子也后稷則周之始祖也六者生爲上公死爲貴神當如釋奠

先農之禮用姑洗南呂之律但陳陽樂縣圖鼓用靈鼓似以地祇祭之以地祇祭則當用

大簇應鍾之律也迎神之樂各有所屬祀天神則用圜鍾宮六變卽周官所謂其樂六變

大神皆降可得而禮者也祭地祇則用函鍾宮八變卽周官所謂其樂八變地祇皆出可

得而禮者也享人鬼則用黃鍾宮九變卽周官所謂其樂九變人鬼皆格可得而禮者也

我 朝迎神不辨所屬之律而只以凝安景安等曲名著之又不知六變八變九變之法

每祭迎神皆以黃鍾一宮奏之或三聲或二聲或一聲因執禮之言而止之今據先王之

制宜皆改正 宗廟迎神用黃鍾宮九變盖黃鍾卽北方子位之律也周禮註云黃鍾生

於虛危之氣虛危爲宗廟故以聲類求之用此宮以致人鬼其樂九變者子之數本九也

故此宮古人謂之人宮釋奠先農雩祀同此皆人鬼故也社稷迎神用函鍾宮八變盖函

鍾卽坤土未位林鍾律也周禮註云林鍾生於未坤之位東井量之外卽天社也陳氏以

爲其神養萬物故用此官以出地祇其樂八變者未之數本八也山川樂亦用此宮屬乎

地祇故也此宮古人謂之地宮以函鍾爲名者坤有舍弘之義也圜壇風雲雷雨迎神用

圜鍾宮六變盖圜鍾卽震木卯位夾鍾律也周禮註云夾鍾生於房心之氣房心爲天帝

之明堂也陳氏以爲帝出乎震故用此宮以降天神其樂六變者卯之數本六也以圜鍾

爲名者天體本圜也此宮古人謂之天宮送神之樂只用所屬之宮一變而止宗廟先農

釋奠雩祀同用黃鍾宮一成圜壇風雲雷雨同用圜鍾宮一成社稷山川則同用函鍾宮

一成城隍則宜用姑洗南呂之律.

請 廟樂用四成疏

伏以祀天神降神四宮樂變六成六變者取帝出乎震震爲卯卯之數六也圜鍾宮卽夾

鍾二成黃鍾角姑洗宮二成太簇徵南呂宮一成姑洗羽大呂宮一成送神夾鍾宮一成

祭地祇降神四宮樂變八成八變者取坤養萬物坤居未未之數八也函鍾宮卽林 鍾

二成大簇角蕤賓宮二成姑洗徵應鍾宮二成南呂羽蕤賓宮二成送神林鍾宮一成享
人鬼降神四宮樂變九成九變者取金之數九金之爲物能化而不能變鬼亦如之黃鍾
宮三成大呂角仲呂宮二成大簇徵南呂宮二成應鍾羽夷則宮二成送神黃鍾宮一成
每祭降神四宮及樂變之數各有所據不可妄有損益我 國前此每祭降神從用黃鍾
三成送神亦通用黃鍾一成有違古制唐太宗時詔太常凡祀天神祭地祇享宗廟每奏
降神四曲送神一曲乞自今 宗廟降神之樂若減九成則依唐制四宮各一成爲四成似
爲有據況四數亦金之生數於鬼享正合也四爲金之生數九爲金之成數若減九成則
當用四成不可用三.

請正 朝賀樂律疏

伏以古制朝會殿庭君舉用黃鍾宮者盖黃鍾爲十二律之首諸律皆生於黃鍾統於所
尊無與爲抗又於用樂之際黃鍾不爲他律役如用黃鍾爲宮則其所用七聲皆本律之
音不雜他聲純粹弘雅且於五聲黃鍾屬君又其位置居奠面南有人君之象故歷代之
制皇王出入用黃鍾宮群臣禮拜用姑洗宮按此則君舉用黃鍾者專以奠君而別之也
今 殿庭雅樂之用每月朔日朝賀則 殿下獨專所奠故出入之際用黃鍾宮若正至朝
賀則必有兩重禮用樂不同初度望 闕 殿下固以臣禮自處而出入禮拜不得仍用黃
鍾宮當改用姑洗宮以章侯度禮畢而 闕牌撤去之後行 本朝之禮則 殿下出入用黃
鍾宮世子及群臣禮拜用姑洗宮一如朔日之儀以明君臣之分又迎詔勅則詔勅入勤
政門奏黃鍾宮 殿下率群臣行禮用姑洗宮 聖節賀禮則 殿下出入及禮拜亦用姑洗
宮但樂譜所演黃鍾姑洗非一更擇黃鍾一宮屬於迎命而勿用 殿下出入所用之黃鍾
又擇姑洗一宮屬於正至 聖節 殿下望 闕之禮及詔勅行禮之儀而勿用世子禮拜所
用之姑洗卽合於節奏矣
請 坐殿時樂備始終疏

伏以樂之條理全在始終始終不備則宮聲容或往而不返古人以爲不祥之兆願　殿
下坐殿之後樂聲未闋則須令待終而止至於還殿赤宜如之

請石磬備造前姑用瓦磬疏

伏以磬石之得自古爲難我　朝瓦磬亦不得己也然石聲則爲乾方立冬之音土聲則爲
坤方立秋之音也以瓦代石殊欠八音之制矣今得南陽之石聲甚淸和不下唐磬此乃
聖朝應時之物非偶然也庶機盡心磨琢期於大備然攻治未易必經久乃備其未備之
際當以前日之瓦磬用之今詳瓦磬協律者小無聲者多而數亦未足宜擇有聲近律者
留之餘姑備造以待石磬之成.

請笙匏依本制疏

伏以笙之爲器艮方之音其制則衆管參差植於一匏之中取春陽生物之象也以其有
生物之義故謂之笙以其爲匏禮之器故謂之匏其必以匏爲之者匏爲蔓生在地之物
而艮之屬也後世以木代匏則以爲異音乎以爲艮音乎此不可之大者也願依本制爲
之但制笙之匏未易卽求酌量圖形布求中外至春輪納擇而用之

請加造方響疏

伏以方響一器起自梁朝上下通用以代鍾磬之音者也八音之中惟磬聲四時不變而
方響亦然其餘中虛鑽穴之器則體薄內空易感陰陽之氣故盛夏則乾燥而聲高隆冬
則凝澁而聲下必依磬聲而調之然後音始諧和詩所謂依我磬聲者以此耳磬聲之外
惟方響可據誠爲功要然我　國只有三部而其聲過半不得其正爲可恨也又考門外

行樂之器天子之制用方響八架在候邦宜半其制而爲之且方響藏之庫內衆工未易

私習乞令加造以廣私習之器下詳定所議

請改造塤制疏

伏以塤之爲器古元長三寸半圍五寸半陳暘云平底六孔水之數也中虛上銳火之刑

也塤以水火相合而成器亦以水火相和而成聲基制作之法皆有所據不可妄作也今

樂縣所用塤制或大或小或長或短不依分寸或上下皆銳或上下皆圓全失平底銳上

之制陶造甚粗開穴全訛律聲調協安敢有望願依先賢圖說改造用之

請改正柷制疏

伏以柷方二尺四寸虛中而四面縫合中開一穴以受椎柄更無他穴也今雅樂之柷

旣有椎柄之穴又於一旁開穴圓可容拳考之圖說未有如此樣者願須改正

請樂縣復古制疏

伏以樂縣之制本取法於十二辰每一辰設編鍾編磬一架又編鍾編磬之間設一鍾一

磬子位則黃鍾聲丑位則大呂聲寅位大簇卯位夾鍾餘位如之此先王之制取法於

陰陽詳密如此不可損益者也我 朝軒架每一位只設編鍾編磬而無逐位本律之磬

鍾有違先王取法之意願備鑄以復古制

請舞佾依古制疏

伏以舞佾之位考之古賢圖說乃在廟庭之中不在樂懸之北我 朝陳之於懸北階南
旣失古制矣又地窄位狹無進退作變之節誠爲未便今考樂舞進退之法先儒以爲
爲表立於舞佾舞人自南表向二表爲一成二表至三表爲二成自三表至北表爲三成
乃轉而南自北表至二表爲四成自二表至三表爲五成自三表至南表爲六成則樂亦
六變而天神皆降此祀天神圜鍾宮六變之舞也又自南表至二表爲七成自二表至三
表爲八成則樂亦八變而地祇皆出此祭地祇函鍾宮八變之舞也又自三表至北表爲
九成則樂亦九變而人鬼可得而禮矣此享人鬼黃鍾宮九變之舞也按此四表進退之
節卽武舞之法也文舞則未有明說朱儒買公彦以爲武舞有四表文舞亦應有四表陳
祥道禮書云買公彦之言於理或然又我 朝乙亥冬 親行大祭時提調鄭道傳閔霽權
近韓尙敬等同署文案內文武二舞各爲四表相距四步爲式舞佾在於懸北階間無以
爲進退之節願依古制舞佾陳於庭中以盡其變是我 朝亦已用古制

請擇登歌人疏

伏以堂上登歌最難協律非專心致志必無成功之理我 朝設左右房齋郎以左房備
登歌之位右房備文舞之位其去官之法專憑仕日之多小不係歌舞之能否前年春臣
等報禮曹 啓聞許依諸學例取才遷轉自後此輩稍知自勉競以進取爲計然素不知
音與聾無異又皆吏典去官年巳過時志慮多岐且兼刀筆之務令史之任彼此相代或
出或入不得專心臨祭之時始合爲一以此責成難矣今禮曹將此刀筆齋郎盡還本任
俾專所業但鑄字所未除耳臣觀登歌之人非衆工之例其奏技之位密邇明宮尤不
可不謹重也願自今勿論左右房擇其年少聰敏容儀端潔者竝祭通計四十八人備闕
六十餘人專屬登歌勿令出入每日肄習使先通者導唱比之琴瑟不協者撻之則成效
可期也臣又妄謂凡學術不如敎之幼稚之時除見在齋郎外宜選中外良民子弟年才
及冠稍知字畫者入於登歌之部日與舊學嘔吟歌詠則志慮未分所業必專習與性成

而無勤苦難成之患矣況童稚之輩音聲必清尤宜於歌也願 殿下留意裁之

請武舞人勿雜以刑官之人疏

伏以武舞之法象先王定亂之功所係至重其冕而總干本古者帝王親舞之制因而不
革者也考之禮記可見也今武舞之人多雜刑曹義禁府去官之徒此輩老於刑獄殺戮
之間親執鈇鑕習以爲常習之不端者也一朝領在雅樂入於清廟動止頑蠡形貌老醜
戴冕摠干甚非所宜也故小臣受命樂學以來有子弟可代者續續代立無者仍存之願
自今雅樂舞人更勿雜以刑官之人無子弟可代者悉皆削去

請用華樂及我 朝歌曲疏

伏以唐樂一部則乃中國俗部之音也其樂總百有餘篇而我 朝工人所解者只三十
餘聲而已餘皆未曉然譜法分明有尋悟之理但未知急慢之節爲可恨耳姑并存之以
待知者此部纂錄別無改正條件只於篇首冠以古人圖說及規警之語又將所用樂器
名數制作形像纖悉開具以備後日之遺失其樂之名世稱唐樂字旣爲漢唐則歷代中
國之皆以唐稱之其可乎願以華樂俗部改稱之至於我 國之樂其器物制度歌詞曲
折殆盡亡失僅存者四十餘聲耳今以玄琴所屬言之有知彈法而不知歌詞者如嗺子
啄木憂息多手喜清平居士戀等類是也又有譜法具存而不解急慢之節兼失歌詞者
如露中儻賞春光望春天喜春苑賞春曲長河篇陳䳑羽天雙鳥春桂引雲儻曲實相曲
朽木狗塞等篇是也又伽倻琴所屬嫩竹調河臨調空有其名而不傳其聲此篇遺亡諸
篇不可悉記然譜法尙存其歌詞舊本意必有傳寫私藏者焉願令中外悉求我 朝舊
時歌曲如有詳悉舊本自告呈進者賞之以職則舊樂之缺庶可塡矣如此然後擇其歌
曲之詞其中君臣道合父子恩深夫婦節義兄弟友愛朋友講信賓主同歡發於性情之

350

正有關於人倫世敎者以爲正風其男女相悅淫遊姦慝逞欲無恥有愧於綱常者以爲

變風其調弄之法聲音高下本用大笒爲據不知律呂之所屬其稱宮調者實非宮也其

稱羽調者亦非羽也臣今詳校其聲譜改以律名其指法曲調亦明之以一宮所屬之五

音使不相紊此小臣今日纂錄之大槪也但鄕樂所用之律則樂始調互用仲呂林鍾二

律之宮仲呂宮則大笒二指聲也林鍾宮則大笒三指聲也仲呂宮古人多忌用之以其

所用之聲皆非正律也林鍾則元是天地本然之徵聲又其所用之聲君臣之際各得正

聲且坤方土律涵養萬物寄旺四時常有冲和之氣用此爲宮可也願自今宴享鄕樂主

用林鍾爲調樂名世稱鄕樂亦甚鄙俚願　殿下改之　本朝羽調乃無射宮也古人云無

射宮黃鍾爲商此宮聲反爲臣所陵不可用也我朝好用之非所宜也今於纂錄羽調諸

聲不得削去但備載古賢之說使用樂者知其爲非而不敢逞用耳

請校正雅部樂疏

伏以我　朝所用三部樂皆未整齊而雅部尤甚其律呂制度歌舞規式琴瑟譜法等類

精微曲折必歷考諸書傍稽衆說圖形著論然後人人皆可尋繹而知之其引用諸儒則

鄭司農鄭康成之說互有得失似難爲據惟司馬遷杜佑馬端臨陳祥道陳暘吳元章林

宇陳元靖晦菴朱子蔡西山之說爲可據願就此參校以求定論其間附所見以羽翼

焉

請改正祭樂工人服飾疏

伏以工人祭服古人重之必致精潔至於舞郞之服上古之制雖未可考魏晉之時猶能

致意於祭樂武舞則平冕黝衣裳又有白領袖中衣又有絳色合幅袴袜　又有黑韋韠

文舞則冠委貌服亦同焉我　朝懸樂衆工之服用五升麤布紅染爲衣武舞之人赤用

五升蟲布黑染爲衣文舞則用六升木綿紅染爲衣且只作外衣一件而無內着之服裁
縫短窄制作無據袂不及手齊不及裸袖袂不一或博或狹至於穿着不掩常服又其所
着之履以牛馬皮黑染爲之以代古人黑韋之鞮 似亦無妨但屢經雨露乾縮失容工人
臨祭不能容足有以所着惡靴入庭者又有赤足而着入者舞蹈之際儀章不一穢服呈
露甚不可也且襪履之數菫滿一祭之用而四時之祭用樂處非一每祭通用則毀污益
甚故屬之 宗廟只用親行之祭他未之及故諸祭之行皆有衣而無穢履工人以常着
惡靴任意入庭此殿下之所未知也臣觀典樂署之樂爲接賓客宴享而設也其奏技
之工未有如雅樂之衣履者以至呈才之儀儺禮之節處容之服窮極華美不以爲侈
至於事神之禮疎略如此雖曰禮奢寧儉反爲質勝而野今幸國家殷富布帛陳積時使
和賣以利民生豈於制服之用獨吝乎第下之人未有以此獘 上聞者故 殿下未之知
耳願令集賢殿徧考祭樂工人服飾之制然後改正之

請陶造土缶疏

伏以缶之爲樂始自堯時歷代不廢至秦則尤尙用之不徒爲樂懸之器而已舉世皆好
之夫豈無聲音節奏而俗尙至此哉臣觀我 朝所用之缶其形不類於圖又於扣磬全
無聲韻軒架內徒備行列故缶工之類謂之歇工欺慢甚矣謹稽古書唐永泰初司馬滔
進廣平樂以八缶具黃鍾一均之聲宋時民間用九甌合五聲四淸之聲則軒架內十缶
之音分十二律爲聲似亦無難矣又凡土成之器有鼓之而無聲者有聲正淸和者有聲
高者有聲下者盖聲之有無卽陶之熟與不熟也音之高下卽器之厚與薄深與淺也今
於城外近地麻布水邊幸有陶所願擇善陶者給力給料以任其役俾知音料事者朝夕
往來親監陶造必以形與圖合聲與律和爲準器成之後衆工各持隨字互擊十缶之音
自成一樂然後入於行列合之衆音則聲聲相應甚有條理

請備造大鼓疏

伏以謹接周禮春官云鼓人以晉鼓鼓金奏金奏編鍾擊也周禮圖及陳氏禮書樂書
內圖懸鼓之狀以爲懸鼓卽晉鼓也以其進樂故謂之晉鼓以其懸設故謂之懸鼓陳場
因謂宮懸設之四隅軒懸設之三位荀子以爲衆樂之君今雅樂大鼓似倣此鼓爲之然
其形制與周官䩏人之說不合且只作一件偏置一隅又不懸設非制也願令備造一如
周制用之

請易換雷鼓靈鼓疏

伏以祭享之鼓有雷鼓靈鼓路鼓凡三樣也陳暘云雷天聲也故祀天神用雷鼓靈地
德也故祭地祇用靈鼓路人道也故享人鬼用路鼓臣觀古人軒架圖祀天神用雷鼓三
架祭地祇用靈鼓三架享人鬼用路鼓三架今　宗廟軒架用路鼓三架正合古制至於
社稷當用靈鼓三架而反用雷路一架圜壇風雲雷雨當用雷鼓三架而反用靈鼓一架
彼此相易名實未符且有穴缺豈宜　聖朝有此過舉乎願依古說備數制作各以其類
陳而奏之祀天神用卯宮圜鍾之律樂用六變鼓用六面者先天之數卯得其六故也祭
地祇用未宮函鍾之律樂用八變鼓用八面者先天之數未得其八故也陳暘此說似有
依據周禮註引鄭司農云雷鼓六面與陳氏同又引鄭康成云雷鼓八面靈鼓六面今奉
常寺序列圖下考陳氏之說只據康成之言爲圖故也此二鼓易換願依陳氏之說改
之

請改正雷鼓靈鼓路鼓之制疏

伏以祭樂鼓周禮地官鼓人雷鼓鼓神祀祀天神鄭司農云八面鼓陳暘改六面靈鼓
鼓社祭祭地祇鄭云六面陳改八面路鼓鼓鬼享享人鬼鄭氏陳氏皆云四面晉鼓鼓金

奏樂作擊編鍾也巳上雷鼓靈鼓路鼓則隨祭各用晉鼓則諸處通用皆有鼗鼓以兆

奏鼓雷鼗靈鼗路鼗鼓面上同有柄有旁耳晉鼓制度周禮冬官韗人詳載漢晉隋唐之

鼓未有可考唐開元中以四散鼓設宮懸四隅以節樂宋太祖乾德四年尹拙上言散鼓

於古無文雷靈路鼓擊之成聲宜作諸鼓罷四散鼓景祐中仁宗嘗曰鍾磬之音未合古

法其集兩制太常與知音者考定又新作晉鼓三以補禮器之缺李照等建曰罷去散鼓

作晉鼓以鼓金奏神宗元豐二年七月十二日詳定儀注所上言請樂架內設晉鼓以鼓

金奏按此則樂用晉鼓古制明矣但歷代宮懸皆用四散鼓設於宮懸四隅以節其樂至

宋始復古制用晉鼓節樂則懸晉鼓之數亦用四諸侯軒架當減其數然無左驗之文我

國祭樂內節樂之鼓前此只用一大鼓此必散鼓晉鼓之遺法也然制作不古故臣以

周官韗 人晉鼓之制改正其失而依舊每祭所各用其一其於天神之祀雷鼓三架依陳

暘圖說造六面鼓雷鼗亦同地祇之祭靈鼓三架依陳暘圖說造八面鼓靈鼗亦同人

鬼之享路鼓三架依鄭陳說造四面鼓路鼗亦同

請堂上之樂用拊疏

伏以堂上之樂擊拊為先拊之為器其用先歌陳暘以為堂上之樂所待而作者在拊

堂下之樂所待而作者在鼓盖堂上門內之治以拊為之堂下門外之治以鼓為之內則

父子外則君臣人之大倫也而樂實像之以此觀之堂上之樂不可無拊今無之考其制

作之法周禮圖說及陳暘之書林宇樂譜圖論不同願依一說制造用之

請改造竹牘疏

伏以牘之為器用竹為之長七尺虛中無底其端有兩竅畫彩為飾築地取聲以節舞者

之步今雅樂之牘用竹是也而不刳裏面節節皆塞失虛中無底之制又不開兩竅且無

畫彩築地之際全無聲韻甚違本制願依圖說改造用之

請改造建鼓疏

伏以樂懸之器易毀者甚衆如樂懸架子鸞鳳蟲獸之飾缶鼓鼗磬旌翟流蘇之類一
經雨雪不謹藏護則凋零退色已爲不潔又況我朝軒架之器　宗廟永寧殿外只備一
件諸祭通用輪轉往還每祭皆然故未經一年盡皆毀損全無完物隨宜葺理穢惡莫
甚又多失本徵納充數非細患也又軒架之器除鍾磬外琴瑟各六柷　敔各一塤缶箎
笛簫笙竽管籥亦各十部至於鼓制考之古圖朝會射儀皆用建鼓其粧飾盛儀不類祭
樂如此等器皆不可不預先工作也宜設樂器監造色及時制造

請預備樂架疏

伏以朝會樂架子勿藏遠處須於旁近廊下移藏又其體制不拘前例輕快華美改造
用鐵縢束勿復移析常時則全部移入盖覆避塵用詩則全部移出設之朝會軒架須用
堅靭耐久之木如二年木楸木等材可以爲之其裝飾則椵木之類亦可矣乞令及時預
備用之

請管絃之工幷許除職疏

伏以管絃之工皆孤寒貧窮無告之人往年擇入慣習都監者十有八人才品可取者不
過四五人餘皆初學未熟年已過半殘廢已甚盖管絃之習未免艱苦卜筮之業足養妻
子故聰明年少者皆赴陰陽學不以音律爲事若無激揚之法則聲樂將不免廢弛也古
昔帝王皆用瞽者以爲樂師委之絃誦之任以其無目而審於音且以天下無棄人也旣

爲時用則宜亦有矜恤之典也臣愚妄意已屬都監十八人中其陪宴年久者除授東班
五品已上檢職其餘並許拜參如有聰明年少衆樂通曉自願入屬者初除七品檢職待
其慣習例加參職以開子孫後日之路則在我爲不費之惠而在彼爲不勤之勤似不害
理況卜盲檢職已有其例乎又其賜米勿限春秋兩等四時分與勤勵與起士大夫子孫
廢疾者非一此輩旣無筮仕之理又無承蔭之例此正所謂天下之棄人如有承重而遭
此變者雖公卿之子勳閥之胄身旣無爵不得奉祀祖宗此於 聖上一視同仁之化不
無陰谷覆盆之憾願加四五品檢職以兼濟之仍膽典册永爲恒式焉
又 啓今以童男年十一歲以上習樂今雖可用至其成材之後體貌已壯不可復用請
選用八歲以上十歲以下

請堂下加設琴瑟歌工疏

伏以虞書堂上之樂有鳴球琴瑟咏歌之奏而無笙管等樂器堂下之樂有下管鼗鼓
笙鏞柷敔之作而無絃歌之音中古以來其法浸變堂上堂下之樂其數雖異然各具八
音自能成章而歌無不在此雖非上古之制亦不害爲條理之密聲容之盛矣漢制未有
所考自隋初至唐宋堂上則八音略備而歌者爲多堂下則與歌工其數相等其位列布
置之法則衆音與歌面各十人唐宋則未有明說元時則列於北懸之內而歌工爲四列
其二列在通街之東二列在通街之西每列八人共三十二人我 朝雅樂初依上古不設
琴瑟歌工於堂下然今日用樂之法不合於古文與後世者亦多如四清之用建鼓之飾
之類是也然則今朝會之樂堂下懸間琴瑟歌工亦當加設且武舞屬於堂下之奏而有
歌詞焉則尤當被之八音而和以人聲也但其人數多少位列布置則不可無據若依隋
制面各備列則殿庭狹隘未免攢蹙之斃姑依元制琴瑟歌工列於北懸之內而歌工之
列半其四八之數爲十有六人分列於東西其琴瑟之數雖未的知其多少然亦當酌其
施用之宜制造

請宗廟樂改用六句黃鍾疏

伏以前此 宗廟及朝會樂 殿下陞降出入隆安之樂并用八句黃鍾今朝會樂旣改六
句黃鍾 宗廟樂亦當改用六句且 宗廟祼鬯奠幣初獻等樂皆頌功德登歌作於堂上
文舞作於堂下獨亞終獻軒架只作韶武之舞而無歌詞宜依朝會樂製武舞歌詞幷設
琴瑟歌工迎神之樂亦有文武舞而無歌詞幷製歌詞

請用軒架依古制疏

伏以每月初一日十六日依古制純用雅樂其餘四次依舊用俗樂儀禮詳定所覆奏唐
制雅樂惟用之郊社元會冬至及冊命大禮陳氏樂書宮架圖有朔日受朝冬至朝賀元
日朝賀乞依古制朔日及凡大朝賀冊命大禮詔誥勅書迎命用軒架其餘衙日故仍舊

請校正鍾磬疏

伏以古制堂上特鍾特磬聲中黃鍾正色也今 宗廟特鍾則仲呂聲也諸祭所用則姑
洗聲也特磬亦不論其音以唐磬一枚任意用之乞令改造必聲中黃鍾然後用之又凡
金鑄之器厚則聲下薄則聲高其聲高則更無可下之理聲之下者磨削令薄實非難事
乞賜鑢匠三四名先將特鍾一顆磨削驗之然後依此校正其不協編鍾一百三十六顆
亦皆磨削內面期於中律則庶爲功易而祭樂備矣

請備鑄編鍾疏

伏以軒架三面編鍾之位九而九架之內各懸十二律鍾總一百單八顆乃備本律

中聲若兼四宮淸聲則每架各添四顆凡一百四十四顆乃足其數竝祭則倍之爲
二百八十八顆也我 朝編鍾元數只二百八十六顆臣今以中國簫管等器校正音律
其正合黃鍾者十顆正合大簇者十一顆大呂七顆夾鍾七顆姑洗七顆仲呂九顆蕤
賓十三顆林鍾十九顆夷則十一顆應鍾九顆南呂二十一顆無射二十六顆而已其餘
一百三十六顆皆未中律今以入用之數計之則黃鍾大簇仲呂蕤賓夷則應鍾僅滿一
祭之懸大呂夾鍾姑洗則一祭之用赤未備焉但林鍾南呂無射則二祭之數足矣其未
備之架行祭之日不得已兼設不協之律至於竝行則 永寧殿之樂無中律之鍾不得
成調故分而校正一二架設於前面不中者換入於 宗廟之庭故兩祭之樂皆未純正
若盡數扣擊聲音錯雜邪正交暄全無諧協之理故只以正律奏之餘皆懸設而已此臣
之妄計也然比諸往日邪正雜奏則小愈耳願 命備鑄以正一代之樂

請使臣宴享勿用女樂疏

伏以公宴不用女樂禮也 太宗之世使臣端木禮來見女樂深以爲非禮不許一陳而
其後使臣倪謙司馬恂等下馬之夕見女樂之集日此夷風也夫以禮義之邦何爲而自
取玷辱若是哉太 宗爲是之恥乃定制使臣宴享無用女樂 世宗嗣立深體先志會禮
養老不用女樂隣國客宴亦用男樂此我國曠古所無之正禮易俗移風之盛擧也獨
於使臣宴享重於更變且無事機以致使臣吳良肆慾荒耽辱使命污禮俗 殿下之所
親見聞也世 宗非不欲一雪其恥永祛其斃第以累代遺風重於改作今新 皇帝登極
適丁 聖主卽位之初革舊更新此其時矣願 聖上裁之

請復設歌童疏

伏以 世宗定原廟文昭殿祭樂初獻唐樂亞終獻鄉樂皆以歌詠 祖宗之功德爲主

若歌詠之聲不淸不響則雖絲竹和鳴金石鏗鏘假物之音不足貴也此歌童之不可無
者一也 世宗又定隣國客人宴樂之伎有歌有舞又有呈才苟非童稚則歌不成聲舞不
成容且其呈才亦不成伎矣此歌童之不可無者二也盖自立法以來十八年間歌童不
絶者只綠前日歌童之餘習也 世宗雖以難繼之故而革其舞童然舞童之伎未嘗廢
也若兼廢則 原廟頌德之音公宴享賓之樂何以哉以臣妄見歌童不可廢也況 世宗
之革歌童專以難繼云耳非以非禮而絶之也如得可繼可久之策則修復前規亦不害
爲 聖主繼述之道也議者曰京外居民嫁良夫之産推刷入屬則可以相繼也然歌童
之任必擇容貌聲音性禀生理然後可以當之故必於人數多處群聚揀擇乃可得也若
專據議者之計則遠近散接寒餓無賴之人可取者百無一二且長仕無暇生理難繼續
續逃散臣有一計姑依舞童初設之法而變其布置以立歌童可繼可久之責外方各官
之數慶尙道六十六官全羅道五十六官忠淸道五十三官總計一百七十五官勿拘官
之大小率以三官定出一童則其數五十八人京畿四十一官黃海道二十三官江原道
二十三官總計八十七官以五官定出一童則其數十七人合之七十五人以此定爲額數
京外置簿輪次充數可也大抵童伎改立之限定在七八年之後若以三官輪立一童則
須隔三十八九年之後還到初立之官如此則換代之期大優童伎之數常盈如此而添
之以嫁良夫之産女伎巫女之子則不惟歌童可繼可久而我 世宗創立會禮養老宴之
禮自然復舊重新於今日永傳後世一舉而萬全矣願 殿下一試之

請印行樂譜琉

伏以雅部之樂有祭享樂有宴享樂祭享樂則有奉常舊本十二宮譜幷二十餘章肄習
已久宴享樂則我 國曾未見聞庚成秋 世宗乃於朱文公儀禮經傳通解中得宴享雅
樂詩章十二篇之譜又慮譜法之未廣也乃用古人已成之規躬親敷術然後譜法大備
仍就敷衍譜中擇其聲音之美者入會禮養老宴之音又將譜法全部命鑄字所印出傳

之迄今二十一年尙未印行不惟辜　世宗之命亦恐有遺忘廢棄之漸若譜法一失則

其已被金石之音未知其所從來如隆安之譜出魚麗第四章舒安之譜出皇皇者華第

二章休安出南山有臺第三章受寶籙出鹿鳴第一章後人何以知之乎伏願　殿下申命

印行毋令濡滯下議政府議之　上從之命領議政河演左議政南智左贊成金宗瑞左

贊成鄭芬左參贊鄭甲孫議雅樂譜下鑄字所印出焉

雜著

朝賀儀節【儀禮儀也節樂節也禮以定位樂以和束】

王世子朝賀儀節

殿下正至受　王世子朝賀前期禮曹宣攝內外各供其職忠扈衛設　王世子次於勤政

門外道東近北西

向又於東宮門外設宮官次如式〇其日有司設殿下座於勤政殿北壁南向設香爐二

於前楹外左右典樂

展懸軒於　殿庭近南北向設協律郎擧麾位於　殿上西階之西東向司健陳輿輦及馬

于庭典儀設　王世子位於　殿庭道東北向設典儀致詞官位於懸之東北通贊一人在

南差退俱西向通贊一人於懸之西北東向宮官翊衛依時刻俱集於次各服其服仗衛

陳設如常〇鼓初嚴兵曹勒諸衛列大仗屯門及陳於　殿庭如常儀左中護贊請中嚴宮

官各就位右中護負印如式侍衛之官俱詣閤奉迎〇鼓二嚴左中護白外辦　王世子服

朝服以出左右侍衛如常儀左中護引出勤政門外次坐判通禮　啓請中嚴殿下出思

政殿服　遠遊冠絳紗袍典樂率工人入就位協律郎入就擧麾位諸侍衛之官各服其

器服尙瑞官奉　寶俱詣閤

奉迎〇皷三嚴典儀帥致詞官通贊先入就位奉禮郎引群官三品以下次入就位僉知
通禮白 世子出次

西向立【諸衛率左中護及近侍者量人從入】判通禮 啓外辦中禁傳嚴【擧麾】〇〇
〇〇 殿下升輿以出繖扇侍衛如常儀 殿下將出仗動協律郎俛伏擧麾興工皷柷奏
隆安之樂 殿下升座爐煙升尙瑞官奉 寶置於 座前如常協律郎偃麾戛敔樂止僉
知通贊引 王世子入就位立定【諸衛率左中護以下從入者跪於 王世子東南西向北
上】典儀曰四拜通贊傳贊 王世子鞠躬舒安之樂作四拜興平身樂止致詞官升自西
階進當 殿下座前北向跪通贊贊跪王世子跪致詞官賀稱王世子臣某玆遇三陽開
泰萬物咸新【冬至云律應黃鍾日當長至】恭惟 殿下至仁體元茂膺景福賀訖俯伏
興通贊贊俯伏興四拜興平身王世子俯伏興 樂作四拜興平身樂止致詞官還本位
代言前承 敎退臨階西向立稱有 旨通贊贊跪 王世子跪代言宣敎曰履新之慶【冬
至云履長之慶】 與世子同之宣訖代言還侍位通贊贊俯伏興四拜興平身 王世子
俯伏興樂作四拜興平身樂止僉知通禮引出王世子旣出宗室及文武群官入朝賀如
別儀

群臣朝賀儀節

殿下正至受群臣朝賀前期禮曹宣攝內外各供其職〇其日未明 殿下率群臣望 闕
行禮訖 還內群臣退次〇有司說

殿下座於勤政殿北壁向南設香爐二於前楹外左右典樂展懸軒於 殿庭近南北向
設協律郎擧麾位於 殿上西階之西東向司僕陳輿輦及馬于庭典儀設文官一品以
下位於 殿庭道東宗室及武官一品以下位於道西每等異位重行北向相對【宗室
每品班顧別設位大君特設位於正一晶之前】監察二位於文武班後北向判通禮典

儀讀箋官致詞官位於懸之東北通贊一人在南差退俱西向通贊一人於懸之西北東

向奉禮郎設門外位於弘禮門內文官於道東宗室及淇官於道西每等異位重行相

向北上○鼓初嚴兵曹勒諸衛列大仗屯門及陳於 殿庭如常儀有司設 箋案及方物

案於 殿階上【箋案在中方物案分左右】【 】竝如儀禮曹正郎朝服以龍亭奉諸道

箋鼓樂前導由西門入【諸通奉箋員朝服夾侍】至勤政門止令史綠公服對擧 箋函

正郎引升自西階置于案上諸道使人各執方物由東西門入分置案上○鼓二嚴宗室

及文武群官具朝服皆就門外位判通禮啓請中嚴 殿下出思政殿服遠遊冠終妙袍

有司陳繖扇侍衛如常儀近臣及執事官【近臣如代言反備身上護軍扶策大護軍史

官之類執事官如判通禮典儀讀箋官致詞官通寶監察之類】先行四拜禮如常儀典

樂師工人入就位協律郎入就擧麾位諸侍衛之官各服其器服尙瑞官 奉寶俱詣閣

奉迎○鼓三嚴典儀帥讀箋官致詞官通贊先就位奉禮郎分引群臣三品以下及諸道

奉箋員等應先置者入就位【奉箋員各就品之末】判通禮 啓外辦中禁傳嚴 殿下升

輿以出繖扇侍衛如常儀 殿下將出仗動協律郎俛伏擧麾興工鼓祝奏隆安之樂 殿

下升座爐煙升尙瑞官奉 寶置於 座前如常協律郎偃麾憂敔樂止奉禮郎分引宗室

及文武二品以上以次八就位 【王世子來朝則 王世子朝出訖奉禮郎引二品以上

入】立定典儀曰四拜通贊傳贊群臣皆鞠躬舒安之樂作四拜興平身樂止致詞官升

自西階進當 殿下座前北向跪通贊贊跪群臣皆跪致詞官賀稱議政具官臣某等茲

還三陽某開泰萬物咸新【冬至云律應黃鍾月當長至】恭惟 主上殿下至仁體元茂

膺景福賀訖俯伏興通贊贊俯伏興四拜興平身群臣皆俯伏興樂作四拜興平身樂止

致詞官還本位代言前承 敎退臨階西向立稱有 旨通贊贊跪群臣皆跪代言宣敎曰

履新之慶【冬至云履長之慶】與卿等同之宣訖代言還侍位通贊贊搢忽三叩頭千

歲千歲千千歲出忽俯伏興四拜興平身群臣皆搢忽三叩頭呼千歲千歲千千歲出忽

俯伏興樂作四拜興平身樂止讀箋官升自西階進當 殿下座前北向跪執事者二人取

最高官箋文對展讀箋官讀訖俯伏興還本位執事者置箋文於案上各還侍位典儀進

詣 殿階上北向跪 啓諸道禮物請付攸司俯伏興還本位奉禮郎分引宗室及文武二
品以上出判通禮就 殿階上北向跪啓禮畢俯伏興還侍位協律郎俛伏擧麾興樂作
殿下降座升輿還內繖扇侍衛如來儀侍臣從至閤協律郎偃麾樂止奉禮郎分引群官
三品以下以次出 ○○●●(躬)鞠 [杌] □□○○○ 拜○○○●●興(興)[杌] □□○○
○拜 ○

家訓十七則附序

英陵之世人才最盛朴公以通曉音律名至今數百年間童幼盖莫不知之譬之於大章
之一虁今余從其後孫得蘭溪集讀之公所著其中家訓一編所以戒子孫者中多名言
熟讀詳翫便一小學其拳拳致意於明倫敬身之義者可謂明且切矣嗚呼勝國之末風
俗壞而倫紀斁公卽奮起荒僻不資師承立言垂訓動合古人豈天挺英才以啓我 邦
文明之化耶世稱公以律呂之學者其亦未矣當其時也 聖君在上文敎休光制禮作
樂之盛駕軼三代公贊襄於厦氈之間者必多可傳而家乘散逸不收良可惜也朴生師
良將以家訓入梓屬余爲序遂敢盥手而敬識之如此云乙丑
五月日後學三州李緯序

子生三四歲稍有知覺便以學業爲事專用言語笑談從容開道誘掖獎勸使之習與性
成可也及其七八歲漸知向學意味然後隨其勤慢提撕警覺不以喜怒之色以啓悔悟
之心不可厲聲撻楚以乖父子之情也開蒙之後勿讀他書專以小學一書爲所入門庭
其字聲高下義理精粗反覆敎誨讀了然後有未熟處愼勿連讀他書須令更讀如初至
再至三亦不害也至於精熟貫穿然後入於四書可也盖此書子朱子慨念古者敎人之
法晦而不傳採古法之未泯者及歷代名賢嘉言善行凡可以開示愚蒙啓迪後人之語
搜撫無遺有綱有目學之甚易若能熟復而存心則蒙養之正不必更著家訓然後有得

也願我子孫朝夕常以小學爲師不可須更怠棄也

兄弟者分形同氣之親不可不厚也世之人或有視兄弟如路人雖至窮餓而不顧反厚

疎遠之人通財愛恤而不吝者是何心哉萬一敗露陷於不友不悌之罪辱身敗家有何

益哉願我子孫兄弟之間過失相警有無相資不聽婦女之言不信僕隷之訴不藏怒焉

不宿怨焉常以恩愛相加不以責咎相酬悅親睦族永樹門風使鄉黨僚友皆取法於我

不亦可乎處家之道貴於和順乖爭之亂起於嬖妾余觀舉世庸流或於嬖妾之弄不

嚴上下之分溺情長惡養成驕妬造讒生釁變亂黑白小則衆心違怨大則父子相離爲

禍非輕願我子孫若因無嗣而畜妾嚴立尊卑之分凡進退起居依服飲食皆不可僭

擬於正嫡事皆稟命而行一有讒間之言卽刻窮源因對證詳詰分明責罰讒訴之言愼

勿藏畜胸中而不發也如此則造飾貝錦之語不能出於口外也又有家中大患畜妾之

輩偏愛孽息家政倒置奴婢財物分與不平或有專失輕重不近人情常多余嘗慟心不

願子孫有此行也奴婢鮮小則不給亦可雖多只充柴水之役或二或三多不過四財物

亦當公正分與不可踰越也倘或不遵遺命則非我子孫也

亡妻之後更娶後妻前後室之子爭亂常多願我子孫不幸喪匹者若於前妻之子有可

以承重者則不必更要後妻宜求其産期已過者俾主中饋此亦保全家門之一大節也

我子孫不幸無嗣者必以本宗繼後而本宗若無稱意者則又可詳擇於同宗中以爲傳

繼而勿以他門之子爲侍養收養蒼赤及世傳之物愼勿子孫外濫及也

族親內有過時未嫁之女家貧不能成禮者稱我有無各出錢財以備資裝使不失時如

有蓄積可以獨辦則不必假力也此乃門欄美事也吾之志願如此汝等以爲如河

治喪治葬一依文公家禮無過哀以致損無慢易以毀禮過哀致損猶可取也慢易毀禮

禽獸同歸不可不謹也慢易之目有八大醉昏迷飽食珍差喧呼談笑戲慢博奕于謁公

門與入鬪訟不閑女嫌非喪事而諸處出入此外雜亂不可盡記也

余又觀世之人於親死之日不遑喪葬之慮先以歸佛爲急務蕩盡財穀盡入僧舍如未

周也則哀鳴稱貸以充其用此豈厚於佛而薄於親也僧徒之言曰如此然後使亡者滅

罪資福得生天堂爲子者其可不順乎余聞疇昔瑠璃王興兵肆虐盡滅釋迦如來之
九族無一遺夫以釋迦如來之神通變化不能救自已九族之滅以爲業不可避也若然
則安能以宿業縈纏之身一朝崇奉佛亦受其賄賂而滅人之罪資人之福乎斷無是理
不可信也願我子孫於親死之日專心喪葬之事不作佛事只行朝夕奠朔望祭而已凡
奠用之飡一如生時精潔簡略爲主終三年也

易曰積善之家必有餘慶積不善之家必有餘殃大抵事有善不善當擇所從釋敎以歸
依施納爲善事聖訓以修已愛人爲積善吾意謂以孝悌忠信禮義廉恥爲家法淸心寡
慾不忮不求存心愛物待人以信不言人之過失不發人之隱伏周人之急濟人於難吉
凶相助慶弔不廢等事眷眷服膺日用常行未嘗暫廢可也此外無可種之善可希之福
余觀世之人在已無纖毫可稱之事於父母兄弟妻子親戚至於尊長期友之倫皆失其
道只以歸佛爲善事吾甚痛之願我子孫於釋敎切勿崇奉而專以聖訓從事也

家庭之內三絃歌舞之敎實乃敗家之源愼勿作意若其琴瑟正樂之器自古君子不離
於側以養性情者靜中手自撫弄可也又與正人端士爲伴耆舊老成爲賓淸風明月一
觴一詠可也酣歌恒舞日接庸流非我願也

鷹犬之養富貴家門人物衆盛足任使令處則可也若貧賤下流自作虞人臂鷹呼犬不
顧家事奴馬困若妻孥失養極爲汗顏不在人數又鷹子坐養之際多殺物命殘忍害
義余實痛之不願子孫有此事也愼勿妄好而全以不失門戶爲計也

口是禍福之門不可不愼與人會話之際只談江山風月花鳥詩章古賢事迹可法可戒
者而已國家政敎人間毀譽愼勿出於口頭

遠親及朋伴內溺妾之家愼勿輕易出入又於寡婦之家雖有賢子孫可親者招致相從
則可也愼勿往復於其家也

女色最關名節不宜輕忽若倡妓之輩夫婿如雲階亂常多外方官妓嫌疑益衆苟以一
時之欲妄意輕犯則或父子兄弟之有干尊長師友之相犯暫時細小之故遂成終身之
玷悔不可追若能全不留意則上也如不能爾則違近親族所犯及當世之達官大相恩

門宗稧內僚友別星守令小有疑涉者詳悉問卜絶不相近如此則得脫嫌疑之累不陷
是非之窠終身無辱矣又以京妓言之京中朝士以妓爲妾者若宗室懿親及高官巨室
則其位秩門屏不爲風兩之所侵也外此中下之輩溺情花柳者未有不陷於罪辜以至
名節掃地家聲不美者比比有之願我子孫於京中之妓絶不相近外方官妓明卜嫌疑
以繼家老之志無忝祖宗之風
凡於公私宴集歡樂之場若無所幹之事則不可久留宜早托故而先出也又於宴廳進
退坐立愼莫近名妓之傍若涉嫌疑未免非議則何從而發明乎與其悔於後曷若無間
於其先愼之愼之此亦持身一大節也
立身從事或爲決訟之官或爲臺省之任凡關士族痕咎曖昧之事愼勿先發端由若婦
女奸事尤不可輕易裁決若事情不白又無現證不受理可也
吾家淸素絶無貨寶可傳於後只錄平生親歷事件兼記志願著爲家範冀垂不朽於
將來云爾
景泰六年乙亥孟秋上澣七十八歲曳力疾手書以傳之

附錄

諡狀

先生諱堧初諱然字坦夫我東朴氏之貫密陽者皆祖新羅王子密城大君而譜系失傳
惟高麗尙書左
僕射彦仁一派最盛其後有諱璋神虎衛保勝郎將諱允淳都齋庫副使諱赫公兵部郎
中諱而溫福源宮直諱純冲都官正郎卽先生之曾祖也祖諱時庸成均直講知 製 教
贈門下贊成右文館大提學考諱天錫三司左尹 贈吏曹判書妣月城金氏通禮門副
使珸之女以洪武十一年生先生生有異質聰明絶人天性純孝德器凝重鬅齔若老成

366

幼失所怙盡孝慈闈婉愉順適不離跬步餘力學間旁通擧業弱冠文辭蔚然成章慨

然有志於禮樂博求遺籍講討儀則尤精於鍾律自幼少時每坐臥畵於心胸爲憂擊形

嘯於口吻爲律呂聲盖有自得之妙戊寅丁內艱啜粥廬墓哀毀柴瘠時尙佛敎而獨遵

文公家禮俗多譏嘲而不恤也服闋後又居廬三年誠孝所感有兎馴虎衛之異建文士

午事 聞旌閭永樂乙酉中生員辛卯擢同進士第一 上引見大加褒賞選入玉堂歷諫

院憲府春坊而多在 經幄有啓沃之益 上亦虛心嘉納焉及 英廟登極素聞先生文學

超擢而用之每登筵必宿齋預戒反覆開陳知無不言言無不盡 上禮遇甚隆時 賜經

籍以奬之我 朝承勝國之季禮樂文物多未備先生條列建白率循古禮官制朝儀一

新時秬黍生海州磬石産南陽 上以先生精通音律使掌樂事先生取秬黍積其分寸

依古說制黃鍾一管吹之其聲差高於中國黃鍾之音以爲地有肥磽黍有大小聲音高

低固其宜也於是復取秬黍粒形以蠟燃成差大積分成管以一粒爲分累十粒爲寸法

以九寸爲黃鍾之長三分損益以叶十二律逾年新磬成磬制始一依中國聲音維賓反

高於林鍾夷則反同於南呂應鍾亦下於無射先生曰當高者反下當下者反高是必有

以也遂就中朝之制略加通變而後乃協于律上命取新磬及 皇朝所賜磬一架以新

製律管協之則中國磬果不諧協新磬聲音淸美 上嘉賞不已 上又嘗作石磬召先生

校正先生曰某律高一分某律低一分稍改之其聲乃正上又謂先生曰卿所造磬夷則

一枚不協何也先生審視之曰限墨有未盡磨者卽磨去聲始諧後 天使來聽樂歡曰

東國樂得正聲無奈異人主樂事乎自是聲望益隆 天寵愈厚歷掌兩銓其在秋官斷

獄公明文宗朝遷中樞院使寶文閣提學又拜藝文館大提學一時詞命多出先生手乙

亥 光廟受禪先生退歸鄕里先生子有與六臣同禍者而先生則以 三朝耆舊免坐戊

寅卒于永同之高塘里第享年八十一

配貞敬夫人礪山宋氏判書贇之女先卒葬于永同之高塘浦丙向之原先生墓在夫人

墓後有男三人曰孟愚縣令曰仲愚郡守曰季愚卽死於福者也四女爲牧使趙注司直

權致敬監察房順孫士人崔自淸妻先生所著家訓十七章則敎子孫必使先讀小學次

及四書至於事親敦族居官接物之方無不詳備而於明倫敬身之義尤致意焉祭祀必

以禮治喪禁用浮屠扶植正學觝排異端有補於世教大矣其所居蘭草多生故世稱蘭

溪先生後人立院以祀之昔橫渠先生有言曰聲音之道與天地通律呂有可求之理惟

德性深厚者能知之　本朝文明之會莫盛於　英陵朝當是時聖人在上如日中天功成

制定煥然可述則其所以奮至德之光暢六氣之和以典一王之樂者苟非德性深厚聰

彗節詣者宜不可與聞於擊石拊石諧八音之事也先生於斯藝心靈獨至天分既異而

自在耆年用心精崇周輻漢斛參前倚衡經緯綜錯罔遺抄忽思之又思神明通之順氣

中聲于是孚協而黃鍾正矣海州之秬不讓於羊頭南陽之磬無異於泗濱人文化成之

機天不隱瑞而大樂之成籍先生以繹如也雖謂之海東之一夔足矣槩其德性之在

我者可通神明有符於橫渠之訓而　天使之聞樂知人亦無愧於曠札之寮音也嗚呼

鍾律之論雖以范馬之賢而終未能歸一獨西山新書深得古人之旨而卒不能試之當

世爲識者恨先生以偏邦後學顧乃聚精會神新一代之制以彰　國家之盛德大業此

豈與王朴李照同日而論哉雖使西山有知亦必犂然於朝暮之遇也豈不偉哉前賢之

稱述先生者多矣佔畢金公則曰先生學識之精道術之正眞吾之師表也沙溪金先生

則曰道尊海東名顯中華尤庵宋先生則曰誠孝出天德行冠世經綸制作翊贊盛治就

此數言而先生之名德卓然可見矣先生旣有子與六臣同歸則長松之下果有淸風而

以　三朝耆臣不與隨坐亦可見聖朝寬恩不以宋金華待先生也豈不盛哉謹就家狀

撮其大略以備太常之採焉上之四十四年丁亥輔國崇祿大夫吏朝判書兼兩館大提

學洪啓禧選

神道碑銘　幷序

外服之國有樂器自　本朝始　明興　太祖高皇帝與　成祖文皇帝皆　賜樂器然鍾磬不

中於律而祭樂八音未備莊憲王七年秬黍生於海州八年磬石產於南陽　王乃命吏

曹判書兼藝文館大提學朴先生按 皇朝所 賜樂器爲律呂十年夏雅樂告成宗廟軒
架編磬特磬共二百二十八枚會 天子遺使者來聽先生所制雅樂歎曰雅樂能得正聲
無乃東方有異人乎由是先生以律呂知名天下然不有 莊憲之聖則先生雖通律呂烏
能成金石之樂哉故記曰聖人作樂以應天此之謂也當舜之時在位者徒見鳳凰皆來
儀而鳥獸無不蹌蹌遂以爲一夔之功然堂上戞其鳴球拊其琴瑟而堂下陳以鼗鼓
間以笙鏞本舜之心也今秬黍生於海州而磬石產於南陽 莊憲王始 命先生正五音
和十二律以昭格於 宗廟社稷百神與舜之命夔典樂何以異哉 莊憲王嘗諭先生曰
自古制樂爲最難上之人所欲成者下之人或不從之下之人所欲成者上之人或不聽
之雖上下皆欲成之而天時有不利者今國家昇平無事予志先定卿其盡心無忽焉先
生受命凡三年雅樂大備豈不休哉先生諱堧字坦夫姓朴氏密陽人也高麗時有諱彥
仁尚書左僕射其後有諱璋神虎衛保勝郎將諱允淳都齊庫副使諱赫公兵部郎中諱
而溫福源宮直諱純中都官正郎卽公之曾祖祖諱時庸集賢殿校理贈大提學父諱天
錫三司左尹贈吏曹判書母曰慶州金氏通禮門副使珸之女也先生自爲童子時德器
凝重事父母能盡其孝爲文辭蔚然成章慨然有志於典禮博究載籍尤精於鍾律每
坐臥畫於心胸爲擊拊之形發於口唇爲律呂之聲# 然有自得之妙永樂三年中生員
遂擢同進士第一 恭定王召見嘉賞選入爲集賢殿校理由司諫院正言司憲府持平
世子侍講院文學出入帷幄每侍讀必先宿齋反覆開陳 莊憲王襃其學術禮貌甚隆
乃特拜中樞院使委以樂事於是先生取秬黍積其分寸爲黃鍾一管吹之其聲差高於
中國黃鍾之音乃復取秬黍一粒積分成管盖其法以黍一粒爲分十粒爲寸九寸爲黃
鍾之長三分損益以協于十有二律 王以先生精通音律乃置儀禮詳定所 命議政府
領議政黃公諱喜右議政孟公思誠左贊成許公稠摠制鄭招申商權軫爲提調議定
樂律先生預
爲方是時 朝廷淸明四方又安論樂者不可勝數先生言周禮春官太師掌六律六呂一
作同以合陰陽之聲黃鍾大簇姑洗蕤賓夷則無射陽聲也大呂應鍾南呂函鍾小呂夾

鍾陰聲也盖斗柄運於十二辰而左旋聖人制六律以象之日月會於十二次而右轉聖
人制六呂一作同以象之六律陽也左旋以合陰六呂一作同陰也右轉以合陽故大司
樂祀天神則奏黃鐘歌大呂以合之祭地祇則奏大簇歌應鍾以合之祀四望則奏姑洗
歌南呂以合之祭山川則奏蕤賓歌函鍾以合之享先妣則奏夷則歌小呂以合之享先
祖則奏無射歌夾鍾以合之陽律奏於堂下陰呂歌於堂上陰陽互合迭相唱和然後中
聲備而和氣應矣漢樂律皆用合聲至唐制度尤詳悉惟祭社稷下奏大簇上歌黃鍾
故趙愼請改黃鍾爲應鍾用合聲也盖大簇陽也位於寅應鍾陰也位於亥寅亥之所以
爲合者斗柄建亥之月日月會於寅斗柄建寅之月日月會於亥左右旋轉交相爲配不
得相離是聖人取合陰陽而堂上堂下之樂必用合聲所以調陰陽而和神人者也唐制
歌奏俱陽聲非聖人合一作分樂之意也今 宗廟樂於堂下既奏無射而堂上亦奏無
射徒知無射爲祭祖之樂而不知夾鍾之爲陰聲此 宗廟之樂未盡善也社稷之樂於
堂下既奏大簇而堂上亦奏大簇此社稷之樂未盡善也釋奠之樂今 中國大成樂譜
下奏姑洗上歌南呂而盥洗用姑洗升殿用南呂薦俎用姑洗初獻用南
呂至終獻用姑洗撤籩豆用南呂陰陽合聲迭相爲用惟姑洗本屬四望而太學釋奠之
樂赤用南呂節次不備上下失倫此釋奠之樂未盡善也山川壇祭祀之制奏蕤賓歌函
鍾今自奠幣至撤籩豆堂上堂下皆用大呂大呂者黃鍾之合也故天神不與山川同位
祭之今一壇幷奏祭樂此山川壇祀之樂亦未盡善也昔師曠鼓琴當春而鼓商絃涼風
隨至當夏而叩羽絃霜雪交下當秋而叩角絃溫風徐回當冬而叩徵絃陽光熾烈今工
人曾無師曠則感應之理未可擬議也周官制度布在方册按本修明實非難事乞咨禮
部釐正幸甚王嘉納覆議施行寵遇益厚 命判兵刑二曹改吏曹自賓文閣提學進藝
文館大提學摠制申商嘗以爲朴堧樂器多未備故領樂學孟思誠與有助焉 王曰樂
器必委之朴堧然後聲音節奏可諧也逾月先生作新磬二架以進曰 中國之磬蕤賓
高於林鍾夷則同於南呂應鍾下於無射當高者反下當下者反高宜遵古黃鍾之法爲
十二律因而損益以成之 王命取新磬二架協 中國所賜之磬大悅 下敎曰 中國之音

370

果不協今新磬甚得其正制律較音出於古樂予甚喜焉惟夷則一枚不諧何也先生審
視乃啓言限墨猶未盡磨也於是磨之聲乃諧雅樂旣成先生曰　太廟鍾磬已具矣吾
何不歸乎遂退居不復從政其所居田園之中多蘭草故學者稱蘭溪先生及　惠莊王
時忠正公朴彭年等六臣謀復　恭懿王居未幾事發覺同日棄市先生子季愚從死而
惠莊王以先生　二朝元老特　命勿坐故先生得終天年天順二年戊寅某月某日以疾
卒享年八十一葬永同縣高塘原後幾年　賜謚文獻先生少孤好學問旁通百索敎子弟
先講小學於明倫敬身之道益致意焉丁內艱廬墓三年服旣除猶居廬者又三年祭祀
以禮未嘗用浮屠之敎扶植正路觝排異言有益於天下國家者誠多矣所著之書如家
訓十有七則其德義可通神明不愧於古之名儒也其配曰貞敬夫人礪山宋氏判書贇
之女也有子三人女四人子長曰孟愚縣監次曰仲愚知郡事季曰季愚與六臣俱死於
節女長適牧使趙注次適司直權致敬次適監察房順孫次適崔自清自箕子東來以後
五紀正而八政修獨律呂不協古樂有頌鍾焉而特磬或未之懸也有特磬焉而和笙或
未知具也有和笙焉而雅琴或未之諧也至春秋戰爭之世樂愈壞方叔入河武入漢裏
與陽也皆入海中州正聲盖已絶矣況海外荒服之國十二律孰能協乎先生出於　本朝
修仁義而明道德蔚然爲學者之師輔翼莊憲多所建明故佩玉冠冕之儀無不更新而
於樂沈思獨悟得千載不傳之音爲之鍾磬簫管笙簧壎篪　干戚羽籥以達其神明之
德也古者有道有德者以爲樂祖祭于瞽宗若先生者豈非所謂樂祖耶今年二月先生
後孫　造余之門請銘于先生之碑余何敢辭其銘曰天降秬黍以開雅樂苟無至人孰
傳其學顯允先生起於侯服胸畫磬形大章是復口習笙聲咸池是續維是　莊憲律管
以屬宵人嫉之毀言交積　莊憲不疑　寵命有奕乃予銓衡俾治天職乃授文柄以光王
國先生稽首愈自感激夙夜兢兢遂告厥績鍾簴旣成倫理不錯笙瑟旣和敔敔不作享
于　清廟　烈祖來格祀于大社句龍歡逆外曁山川百神踊躍宮商是正是誰之力　天
使審音爲之歎息史臣作銘永垂無極　大提學黃景源撰

右蘭溪朴先生遺稿一卷楓皐太史旣爲之序其後孫心學氏又以跋文徵於余曰吾先祖卽桑村先生彌甥也自幼受業舅氏以至際會 明聖蔚然爲我東一蘷者未必不本於籲蒙之初子桑村之後也無庸辭爲魯敬忙惕卒業而作曰先生功德在太常制作垂金石 明良際會之盛審音候氣之妙斯誠檀箕以來數千年間世一現者也海左僻介之地味任之陋一變爲大雅之作至今觀於 廟朝之儀聽之鍾磬之奏先生之文章固已炳烺今音眞所謂不朽之盛必在於此又何取於零碎之遺也雖然先生之胤死於靖難之獄雖以虞庠之舊老幸免收司之律滄桑已遠遺緒零墜有足悲者乃其刦灰之餘爐蘭臺之佚編搜刻且盡而卽不過若干編政如殷盤周鼎腹缺耳損雖非完體雲雷蒼翠之文摩# 愛玩愈不能舍斯稿之刻烏可以已也今讀其家訓奏疏諸編正大精博非膚學曲藝之士所敢言想見先生淵源問學之美當其摳衣渭陽之席講劘琢磨必有如龐德公之於諸葛兩家文獻於今莫徵尤可歎也已

正憲大夫吏曹判書兼弘文館提學 世子左副賓客金魯敬謹跋

• **金守溫, 拭疣集, 拭疣集卷之二, 記類雙淸堂記**

正統九年癸亥之秋. 樞府相公朴堧. 浴沂濡城. 道經于此. 遂以雙淸名其堂. 仍賦四言. 安平大君又從而和. 甲子春. 余丁先君憂. 來于楓川. 則公致書曰. 相公. 儒林之偉幹. 朝著之儀形. 而乃屈襜帷. 賜之堂額. 大君乃紫雲英胄. 朱邸天人. 豈謂草澤之名. 得以上達. 而雍容蘊籍. 賡詠兩篇. 奎章粲爛. 輝映山谷. 不唯吾一家子孫永世之寶. 蓋將闔吾一, 邑山川草木之聳覩也玆幸矣. 子其文之. 而義無辭.

● 徐居正, 東文選, 東文選卷之十, 五言律詩, 雙韻蓮花回文體. 幽居作. 并序.

[朴堧]

古人回文詩有十字體, 璇璣體, 玉連環體, 錦纏枝體. 各有別樣體例. 今予不襲
古轍. 別作五言四韻詩二篇. 畫作蓮花之狀. 寄意於君子. 名之田ᄃ001蓮花回文
云.

獨處甘遺逸. 安身一小園. 谷盤宜陋室. 灣細近靑尊. 竹翠棲明月. 山靑冠白雲.
學仙心切切. 難事世紛紛.

獨居幽興逸. 安分守林園. 谷密藏頹室. 灣澄映臥尊. 竹踈篩淡月. 山遠出閑雲.
學道勤磨切. 難哉解錯紛.
[ᄃ-001] 田：日

● 成俔, 慵齋叢話, 慵齋叢話卷之八

朴大提學堧. 永同儒生也. 少時肄業於鄕校. 隣有吹笛者. 提學讀書之暇. 兼習
笛. 一鄕皆推爲善手. 提學來赴擧於京師. 見梨園善伶而校之. 伶大笑曰. 音節
俚鄙. 不中節奏. 舊習已成. 難以改轍. 提學曰. 雖然願承敎. 日日往來不懈. 數
日伶聞之曰. 先輩可敎. 又數日聞之曰. 規範已成. 將至大達. 又數日不覺屈膝
曰. 予不可及也. 其後登第. 又習琴瑟諸樂. 無不精妙. 遇知於世宗. 遂加擢用.
爲慣習都監提調. 專掌樂事. 世宗嘗作石磬. 召提學校正. 提學曰. 某律高一分.
某律低一分. 更視之則高律有査滓泥. 世宗命剔滓泥一分. 又於低律. 更付査泥

一分. 提學啓曰. 今則律正矣. 人皆服其神妙. 其子與於癸酉之亂. 提學亦因是罷
職. 下歸鄕里. 親朋餞于江上. 提學匹馬一僮. 行裝蕭索. 共坐舟中設酌. 摻袖
將別之際. 提學解槖抽笛三弄. 然後而行. 聞者莫不悽感洒淚.

● 李陸, 靑坡劇談

朴大提學堧永同人也. 年四十餘. 猶落魄不遇. 嘗以琴棋自隨. 有子數人. 亦不
勸學. 携棊過隣舍. 以痛飮爲事. 然夜則未嘗不引燈而讀書. 亦時時橫笛以自娛
也. 其後登第. 位至僉知. 休告還鄕里. 路經西原. 以微服請宿於州司. 時公已白
首. 有薦枕妓. 頗解鼓琴. 公手彈數曲. 諸吏無不聚觀者. 首吏悅公年老而有藝.
盛饌餽之. 公恣爲歡謔. 每有樂器. 必手弄數三. 州吏皆曰. 老翁可人也. 公手抽
矢房大箭以贈諸吏. 相與極歡而罷. 朝日公使人通名於州官. 自牧使以下奔走來
謁. 諸吏大驚. 皆還其箭. 而公亦竟無一言之及. 州人至今言之.

● 李書九, 惕齋集, 惕齋集卷之八, 蘭溪朴先生贊

　先生諱堧. 字坦夫. 生於皇明太祖洪武十一年戊午. 卒於英宗天順二年戊寅. 享
年八十一. 先生幼失所怙. 事母至孝. 及遭母喪. 治喪葬祭. 痛斥流俗醮佛之事.
一遵朱子家禮. 從窆于考墓下. 而啜粥而廬墓三年. 旣闋又廬三年. 以效先喪追
孝之道. 前後六秊. 晨夕攀號之地. 巖木動悲. 晝夜哀慕之處. 雉兎馴衛. 盖其
誠孝之所感而然也. 建文四年壬午. 事聞于上. 命旌其門. 立碑而表之. 旣免喪.
登泮學經義科. 擢殿策治道試. 事我太宗王世宗王文宗王. 制禮作樂. 及端廟
朝. 先生第三男集賢殿翰林季愚殉義. 而端廟末命之翌年. 先生抱忠而終焉. 萬
曆甲寅間. 士林追慕之. 餟享于永同艸江書院. 文元公沙溪金先生定其議而制

374

其祀焉. 我英宗王庚寅. 賜諡文献. 道德博聞曰文. 智質有理曰献. 吁. 先生可謂
盡人道者也. 事親至孝. 而感物之異. 有聞當時. 旌表之蹟. 起欽百世. 則爲人子
而有辭於大連之孝也. 移孝事君而明良際遇. 盡心賛襄而禮樂晟明. 則爲人臣而
無愧於夔伯之功也. 學術純正而道尊斯文. 後賢定議而餟祀尊慕. 則爲學而有
得乎洛閩之道也. 宜乎曠世之下. 得蒙聖朝表章之美諡. 而有光於千古也. 卽其
後孫心學. 以其實蹟屬余爲記. 其道德學問之工. 經綸事業之功. 載在家狀. 난
001不能細錄. 只記其立孝成忠之大槩. 要實蹟之行狀永世. 遂敢繫之以賛曰.
天地之性. 最貴者人. 人何爲貴. 父子之仁. 忠孝之天. 人倫之至. 嗚呼先生. 可
謂兼之. 在家修行. 立孝於親. 仕朝賛治. 禮樂得眞. 宜乎其道. 師尊後學. 玆述
行蹟. 起欽無歝. 崇禎三癸丑仲夏旣望. 後學完山李書九盥手而敬識之.

[난001]：此行似多誤洛

참고자료

참고문헌

◦ 권오성·김세종, 《역주 난계선생유고》, 국립국악원, 1993.

◦ 김경수, 《조선시대의 사관연구》, 국학자료원, 1998.

◦ 김교빈, 《한국 철학 에세이》, 동녘, 2008.

◦ 김두봉, 《수양대군을 위한 변명》, 씨앤드씨그룹, 1998.

◦ 김영수, 《예기(상)》, 한국협동출판공사, 1983.

◦ 김영수, 《예기(하)》, 한국협동출판공사, 1985.

◦ 김학수, 《끝내 세상에 고개를 숙이지 않는다》, 삼우반, 2005.

◦ 노마 히데키, 《한글의 탄생》, 돌베개, 2011.

◦ 박경심, 《목은 이색의 철학적 인간학》, 문사철, 2009.

◦ 박기환, 《국악통론》, 형설출판사, 1977.

◦ 박노강, 《사육신과 묘골의 유적》, 순천박씨충정공파종친회, 1988.

◦ 박병련·김병선·신대철·이익주·박현모, 《용비어천가와 세종의 국가경영》, 한국학중앙연구원출판부, 2011.

◦ 박윤하, 《밀양박씨난계문헌공파대동보》, 1979.

◦ 박상진, 《조선조 영의정 박원종 연구》, 국학자료원, 2001.

◦ 박희영, 《밀양박씨문헌공난계파세보》, 1994.

◦ 배상열, 《피로 쓴 조선사 500년의 재구성 반역, 패자의 슬픈 낙인》, 추수밭, 2009.

◦ 백지원, 《백성편에서 쓴 조선왕조실록 상》, (주)진명출판사, 2009.

◦ 성경린, 《세종시대의 음악》, 세종대왕기념사업회, 1985.

○ 손인수, 《율곡사상의 이해―교육사상을 중심으로》, 교육과학사, 1995.

○ 송방송·박정련 외, 《국역 율려신서》, 민속원, 2005.

○ 송혜진, 「세종대 음악정책의 전개 양상과 특성」, 《세종시대의 문화》, 태학사, 2001.

○ 신병주, 《조선평전》, 글항아리, 2011.

○ 심경호, 《선인들의 자서전 나는 어떤 사람인가?》, 이가서, 2010.

○ 심경호, 《내면기행》, 이가서, 2009.

○ 심경호, 《김시습 평전》, 돌베개, 2003.

○ 오정윤, 《단숨에 읽는 한국사》, 베이스북스, 2010.

○ 유종문, 《이야기로 풀어쓴 조선왕조실록》, 아이템 북스, 2008.

○ 유호진, 《이색 시의 예술세계와 그 정신의 의미》, 경인문화사, 2004.

○ 윤국일, 《신편 경국대전》, 신서원, 1998.

○ 이경구, 《17세기 조선 지식인 지도》, 푸른역사, 2009.

○ 이덕일, 《사화로 보는 조선역사》, 석필, 1998.

○ 이덕일, 《송시열과 그들의 나라》, 김영사, 2000.

○ 이덕일, 《조선 왕 독살사건 1, 2》, 다산북스, 2005.

○ 이덕일, 《김종서와 조선의 눈물》, 옥당, 2010.

○ 이성무, 《선비평전》, 글항아리, 2011.

○ 이성무, 「태종대의 역사와 문화」, 《세종시대의 문화》, 태학사, 2001.

○ 이순구, 《조선의 가족 천 개의 표정》, 너머북스, 2011.

○ 이주한, 《노론 300년 권력의 비밀》, 역사의 아침, 2011.

○ 이한우, 《세종, 조선의 표준을 세우다》, 해냄, 2006.

○ 정두희, 《조선초기정치지배세력연구》, 1983.

○ 정 민, 《일침―針》, 김영사, 2012.

◦ 정병설, 「길 잃은 역사 대중화」, 《역사비평》, 역사비평사, 2011년 봄호.

◦ 정윤재·박현모·김영수, 《세종 리더쉽 이야기》, 한국학중앙연구원 출판부, 2010.

◦ 정창권, 《세상에 버릴 사람은 아무도 없다》, (주)문학동네, 2005.

◦ 허문열·허만호, 《경암허조연구》, 하양허씨문경공파종친회, 2003.

◦ 한국고문서학회, 《조선시대생활사》, 역사비평사, 1996.

◦ 황의동, 《율곡철학연구》, 경문사, 1987.

◦ 홍석연, 《조선왕조야사》, 삶과벗, 2008.

◦ 이촌김진우헌법재판관화갑기념론총출간위원회, 《백촌 김문기 연구》, 동방도서주식회사, 1994.

◦ 金塋洙, 《四書五經 禮記下》, 韓國敎育出版公社, 1985.

◦ 樂韶鳳·宋濂, 《洪武正韻》, 亞細亞文化社, 1973.

참고 인터넷 사이트

◦ 개미실사랑방 〈http://roaltlf.blog.me/117224118〉

◦ 길·벗·사랑 〈http://www.cyworld.com/guilbut2/2927265〉

◦ 나는 걷는다 〈http://yalp.blog.me/100011081644〉

◦ 네이버지식iN 〈http://kin.naver.com〉

◦ 다음[daum]지식 〈http://k.daum.net/qna/openknowledge〉

◦ 디지털구로문화대전 〈http://guro.grandculture.net〉

◦ 성씨검색 〈http://www.rootsinfo.co.kr〉

◦ 신종우의 인명사전 〈http://www.shinjongwoo.co.kr〉

◦ 역사와 살아가는 이야기 〈http://dk7117.egloos.com/2223892〉

◦ 영동군청 〈http://www.yd21.go.kr〉

◦ 오마이뉴스 〈http://search.ohmynews.com〉

◦ 위키백과 〈http://ko.wikipedia.org〉

◦ 제주의 마을 〈http://www.jejuvill.net〉

◦ 소선왕조실록 〈http://sillok.history.go.kr〉

◦ 주역高島易斷 〈http://cafe.naver.com/juyukgodo/1267〉

◦ 한국고전종합DB 〈http://db.itkc.or.kr〉

◦ 한국브리태니커사전 〈http://www.britannica.co.kr〉

◦ 한국역대인물 종합정보시스템 〈http://people.aks.ac.kr〉